U0500028

# 中国森林保险需求与供给模式研究

秦　涛　顾雪松　富丽莎　罗伟强　著

中国财经出版传媒集团
经济科学出版社
Economic Science Press
北京

**图书在版编目（CIP）数据**

中国森林保险需求与供给模式研究/秦涛等著．
北京：经济科学出版社，2024.10．--ISBN 978-7
-5218-6099-3

Ⅰ．F842.66

中国国家版本馆 CIP 数据核字第 2024HA4510 号

责任编辑：刘 丽
责任校对：李 建
责任印制：范 艳

**中国森林保险需求与供给模式研究**
ZHONGGUO SENLIN BAOXIAN XUQIU YU GONGJI MOSHI YANJIU
秦 涛 顾雪松 富丽莎 罗伟强 著
经济科学出版社出版、发行 新华书店经销
社址：北京市海淀区阜成路甲 28 号 邮编：100142
总编部电话：010-88191217 发行部电话：010-88191522
网址：www.esp.com.cn
电子邮箱：esp@esp.com.cn
天猫网店：经济科学出版社旗舰店
网址：http：//jjkxcbs.tmall.com
北京季蜂印刷有限公司印装
710×1000 16 开 24.75 印张 420000 字
2024 年 10 月第 1 版 2024 年 10 月第 1 次印刷
ISBN 978-7-5218-6099-3 定价：118.00 元
**（图书出现印装问题，本社负责调换。电话：010-88191545）**
**（版权所有 侵权必究 打击盗版 举报热线：010-88191661**
**QQ：2242791300 营销中心电话：010-88191537**
**电子邮箱：dbts@esp.com.cn）**

# 国家社科基金后期资助项目
# 出版说明

后期资助项目是国家社科基金设立的一类重要项目，旨在鼓励广大社科研究者潜心治学，支持基础研究多出优秀成果。它是经过严格评审，从接近完成的科研成果中遴选立项的。为扩大后期资助项目的影响，更好地推动学术发展，促进成果转化，全国哲学社会科学工作办公室按照“统一设计、统一标识、统一版式、形成系列”的总体要求，组织出版国家社科基金后期资助项目成果。

全国哲学社会科学工作办公室

# 前　言

森林保险是党中央、国务院推出的一项兴林富民的重大政策措施，是巩固集体林权制度改革和巩固脱贫攻坚成果的一项重大战略选择，是促进乡村振兴、保障林农增收致富、维护农村和谐稳定的有效途径，也是推进新时代生态文明建设和林业现代化建设的必然选择。作为生态建设和林业产业发展的“减震器”和“助推器”，全面发展森林保险是将生态资源保护融入生态文明建设的重要手段，是持续巩固现阶段林业建设成果和提升金融支持林业发展水平的重要抓手，也是实现林业管护模式由政府行政管理向社会协同治理转变的重要支撑，更是实现对森林资源、生态价值和公众安全全方位保障的重要举措。

自 2009 年中央财政森林保险保费补贴政策实施以来，我国森林保险工作取得了显著的成绩。截至 2020 年底，我国森林保险规模已居全球第一，覆盖了全国 25 个省（自治区、直辖市）、4 个计划单列市和 4 大森工企业，参保面积 24.37 亿亩，保费总额 36.41 亿元，为全国提供 15882.61 亿元风险保障，参保主体涵盖了林农、家庭林场、林业合作社、林业企业、森林公园、自然保护区以及国有林场等几乎所有类型的林业经营主体。① 森林保险在助推林业改革、巩固脱贫成果等方面也发挥了独特的“推进器”作用，但是森林保险工作仍存在投保主体自愿投保难、商品林保险参保率低、局地连年萎缩、赔付率总体低位运行且极不均衡等问题。究其原因，主要是由于现行森林保险产品和补贴政策设计仍存在一定不足：一是没有根据林地实际价值和风险特性来进行保费定价，森林保险核心要素也没有经过科学和定量的评估，人为性与随意性较强，导致森林保险产品难以满足实际需求，林农的参保积极性不高；二是过强的政府干预使保险产品的价格偏离其真实的市场价格，森林保险经营成本与收益不匹

① 根据 2016—2023 年《中国森林保险发展报告》整理所得。

配，造成保险机构供给意愿不强；三是补贴方式和标准的确定缺乏科学的理论依据，不利于激励各主体参保的积极性，难以实现协同推进的效果。森林保险在发展过程中存在供需主体参与意愿弱的供求困境，这阻碍着森林保险高质量发展。

2019 年，财政部、农业农村部、中国银保监会、国家林业和草原局联合印发的《关于加快农业保险高质量发展的指导意见》提出，通过提高农业保险服务能力、优化农业保险运行机制、加强农业保险基础设施建设等多方面举措，推动农业保险高质量发展，更好地满足“三农”领域日益增长的风险保障需求。在此背景下，森林保险作为高度依赖各级政府财政支持，并且已经开展了 10 余年中央财政补贴试点工作的险种，无论理论界还是实务界都需要在总结国内外发展经验的基础上，为森林保险提供新的理论阐释，反映新的现实需求，提供新的实践案例。因此，需要以现有财政补贴政策效果的评价为基础，以科学设定补贴规模和补贴标准为核心，以提高林农参保率并满足风险补偿需要为政策目标，以创新森林保险产品和经营模式为实施路径，破解森林保险供求困境并优化其政策，促进森林保险高质量发展。本书是北京林业大学林业金融与森林保险研究团队多年来理论研究和实践经验的结晶，意在为我国森林保险早日摆脱“供需双冷”的发展困境提供解决方案，并通过创新保险产品和优化补贴政策提升林农的参保意愿，激发保险机构产品供给动力，进一步推动森林保险发展，最终服务于我国林业可持续发展和生态文明建设。

本书以经济学和保险学理论为指导，结合森林保险具体实践，对森林保险供求理论、需求因素、支付意愿、供给行为与产品创新、财政补贴政策效果、供需困境以及财政补贴政策优化进行论述，既注重对森林保险基本原理的阐释，又突出理论与实际相结合，体系完整，素材丰富。全书一共分为八章，具体章节安排和内容如下所示。

第一章，绪论。从供需视角出发，梳理森林保险需求与供给方面的研究动态，阐述森林保险财政补贴方面的研究进展，并据此进行研究评述。

第二章，森林保险需求因素分析。从需求方出发，探讨森林保险需求的影响因素，重点分析不同类型林农的森林保险需求影响因素、不同保障水平对林农森林保险需求的影响、财政补贴政策对林农森林保险需求的影响，挖掘出影响林农森林保险需求的具体因素。

第三章，森林保险支付水平测度。从需求方出发，分析森林保险支付意愿的影响因素，测度森林保险意愿支付水平，重点探讨不同类型林农的森林保险支付水平差异、不同保障水平下林农的森林保险支付水平、不同保障水平下不同类型林农的森林保险支付水平差异，揭示林农的实际支付水平及差异。

第四章，森林保险供需失衡及制度困境。从宏观与微观双重维度剖析影响我国森林保险保费补贴政策效果有效发挥的深层原因，揭示我国森林保险发展面临的现实困境，并重点分析森林保险道德风险形成机理与防范机制。

第五章，森林保险风险区划与费率厘定。从供给方出发，进行林业灾害风险区划与保费率厘定，重点探讨林业灾害风险区划指标体系，梳理林业灾害风险区划方法，阐述森林保险费率厘定方法，并以森林火灾险为例进行森林火灾风险区划与森林火灾险的费率厘定。

第六章，森林保险保费补贴政策评价。以提高林农参保水平和保险公司赔付水平为政策目标，分析现行森林保险保费补贴政策的实施效果，具体是从效率评估与效应分析两个维度出发，定量测算现有补贴规模对实现政策目标的效率以及对林业产出的激励效应。

第七章，森林保险保费补贴政策优化。围绕补贴方式、补贴规模以及补贴标准三方面，基于森林保险保费定价机制确定补贴方式，基于“需求方意愿支付费率”和“供给方厘定费率”之间的缺口得到最优补贴规模，并根据不同保障水平、区域差异、营林主体等情况设定差异化的补贴规模和补贴比例。

第八章，森林保险与林业信贷合作模式创新。分析森林保险与林业信贷耦合机制，并从助农增收与关联关系等方面论证“林业信贷＋森林保险”的理论依据和现实基础，同时参考现有典型案例为促进林业信贷与森林保险的互动发展，以及完善我国林业金融服务体系提供参考。

本书坚持理论基础与实践案例相结合，国际经验与我国实际相结合，市场逻辑与政策目标相结合，提出了解决中国森林保险问题的新框架、新视角、新观点、新思路。

第一，本书首次从森林保险需求与供给角度出发，针对林业经营主体保险需求特征设计了专门针对小林农和新型林业经营主体的个性化调查问卷，并针对森林保险开展比较深入省份林农的森林保险及信贷客观真实情况，全面了解小林农和新型林业经营主体的森林保险需求，为加强和改进森林保险与林业金融服务，积极推进林业产业可持续发展提供有益的政策研究信息。

第二，本书将森林保险产品设计置于中国林业产业发展和金融工具创新的整个过程中，提出将经营绩效与风险分散并重来构建森林保险服务体系，破解森林保险供需双冷困境。特别是针对森林保险特征提出了风险区划费率厘定、差异化保费补贴政策、森林保险与林业信贷相结合模式的具体应用。

第三，本书把握金融创新发展趋势，针对林业产业经营个性特征和金融属性，量身定制适合不同类型林农的可操作性强的森林保险产品、最优的保费补贴方案、金融工具和金融服务项目，以期解决森林保险功能单一和保险产品不足的问题。

第四，本书从林业与金融结合的实践出发，对林业产业与金融发展的关系进行研究，探讨森林保险与林业信贷对接的有效的金融支持机制，以及支持金融机构森林保险供给的配套政策，对于推进保险机构对林业的金融支持和保险供给，提高产业政策调控林业发展的有效性，丰富林业产业政策的内容体系，促进国家林业产业政策体系的完善具有重要的实践价值。

希望本书能为森林保险领域的理论和实践创新提供全面的基础知识，也为宏观决策层和微观实务界以及对森林保险有兴趣的读者提供一些有益的参考。

本书列入国家社科基金后期资助项目“中国森林保险需求与供给模式研究”（20FGLB022）资助计划，并得到以下科研项目的资助：国家社会科学基金一般项目“森林保险精准扶贫效果评估与财政补贴机制优化研究”（19BGL052）、教育部人文社会科学研究青年基金项目“我国森林保险精准扶贫效应评估与机制优化研究”（20YJA790059）、北京林业大学中央高校基本科研业务费项目“森林保险支持乡村振兴作用机制与实现路径研究”（2023SKY03）、北京林业大学 2022 年度“双一流”建设项目“生态产品价值实现机制与碳金融支撑体系”（2022XKJS0305）、北京市社会科学基金项目“北京市公益林保险产品创新与运行模式优化”（18YJB011）、北京林业大学教学改革项目“碳金融专业人才培养模式与课程体系设计”（BJFU2022JYZD011）、北京林业大学 2020 年研究生课程建设项目（JCCB2035）、北京林业大学教育教学研究教学名师项目（BJFU2017MS006）、国家林业和草原局业务委托项目“林草综合保险高质量发展研究”。

本书的完成归功于北京林业大学林业金融研究院、北京林业大学中国碳金融研究院多年来一直聚焦于林业金融与林业保险领域的科学研究与实践探索，感谢团队成员邓晶、宋蕊、朱然、姚雪、宋肖肖、汤心萌、陈国荣、张宝林、朱彩霞、王姗、周瑞原、武建辉、于航、于溶辉、李建华、崔晨旭、郭春艳、姜卉欣、杜金政、邓树文、康乐彤、李廷骥、张亚翔、李昌辉、安正祺、刘家奎、孙雯琪、刘李劲阳、于奕爽、赵伟光、张嘉敏、李昊、杜亚婷、席子立、程军国、刘琨天、邵豹伟、孙晓敏、李佳怡、夏玲、刘芮含、吴静黎等为资料收集和整理的辛苦付出。同时还要感谢国家林业和草原局规划财务司、林业工作站管理总站、广西壮族自治区林业局、广西北部湾林业产权交易中心、中国人寿财产保险股份有限公司、中华联合财产保险股份有限公司、太平洋财产保险股份有限公司、安华农业保险股份有限公司、中国人民财产保险股份有限公司等单位和机构的大力支持。另外，本书在写作过程中，参考了诸多农业保险、保险学相关的教材和论著，吸收了许多专家同仁的观点，为了行文方便，不便一一注明，书后所附参考文献是本书重点参考的论著。在此，特向在本书写作过程中引用和参考的已注明和未注明的教材、著作、文章的编者和作者表示诚挚的谢意。

尽管我们全力以赴，但由于主客观条件所限，本书尚有诸多不尽如人意之处，热忱盼望各位专家和读者的批评指正，以利于日后不断完善和提高！

作　者

2024 年 3 月

# 目　录

# 第一章 绪 论

## 第一节 研究背景与意义

开展森林保险工作是中央支持林业发展的重要举措，对于保障营林主体的经济利益、巩固发展集体林权制度改革成果，特别是对于提高林农抗风险能力，促进信贷等金融工具对林业的支持，推进现代林业和生态文明建设具有重要意义。我国自 1984 年正式开展森林保险试点工作，到 1988 年森林保险试点已覆盖至全国 20 多个省（区、市）。然而，20 世纪 90 年代以后，森林保险业务始终处于发展缓慢或停滞不前甚至逐步萎缩的状态。为促进森林保险业务的深入发展，2009 年，我国在江西、湖南、福建三省启动中央财政森林保险保费补贴试点工作，2010 年，又增加了浙江、辽宁、云南三省；到 2012 年补贴区域扩展到 17 个省（区、市），2013 年补贴范围已扩大至全国 22 个省份。根据《2022 年全国森林保险统计分析报告》统计，截至 2022 年底我国共有 36 个地区和单位纳入中央财政森林保险保费补贴范围，总参保面积达 24.65 亿亩，参保面积占全国森林面积的 69%。

从目前实施情况来看，保费补贴政策在很大程度上提高了林农的参保率，扩大了森林保险的覆盖面。但现行森林保险产品和补贴政策设计仍存在一定缺陷，一是没有根据林地实际价值和风险特性来进行保费定价，森林保险核心要素也没有经过科学和定量的评估，人为性与随意性较强，导致森林保险产品难以满足实际需求，林农的参保积极性不高；二是过强的政府干预使保险产品的价格偏离其真实的市场价格，森林保险经营成本与收益不匹配，造成保险机构供给意愿不强；三是补贴方式和标准的确定缺乏科学的理论依据，不利于激励各主体参保的积极性，难以实现协同推进的效果。作为高度依赖财政支持，并且已经开展了 10 多年中央财政补贴试点工作的险种，森林保险供求困境的破解及其政策优化，应当以对现有补贴政策效果的评价为基础，以科学设定补贴规模和补贴标准为核心，以提高林农参保率并满足风险补偿需要为政策目标，以创新森林保险产品和经营模式为实施路径。

根据“补贴规模 = 保费 × 补贴比例 = 保险金额 × 保费率 × 补贴比例”这一定义公式，可知保险金额、保费率和补贴比例是决定补贴规模是否科学、补贴政策是否奏效的三大关键因素。然而，从目前直观的实践经验看，决定我国森林保险保费补贴规模的这三大因素都存在着一定缺陷。第一，森林保险的保险金额尚不能完全满足林农实际需求，致使林农参保意愿不强。目前森林保险方案按照“低保费、低保额、保成本”的原则来确定，保险金额主要根据林业生产物化成本的一定比例确定，大量人力成本和其他成本得不到补偿。平均每亩 500 ~ 800 元的保险金额根本无法满足林农避险需要，因此，林农的实际投保意愿并不强烈。第二，森林保险的费率厘定缺乏科学依据。保费率是确定保费进而决定补贴规模的基础，而目前我国森林保险费率厘定主观性较强，缺乏风险分区与费率分区的科学依据，未能反映区域之间风险水平的差异和风险转移的真实成本，致使保费补贴政策难以满足不同地区的差异化需要。第三，保费补贴比例的提升空间有限。我国一直将提高保费补贴比例作为提高参保率的主要手段。目前，公益林保险各级财政保费补贴比例合计已超过 90%，商品林保险补贴比例也达到 70% 以上，这大大超出全球农业保险保费补贴比例平均 44% 的水平，继续提高补贴比例必然产生边际效用递减，影响补贴资金的使用效率，且提升空间已越来越小。而且随着补贴比例的提高以及补贴覆盖面的扩大，持续加大补贴力度必然会造成政府财政负担过重。

由于保险金额和保费率既是直接决定补贴规模的基础，又会通过补贴比例对补贴规模产生间接影响，即保险金额影响着林农的支付意愿和水平，林农的实际支付水平与保费之间的相对缺口需要通过调整补贴比例加以弥补。因此，为突破现行补贴政策的设计缺陷，本书跳出依靠传统的补贴比例这一单一政策工具，以优化保费补贴规模为核心，将影响补贴规模进而影响补贴政策实施效果的三个关键因素：保险金额（保障水平）、保费率和补贴比例统一纳入整体分析框架，在分析森林保险最优保费补贴规模测算机理的基础上，利用大样本林农数据测度其森林保险支付水平，并基于风险区划科学厘定森林保险费率以体现区域间林业风险水平的差异，再根据林农的意愿支付费率与实际公平费率的差额确定最优保费补贴规模，并通过保障水平、保费率和补贴比例的相互配合进行政策优化，以实现提高林农参保率和满足风险补偿需要的政策目标，促进森林保险市场的发展建设。

本书在理论上丰富了林农参保意愿及能力分析、森林保险产品定价、财政补贴效率评价和保费补贴规模确定等方面的研究成果。在实际应用方面，致力于解决我国森林保险发展中存在的保障水平不合理、费率厘定不科学和补贴比例难奏效的三大关键问题，为我国森林保险早日摆脱“供需双冷”的发展困境提供解决方案，并通过创新保险产品和优化补贴政策提升林农的参保意愿，激发保险机构产品供给动力，进一步推动森林保险发展，最终服务于我国林业可持续发展和生态文明建设。

## 第二节　国内外研究动态

### 一、有关森林保险功能属性方面的研究

森林保险是以具有生态和经济价值的防护林、用材林、经济林和能源林等林木作为保险标的，对其在生长和经营过程中因约定的自然灾害或意外事故所造成的经济损失，保险人按照保险合同规定向被保险人提供经济补偿的一项保险业务。目前我国森林保险根据政策要求按照“低保费、低保额、保成本”的原则设定保险金额，即参照林业生产物化成本的一定比例确定，以“保成本”为主要目标为营林主体提供受灾后的收入补偿。其实，从降低受灾损失的角度来看，森林保险具有财产保险的根本性功能，其保障水平应根据保险标的实际价值来确定（秦涛等，2017）。我国按照“保成本”原则设定的森林保险保障水平与实际情况相差较远，不仅难以覆盖林业经营的成本，更难以反映林业本身作为保险标的的价值。从国外发展经验来看，美国、瑞典、芬兰、日本等国家均按照“保价值”的原则来确定森林保险的保险金额，实现了对林业产品的内在价值与外在损失的综合保护。

森林保险不仅功能上具有独特价值，其自身还具有特殊属性。主要表现为：第一，弱可保性。林业风险过于集中，很难在空间上分散，一旦发生灾害造成的损失难以估量；灾害的相关性和伴生性、林木灾后的自我恢

复能力导致定损理赔困难。第二，保险价值难确定。森林保险标的的价值在投保之前仍未形成，且会随着森林的生长、劳动、资金的投入而发生变化。此外，不同林种标的间具有较大差别，森林保险标的不是单纯的物质性标的，还有生命性标的，需要加以区分。这些都造成合理确定森林保险的保额非常困难。第三，经营成本高。林地规模小、分布广、地处偏僻、经营分散等特点，使森林保险展业成本和保费取得成本均较高，另外由于定损难度大，核损理赔需投入的人力、财力均较高。第四，费率难厘定。我国各地林业风险损失存在较大差异性，目前灾害事故的数据积累不足，导致测度森林灾害发生频率难度大，难以科学厘定森林保险费率。第五，续保周期长。林业标的都是多年生植物，生长周期短则几年，长则几十年，因而森林保险的可续保周期是相当长的（Sabirov & Aydar，2014；秦涛等，2016）。从森林保险的特点来看，开展森林保险的难度非常大。现有研究中，不乏对于森林保险功能作用、特有属性的讨论，但却没能结合森林保险的功能属性给出对于我国森林保险发展的明确目标定位，影响了对森林保险的长期规划，未来的研究中需着力在这一问题上予以重视。

森林保险特有的功能属性导致了市场难以自发建立和运行，有效供给与有效需求均不足，出现市场失灵。现有研究中对于森林保险供需双冷引发“市场失灵”的内在原因主要可以分为两类观点：一方面，持有森林保险属于准公共物品观点的学者认为，森林保险具有外部性，成本与收益不对称是森林保险市场失灵的原因之一；另一方面，也有学者认为信息不对称导致的道德风险与逆向选择，影响了森林保险的供求，造成市场失灵。

**（一）森林保险外部性**

学者们对于森林保险外部性特征的探讨，大多从森林资源本身的外部性特征出发，引申出森林保险产品也同样具有外部性。森林所提供利益的一部分由其所有者享有，是可分的，具有私人物品的特征，但其利益的另一部分可以由所有者以外的人享有，是不可分的，所以又具有公共物品的特征，这种现象被称为利益外溢现象。从这个意义上讲，林业产业具有很强的正外部性。森林保险以保护林业产业为主要功能，因而也具有正外部性。

总结森林保险的特性可以发现：第一，森林保险与森林资源一样，也表现出社会效益高而自身效益低，反映出其具有明显的公益性；第二，森林保险具有一定的排他性，即必须符合一定的条件才能参加森林保险；第三，森林保险在效用上具有一定程度的不可分割性，其一方面具有满足人们生活需要的有形效用，另一方面还具有调节气候、美化环境等无形效用；第四，森林保险经营具有规模性。森林灾害的地域性、伴生性等特点决定其必须实行规模经营，利用大数法则分散经营风险（宋静波和王永清，2018）。这些性质使森林保险产品从根本上来说，既不是完全意义上的私人物品，也不是典型的公共物品，而是介于二者之间，但更多趋近于公共物品，故可称之为“准公共物品”。森林保险所具有的这种外部经济性及准公共物品特征，使得森林保险市场个人利益最大化行为不能实现社会资源的帕累托最优（王华丽和陈建成，2009），这无疑会破坏森林保险的市场效率，导致市场处于“失灵”状态。

### （二）信息不对称理论

森林保险中的逆向选择问题主要是由于信息不对称导致保险公司无法确定森林的全部风险状况，如果按照所有森林资源平均的出险概率确定保费，不同投保林农之间转嫁风险的权利和支付保费的义务就不对等，极易诱发投保林农的逆向选择行为，造成风险低的林农不愿意购买保险产品，只有风险高的林农才会购买保险产品（秦涛等，2013；Zhao et al.，2017），“劣等客户驱逐优等客户”，森林保险产品的风险不断向保险公司集中，最终导致保险公司只能选择不断提高保险费率或接受经营亏损，无论哪种选择都将导致森林保险需求或供给的减少，使森林保险市场逐渐萎缩（石焱，2009）。

而道德风险问题，不仅包括传统保险理论中因投保人不诚实或故意欺诈促使保险事故发生的隐藏信息道德风险，还包括投保人因疏忽和过失行为而引起的隐藏行为的道德风险（秦涛等，2021）。例如，在公益林领域，由于管护林农从公益林中得到的经济效益甚微，且公益林管护费较低，投保森林保险后，林农可能会松懈风险管理意识和行为，存在较大的道德风险隐患；而商品林方面，由于受到采伐许可的限制，很多成熟林不能被采伐，一些林农为迅速将林木变现，可能会采取人为纵火等行为，将树木转变为可以采伐销售的火烧木，骗取赔款。

综述可知，森林保险的逆向选择与道德风险的存在加大了供给方的风险，使得供给不足，进而影响有效需求，造成森林保险的市场萎缩与效率损失，出现市场失灵。

## 二、有关森林保险需求方面的研究

### （一）需求特征及影响因素

国外对于林农参与森林保险影响因素的研究始于 20 世纪 50 年代，大多以实证研究为主，形成了较为丰富的研究成果。阿罗（Arrow，1963）最早提出森林保险市场中的信息不对称问题严重阻碍了森林保险市场的发展，随后阿赫桑（Ahsan et al.，1982）也在研究中得出了相同的结论。在影响林农森林保险购买意愿的影响因素研究中，国外学者的研究结果表明，林农的支付能力、林业收入占家庭收入的比重、政府的灾后救助、保险费率、保险保障水平、户主的教育水平、从事林业生产的年限、人均收入、灾害发生的频次、风险管理措施等因素均对购买意愿有显著的影响（Goodwin，1993；Ginder & Spaulding，2006；Sherrick et al.，2011；Zhang et al.，2019）。国内学者将投保需求的影响因素主要分为四大类：一是林农的个人特征，包括林农对森林保险的认知程度（万千等，2011；秦涛等，2013；Masara & Dube，2017），林农的受教育程度（李彧挥等，2007；Qin et al.，2016），林农的性别（Jurkovicova，2016），林农的特殊经历如参加技能培训、外出打工、担任干部职务等（高阳等，2014），林农家庭的经济状况（万千等，2012；Rajan et al.，2019；Yanuarti & Aji，2019），林业收入占家庭收入的比重（朱述斌等，2013），户主的年龄及家庭人口的规模（廖文梅等，2011；Jaspersen，2016；Jamanal et al.，2019）等；二是林农所拥有的林地的特征，包括林地的资源禀赋，林地灾害发生的强度和频率，林地的流转限制，林地的面积大小等（谢彦明和刘德钦，2009；马立根等，2014）；三是森林保险产品的特征，包括保险金额和保费费率的大小，保障水平的高低，理赔流程的复杂程度等（秦涛等，2017）；四是政府的政策设计，包括林权抵押贷款是否与森林保险联动，是否有造林补助，森林生态补偿标准，保费补贴的水平等（朱述斌等，2013）。

林业经营主体包括小林农与新型林业经营主体（见表1-1），不同的林业经营主体在参保决策影响因素方面存在较大差异，森林保险需求存在较大的差异。因此，要充分了解不同林业经营主体的森林保险参保机制，制定具有激励作用的森林保险保费补贴政策。

**表1-1　不同林业经营主体的特征**

| 小林农 | 新型林业经营主体 |
| --- | --- |
| 规模较小，谨慎或不扩张 | 规模大 |
| 对贷款持谨慎态度 | 会借入资金 |
| 商品化程度低，收入低、支付能力差 | 收入高、具有较高支付力 |

续表

| 小林农 | 新型林业经营主体 |
|---|---|
| 保险意识弱，相对于风险，更关注保费 | 面临较高风险水平，保险意识强 |
| 多样化的生产，林业收入占比普遍较低 | 专业生产 |

1. 小林农

就小林农而言，林业生产规模普遍较小，且受限于教育水平与种植经验，保险意识与灾损估计普遍较低，保险需要不高。同时，小林农收入水平较低，保险购买力弱，导致其对政府保费补贴需求高，保费补贴可能是影响其参保决策的关键；且随着城镇化与劳动力转移的加速，林业生产收入占家庭总收入的比例小，林业生产波动对其家庭收入或生活的影响很小，这严重制约了其保险需要。此外，小林农对森林保险产品的关注更多集中在保费水平上，相较于风险，小林农更关注价格（Stojanović et al.，2012）；且其对待规模扩张和资金投入持相对谨慎的态度，导致信贷优惠支持对小林农的吸引十分有限。

已有研究普遍认为财政保费补贴可有效刺激小林农的森林保险需求，促进森林保险在更大范围地实施（Goodwin & Hungerford，2014；孙蓉和何海霞，2015；曾玉林等，2020）。此外，还从个人基本特征、家庭经济水平、保险产品特征等方面就小林农的森林保险需求影响因素进行分析。首先，就个人基本特征看，受教育程度（Gan et al.，2014；高阳等，2014；Liu et al.，2016；刘汉成，2019；郭军等，2019；Yang，2020）、风险态度（Cole et al.，2013；Harrison et al.，2016；尚燕等，2020；Brunette et al.，2020）、参保经验（冯祥锦，2012；韩茜，2012；Ma et al.，2015；Cai & Song，2017；王鹤，2017；庹国柱和李志刚，2020）等可显著影响小林农的森林保险购买意愿，尤其是林业生产所面临的不明确风险；而其他风险管理措施如灾后公共补偿或造林干预等不利于林业经营主体参保（Cipollaro & Sacchelli，2018）。其次，就家庭经济水平而言，家庭总收入与林业收入占比是影响林农森林保险有效需求的重要因素，其中，林业收入占比是表示林业生产经营对家庭经济的重要程度，其值越高，林业生产经营活动越重要，林农对林业生产的风险管理需求更迫切，更倾向参与森林保险（秦涛等，2013；Liu et al.，2017；Casaburi et al.，2018）；同时，也有学者指出随着非农就业趋势逐步加深，非农收入水平对小林农的参保需求有显著负向影响（刘海巍和陈珂，2020）。最后，就森林保险产品特征而言，保险责任范围、保障水平、保费水平等是影响小林农森林保险有效需求的主要因素，但当前因保额过低、险种单一、购买与索赔程序烦琐等问题，严重降低了小林农的森林保险购买意愿（乔慧森和智迪迪，2019；牛浩和陈盛伟，2019；曹兰芳等，2020）。

2. 新型林业经营主体

就新型林业经营主体[①]而言，由于其具有综合企业相似的特征，其风险与保险意识高，具有较高的保险需要。同时，新型林业经营主体的收入水平高，自身具备较高支付购买力，对政府的保费补贴需求不高。但新型林业经营主体具有较高的风险管理需求，对森林保险产品的保障与赔付水平的要求高。此外，新型林业经营主体具有更高的资金需求来进行规模扩张或提升生产技术，因此，会更关注与森林保险产品捆绑的信贷优惠支持，具有信贷优惠支持森林保险产品供给会对新型林业经营主体更具吸引力。

已有针对新型林业经营主体森林保险需求及影响因素的研究较少。新型林业经营主体包括林业龙头企业、专业大户、林业专业合作社以及家庭林场等；新型林业经营主体的经营规模或林地面积比传统小林农更大，所面临的林业风险及风险所致损失也相应更高，其对森林保险的需求应更强烈，更有意愿参保（鞠光伟等，2018；Ramolefhe，2020）；但受限于当前低保障水平与财政补贴政策设计缺陷，现行森林保险产品供给无法满足新型林业经营主体的基本风险管理需求（王克等，2018；左璇，2019），这严重影响了新型林业经营主体的参保与支付意愿，导致当前高比例的保费补贴政策对新型林业经营主体的激励效应仍旧偏低（冯祥锦等，2013；秦涛等，2014；庹国柱，2019）。

3. 不同类型营林主体差异分析

小林农与新型林业经营主体面临的林业风险种类及风险水平明显不同，相对于传统小林农，新型林业经营主体对森林保险的需求应更强烈（鞠光伟等，2018；李猛等，2019；牛浩等，2020；任天驰和杨汭华，2020）。但当前“低保障、广覆盖”的森林保险保费补贴政策下，财政补贴对小林农的激励作用更强，而对新型林业经营主体的激励作用十分有限（Stojanović et al.，2012；张伟等，2018），现行森林保险产品无法满足新型林业经营主体的基本风险管理需求，这严重影响了其参保意愿（秦涛

① 新型林业经营主体指被确定为省级新型经营主体标准化建设的单位，主要包括林业专业合作社、家庭林场、林业龙头企业等。

等，2014；张伟等，2018；庹国柱，2019）。同时，卢熙明等（2016）指出企业所有制、风险态度、金融需求如林业信贷等是影响新型林业经营主体森林保险购买意愿的主要因素，而保费、风险意识是影响小林农森林保险购买意愿的主要因素，且其中保费过高是限制传统小林农参与森林保险的最主要因素（卢熙明等，2016；曹兰芳等，2020）。此外，斯托亚诺维奇等（Stojanović et al.，2012）；张伟等（2018）认为在当前“低保障、广覆盖”的森林保险保费补贴政策下，财政补贴对小林农的激励作用更强，而在低保障水平下财政补贴对新型林业经营主体的激励作用十分有限。

总体来说，影响林农需求的因素可以概括为林农主观性因素、林地经营性因素等客观性因素。其中，主观性因素包括投保人年龄、受教育程度、风险偏好、对森林保险的了解程度及重要性认知等。林地经营性因素则包括林地经营情况、投保人的林业收入情况、林业受灾状况等。在有关林农森林保险需求影响因素研究的方法选择方面，微观层面的研究多采用调查问卷、实证分析的方法。其中，主要采用描述性统计分析与计量经济模型分析。在描述性统计分析中，部分学者采用了关联性分析与单因素方差分析（王敏俊，2009）。主要选用的计量经济学模型为累积 Logistic 模型（李彧挥，2007）、二元 Logistic 模型（张跃华等，2005；万千等，2012；谢彦明和刘德钦，2009；杨琳和石道金，2010；廖文梅等，2011；马洁等，2012；秦涛等，2014；卢熙明等，2016；Mukhopadhyay et al.，2019）、有序 Probit 模型或 Logit 模型（宁满秀等，2005；刘汉成，2019；曾玉林等，2020；曹兰芳等，2020；富丽莎等，2022）和 Tobit 模型（孙香玉，2008），其中又以 Logistic 模型最为常用。

**（二）支付意愿及影响因素**

国外关于森林保险支付意愿的研究开展得相对较早，成果较为丰富。古德温（Goodwin，2001）研究发现林农对于森林保险的购买意愿有限及支付能力不足导致林农需求有限。霍尔特豪森和波尔（Holthausen & Baur，2001）认为林业收入不是林农家庭主要经济来源导致林农不愿购买森林保险。布鲁内特和科图雷（Brunette & Couture，2008）则认为政府的灾后救助行为导致林农存在侥幸心理而不购买森林保险。拉杰米什（Rajmis，2008）通过对德国海尼希（Hainich）国家公园附近居民的调查并进行 Logit 分析，结果显示当地居民对防森林病虫害及风暴的保险服务支付意愿高于未知风险的保险支付意愿，这两者均比为防止气候变化而进行植树造林的支付意愿高。布鲁内特等（Brunette et al.，2008）通过实地调查得出影响林地所有者对火灾保险支付意愿的4个主要因素是预期的风险损失、灾后公共补偿、自然风险的不确定性及林业产权所有制的区别，这4个因素不同程度地影响了林农的保险决策和保险需求量。布鲁内特等将调查群体分为森林所有者和林业专业学生进行实验性研究，结果证明，两者对保险的支付意愿基本一致，只是对主动投保和保险的频率有较大的不同，无论风险大小和税收程度如何，高的公共补偿都会降低对保险的需求程度。邓等（Deng et al.，2015）基于对密西西比超100英亩林地私人森林所有者的调研，结合运用条件价值评估法（contingent valuation method，CVM）与区间截尾生存模型及Kaplan－Meier Turnbull非参数模型就土地所有者的森林保险支付意愿进行估计，研究表明估计的意愿支付费率约为每1000美元林木价值3.20美元，远低于现有的保险费率，这也一定程度地解释了现行森林保险投保需求不足（Sauter et al.，2018；Fona et al.，2018）。佩雷斯等（Pérez et al.，2016）利用显性偏好模型和确定性等价理论，基于对西班牙东南部林农的调研，计算了不同收入保障下的农业收入保险的支付意愿，结果表明该地区收入保险的支付意愿价格（willing to pay，WTP）高于观察到的保费，这可能有利于更全面的收入保险制度的发展。索特等（Sauter et al.，2018）基于对137名德国林工的调研数据，运用WTP分析了林务员对火灾和风暴保险的支付意愿，研究结果显示部分林工对保险的WTP很低，补贴保费提高了WTP，涉及灾后无条件支持的政策项目降低了WTP，而个人风险态度对保险的WTP影响不显著，据此提出应建立一个有效的森林保险市场。芬达等（Fonta et al.，2018）基于布基纳法索西南部林农的调研数据分析了基于天气指数的农作物保险支付意愿，结果表明保费额会显著影响保险覆盖面，较高的保费可能会阻碍林农参与，且对保险认知度越高，投保可能性越大（Lyu & Barré，2017），同时也显示优惠捆绑信贷支持可促进林农的保险支付意愿。拉莫乐费（Ramolefhe，2020）研究发现林农对以天气指数为基础的保险的意愿支付水平高于全额保险产品、比例覆盖保险产品等的其他保险类型（Cole et al.，2014）。芬达等（Fonta et al.，2018）和董等（Dong et al.，2020）就影响林农支付意愿的因素进行分析，指出对保险的认知度、受教育程度、风险感知水平、优惠捆绑信贷支持、保险责任覆盖面、经营面积等会显著正向促进林农的意愿支付水平、保费额、耕作年限、灾后无条件支持（Pérez，2016；Nyaaba et al.，2019；Gulseven，2020）。

国内有关支付意愿影响因素的实证研究主要集中在农业保险（程静等，2018；曹蕾等，2019）。关于森林保险支付意愿的研究刚刚起步，已有研究大多以林农的支付意愿作为桥梁就补贴规模与保障水平的关系进行研究。在不同的保障水平下营林主体对森林保险的支付意愿是不同的，从而决定了财政应该给予多大规模的财政补贴。有学者指出从供给方保费定价与需求方林农支付意愿间缺口测算森林保险保费补贴规模（富丽莎等，2020），但具体从供需双方的支付缺口对补贴规模进行实证测算的研究目前还没有，大部分学者仅对农业保险或森林保险的支付意愿进行测度（李彧挥等，2013；陈晓丽和陈彤，2016；雷啸等，2020；富丽莎等，2022）。刘海巍等（2020）基于 IAD 延伸模型系统构建林农森林保险支付意愿影响因素框架，运用 CLAD 模型就林农保费支付意愿与林地规模化的关系进行分析，指出对商品林经营主体来说，林地经营规模与林农支付意愿关系呈倒 U 型关系；对小林农来说，适度增加林地经营规模可有效提升其森林保险支付意愿，提升林权颁证的进一步推进有助于提高林农的保费支付意愿。

综上所述，国内外文献在研究思路和方法上为后续研究提供了较好的基础，然而也存在一些局限：第一，对森林保险支付意愿的定量研究尚处于起步阶段，也有部分学者直接将需求意愿与支付意愿混淆看待。事实上，支付意愿属于需求意愿的进阶阶段，提高林农的支付意愿更有助于推动森林保险的发展，因而未来的研究中可以将关注重点适当从需求意愿向支付意愿进行转移和倾斜；特别是将 CVM 模型与 Cox 比例风险模型结合起来进行实证研究的文献极少，亟待补充。第二，对影响因素的考察不够全面，大多集中在林农的个体特征上，如林农年龄、受教育程度、家庭收入等因素，而忽视了森林保险产品本身特征和政策补贴等因素对林农森林保险支付意愿的影响，这导致实证结果无法为保险产品设计以及财政补贴政策优化提供可靠而且有针对性的支撑。

## 三、有关森林保险供给方面的研究

### （一）森林保险供给不足及原因

国内学者对于保险公司森林保险的供给动力主要从经营森林保险的成本收益和自身风险分散的能力两方面进行分析。经营森林保险的成本收益是保险公司考虑的首要因素。由于林业生产点多面广线长、经营分散，且林区往往地处偏僻、交通困难，导致森林保险展业成本高、保费收取成本高（Zhang & Stenger，2014；秦涛等，2016）；同时林地状况、树种、林龄等情况复杂，增加了定损和理赔费用与难度（王珺和冷慧卿，2011；李艳和陈盛伟，2018）。这些因素导致森林保险的经营成本远比一般商业保险和农业保险高（周式飞等，2010）。宋烨和彭红军（2019）提出，我国森林保险险种单一意味着市场规模不大，有效需求不足。森林保险的实际费率远低于其公平精算费率，即便对于这种潜在的损失有财政补贴作为支持，但仅针对林农提供单一保费补贴的方式，使保险公司无法获得额外收益，并不能有效激发其承保积极性（秦涛等，2016）。因此，从成本收益的角度来看，商业保险经营的逐利性与森林保险业务高亏损性的矛盾使保险公司对森林保险的供给动力严重不足。

此外，保险公司承保森林保险过程中还承担了较大风险，其自身分散风险的能力有限，也影响了供给动力。由于林业灾害发生时，在同一风险单位下的保险单位可能同时出现损失，导致林业巨灾损失的出现，从而使得保险公司面临较大的理赔风险（Ribeiro & Pinheiro，2013；张琳等，2014；秦涛等，2016；李艳和陈盛伟，2018）。虽然可以选择通过再保险途径分散直保公司面临的风险，但我国再保险等风险分散制度目前仍有较大缺失。由于再保险公司同样面临森林保险逆向选择严重、赔付率高、经营成本高等问题，导致森林保险再保险的费率水平进一步提高。不仅如此，再保险公司通常也在合同中设有免赔、共同赔付及损失限额等条款，致使原保险公司也不能通过再保险寻求到全方位的保护（秦涛等，2016）。

通过保险公司森林保险供给乏力的原因分析，也引出了其背后与保险产品定价、补贴制度及再保险机制等相关的深层次诱因。但目前对森林保险供给乏力的分析以定性分析为主，缺乏基于保险公司经营绩效等方面的定量表达；对影响保险公司供给乏力的两大类因素，没有进一步细化比较，不利于找到各地区森林保险供给方面存在的共性问题和特性问题。

**（二）森林保险产品创新与定价**

森林保险的供给方面，学者们还关注了对于保险产品的创新性开发，并主要基于分险种、分区域等角度考虑了对森林保险产品的差异化设计。分险种方面，有学者建议应结合不同地区林农的实际避险需求和森林灾害特点展开设计，对于冰雹、雨雪等多种灾害性天气和虫灾等都应有所涉及（汪绚等，2008）。秦涛等（2017）、宋烨和彭红军（2019）提出可尝试设计以火灾险或病虫害险为主险，其他灾害险为附加险的险种。分区域方面，由于我国森林火灾风险的省际差异显著（冷慧卿和王珂君，2011；

王华丽，2011；张德成等，2016；邢红飞等，2018；富丽莎等，2020），应基于风险区划设计森林保险产品。秦涛等（2013）提出应综合考虑林农有差异的需求及其面临的风险种类、风险大小等因素设计差异化的保险产品。划定风险区域，结合各风险区域内灾害风险的发生频率、致损特点进行有差别地厘定，以确保费率水平与林农的避险需求和保险公司的供给能力相匹配（桂子凡等，2010；宋静波，2013；叶涛等，2016；李艳和陈盛伟，2018；宋烨和彭红军，2019）。

在森林保险风险区划研究方面，国外主要通过建立识别森林火灾的指标进行风险区划，采用的方法有综合评判法、主成分分析法、聚类分析法等，汤普森等（Thompson et al.，2000）对 8 个致灾因子分别求得风险指数，然后将所有指数加总得到综合风险指数，最后将其划分为 5 个风险区；厄尔腾（Erten et al.，2002）将 5 个致灾因子分别赋予权重和划分等级，然后将综合风险指数划分为 6 个区间；拉比等（Rajabi et al.，2013）采用 Fuzzy 综合评判法进行风险区划，减少了主观因素，采用最小值最大值方法进行区间切断，用重心法进行逆模糊化；赛瑞凯等（Sivrikaya et al.，2014）基于 GIS 构建森林火灾风险指数，并对火灾风险的等级进行确定与划分；拉坎布（Larcombe，2014）以树种基因流量化其构造遗传风险，同时结合气象因素进行风险预测。国外学者的研究对国内森林火灾保险有借鉴意义，但无法直接适用于我国森林保险。原因在于我国森林保险制度要求采用不区分林龄的总体费率、费率单位为千分率、保额为不区分树种的固定值。同时，由于国内森林保险的主要险种为森林火灾险，因此，多是围绕森林火灾受灾风险进行区划的研究。冷慧卿和王珺（2011）提出，我国不同区域之间风险差异较大，森林火灾发生的空间分布不同，可以在省一级行政单元尺度上根据历史损失率对我国的森林火灾风险进行等级区划；张琳等（2014）基于非寿险精算理论基础对森林火灾巨灾风险作出损失评估，为保险公司和政府部门提供了一个较为完整的流程以及参考模型的输出结果。

国内学者在森林保险费率厘定方面也有一定研究。国外多是结合灾害综合险进行研究，单一研究保险费率的较少，布鲁内特等（2015）认为，目前森林保险的费率与林业收益相比来说还是过高；霍乐赛和汉文克尔（Holecy & Hanewinkel，2006）通过对不同树龄的森林灾害历史数据进行威布尔（Weibull）建模分析，根据模型的概率损失分布进行风险区划与费率厘定，得出总保费等于净保费率加附加保费率（Zhu et al.，2019；

Mutaqin & Sunendiari，2020）；斯丹朋达等（Staupendahl et al.，2011）利用 Weibull 分布对受损树木的存活年龄进行拟合，得出了树木受损年龄的概率分布和危险率曲线；布鲁内特等（Brunette et al.，2015）对斯洛伐克天堂地区在风灾、火灾、虫灾等多种自然灾害下的保险费率厘定进行了研究，也认为总保费率应由净保费率与附加保费率构成，净保费率为年期望损失率，附加费率为最大保险误差。相比而言，国内对于费率厘定的研究多是结合风险区划进行的，大多是根据风险区划的结果应用科学的理论和方法厘定保险费率。王华丽（2011）认为，可以根据保险费率计算的相关理论来确定森林火灾保险费率的合理取值，将全国划分为不同的费率区；桂子凡等（2010）则认为，可以编制森林火灾风险图，结合火灾频次和经济发展水平建立经济指标体系，据此厘定费率。此外，宋静波（2013）认为，应该将土壤湿度纳入森林火灾保险费率探讨的范畴，根据同一地域不同年份的土壤湿度数据，实施差异化的火灾保险费率；叶涛等（2016）对多年期森林保险产品进行了研究，提出可以对多年期不同的树种、树龄的保险标的，结合火灾纯风险损失率，实施差异化的保险金额及费率体系，为构建多年期的森林保险产品体系提供了思路。目前对于风险区划和费率厘定的研究方法主要包括：蒙特卡洛模拟法（洪伟等，1993）、因子和聚类分析法（邢红飞等，2018；张英等，2018）、改进的 Holecy 模型（张德成等，2016；秦涛等，2018）、基于熵权的 TOPSIS 法（陈国荣等，2017）。如邢红飞等（2018）基于 2010—2014 年森林火灾损失率数据，应用指数平滑法预测未来森林火灾损失率，以此损失率划分的风险区域设定风险系数，加入稳定系数作为纯费率，以纯费率的 10% 作为附加费率来测算省（自治区、直辖市）森林的火灾保险费率；张德成等（2016）通过纳入参保面积变量以及更改费率计量单位、采用不区分林龄的固定保额假定等方式改进 Holecy 模型，使之适用于中国森林火灾保险的费率厘定，并利用改进后的模型计算出我国省级森林火灾保险的森林火灾费率，得出不同参保率下各省森林火灾保险的风险附加费率，并指出改进后的模型能够提高森林火灾保险费率厘定的精度；秦涛等（2018）在借鉴改进后 Holecy 模型基础上，运用参数估计方法估计各省森林火灾年度受害率服从的概率密度分布对我国各省森林火灾进行风险评估，并对森林火灾保险费率进行建模，厘定各省森林火灾保险风险纯费率与不同参保率条件下各省风险附加费率，由此计算出不同参保率条件下的各省森林火灾保险总费率理论值；陈国荣等（2017）在考虑火灾危险指标、火灾减灾、火灾损失指标的基础上构建森林火灾风险区划指标体系，并运用熵权法结合 TOPSIS 对全国各省份进行风险区划研究。

## 四、有关森林保险财政补贴方面的研究

### （一）森林保险财政补贴依据

国外学者对于森林保财政补贴的研究通常以福利经济学为理论基础，经历了两个阶段：第一个阶段，主要是对森林保险市场失灵进行经济学解释，为森林保险财政补贴政策寻找理论依据。对于森林保险市场失灵的原因主要从外部性特征和信息不对称两个视角考虑，一类是围绕外部性特征开展的理论分析和实证检验，认为森林保险具有公共物品典型的外部性特征，导致其私人收益小于社会收益，私人成本大于社会成本，为刺激营林主体对森林保险的有效需求和保险公司对森林保险的有效供给，政府应对森林保险进行补贴（Goodwin，1993；Shaik et al.，2005；Coble & Barnett，2013；Yu et al.，2016；Cole & Xiong，2017；King & Singh，2018）。另一类是围绕信息不对称下的道德风险与逆向选择问题开展，认为道德风险与逆向选择增加了森林保险成本（Lambert，1983；Rogerson，1985；Bekkerman et al.，2012；Gunnsteinsson，2012）。为此，学者普遍认为，财政补贴是推动森林保险发展的先决条件之一（Esuola et al.，2007；Mahul & Stutley，2010；Jayson & Lusk，2017；Ma et al.，2019；Ghosh et al.，2019）。第二个阶段，随着森林保险财政补贴水平的不断提高，开始侧重于对森林保险财政补贴的福利效应研究，并围绕财政补贴能否有效解决森林保险市场失灵的问题展开激烈争论。学者们通常认为财政补贴可提高社会总福利，且保费补贴对林农参加森林保险的积极性有正面影响，可以纠正市场失灵（Glauber et al.，2002；Tronstad & Bool，2010；Chen et al.，2014）。巴雷阿尔等（Barreal et al.，2014）基于森林保险理论估价模型对西班牙西北部地区松树周转率和盈利能力模拟研究指出，森林保险是增加森林投资的净现值的有效政策，特别是在风险越高的地区，营林主体越能从中获取更多利益。佩雷拉（Pereira et al.，2018）采用净现值（NPV）、内部收益率（IRR）和等效周期效益（EPB）三种经济评价方法探讨森林保险及补贴政策的影响，结果表明森林保险保费可增加经济指标出现负值的可能性，且森林保险相关投入对净现值的最终价值影响较小，而政府保费补贴可通过降低森林保险成本并减少投资风险的可能性。

国内学者对森林保险财政补贴也沿着市场失灵与福利效应分析的路径

进行了考查，且对政府财政补贴支持重要性的见解一致，均认为森林保险是一种准公共产品，具有生产和消费的双重正外部性，这使得森林保险资源配置低效，产生市场失灵，导致森林保险存在供需失衡困境；而政府对森林保险的直接经营费用补贴抑或保费补贴可打破市场失灵僵局，是森林保险市场发展的先决条件（周式飞等，2010；张长达和高岚，2011；王华丽和陈建成，2011；李亚军，2014；顾雪松等，2016；高播等，2016）。卢熙明等（2016）认为政府财政对森林保险的补贴支持，有助于缓解森林保险市场供需双冷的局面，增加林农总体福利水平。王鹤（2017）基于对辽宁省365位林农的研究指出，林农对保费是否满意是影响其有效需求的主要因素，而政府的财政补贴是提高林农对保费满意度，进而刺激其参保意愿的关键手段。沈（Shen，2019）认为由于森林保险特殊性，其发展必须得到国家或政府的财政补贴，否则就会出现集体森林保险的供求困境，并指出财政补贴、合作经济及宣传教育是影响我国林农参保决策的重要因素。王华丽和张宇（2019）实证分析了补贴政策支持下的森林保险与生态补偿间的关系，研究发现森林保险的实施对森林生态的恢复有显著的促进作用，并且存在进一步优化的空间。

学者们虽然从市场失灵的角度论证了森林保险保费补贴的必要性，也对森林保险保费补贴政策的福利效应进行了研究，但却忽略了一个重要的问题——保费补贴是由政府提供的，森林保险保费补贴政策的形成是一个经济与政治不可分割的过程。政府并不是一味地进行强制干预，而是通过财政补贴政策来优化参与主体的行为（谢家智和周振，2009），进而改善森林保险供需均衡，改善市场失灵。然而，“市场解决不好的问题，政府也未必解决得好”（陈振明，1988），补贴政策往往会带来社会福利的无谓损失（孙香玉和钟甫宁，2008；余洋和董志华，2016）；森林保险保费补贴政策的福利效应已遭到质疑，他们认为财政补贴并未有效解决森林保险市场失灵问题，反而会导致社会福利的净损失；如果进一步加大保费补贴力度，一方面，使得补贴成本高昂，可能会使政府陷入沉重的财政负担，而这些负担最终将转嫁给纳税人（Goodwin & Smith，2013）；另一方面，将会扭曲保险市场的价格机制与保险自身功能，加大林农的高风险行为，进而降低社会资金的效用，也对私营保险产生挤出效应（Brian，2001；Glauber，2007；侯玲玲等，2010）；也有学者指出现行财政补贴资金效率偏低，提出应实施“以奖代补”政策来提高补贴激励效果的建议（吕开宇等，2016）。

森林保险与农作物保险一样，其正外部性和需求的价格刚性使得森林保险市场失灵现象在世界各国普遍存在，因此，需强调财政补贴对缓解市场失灵与提升社会福利以及森林保险发展的必要性。一般情况下，为解决森林保险市场失灵的问题，各国均不同程度提供财政支持。

**（二）森林保险财政补贴方式**

政府对森林灾害的财政支持方式可以是灾前风险管理（如保费补贴）方面的投入，也可以是灾后的救灾补偿。霍乐赛和汉文克尔（Holecy & Hanewinkel，2006）首次提出灾后补偿会降低林农参与森林保险积极性和林业风险管理方面的投入，这将不利于森林的可持续发展。随后，学者就灾后救助补偿对森林保险的影响进行了进一步的探讨。布鲁内特和科图雷（Brunette & Couture，2008）通过研究欧洲一些国家的风暴灾害补贴对非工业私有林场主购买风暴森林保险的决策行为，发现政府在灾害发生后对非工业私有林场主的补贴政策会减少林场主购买保险的积极性，证实了灾后补贴这一模式的弊端。布鲁内特和科图雷（2011）、乔治娜等（Georgina et al.，2016）、奇波拉罗和萨凯利（Cipollaro & Sacchelli，2018）等学者也均指出，固定补偿制度对私营林主的保险决策有负向影响，会降低其对森林保险的支付意愿，而保险保费补贴计划则会增加保险需求和支付意愿。

森林保险财政补贴主要解决三个主要问题：第一，通过保费补贴，解决林农因收入水平过低而导致的支付能力不足问题；第二，通过费用补贴，解决森林保险经营成本过高的问题；第三，通过森林保险的再保险费补贴以及建立林业巨灾风险基金，解决森林保险中巨灾风险难以分散的问题。据此，森林保险的灾后补贴方式可分为直接补贴和间接补贴。直接补贴是针对投保方的保费补贴，主要解决有效需求不足的问题，减轻经营主体的保费负担，提高其购买森林保险的积极性；间接补贴包括对保险公司的经营费用补贴和税收优惠，以及建立巨灾风险补偿基金和再保险机制，间接补贴主要是针对承保主体供给不足的问题，通过财政补贴降低保险公司经营成本与费用来提高保险公司承保积极性。已有研究就这两种补贴哪个更有效进行了探讨。

1. 直接补贴

针对森林保险直接保费补贴，学者主要从定性探讨保费补贴优势与定量分析保费补贴对有效需求的促进两方面分析保费补贴的必要性。廖文梅等（2011）指出国家对于商品林的保费补贴可正向促进林农参与森林保险，加大对森林保险保费的补贴力度能刺激林农有效需求的上涨。李涛（2012）指出家庭收入状况是影响林农参加森林保险的重要影响因素之一，鉴于林农经济承受能力和森林保险的正外部性，提出政府短期内可通过森林保险保费补贴的方式，提高林农收入水平，增加其对森林保险的购买力，进而从根本上扩大林农对森林保险的有效需求。伊迪尼（Ezdini，2017）通过对欧洲和美洲 2000—2012 年的森林保险需求影响因素分析，认为政府补贴对森林保险需求有显著正向作用。布鲁内特等（2017）通过递归双变量有序 Probit 模型估计了森林所有者风险态度的决定因素，指出家庭收入显著正向影响森林所有者的风险规避决策，政府需通过补贴提高低家庭收入者的风险规避决策，而森林保险作为最有效的风险规避手段之一，需对森林保险保费进行补贴以提高森林所有者的支付能力。

2. 间接补贴

针对森林保险间接补贴，发达国家基于森林保险的高风险和高经营成本特征，普遍对保险公司给予经营费用补贴，并建立了完善的巨灾风险补偿机制，国外实践证明了间接补贴模式的有效性。再保险作为最主要的间接补贴方式，可最大限度地减少总风险敞口（Porth et al.，2013；Yadgarov，2020），有助于在巨大损失下确保农民赔偿得到充分支付，也有助于提高农民对保险公司的信任（Dick & Wang，2010），政府财政应考虑给予再保险补贴。借鉴国际经验，我国学者也提出通过多种补贴方式支持森林保险发展。部分学者认为应在现有直接保费补贴基础上，同时实施间接经营费用补贴，即针对林农与保险公司实施双向财政补贴机制，以实现生产风险的全面保障与全过程保险（袁祥州等，2016）。郑志山和周式飞（2008）通过分析森林保险市场供求失衡的原因，提出政府应建立多元化财政补贴机制，包括针对投保人的保费补贴、对保险公司给予经营业务费用补贴和税收优惠、组建政策性再保险公司和建立政府主导下的中央森林保险风险基金（薛艳，2012；秦涛等，2016）。潘家坪等（2019）建议通过对保险公司的经营管理费用补贴、提供税收优惠等来激励森林保险的有效供给，并通过提供再保险补贴健全森林保险财政补贴激励制度。而部分学者则否定了直接保费补贴的作用，认为间接补贴比直接补贴更有效。高旭东等（2018）认为对投保人的直接补贴会因政策性保险的正外部性而存在“搭便车”等的行为，且会增加高预算和低预算投保主体间的投保消费预算差距；而对保险机构实行间接补贴时，可实现个人与社会保险福利最优，并避免其他负面效应。宋和彭（Song & Peng，2019）构造 Stackelberg

博弈模型分析了森林保险机制下政府补贴方式等对林业企业和保险公司的决策与利润的影响，结果表明，对林业企业的直接保费补贴有利于扩大碳汇林的规模，但这会导致保险公司提高保费水平，而对保险公司的经营成本提供间接补贴，不仅可以扩大碳汇森林的规模，而且可以降低保费水平。

**（三）森林保险财政补贴规模**

国内外关于农业保险财政补贴规模研究，普遍认为不能一味地追求补贴规模的持续提高，当补贴规模超过一定的范围时，会出现补贴的边际效用递减，通过增加补贴激励农户投保的边际成本也越来越高（张祖荣和王国军，2016；Song & Peng，2019），这不仅会导致政府财政负担的加重，同时也不利于补贴效率的提升。同样对于森林保险财政补贴，关键是如何确定最优财政补贴规模。由于农业和林业的一些共性，在对森林保险财政补贴的实践上也借鉴了农业保险财政补贴的研究成果。已有关于森林保险财政补贴规模的研究主要从以下两个角度展开：一类学者认为现有财政补贴规模偏小，尚不能全面激发林农的投保积极性，政府应继续加大对森林保险的财政补贴力度。邓三龙（2010）、王珺和冷慧卿（2011）发现较于水稻、棉花等其他种植业保险的补贴比例，中央财政对于商品林保险保费补贴比例偏低，应继续提高对商品林的保费补贴比例，降低投保人保费负担；邓晶等（2013）指出在现有保额和保费水平下，森林保险保费补贴比例对于林农购买森林保险的边际效用为7.6%，即保费补贴提高1%，林农购买森林保险的概率增加7.6%，应进一步提高森林保险保费补贴比例。另一类学者认为对森林保险的财政补贴存在一个最优补贴规模，低于或超过最优补贴规模时，财政补贴处于低效状态。秦涛等（2014）通过对福建省林业企业参与森林保险意愿的调研发现，财政补贴力度与林农参保意愿不是完全正向关系；顾雪松等（2016）基于2010—2013年21个试点省份相关数据论证指出，林业产出随保费补贴规模的提高呈先上升后下降的倒U型趋势，而目前我国各省森林保险保费补贴规模均处在上升阶段，需继续加大保费补贴规模。

综上，大部分学者认为现行的森林保险财政补贴比例过低，应继续提高补贴的比例。然而，目前中央和地方的森林保险保费补贴比例合计已接近90%，远超过全球农业保险平均补贴比例，未来补贴比例的提升空间非常有限；但同时，随着保费补贴比例的不断提高，我国森林保险市场有效需求仍然不足，这是由于我国森林保险保的是再植成本，虽然补贴比例较高，但整体的保费补贴规模仍然有限，仅通过提高保费补贴比例并不能有效增加林农对森林保险的投保意愿，因为按照现行保费补贴政策，除了补贴比例外，保险金额和保费率也是影响补贴规模的重要因素（万千等，2011；秦涛等，2016）。

实际上，保险金额过低是导致补贴规模有限的主要原因，我国目前规定的保险金额远低于实际造林成本，远不能涵盖林木的实际价值，起不到预期的保障作用，对林农缺乏吸引力，从而影响了营林主体购买森林保险的意愿（邓三龙，2010；秦涛等，2013）。高播等（2016）指出由政府统一确定的保额与费率设计不合理，随着森林保险的深入推进，为激发林农参保动力并满足其实际需求，保障水平应由前期的低保额的成本保险模式逐步向以“保价值”为主的商业性保险转变。秦涛等（2017）指出受限于现有保障水平基数过低，单纯地继续提高森林保险保费补贴比例也难以提高保费补贴整体规模，使得提高林农支付能力、激励林农参保意愿、提升林农实际收入等的政策目标也难以奏效。王华丽和张宇（2019）指出我国现行低保障水平限制了森林保险在促进恢复生态资源与发挥生态效益方面的功能，保险金额应依据各地地形地貌、标的实际价值、树种等适当提高单位面积保险金额，以满足其灾后再植、补植以及培育的要求。

另外，费率未根据实际风险进行精细化厘定也是导致补贴规模不合理的主要原因，不同地区、不同投保主体包括林业兼业户、林业专业户、林业企业及各类新型林业经营主体承担相同费率，造成信息不对称下的道德风险与逆向选择严重，进而严重影响了林农参保意愿与保险公司的森林保险产品供给动力（冷慧卿和王珺，2011；李亚军，2014；张德成等，2016）。陈国荣等（2017）认为我国费率设定缺乏科学的算方法，受限于主观影响的统一费率水平会影响林农的森林保险投保需求，造成劣币驱逐良币效应，阻碍森林保险进一步推进。宋烨和彭红军（2019）认为由于我国国土面积广，各地区森林资源所处自然环境、人文与地理及社会特征均不相同，导致所面临的自然灾害种类与灾害风险大小不同，费率水平需考虑地区差别进行科学差异化设置。因此，为使森林保险对林业生产保障作用的充分有效发挥，应基于风险区划采取费率的精细化与差异化厘定，缓解逆向选择问题（秦涛等，2018）。

**（四）森林保险财政补贴标准**

财政补贴标准涉及怎么补的问题，我国现行森林保险财政补贴标准采取的是统一的四级财政补贴模式，由中央财政、省级财政、市级财政及县级财政按统一比例共同承担，各地区各类投保主体承担相同保费负担。但我国国土面积大，各省甚至各市县在自然条件、林业资源状况、经济与财政实力、林农经济收入等方面存在较大差别，现有统一补贴标准无法充分发挥其激励作用，并不适用于我国实际情况。为此，大部分学者均认为应依据各地区实际情况实施差别化补贴，以实现财政补贴效用最大化。战立强（2010）指出林农收入水平、财政扶持力度是影响森林保险发展的重要因素，提出应该以森林经济效益为依据，制定差异保费补贴比例，有选择地向经济效益差的区域倾斜。夏钰和秦涛（2017）选取各地区经济发展状况、农民收入水平、林业发展情况等代表性指标的均值运用 SPSS 将我国 31 省（区、市）划分为 5 类地区，并建议不同类的地区应设定不同比例的财政补贴。冯和戴（Feng & Dai，2019）指出差别化保费制度的缺失是制约我国森林保险发展的重要因素，为此通过建立政府、保险公司和林农之间的保险博弈模型，推导创新出了一种基于森林蓄积量价值的保险类型，并提出了一种基于 Min – Max 准则的保费设计策略，且模拟实验表明所提出的森林保险模式性能有较大的提高。

同时，也有部分学者就央地补贴比例分配进行了探讨（Lou & Sun，2013；何小伟和庹国柱，2015；庹国柱，2018；牛浩和陈盛伟，2020；Feng & Dai，2019），建议降低甚至取消县级财政补贴比例，尤其是对林业资源丰富、财政水平偏低的县区，其配套补贴负担重、压力大，严重影响着基层政府对森林保险的协调工作动力。秦涛等（2017）指出应依据林业分布区域特点进行保费补贴标准与比例的差异化设置，包括提高中央财政对商品林的保费补贴比例、加大对重点林区、林业资源大省及经济落后地区的补贴力度、降低或取消县级财政配套补贴责任等。

### （五）森林保险财政补贴激励机理

#### 1. 农业保险财政补贴激励机理研究

就财政补贴对农作物保险需求的激励机理分析中，国外学者一般认为保险价格、替代品价格、收入水平、消费者对未来价格或收入的预期、农户个人偏好及互补品、政府财政补贴等是影响农作物保险需求的典型决定因素（Tsikirayi et al.，2013；Xu & Liao，2014；Wąs & Kobus，2018；Singh et al.，2020）。其一，就农作物保险而言，价格是农户需支付的保费，保费的确定既要考虑农户对价格的敏感度，也要确保保险公司一定的盈利能力与市场生存。其二，低价替代品会降低对农作物保险的需求，对农作物保险而言，其他风险管理措施如多元化种植、储蓄（Farrin et al.，2016）、公共补偿（Liesivaara & Myyrä，2017）、签订生产或销售合同

（Sherrick & Schnitkey，2016）等，均可被视为农作物保险的替代品。其三，收入水平一方面影响农民自身拥有的财富，低收入水平会限制农民购买农作物保险；另一方面，现有收入水平也会影响对收入的未来预期，这可能也是决定是否参保的一个重要影响因素。其四，未来预期收益估计，尤其对风险规避的农户，在风险灾害较大的情况下，预期损失增加，预期收益降低，会增加农户参保意愿。其五，农户个人偏好受其年龄、种植经验、受教育程度、种植规模、风险规避程度以及现有保险满意度的影响，而这些因素均可通过农户对未来预期的评估来影响对农作物保险的需求。其六，互补品是指与农作物保险相捆绑的融资贷款优待条款或产品，这可能会刺激农作物保险的需求（Tsikirayi et al.，2013；Sulewski & Kłoczko，2014；Bogdan et al.，2015；Birgit et al.，2017）。其七，政府财政补贴在农作物保险需求激励机理中实际上起到两方面的作用，一方面，降低了农作物保险产品的价格，使得农户参与农作物保险的成本相对低于其他风险管理措施，增加了农户对农作物保险的有效需求（O'Donoghue，2014；Chen et al.，2017）；另一方面，保费补贴相对提高了农户的收入水平，增强其相对购买力，提高了其参保的可能（见图1－1）。

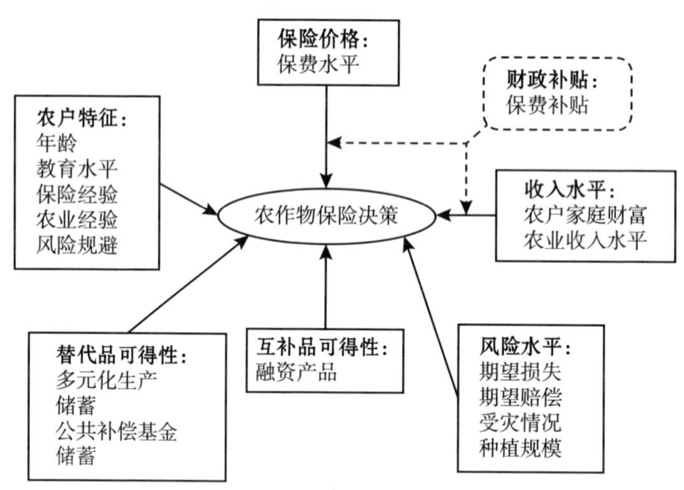


**图1－1　财政补贴对农作物保险需求的影响机理**

在国内关于相关研究中，学者们对于“财政补贴对农业保险参保的影响机理”命题的研究较多；例如，张崇尚（2015）认为农户主要从风险与损失、保险产品两方面进行参保决策评估。一方面，农户首先会参考历史风险灾害对未来保险周期内的生产风险进行预期，预期风险致损导致的收入损失，这是农户保险需求的前提；另一方面，农户结合农业保险产品供给特征，就不同风险管理方式的成本收益进行比较，同时农户也会充分考虑政府对农业保险提供的财政补贴，这增强了农户的支付购买能力，降低了农户参保的经济约束，也降低了农业保险相对于其他风险管理措施的成本。在此基础上，农户依据未来预期收入评估来决定是否参与农业保险的决策。例如，刘蔚和孙蓉（2016）将农业保险保费补贴对农户参保的作用机理分为收入效应和替代效应两方面，收入效应是指政府的保费补贴相当于提高了农户的实际收入，增强其对农业保险的购买力，有助于提高农业保险的有效需求；替代效应是指财政补贴相当于降低了农业保险保费，使得农户参保成本相较于其他风险管理措施有所下降，参保相对预期收益增加，提升对农业保险的有效需求。此外，也有学者关注了不同农户在财政补贴条件下参与农业保险的作用机理差异性，例如黄椿（2011）认为，个性化特征、社会化特征、主观认知、保险消费特征、供给特征这五个方面共同作用于小农户的农业保险需求决策；而对农业企业的参保决策则主要由农业企业面临的内外部风险、经营性因素（包括收入状况、经营规模与专业化程度）、客观性因素（包括保费政府所提供的产品种类、制定的补贴标准、赔偿标准等）这三方面因素决定。

2. 森林保险财政补贴激励机理研究

已有文献缺少就“财政补贴对森林保险参保激励机理”命题的研究，更侧重于财政补贴对营林主体参保影响的分析，且研究更注重针对传统小林农，缺乏针对大规模林业企业与大林场的研究。

（1）小林农。小规模林农的森林保险需求影响因素可归纳为林农个人特征、家庭经济水平、保险产品特征、政府财政补贴四个方面。奇波拉罗和萨凯利（Cipollaro & Sacchelli，2018）通过对意大利全林农的森林保险购买意愿分析指出，财政补贴可显著促进森林保险在更大范围地实施，且林农的个人特征与其风险感知可显著影响其对森林保险的购买意愿，而其他风险管理措施如灾后公共补偿或造林干预等不利于林业经营者参保。万千等（2012）基于对福建160位林农的调研数据，就政府财政补贴政策能否激励林农参保的问题进行考察，发现森林保险认知度、经济状况、林地面积、产品供给特征是林农参保的主要影响因素。秦涛等（2013）利用浙江省140位林农的调查数据就林农森林保险需求意愿的主要影响因素进行分析，结果表明，保险认知度、保险需求、灾损情况、林业收入占比、保险责任范围、保障水平以及财政补贴水平可显著促进林农的森林保险有效需求。卢熙明等（2016）利用福建省 210 位林农的调研数据，基于二元 Logistic 模型就林农对森林保险需求意愿的影响因素进行分析，结果表明，林业收入占比、风险态度以及保险金额是影响林农森林保险有效需求的最主要因素，而因保费过高、保额过低、险种单一、购买与索赔程序烦琐等问题，严重降低了林农对森林保险的购买意愿。张璐等（2019）运用 7 省 3500 位林农的调研数据，就影响其参与森林保险意愿的影响因素进行考察，研究指出，林地面积、商品林面积占比、是否知道政府财政补贴政策、林业经营支出与林业总收入、是否参加过林业培训等显著影响林农的森林保险参与意愿。

（2）大规模营林主体。已有对大规模营林主体的森林保险需求影响研究较少，且普遍认为财政补贴对大规模林业生产者的参保激励效应较弱。冯祥锦等（2013）基于福建 100 家林业企业的调研数据，在结合开放式出价法与三分选择法的支付意愿测量基础上，就其对森林保险的支付意愿及影响因素进行分析，结果表明风险态度因子是影响林业企业对森林保险支付意愿的主要因素，而政府财政补贴的激励效应较低，建议减少甚至取消对林业企业的财政补贴。秦涛等（2014）基于期望效用理论与福建 95 家林业企业的调研数据，运用 Logistic 模型探究了林业企业对森林保险支付意愿的影响因素，结果指出，林业企业所有权性质、林业收入占比、受灾情况、林地规模等可显著促进林业企业的森林保险支付意愿；而目前过低的保障水平与财政补贴政策设计缺陷是负向影响其支付意愿的主要因素。

（3）不同类型营林主体差异分析。也有少数学者关注到小规模林农与大规模林业生产者的森林保险需求差异。已有文献中所研究的林农类型主要有两种：小规模林农、大规模林业生产者包括林场和林业企业等。这两种类型的林业生产者特征不同，对森林保险的需求存在明显差别，其参保决策影响因素也存在较大差异（Myers，1987；Was & Kobus，2018）。有学者认为大型林业企业或专业化程度高的林场是典型的投保客户（Enjolras & Sentis，2011）；也有学者指出相较于风险，小林农更关注保险价格（Sherick et al.，2003；Zakić & Stojanović，2008）。卢熙明等（2016）利用福建省 100 家林业企业与 120 位林农的调研数据，运用三分类 Logit 模型分析了林业企业与小林农的森林保险购买意愿差异性，结果表明，保费、企业所有制、风险态度是影响林业企业对森林保险购买意愿的主要因素，且保额过低是限制林业企业购买意愿的最主要因素；而保费、风险态度、风险意识是影响林农对森林保险购买意愿的主要因素（Mukherjee & Pal，

2019)，且保费过高是限制林农购买意愿的最主要因素。因此，财政补贴对小林农的激励作用更强，而在低保障水平下财政补贴对林业企业的激励作用十分有限。

### （六）森林保险财政补贴效果评价

1. 财政补贴政策目标与效果分析

森林保险财政补贴政策的根本目标是通过提供财政补贴提高林农支付能力来增强其对森林保险的有效需求，刺激林农参与森林保险以激活森林保险市场，提高林业生产抗风险能力，进而稳定林业生产与经营，保障林业产出。基于对森林保险财政补贴政策根本目标的分析，可将森林保险财政补贴政策效果概括为“短期效果”和“长期效果”（见图1-2）。短期效果主要是通过对林农提供财政补贴以激励其参保，化解森林保险有效需求不足的困境。长期效果主要有两个，即保障林农收入和稳定林业产出。就保障林农收入看，林农在补贴激励下参与森林保险，基于森林保险的风险转移与分散功能，可降低林农收入的波动性，包括灾害发生前的预防减损投入措施可降低风险发生概率，灾害发生后通过对林农损失给予补偿而保障林农收入（Zhao et al.，2016）。就稳定林业产出看，林业生产周期较长，同样通过前期防灾减损与灾后补偿，有助于及时恢复再生产、后续生产周期中生产要素投入的增加、生产效率的提高、生产规模的扩张等，进而实现林业生产的长期稳定甚至增加（Fadhliani，2016；左斐和徐璋勇，2019；Ding & Sun，2019）。但森林保险财政补贴政策长期效果显现需在实现其短期效果基础上逐渐实现，所需周期长，且其长期效果还受林农参保后生产行为的调整与变化的影响，这是由于信息不对称下的道德风险影响，林农可能在参保后改变其原有行之有效的生产行为，如降低甚至取消防灾减损投入、减少各种生产投入要素等。

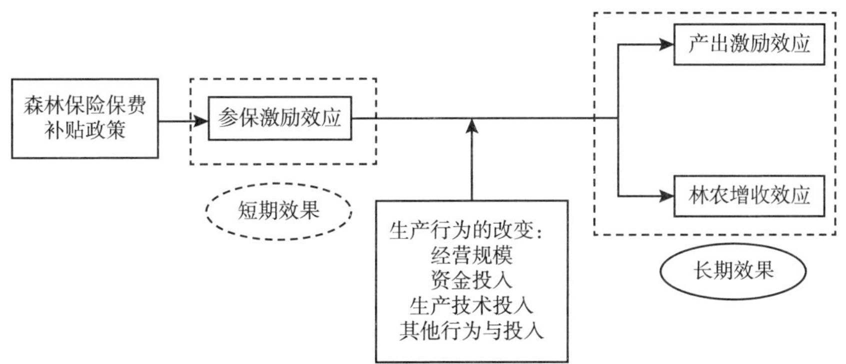


**图1-2　森林保险保费补贴政策效果**

基于上述政府实施财政补贴的目的与效果分析，那么，森林保险财政补贴效果究竟如何？应如何评价？这些问题的解决都离不开对森林保险财政补贴效果的研究。

2. 森林保险财政补贴效果评价的研究

关于森林保险财政补贴政策实施效果评价的定性研究，学者们对森林保险财政补贴的积极效果见解基本一致，均认为财政补贴促进了林农的有效需求，激活了森林保险市场，提高了保险覆盖面；但同时，学者们也指出现有森林保险财政补贴政策存在进一步改进空间，这是由于森林保险产品和财政补贴政策设计存在以下三方面的缺陷：一是森林保险核心要素随意性较强，未进行科学设计与定量评估，导致森林保险产品在保障水平方面难以满足实际需求，林农和林业企业的参保积极性不高；二是政府强干预下的统一低价保费偏离实际保险定价，森林保险经营成本与收益不匹配，造成保险机构供给意愿不强；三是补贴方式和标准设定缺少科学合理的理论依据，不利于激励各主体参与保险的积极性，难以实现协同推进的效果（秦涛等，2017；周思彤，2018）。李艳和陈盛伟（2018）指出在保费补贴力度持续提高下，我国森林保险稳步推进，经营规模迅速扩大，但目前仍存在查勘定损及理赔难、经营成本高、缺少再保险和巨灾风险分散体系、政府过度引导或无参与积极性、产品与保险责任单一、费率未进行科学化厘定等的森林保险产品运行与设计难题。由此，森林保险财政补贴政策的进一步完善与推进需要革新指导理念和政策目标，准确定性森林保险，并优化财政补贴机制，以此来促进森林保险的长效发展。

关于对林农投保意愿与支付意愿的效果评估，现有研究在理论和实证层面上对森林保险财政补贴是否发挥了微观参保激励效果进行了详尽且富有意义的探讨。学者们普遍认为财政补贴可显著增强林农对森林保险的有效需求，提高其的支付意愿。秦等（Qin et al.，2016）以浙江省临安县实地调查数据为基础，采用 Logit 模型对林农森林保险需求的相关因素进行实证分析，结果表明林农对于保费补贴政策的满意度是影响其对森林保险有效需求的主要因素（李彧挥等，2012）。张璐等（2019）基于对 7 省 3500 位林业经营主体的实地调研数据，运用 Logit 回归模型分析了影响林业经营主体参保意愿的主要因素，研究发现其对森林保险及补贴政策的认知情况会显著影响森林保险的购买意愿。索特等（Sauter et al.，2016）对 137 名德国林务员进行离散选择实验以测量其风险态度及在不同政策下的森林保险支付意愿，结果表明护林员对森林保险的支付意愿偏低，且个体风险态度对支付意愿的影响不显著；同时，保费补贴可显著增加护林员的支付意愿，而灾后无条件救助政策会降低护林员的支付意愿。

关于森林保险财政补贴效率评估，现有结论并不一致。一部分学者研究指出森林保险财政补贴效率较好，如邓晶和陈启博（2018）基于利用2011—2015年6省数据和2015年16省数据，运用DEA模型分别对中国森林保险保费补贴效率进行纵向和横向研究，结果表明中国森林保险保费补贴政策整体实施效果良好，但在完成部分既定政策目标如提高覆盖率的同时，仍存在规模报酬递减、制度效率较低、各地区发展不平衡问题。而另外一部分学者认为森林保险财政补贴效率不高，如何玥（2015）基于X理论，运用DEA采用递进式效率测评方法对2013年中国19个省森林保险制度效率进行评价，结果显示其综合效率均值为0.795，指出中国森林保险制度处于低效运行，存在改进空间；郑彬和高岚（2019）基于SE－DEA模型与Malmquist指数，对2013—2016年中国19个省份的森林保险保费补贴效率静态时空差异与动态变化双重视角进行测算，研究发现森林保险保费补贴总体效率不高，DEA有效的省份约占30%，2013—2016年中国19个省份森林保险保费补贴的全要素生产率总体年均下降10.3%。

此外，关于森林保险财政补贴政策的林业产出与林农收入方面的效果评估研究甚少。顾雪松等（2016）在福利经济学理论分析基础上，基于2010—2013年试点省份相关数据对我国森林保险保费补贴政策的产出效果进行分析，研究表明林业产出会随着保费补贴规模的增加呈现出先升后降的倒U型趋势，且当前大部分地区的补贴规模是低于模型测算的最优补贴水平。该研究对森林保险保费补贴政策的产出效果评价研究有较大的启示意义，但该研究是于保费补贴政策试点前几年进行的，研究时间较短，且研究地区受限于当年的试点省份。戴等（Dai et al.，2015）以福建省950名林业生产者的调查数据为基础，对福建森林灾害保险项目进行分析，结果表明，从福利效应角度看，森林保险显著增加了林业生产者约10%的家庭收入。

可以看出，关于森林保险财政补贴效果的研究还处于初级阶段，且已有研究多集中在对森林保险财政补贴短期微观效果的研究，缺少从林业产出与林农收入方面对财政补贴政策长期效果的考察，对财政补贴的负面效应研究较少涉及。从研究思路看，现有对森林保险财政补贴效果的研究思路主要有以下三种：一是通过对财政补贴政策实施现状进行效果分析；二是通过财政补贴前后的林农参保意愿与支付意愿的变化来评价；三是在借鉴农业保险财政补贴效率研究基础上，构建森林保险财政补贴效率指标评价体系，采用传统 DEA 模型等对森林保险财政补贴效率进行评估。

### 五、研究评述

第一，在研究视角方面，已有研究主要从需求角度出发，以解决林农有效需求不足为目标，而缺少从供给角度对保险公司承保影响因素、保费构成和定价机制的研究，致使现行补贴政策过于强调对林农进行保费补贴，但却缺少对这种补贴方式合理性与适用性的论证。只有站在供给方（保险公司）视角，通过科学的定量方法厘定森林保险的公平费率，满足保险公司在市场化运营中覆盖风险损失和实现预期盈利的双重需要，才能使得对林农进行保费补贴成为合理的补贴方式。

第二，在研究层次方面，现有文献多数采用深入各地区发放调查问卷、实地采访的方法，通过获得第一手资料，围绕“森林保险需求的影响因素”命题进行实证分析。但现有文献都将林农看作一个整体，研究林农整体参与森林保险的影响因素，且侧重于对小林农的研究，投保主体除了小林农，还包括大规模林业企业或林场等新型林业经营主体，对新型林业经营主体的研究较少，也未能关注小林农与新型林业经营主体的差异。同时，已有研究侧重于对财政补贴政策下需求方森林保险购买意愿影响因素的研究，忽视了财政补贴对森林保险参保影响机理的考察；森林保险财政补贴效果是通过财政补贴对森林保险及林业生产的激励机制来显现的，然而，现有关于森林保险财政补贴的相关研究中，缺少对森林保险财政补贴激励机理的分析，更侧重于定性理论描述。

第三，在研究内容方面，截至目前学者们尚未提出一个较完整的研究森林保险参与意愿影响因素的理论框架，林农对森林保险的需求不仅受到林农主观因素的影响，还受到灾害情况、保险产品特征、政府补贴等客观条件的影响。现有文献对森林保险需求影响因素的分析并不全面，多数研究把研究重点集中在林农个体及家庭特征和林业经营状况等方面，极个别文献研究了森林保险产品特征和财政补贴政策等因素，导致实证结果无法为森林保险产品优化以及财政补贴政策完善提供可靠而有针对性的依据和理论支撑。同时，森林保险需求是经济学里的有效需求，既要有意愿又要有能力。一直以来对森林保险所进行的大量研究并没有对有效需求进行合理的界定，而是将购买意愿和支付能力的概念混为一谈，因而多数研究只是考察了其中一个部分，目前研究来看，整体对影响购买意愿的研究较多，对影响支付能力的研究较少。

第四，在研究方法方面，在参保意愿实证分析中多数研究采用Logistic回归模型，个别研究采用Probit模型、Cox风险比例模型、多元回归模型和粗糙集理论，因此，有必要引进Logistic以外的其他实证模型。同时，虽然模型的选取和应用相对合理，但是鉴于研究视角和变量选取的不合理性，模型的回归结果得出的结论的科学性及所提出的建议的合理性都值得商榷。此外，目前学术界尚未对最优保费补贴规模进行测算，对补贴规模的研究缺乏强有力的理论推导或数学模型的研究，研究结论中得出的补贴比例缺少有说服力的论据。目前虽有学者采用CVM方法测算林农支付意愿及水平，然而林农支付水平是否可作为保费补贴的参考依据却没有进行探讨。实际上，只有在测度了林农森林保险的实际支付水平与真实保费之间的缺口，才能确定最优的补贴规模和比例。

综上所述，关于我国森林保险供需的研究更侧重于对需求方的研究，尤其是针对小林农的森林保险需求研究较多，而甚少从森林保险供给方视角出发，就森林保险产品特征、财政补贴因素等进行探讨。为此，本书在深入分析森林保险需求意愿及支付水平的基础上，根据我国林业经营特点和风险特性来科学合理地设计森林保险产品，以森林保险保费率厘定和保障水平设定为基础，从供需双重视角对森林保险供需模式及财政补贴机制进行理论和实证推导，并提出优化和完善森林保险及财政补贴政策的具体建议。

## 第三节 研究目标与方法

### 一、研究目标与思路

#### （一）研究目标

本书旨在基于我国森林保险供求的现实情况，提出一套适合我国特点的、反映区域风险和保障水平差异的森林保险保费补贴方案，为制定科学合理的补贴标准和差异化补贴政策提供依据。具体目标如下。

（1）从需求方出发，全面评价林农森林保险参保意愿影响因素，分析测算林农在不同保障水平下对森林保险的实际支付水平和意愿支付费率，从而为政府确定合理的森林保险保费补贴标准提供数据支撑。

（2）从供给方出发，根据森林保险保费构成机制与定价原理，以林业风险区划为基础，提出反映区域风险差异的森林保险费率厘定方案，科学厘定保险费率和进行费率分区，为制定差异化补贴政策提供决策依据。

（3）从保费补贴效果评价出发，定性分析森林保险保费补贴政策执行情况，定量分析森林保险保费补贴效率及产出激励效应，进而为我国森林保险保费补贴政策的优化奠定方向。

（4）根据林农意愿支付费率与精细厘定费率之间的缺口，测算森林保险最优保费补贴规模和差异化的补贴标准，并立足于补贴规模探讨补贴政策的综合设计，进而提出森林保险保费补贴政策的具体优化建议。

（5）以森林保险为基础，探讨“森林保险 + 林业信贷”的工具组合模式的经济学耦合机理与实践中的可行性，为更好地促进森林保险功能发挥、扩展金融工具服务林业经济发展路径提供理论支撑。

**（二）研究思路**

本书基于保险需求与供给视角，围绕最优保费补贴规模测算的主线，突出保障水平和费率厘定差异化这一特色，拓展“森林保险 +”的金融工具创新合作机制，服务于我国森林保险市场的发展完善和森林保险补贴政策优化。

1. 基于保障水平差异的参保意愿与支付水平分析

实际上，只有在弄清林农森林保险支付意愿的影响因素与实际支付水平，以此为基础确定最优的补贴规模和比例，才能真正改善林农的投保意愿，逐步提高投保率。支付意愿是指林农愿意为购买森林保险所支付的费率水平，它是理论最优费率在实际应用中的具体化。保障水平决定着林农的支付意愿，如果保障水平不能满足林农补偿风险损失的要求，则无论怎样的补贴水平都无法提高林农参保意愿。从需求方出发，探讨保障水平对林农参保与支付意愿的影响，在此基础上设置差异化、多层级的保障水平，并据此测算林农的实际支付意愿，分析不同保障水平下林农意愿支付水平的差异。

（1）林农森林保险需求及影响因素分析。首先，森林保险需求的影响因素分析。综合考虑并分析影响林农参保意愿的各类因素，并采用二元Logistic 模型进行实证考察。其次，不同类型林农的森林保险需求影响因素分析。将小林农与新型林业经营主体两类异质性营林主体纳入统一分析框架，从参保决策的先决条件、前提、基础、保障四方面理论分析林农参保机理，在此基础上，运用有序 Probit 模型、Oprobit 模型与 Ivoprobit_CMP

估计法，就不同保障水平下林农参保意愿的影响因素、不同类型营林主体的参保意愿影响差异进行考察。再次，不同保障水平对林农森林保险需求的影响分析。兼顾我国森林保险标的特征和投保主体实际需求，探讨不同营林主体的差异化保障需求与森林保险需求，并基于提高保障水平与增加保障层次两方面分析新背景下我国森林保险保障水平的政策选择与设定。最后，财政补贴政策对林农森林保险需求的影响分析。梳理我国森林保险中央财政补贴政策实施现状，在此基础上，采用 Logistic 模型就森林保险保费补贴政策对林农参保需求的影响进行考察。

（2）林农支付意愿及支付水平的测度与分析。首先，森林保险支付意愿及影响因素分析。从林农个人及家庭特征变量、林业生产经营状况、森林保险认知程度、林农受灾情况、森林保险产品及补贴政策五方面理论探讨林农森林保险支付意愿的影响因素，在此基础上，综合运用 CVM 和 Cox 比例风险模型，对影响林农森林保险支付意愿的因素进行实证分析。其次，不同类型林农的森林保险支付水平差异分析。基于期望效用函数，理论分析了不同类型林农对森林保险支付意愿的差异，在此基础上，将林农划分为森林培育专业户和兼业林农两类，运用概率单位分析法就其对森林保险的意愿支付水平进行测度，并分析其差异。再次，不同保障水平下林农的森林保险支付水平测度。理论分析保障水平对林农投保意愿影响，在此基础上，运用 CVM 和概率单位分析法，就不同保障水平下林农对森林保险的支付意愿进行测度与分析。最后，不同保障水平下不同类型林农的森林保险支付水平差异分析。以传统小林农和新型林业经营主体两类异质性营林主体为研究对象，综合运用 CVM 模型、卡方检验及 Cox 比例风险模型，分析不同保额水平下两类营林主体的森林保险意愿支付水平及其差异，在此基础上，考虑认知特征、林业生产经营特征、灾损特征以及森林保险产品供给特征等，就不同类型营林主体支付意愿的影响因素及其差异进行分析。

（3）森林保险供需失衡困境分析。首先，基于对森林保险需求与支付意愿及影响因素的分析，剖析影响我国森林保险保费补贴政策效果有效发挥的深层原因，揭示我国森林保险发展面临的现实困境，并重点从保险产品设计与补贴模式设定等方面揭示森林保险保费补贴政策设计的缺陷与不足。其次，森林保险供需失衡分析。基于湖南省林农微观调查数据分析森林保险对林农需求的满足程度，从微观视角剖析我国森林保险发展面临的现实困境，揭示森林保险保费补贴政策设计的缺陷，以期为我国森林保险及财政补贴政策的进一步完善提供科学依据。最后，针对森林保险市场道德风险问题，结合公益林保险特点，就林农道德风险表现形式及其形成的经济学机理进行分析，并结合我国实际情况探讨林农道德风险的制度成因，为解决公益林保险市场中道德风险问题提供政策建议。

2. 基于风险区划的森林保险产品定价与费率厘定

我国现行森林保险保费补贴政策的实质是森林保险价格补贴，保费补贴以森林保险的保费为基础，如果保费率不合理，则针对保费的补贴政策难以奏效。因此，确定适度合理的保费补贴规模，首先要对森林保险进行科学定价，使森林保险价格准确反映保险标的的真实风险水平。我国森林保险现行费率制定的主观性较强，未能反映区域风险差异，因此，需要通过厘定森林保险精算费率来确定保费价格。

（1）林业灾害风险的区划。基于森林保险风险区划理论及区划框架，探讨森林灾害风险区划指标体系，并梳理森林灾害风险区划方法，包括基于致灾因子的风险区划方法、基于历史损失的风险区划方法、基于情景模拟的风险区划方法，分析各方法的优缺点，并在此基础上，以森林火灾风险为例，基于聚类分析法与二次熵权法进行森林火灾风险区划。

（2）森林保险保费率厘定。在分析森林保险费率厘定原理的基础上，通过森林保险定价的一般性分析，采用“纯费率 + 附加费率”的精算模式，在考虑巨灾风险的情况下确定森林保险费率。由此，得到了满足保险公司覆盖风险损失和运营成本需要，并获得目标利润的公平费率。在此费率厘定思路下，保险公司通过市场化的产品定价获得预期收益，因此，研究财政补贴的方式限定为对林农进行保费补贴。

（3）森林火灾险保费率厘定。以森林火灾险为例来对森林保险的纯费率、附加费率及（巨灾风险）再保险费率进行演算分析。其一，基于风险区划的森林火灾险费率厘定。在二次熵权法对森林火灾风险区划的基础上，将我国森林火灾风险划分为五个区域，对这五个风险区域进行描述性统计分析、受灾率分布拟合以及纯费率厘定研究。其二，基于省域尺度的森林火灾险费率厘定。结合我国林业实际改进 Holecy 模型，提升 Holecy 模型精度和适用度，在此基础上，对森林火灾保险费率进行建模，并对各省的风险纯费率和不同参保率条件下的风险附加费率进行厘定，计算出不同参保率条件下的各省森林火灾保险总费率理论值。

3. 森林保险财政补贴政策的效果评价与效率分析

森林保险财政补贴政策的核心是要确定政府应该补贴多少（补贴规

模）才能发挥财政资金的杠杆作用，以此来促进林农参保和保险公司经营的积极性。那么，现行的保费补贴政策是否对森林保险发展产生正的影响，影响程度如何，财政资金的使用效率如何？需要对补贴政策进行评价和反馈。因此，以提高林农参保水平和保险公司赔付水平为政策目标，分析现行森林保险保费补贴政策的实施效果，并从效率评估与效应分析两个维度出发，定量测算现有补贴规模对实现政策目标的效率以及对林业产出的激励效应，为提出保费补贴政策优化路径提供依据。

（1）森林保险保费补贴政策执行情况。从参保面积、保费补贴规模与补贴比例、赔付率三方面分析我国森林保险保费补贴政策执行情况，对现行森林保险保费补贴政策实施效果进行宏观评价。

（2）森林保险保费补贴效率分析。其一，运用基于数据包络分析（DEA）方法分析近几年森林保险保费补贴效率变化情况、影响效率变化的主要因素以及各省之间补贴效率的差异情况，并分析投入冗余与产出不足情况，以期得出各省森林保险保费补贴工作中存在的问题。其二，基于Bootstrap－DEA的保费补贴效率分析。从林农、保险公司、政府三个方面选取我国森林保险保费补贴效率评价指标，运用四阶段Bootstrap－DEA模型就剥离外部环境与随机误差因素影响前后的我国森林保险保费补贴效率进行分析，在此基础上，从宏观经济水平、林业资源状况、林业灾害情况及投保主体自身四方面选取变量，运用面板数据模型分析影响我国森林保险保费补贴效率的因素，以期为我国森林保险保费补贴效率的提高与补贴政策的优化奠定基础。

（3）森林保险保费补贴政策产出激励效应分析。从林业产出视角就我国森林保险保费补贴政策间接激励效应及其区域差异进行理论分析与实证评估。基于林业产出视角，从无政策支持与有保费补贴政策支持两方面出发，就森林保险保费补贴的林业产出激励机理进行理论分析。在此基础上，运用双重差分模型（DID）与事件研究模型，对森林保险保费补贴政策对林业产出的影响及其长期动态影响效果进行分析，并就东、中、西部区域森林保险保费补贴政策产出激励效应及其差异进行分析，以期从林业产出视角检验我国森林保险保费补贴政策激励效应及其区域差异情况，为完善我国森林保险保费补贴政策提供参考依据。

4. 森林保险最优保费补贴规模测算及其政策优化

遵循政策优化路径，基于“需求方意愿支付费率”和“供给方厘定费率”之间的缺口得到最优补贴规模，并根据不同保障水平、区域差异、营林主体等情况设定差异化的补贴规模和补贴比例。这样确定的补贴规模既可以提高林农的参保率，又可以使财政资金的使用效率最大化，是政策优化的核心方向。

（1）森林保险补贴方式优化。在分析森林保险定价机制与保费构成要素及森林保险财政补贴效应的基础上，探究森林保险财政补贴方式的确定，即财政补贴方式的确定取决于森林保险保费定价机制；市场公平费率即费率精细化厘定下，费率测算充分考虑了保费构成所有要素，反映了森林保险附加风险及经营成本，政府只需对投保主体提供适度的保费补贴即可。

（2）最优补贴规模的测算与差异化分析。其一，基于不同保障水平的最优保费补贴规模测度。利用浙江省临安县林农调查数据，利用 Logistic 模型和 CVM 分析影响林农森林保险支付意愿的主要因素，以及现行补贴水平对林农支付意愿的影响，分别测算出不同保额水平下林农对森林保险的支付水平与相应的期望补贴水平，通过双边极大似然估计森林保险最优保费补贴规模区间。其二，基于保险费率精算的最优保费补贴规模测算。运用效用函数理论分析森林保险财政补贴效应，并以森林保险保费的测算为基础，对森林保险最优财政补贴区间的上下限进行推导，从而确定森林保险的财政补贴最优规模和水平。

（3）基于区域差异化设置保费补贴标准。着眼于森林保险保费补贴机制的优化和央地各级政府补贴责任划分的区域间差异化处理，首先，构建出反映各地区政府补贴负担、中央财政转移支付支持程度的指标，对现行森林保险保费补贴政策的央地补贴责任划分的区域间公平性进行测度，说明对央地责任划分比例进行差异化处理的必要性；其次，综合考虑不同地区的林业资源、林业产业发展情况、风险水平和财政实力，为不同地区的转移支付需求情况进行量化打分，并建立可以衡量不同地区地方政府补贴责任和中央政府转移支付责任的指标体系，进而通过因素法测算出各地区对中央转移支付的需求排名以及中央对不同地区转移支付的权重，结合聚类分析法对同类地区进行分类，以期得出更加公平且较具有可操作性的森林保险保费补贴央地责任划分机制。

（4）“森林保险＋林业信贷”组合创新模式拓展。在分析森林保险与林业信贷耦合机制的基础上，对森林保险与林业信贷协同关联、林农信贷可得性（信贷约束）与参与森林保险意愿之间的关联关系进行分析，论证“林业信贷＋森林保险”的理论依据和现实基础，并参考现有典型案例为促进林业信贷和森林保险的互动发展和完善我国林业金融服务体系提供参考。

## 二、研究方法与技术路线

### （一）研究方法

1. 森林保险需求影响因素分析方法

由于 Logistic 回归模型可以很好地满足对分类数据的建模需求，目前已经成为分类因变量的标准建模方法。本书将运用 Logistic 模型对森林保险需求影响因素进行回归分析，模型的表达式为

$$\text{Logit}(y_i) = \beta_0 + \beta_1 x_{1i} + \beta_2 x_{2i} + \cdots + \beta_k x_{ki} + \mu \tag{1-1}$$

式中，$y_i$ 是因变量，代表林农 $i$ 对森林保险的需求意愿；$x_{1i}$，$x_{2i}$，…，$x_{ki}$ 是自变量，代表影响林农 $i$ 森林保险需求意愿的各项因素；$\beta_1$，$\beta_2$，…，$\beta_k$ 是各自变量的系数；$\beta_0$ 为常数项，$\mu$ 为残差项。

2. 森林保险支付意愿分析方法

（1）单一林农支付意愿测算的二分选择法。森林保险的支付意愿是指林农在选择购买森林保险时愿意支付的保费水平。支付意愿在一定程度上反映林农对森林保险的需求，关系到森林保险的发展。从林农角度说，支付意愿决定着购买行为；从保险公司方面看，支付意愿决定着保险产品的潜在销售价格；从政府的层面考虑，支付意愿又是制定森林保险补贴政策的依据。在我国目前的森林保险市场中，林农面对的往往只有单一保险方案，只能选择购买与否而没有选择保险方案的机会。在我国森林保险的试点地区，也往往是在政府的足额补贴下以村或村级以上单位进行整体购买，他们所缴纳的保费也并不能代表林农的真实支付意愿。鉴于以上原因采用经济学测量非市场价值方法中的条件价值法（CVM），获取林农的森林保险支付意愿数据。

CVM 的实际应用大致分为以下几个步骤：建立假想市场；设定支付金额；获得访问对象愿意购买时的支付金额；计算 WTP 的均值；评估计算结果。对 CVM 而言，根据是否询问受访者一次或多次门槛金额（threshold value），又可以分为单界二分选择式、双界二分选择式，多界二分选择式是双界二分选择式的推广。利用 CVM 在调查 WTP 时总是需要预先设定一个基准支付金额。由于支付金额的值域是以基准支付金额为中心向两端同比例等跨度进行延拓的，所以基准支付金额的设定会对最后的计算结果产生直接影响。

在研究林农森林保险支付意愿时运用单界二分选择式的 CVM 可以得到林农对森林保险的平均支付意愿测算值。单界二分选择式的 CVM 仅要求受访者做一次回答，受访者根据调查人员选取的支付金额直接回答“愿意”或“不愿意”购买即可，此方法较适合于对新的产品或服务进行支付意愿测算。平均支付意愿计算公式为

$$\overline{WTP} = \frac{\sum_{i=1}^{m} f_i b_i}{\sum_{i=1}^{m} f_i} = \sum_{i=1}^{m} p_i b_i,\ i = 1, 2, \cdots, m \tag{1-2}$$

式中，$m$ 为支付金额分类个数，$b_i$ 为支付金额，$f_i$ 表示在不同支付金额 $b_i$ 下的条件支付频数（被访问林农中回答“愿意”购买服务或产品的林农个数），$p_i$ 表示条件支付频率。

（2）多界二分选择法。前期调研中发现森林保险保障水平对林农的决策产生影响，因此，采用多界二分选择法（multiple bounded dichotomous choice，MBDC）研究林农在多保障水平下的支付意愿。MBDC 是指询问受访者在给定的初始支付水平上是否愿意支付，如果愿意，询问其在更高的水平上是否愿意支付；如果在初始水平上不愿意支付，则询问其在更低水平上的支付意愿。如此追踪询问多次，得到受访者心目中的真实支付意愿值。在实际设计中，追踪式问题有三种方式：单向递增式（one-way street up）、单向递减式（one-way street down）和双向式（double-way），从受访者的回答中可以得到三种问卷方式相同的支付意愿区间。采用单向递减式问卷设计模式，如图 1－3 所示。

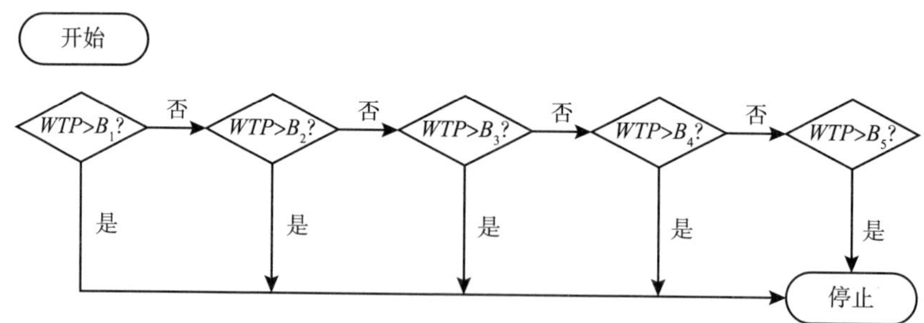


**图 1－3　单向递减多界二分选择式 CVM 问卷设计模式**

3. 森林保险风险区划与费率厘定方法

（1）林业风险评估方法。通过因子分析将海量指标合成为风险致灾主

导因素，以累计方差贡献率85%为阈值筛选少量公因子覆盖绝大部分原始信息，避免信息重复且简化指标体系。

（2）林业风险区划方法。用 $K$－均值、组间联接、组内联接、质心法、离差平方和、模糊聚类法等Q型聚类方法将各地区分类，并结合各区域的自然地理联系选出最佳区划方案。

（3）保险费率厘定方法。森林保险费率厘定的方法主要有两种：经验费率法和损失风险分布法。经验费率法是通过多年平均损失率及其变异程度来确定纯费率和附加费率，这种方法适用于有较长且准确的时间序列数据的情况。损失风险分布法是通过分布的概率密度函数计算出预期的损失率及其方差等来制定保险费率，具体地：第一步，将我国森林火灾受灾率的历史数据记录为（0，1）的二项分布；第二步，进行概率密度分布拟合，采用最优参数估计的方法，并采用最大似然法进行参数估计；第三步，利用MATLAB软件求得各风险区最优分布相应的参数，其中参数1表示该分布的均值，参数2表示该分布的方差；第四步，计算在95%置信度下，各风险区的受灾率区间，根据期望损失率等于期望纯保费率的基本原理以及纯保险费率等于森林火灾发生率乘以损失率的计算公式，最终求得各风险区的纯保费率区间；第五步，确定风险附加费率。

4. 森林保险财政补贴效果评价与效率分析方法

（1）数据包络分析方法（DEA）。在财政支农资金的补贴效率研究方面，国内学者一般使用DEA、二次相对效益模型、SFA和Tobit等模型，对森林保险财政补贴效率进行评价的目的是探究一定量的财政资金投入是否实现了产出最大化，故选择DEA模型。DEA模型通过各评价单元（森林保险开展省份）与有效前沿的相对距离确定效率值。有效前沿的确定有两种方式，一是投入导向型（相同产出下的最小投入为最优），二是产出导向型（相同投入下的最大产出为最优）。

（2）投入产出分析。在DEA效率测算结果的基础上，根据互补松弛性原理对各个试点省份进行投入冗余和产出不足分析，并结合规模收益变化情况，判定哪些省份存在资金使用低效的情况，并进而分析资金低效是投入过剩还是投入不足所致，从方向上为补贴规模优化提供依据。

（3）四阶段Bootstrap－DEA法。DEA是测算投入产出效率最常用的方法，且不依赖于模型设定，但传统的DEA方法不能区分外界干扰因素包括环境因素、随机变量等。三阶段DEA方法通过第二阶段援引SFA回归模型将外部环境因素对效率的影响进行过滤，但未能对随机扰动因素进行过滤，仍存在一定的缺陷。为此使用四阶段 Bootstrap - DEA 模型，其第二阶段采用 Tobit 模型来解决原有三阶段 DEA 中因使用 SFA 法产生的因变量截断问题，以保留各决策单元运行过程中所面临的真实环境因素；且第四阶段基于 Bootstrap 的迭代模拟，有助于降低 DEA 模型因样本限制导致的结果偏误，适用于解决林业小样本问题，有助于得出更加贴近准确的结论。

5. 森林保险保费补贴规模测算及政策优化方法

（1）补贴规模测算的实证方法：补贴规模 = 供给方厘定费率 × 保险金额 ×［（供给方厘定费率 - 林农意愿支付费率）/供给方厘定费率］。

（2）补贴政策综合设计方法：鉴于目前的森林保险保费补贴分为中央、省、市、县四级，选取经济发展水平和地方财力差异明显的若干省份作为代表，结合地方实际进行典型案例分析。

**（二）技术路线**

本书遵循“提出问题→理论分析→实证检验→规模测算→政策优化→拓展创新”的逻辑框架（见图 1 - 4）。

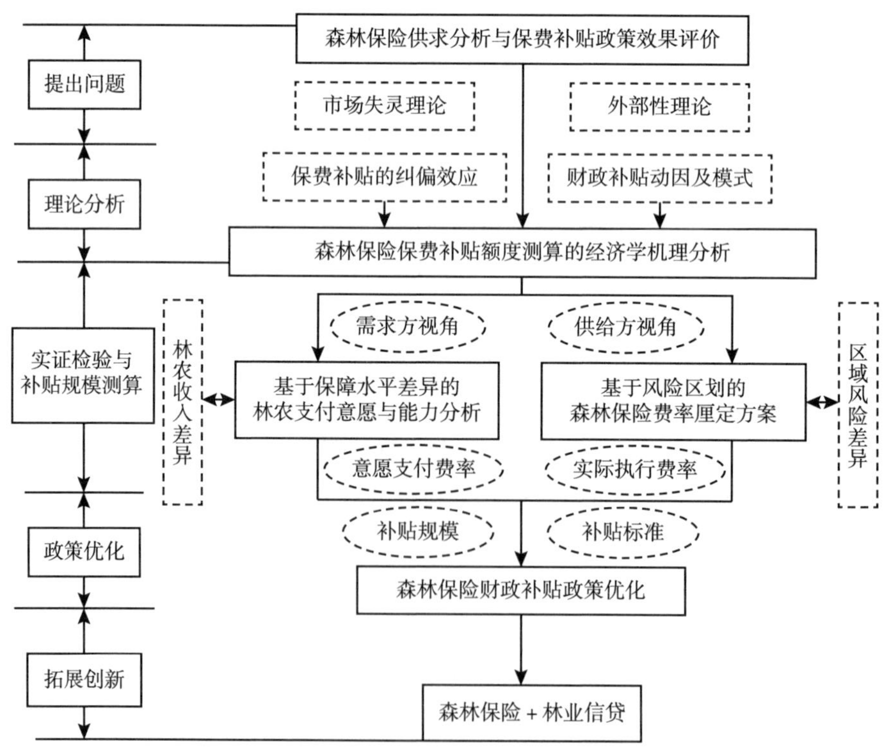


**图 1 - 4　技术路线**

（1）从问题的提出思路看，站在森林保险供求的视角，以提高林农参保率和满足风险补偿需要为政策目标，对森林保险保费补贴政策进行效果评价并测算现有补贴规模的效率，发现现有政策存在的问题进而提出政策优化路径。

（2）从理论分析的思路看，通过市场失灵理论反映森林保险的最鲜明特征；通过消费者行为理论反映微观经济主体的决策行为；将保费补贴作为外在干预信号纳入分析框架，揭示其对市场均衡和林农最优决策的影响，这样就将宏观层面的补贴政策与微观层面的林农反应结合了起来。

（3）从实证研究的思路看，将基于行政区划的面上数据与实地入户调研得到的数据结合起来进行实证检验，并探索超越行政区划的样本设置思路，同时力求方法的多样化和结论的稳健性。

（4）从政策优化的思路看，将全国整体层面的实证分析结果和深入具体省份的典型案例分析结合起来，既保证政策分析的结论具有全国普适性，又力求结合代表性省份提出更具操作性的方案。

# 第二章　森林保险需求因素分析

## 第一节　森林保险需求的影响因素

### 一、问题的提出

在我国的森林保险发展过程中一直存在着林农保险需求不足的问题。总体来看，商品林承保率普遍不高，而林农的有效需求不足是导致商品林承保率不高的根本原因。林农有效需求不足制约了我国森林保险的普及，不利于我国林业产业的风险管理和可持续发展。同时，较低的保险需求无法形成活跃的交易市场，这影响了保险公司参与森林保险产品设计和推广的积极性，造成森林保险市场失灵。因此，无论是从促进林业产业健康发展的角度看，还是从纠正市场失灵的角度看，都应采取有效措施扩大森林保险的需求。要扩大森林保险需求首先要回答的问题是：哪些因素影响了林农对森林保险的需求？只有挖掘出这些影响因素，才能有针对性地采取措施，为扩大森林保险需求提供经验证据。

### 二、理论分析

#### （一）理论框架

森林保险是一种灾害型风险转移手段，林农在理性选择风险管理手段时，会选择相同成本下风险最低或相同风险下成本最小的措施，其最终目的是实现净收益的稳定。因此，从对林农参与森林保险后净收益的理论分析入手，探究影响林农参与森林保险意愿的主要因素。

假定在一定的技术条件下，林农林业生产函数为

$$F = f(L, K) \tag{2-1}$$

式中，$F$ 是一个生产周期内林农林产品产量，它取决劳动力的投入水平 $L$ 和生产要素（包括资金、土地、生产工具等）的投入水平 $K$。

假设 $q_i$ 为林农 $i$ 的林产品产量。当林农没有遭受风险时，其产量为 $\bar{q}$，没有遭受风险的概率为 $\pi_0$；当林农遭受风险时，其产量为 0，遭受风险的概率为 $\pi_1$。且 $\pi_0+\pi_1=1$。因此，林农 $i$ 林产品产量的表达式为

$$q_i=\{(\pi_0,\ \bar{q}),\ (\pi_1,\ 0)\} \tag{2-2}$$

则林农 $i$ 在没有参与森林保险情况下的总收入为

$$TR_i=p\times q_i \tag{2-3}$$

式中，$p$ 为林农销售林产品的市场价格，假设 $p\sim N(\bar{p},\ \sigma^2)$。

在没有参与森林保险的情况下，单个林农 $i$ 一个生产周期内实现的净收入表达式为

$$NR_i=TR_i-C_i \tag{2-4}$$

式中，$NR_i$ 为林农的净收入，$TR_i$ 为总收入，$C_i$ 为林业生产经营成本。

假定林农参与森林保险的可保风险①用 $\{(\pi_0,\ 0),\ (\pi_1,\ \bar{q})\}$ 两点分布②来描述。当林农没有遭受风险时，其损失为 0；当林农遭受风险时，其损失量为 $\bar{q}$。在损失发生时，保险公司将因灾害损失的林产品折算为损失补贴对参保林农进行实际资金补偿，即在林农对林业生产全额投保的情况下，保险公司的赔付 $I$ 为

$$I=\{(\pi_0,\ 0),\ (\pi_1,\ \bar{p}\bar{q})\} \tag{2-5}$$

式中，$\bar{p}$ 为林产品预期价格，由保险双方签订合同时约定。根据可保风险的分布可知，当林农没有遭受风险时，其损失为 0，保险公司赔付为 0；当林农遭受风险时，其损失量为 $\bar{q}$，保险公司赔付为 $\bar{p}\bar{q}$③。

如果林农 $i$ 选择参与森林保险（该情况用 * 表示），则林农 $i$ 当期的总收入变为

$$TR_i^*=pq_i+I_i=\bar{p}\bar{q} \tag{2-6}$$

对于式（2-6），当林农 $i$ 遭遇风险时，其林产品收入为 0，林农可以获得保险公司的赔付额为 $\bar{p}\bar{q}$，此时其总收入为：$TR_i^*=\bar{p}\bar{q}$；当林农 $i$ 没有遭遇风险时，其林产品收入为 $\bar{p}\bar{q}$，而保险公司赔付额为 0，此时其总收入

---

① 可保风险是指符合承保人承保条件的特定风险。通常情况下，可保风险要求存在大量具有同质风险的保险标的，以达到风险分散的目的。

② 为便于讨论，本部分假设林业经营风险仅存在没有损失和全部损失两种情况。

③ 对于参与森林保险的林农来说，其遭遇损失理应获得赔付。当然实际赔付过程可能有很多因素需要考虑，比如造成损失的灾害是否在保险条款包括的范围之内等，但为了便于讨论，这些因素在理论模型中不予考虑。

为：$TR_i^* = \bar{p}\bar{q}$。因此，林农 $i$ 通过参与森林保险可以将自身收入锁定为 $\bar{p}\bar{q}$。

此时，林农 $i$ 参与森林保险的林业生产经营成本为

$$C_i^* = C_i + h \tag{2-7}$$

式中，$h = \pi_1\bar{p}\bar{q}$，表示森林保险成本，即林农参与森林保险应缴纳的保费。如果林农 $i$ 采取的风险防范措施是森林保险，则其一个生产周期的净收入为

$$\begin{aligned} NR_i^* &= TR_i^* - C^* = \bar{p}\bar{q} - C_i - h \\ &= \bar{p}\bar{q} - C_i - \pi_1\bar{p}\bar{q} = (1 - \pi_1)\bar{p}\bar{q} - C_i = \pi_0\bar{p}\bar{q} - C_i \end{aligned} \tag{2-8}$$

由式（2-8）可知，林农净收入 = 总收入 - 成本 + 保险金额 - 保费，林农在决策时应尽量使其净收入最大化。基于此，林农净收入的直接决定因素主要反映在林业经营情况、灾害损失、保险条款及政府补贴等。实际上，相对于规避林业风险，林农更关注的是参与森林保险后的经济效益，因此，对林农净收入的影响因素进行分析有助于分析林农参与森林保险的意愿。

**（二）影响因素**

1. 户主个人特征

户主个人特征主要包括户主年龄、性别、受教育程度、是否村干部等。户主年龄及性别影响着一个人的阅历和生活经验，进而会对他的效用函数产生影响，最终影响到他的保险决策行为。

2. 林农家庭特征

林农家庭特征主要包括家庭中从事林业生产的人数、林农从事林业生产年限、家庭总收入和购买其他保险数量。一般来说，林农家庭从事林业生产人数越多，则单独抗击风险的能力越强，对森林保险的需求越小。林农从事林业生产年限可能对保险需求产生两种效果：一方面，生产年限较长的林农，可能抗灾经验及抗灾能力强，因而森林保险需求较低；另一方面，生产年限较长的林农，对灾害损失程度的认识较深，从而积极寻求风险管理手段，因而森林保险需求也较高。收入水平也影响了林农的保险选择。一般来说，收入越高，林农越有可能参加森林保险。同时，林农家庭有购买过其他保险的经历也会影响其对森林保险重要性的判断。

3. 森林保险认知情况

林农对森林保险的认知分为两个方面：一是对森林保险的了解程度；二是对森林保险的态度，即对森林保险重要性的判断。

4. 林业生产经营情况

林业生产经营情况主要包括林地面积、林地质量、林种、生产成本和林业收入占家庭总收入比重等。林地面积越大，林地质量越好，一旦遭到灾害，林农的预期损失越大，规避风险的意愿越强烈。林业收入占家庭总收入比重越大，林农对森林灾害越敏感，投保意愿就越强烈。另外，根据实地调查发现，目前大多数林农将经济林当成庄稼一样经营，对林地经营比较重视，生产成本投入也比较大，因而经营经济林或生产成本投入较大的林农森林保险的需求可能也较大。

5. 林业灾害损失情况

林业灾害损失情况主要包括是否遭受林业灾害以及受灾的损失程度。以往研究表明，灾害损失状况对林农的森林保险需求具有重要影响。一般来说，林农遭受森林灾害的频率越高、严重程度越大，就越需要通过森林保险来分散风险，因而这类林农对森林保险的需求就越强烈。

6. 森林保险产品条款

森林保险产品特征主要包括保险责任、保险金额和保险费率。一般来说，森林保险责任的范围越细致全面，越能满足林农的需求，因而林农参与森林保险的可能性就越大；保险金额的高低直接决定了灾后赔款所弥补损失的大小，保险金额越高，林农越有意愿投保，如果保险金额不能抵补林农的经营成本，则林农将没有投保意愿；保险费率影响林农的投保意愿，保险费率越低，林农支付的保费越少，投保意愿越强烈。

7. 财政补贴政策特征

政府补贴政策主要包括补贴方式和补贴水平，林农对于资金到户的直接补贴和优惠费率的间接补贴有不同的感受，二者均影响林农的森林保险需求，而补贴水平的高低更能影响到林农对森林保险的需求，总体来说，政府补贴方式越直接，补贴水平越高，林农的投保积极性越高。

## 三、数据来源与模型构建

### （一）数据来源

数据来源于 2012 年 8 月对浙江省临安市 11 个村的部分林农的问卷调查。主要运用入户问卷调查的方法，样本分布在随机抽样的 11 个村中，分别是天目村、交口村、九狮村、门口村、一都村、月亮桥村、白鹤村、告领村、徐村、武山村、西游村。此次共调查了 165 户林农，经过筛选，最终获得有效样本 140 户，样本有效率为 84.8%。

### （二）模型构建

由于 Logistic 回归模型可以很好地满足对分类数据的建模需求，目前已成为分类因变量的标准建模方法。为此，进一步运用 Logistic 模型对森林保险需求影响因素进行回归分析，模型的表达式为

$$\text{Logit}(y_i) = \beta_0 + \beta_1 x_{1i} + \beta_2 x_{2i} + \cdots + \beta_k x_{ki} + \mu \qquad (2-9)$$

式中，$y_i$ 是因变量，代表林农 $i$ 对森林保险的需求意愿；$x_{1i}$，$x_{2i}$，…，$x_{ki}$ 是自变量，代表影响林农 $i$ 森林保险需求意愿的各项因素；$\beta_1$，$\beta_2$，…，$\beta_k$ 是各自变量的系数；$\beta_0$ 为常数项，$\mu$ 为残差项。

### （三）林农森林保险需求的描述性分析

1. 保险认知情况与森林保险需求

调查发现，林农对森林保险的了解程度越高，对其重要性认识越深入，保险需求越大。见表 2－1，随着林农对森林保险了解程度的提高，对其重要性认识程度的增加，有森林保险需求的林农比例均呈现出明显的上升趋势。

**表 2－1　保险认知情况与森林保险需求**

| 林农森林保险需求 | 对森林保险的了解程度 | | | 对森林保险重要性的判断 | | |
|---|---|---|---|---|---|---|
| | 不了解 | 一般 | 非常了解 | 不重要 | 比较重要 | 非常重要 |
| 有保险需求的户数 | 3 | 9 | 38 | 0 | 23 | 27 |
| 无保险需求的户数 | 60 | 12 | 18 | 27 | 44 | 19 |
| 保险需求发生率（%） | 4.8 | 42.9 | 67.9 | 0.0 | 34.3 | 58.7 |

注：保险需求发生率 = 有保险需求的户数/本组总户数，下同。

2. 林业经营状况与森林保险需求

理论上讲，林业收入占家庭总收入比重越大，灾害损失对家庭收入及生活的影响就越大，林农参与森林保险的意愿就越强烈。表 2－2 中，随着林业收入占家庭总收入比重的降低，各组中有森林保险需求的林农比例先升后降，其中，林业收入占比 10% ~50% 的林农投保意愿较为强烈，占有保险需求总样本的 86%。家庭经营林地面积可以反映林农的林业生产规模，林地面积越大，林农对森林保险的需求越强烈。

**表 2－2　　林业经营状况与森林保险需求**

| 林农森林保险需求 | 林业收入占家庭总收入比重 | | | | 林地面积 | | | |
|---|---|---|---|---|---|---|---|---|
| | ＜10% | 10%～30% | 31%～50% | ≥50% | 0～100 亩 | 100～200 亩 | 200～300 亩 | ≥300 亩 |
| 有保险需求的户数 | 4 | 29 | 14 | 3 | 47 | 0 | 0 | 3 |
| 无保险需求的户数 | 14 | 37 | 24 | 15 | 84 | 3 | 0 | 3 |
| 保险需求发生率（%） | 22.2 | 44.6 | 36.8 | 16.7 | 35.9 | 0 | 0 | 50.0 |

3. 灾害损失情况与森林保险需求

调查表明，86.2%的林农近 3 年内遭受过灾害。其中，见表 2－3，遭受到霜灾的林农最多，占样本总数的 80.0%；其次是病虫害，比例为 12.1%；再次是火灾，比例为 6.4%；遭受旱灾、冰雹、洪水、龙卷风等灾害的林农几乎没有。

**表 2－3　　林农遭受灾害情况**

| 灾害类型 | 旱灾 | 冰雹 | 虫害 | 洪水 | 火灾 | 霜灾 | 龙卷风 |
|---|---|---|---|---|---|---|---|
| 受灾林农 | 0 | 0 | 17 | 0 | 9 | 112 | 0 |
| 受灾林农比例（%） | 0 | 0 | 12.1 | 0 | 6.4 | 80.0 | 0 |

最严重一次灾害损失相对于当年林农家庭总收入的比例越大，理论上讲，林农的森林保险需求就越大。见表 2－4，随着最严重一次灾害损失相当于当年林农家庭总收入的比例降低，有森林保险需求的林农比例在整体上表现出下降的趋势。

**表 2－4　　林农灾害损失情况与森林保险需求**

| 林农森林保险需求 | 最严重一次灾害损失相当于当年家庭收入的比例 | | | |
|---|---|---|---|---|
| | ≥50% | 31%～50% | 10%～30% | ＜10% |
| 有保险需求的户数 | 10 | 27 | 9 | 4 |
| 无保险需求的户数 | 12 | 43 | 14 | 21 |
| 保险需求发生率（%） | 45.5 | 38.6 | 39.1 | 16.0 |

4. 森林保险产品条款设计与森林保险需求

一个合理的保险产品条款，要确定明确的保险责任范围、科学合理的保险金额和保险费率三个核心要素。森林保险责任是承保人所承担的包括火灾、暴雨、旱灾、洪水、泥石流、冰雹、病虫害等自然风险的责任范围，即保险产品中约定的风险发生后，承保人承担赔偿或给付赔偿金的责任。调查结果显示（见表2－5），随着林农对森林保险责任满意程度的提高，有森林保险需求的林农比例呈现明显的增长趋势。

**表2－5　林农对森林保险责任的满意程度与森林保险需求**

| 林农森林保险需求 | 林农对森林保险责任的满意程度 | | | |
|---|---|---|---|---|
| | 不能满足 | 一般满足 | 比较满足 | 非常满足 |
| 有保险需求的户数 | 19 | 12 | 7 | 12 |
| 无保险需求的户数 | 73 | 6 | 7 | 4 |
| 保险需求发生率（%） | 20.7 | 66.7 | 50.0 | 75.0 |

在保险有效期内发生责任范围内的损失或事件时，承保人要按照合同的约定向投保人或受益人支付赔偿金。调查结果表明（见表2－6），林农期望的森林保险金额水平明显要高于现行保险条款中设置的保险金额水平，森林保险金额水平对林农森林保险需求的影响比较大。

**表2－6　森林保险金额水平与森林保险需求**

| 林农森林保险需求 | 森林保险金额水平 | | | |
|---|---|---|---|---|
| | 0～500元/亩 | 500～800元/亩 | 800～1500元/亩 | ≥1500元/亩 |
| 有保险需求的户数 | 0 | 1 | 10 | 39 |
| 无保险需求的户数 | 0 | 4 | 24 | 62 |
| 保险需求发生率（%） | 0 | 20.0 | 29.4 | 38.6 |

保费是投保人为取得保险保障，按保险合同约定向承保人支付的费用。保险费率是指单位保险金额中承保人应收取的保费。表2－7显示，在保险费用不低于6.4元时，有森林保险需求的林农比例仍为54.5%，说明现行保险费率在林农的可接受水平之内，它对林农森林保险需求意愿影响较小。

表 2－7　保险费率水平与森林保险需求

| 林农森林保险需求 | 最高能接受的保险费用水平 | | | | |
|---|---|---|---|---|---|
| | <0.3 元 | 0.3～1.2 元 | 1.2～4.8 元 | 4.8～6.4 元 | ≥6.4 元 |
| 有保险需求的户数 | 0 | 14 | 17 | 13 | 6 |
| 无保险需求的户数 | 3 | 23 | 52 | 7 | 5 |
| 保险需求发生率（%） | 0 | 37.8 | 24.6 | 70.0 | 54.5 |

5. 政府补贴情况与森林保险需求

财政保费补贴可以分为直接保费补贴和间接保费补贴。其中，直接保费补贴指补贴款项直接发放到所有林农，林农可以利用这部分资金参与森林保险；间接保费补贴指对参与森林保险的林农进行保费补贴，即林农按保费的相应比例交款，而不参与森林保险的林农无法得到该部分补贴。调查结果显示，林农更倾向于直接补贴方式，选择直接补贴方式的林农中有森林保险需求的比例为 36.1%，选择间接补贴方式的林农中有森林保险需求的比例为 28.6%。另外，就政府保费补贴水平而言，林农期望的补贴水平越高，其森林保险需求也越高（见表 2－8）。

表 2－8　政府保费补贴水平与森林保险需求

| 林农森林保险需求 | 补贴水平 | | | | |
|---|---|---|---|---|---|
| | <75% | 75%～80% | 80%～85% | 85%～90% | ≥90% |
| 有保险需求的户数 | 0 | 0 | 3 | 14 | 33 |
| 无保险需求的户数 | 0 | 1 | 16 | 45 | 28 |
| 保险需求发生率（%） | 0 | 0 | 15.8 | 23.7 | 54.1 |

## 四、森林保险需求影响因素的实证研究

对森林保险需求影响因素进行二元 Logistic 回归分析，判断林农森林保险需求影响因素的显著性及其作用方向。

### （一）变量的设置及描述性统计

基于实地调查数据，对有效问卷进行分析整理和归纳，变量说明、描述性统计及其预期影响方向如表 2－9 所示。

表 2-9　模型变量定义及其预期影响方向

| 分类 | 变量 | 定义 | 均值 | 标准差 | 预期影响 |
|---|---|---|---|---|---|
| 森林保险需求 | 是否愿意购买森林保险 | 是 =1；否 =0 | 0.36 | 0.48 | — |
| 户主特征 | 户主年龄 | 周岁年龄（岁） | 42.12 | 8.54 | + |
| | 户主性别 | 男 =1；女 =0 | 0.87 | 0.33 | ? |
| | 户主职务 | 是否是村干部。是 =1；否 =0 | 0.34 | 0.46 | + |
| | 受教育程度 | 户主受教育年限。高于平均水平 =3；接近平均水平 =2；低于平均水平 =1 | 1.94 | 0.96 | + |
| 林农家庭情况 | 劳动力人数 | 经常从事林业经营劳动力人数（人） | 2.54 | 0.80 | + |
| | 生产年限 | 家庭从事林业生产时间。≥25 年 =4；15 ~25 年 =3；5 ~15 年 =2；≤5 年 =1 | 2.95 | 0.86 | + |
| | 家庭年收入 | ≥10 万元 =4；5 万 ~10 万元 =3；1 万 ~5 万元 =2；≤1 万元 =1 | 2.36 | 0.72 | + |
| | 其他保险 | 购买其他保险的数量（种） | 0.56 | 0.78 | + |
| 森林保险认知 | 了解程度 | 对森林保险的了解程度。非常了解 =3；了解 =2；一般了解 =1 | 1.96 | 0.93 | + |
| | 重要性判断 | 对森林保险重要性的判断。非常重要 =3；重要 =2；一般重要 =1 | 2.14 | 0.71 | + |
| 林业经营情况 | 林地面积 | 家庭经营林地总面积（亩） | 42.53 | 104.20 | + |
| | 林地质量 | 高于平均水平 =3；接近平均水平 =2；低于平均水平 =1 | 1.79 | 0.72 | + |
| | 生产成本 | 林业生产经营成本（元/亩） | 2332.00 | 3830.18 | ? |
| | 林业收入占比 | 林业收入占家庭总收入比重。≥50% =4；30% ~50% =3；10% ~30% =2；≤10% =1 | 1.40 | 0.87 | + |
| | 是否经济林 | 是 =1；否 =0 | 0.68 | 0.63 | + |
| 灾害损失情况 | 3 年内是否有灾害 | 是 =1；否 =0 | 0.99 | 0.12 | + |
| | 灾害发生频率 | 1 年内灾害次数 | 1.51 | 0.71 | + |
| | 受灾严重程度 | 最严重一次灾害损失相对于当年家庭收入的比例。≥50% =4；30% ~50% =3；10% ~30% =2；≤10% =1 | 2.64 | 0.95 | + |

续表

| 分类 | 变量 | 定义 | 均值 | 标准差 | 预期影响 |
|---|---|---|---|---|---|
| 保险产品条款设计 | 保险责任 | 对森林保险责任的满足程度。非常满足 = 4；满足 = 3；较满足 = 2；一般满足 = 1 | 1.67 | 1.05 | + |
| | 保险金额 | 保险金额水平。≥1500 = 4；800 ~ 1500 元 = 3；500 ~ 800 元 = 2；0 ~ 500 元 = 1 | 3.90 | 0.61 | + |
| | 保险费率 | 最高能接受的保险费率水平。≥6.4 元 = 5；4.8 ~ 6.4 元 = 4；1.2 ~ 4.8 元 = 3；0.3 ~ 1.2 元 = 2；≤0.3 元 = 1 | 2.99 | 0.90 | - |
| 政府补贴情况 | 补贴方式 | 直接补贴 = 1；间接补贴 = 0 | 0.95 | 0.22 | + |
| | 补贴水平 | 政府对森林保险保费的补贴比例。≥70% = 5；50% ~ 70% = 4；30% ~ 50% = 3；10% ~ 30% = 2；≤10% = 1 | 4.29 | 0.72 | + |

### （二）森林保险需求回归分析

应用 SPSS 18.0 软件中的 Logistic 回归，采用向前逐步回归法对数据进行分析，得到的最终回归结果如表 2 - 10 所示。通过模型的检验结果可知，最终回归结果拟合度较好，各变量均在 0.05 及以下的水平上通过了显著性检验。

**表 2 - 10　　Logistic 回归分析结果**

| 解释变量 | 回归系数 | 标准误差 | 显著性水平 |
|---|---|---|---|
| 了解程度 | 3.105 | 0.639 | 0.018 |
| 重要性判断 | 5.628 | 1.685 | 0.008 |
| 林业收入占比 | 5.934 | 2.885 | 0.004 |
| 是否经济林 | 3.296 | 1.272 | 0.028 |
| 受灾严重程度 | 2.416 | 1.236 | 0.049 |
| 保险责任 | 3.138 | 1.632 | 0.032 |
| 保险金额 | 1.954 | 0.958 | 0.046 |
| 补贴水平 | 3.876 | 1.828 | 0.058 |

续表

| 解释变量 | 回归系数 | 标准误差 | 显著性水平 |
| --- | --- | --- | --- |
| 常数项 | -35.168 | 9.282 | 0.005 |
| 对数似然值 | 46.157 | | |
| Cox & Snell $R^2$ | 0.705 | | |
| Nagelkerke $R^2$ | 0.858 | | |

影响林农森林保险需求的显著变量包括对森林保险的了解程度、对森林保险重要性的判断、林业收入占家庭总收入比重、最严重一次灾害损失相对于当年家庭收入的比例、保险责任、保险金额水平和政府补贴水平，其中，最严重一次灾害损失相对于当年家庭收入的比例的符号与预期相反，其他一致。

林农对森林保险的认知情况对其森林保险需求具有显著的正向影响，表明林农对森林保险了解程度越高，对森林保险的重要性认识越深入，就越能刺激其森林保险需求的提高。

林业收入占家庭总收入比重对林农森林保险需求具有显著的正向影响。林地面积并未显著影响林农对森林保险的需求，实际上保险费用也未成为显著的影响因素。林地质量对林农森林保险需求影响不显著，这一点说明林农对林地质量的敏感度不高。

林农经营的林地为非经济林对林农森林保险需求具有显著的负向影响。经济林具有较高的经济价值，成为林农家庭收入的主要来源，多数林农对经济林经营比较重视，相应的生产成本投入也比较大。因此，当林农经营的林地为非经济林时，林农参与森林保险的意愿下降。

最严重一次灾害损失相对于当年家庭收入的比例相比于受灾频率更能影响林农的投保意愿，其回归系数为2.416，符号为正，表明受灾严重程度对于林农的投保决策具有显著影响。但是，受灾频率并未显著影响林农的投保意愿。理论上讲，受灾频率越高，林农应该越倾向于选择森林保险，但调查发现，林农一年内遭受灾害次数最高仅为3次，且林业生产的风险主要由林农自行承担，这样的林农占样本总数的82.9%，可见，我国林农林业生产还属于比较传统封闭的模式。因此，受灾频率对林农森林保险需求的影响并不显著。

保险产品条款设计中的保险责任与保险金额显著影响林农森林保险需

求，其回归系数分别为3.138和1.954，符号均为正。从估计结果来看，现行保险费率下的保险费用较少，并不成为阻碍林农投保的显著因素，而保险金额水平较低则成为导致林农选择自行承担风险的因素。同样，保险责任范围较窄，不能有效规避各种林业风险，也显著影响林农对森林保险的需求。浙江省森林综合险中并未包括病虫害保险，调查表明，病虫害排在林农遭受灾害的第二位，遭受病虫害的林农占样本总数的12.1%；此外，根据目前浙江省森林保险实施方案规定，森林保险条款中商品林的现行保险金额仅为200~800元/亩，该标准与户均2332元的生产成本相差较大，不能很好地起到弥补灾害损失的作用。

财政补贴水平显著影响林农对森林保险的需求，其回归系数为3.876，符号为正。政府补贴实现了林农保险费用的降低，即便在保险费用相对不高的情况下，财政补贴水平对林农森林保险需求仍然起到显著的正向作用。

## 第二节　不同类型林农的森林保险需求影响因素

### 一、问题的提出

随着保费补贴试点工作的推进，中国森林保险市场却面临着“一高两低”的问题，即高补贴比例、低参保率、低赔付率。在补贴力度持续增加的同时，商品林参保率增长乏力，投保主体真实参保意愿不强。从整体看，森林保险总参保面积的增长主要依赖政府基本实现全额补贴的公益林参保面积的提高，2018年公益林参保面积较2011年增长了350.25%，而商品林参保面积仅增长了36.91%；从2014年开始中国森林保险参保面积增长放缓，甚至2016年出现下降。[①] 当前参保率并非“真实”量，而是在政府行政力量干预下的参保水平。那么，当前森林保险保费补贴政策参保激励效应究竟如何，影响营林主体参保的因素有哪些，尤其在当前林农加速分化与经营规模化背景下，森林保险保费补贴政策对不同类型营林主体的参保激励是否存在差异，这些问题有待于进一步的理论探讨与实证检验。

① 根据各年《中国森林保险发展报告》整理所得。

国内外学者就森林保险财政补贴政策下营林主体的参保意愿及其影响因素进行了大量的理论与实证研究。但当前大部分研究仅针对传统小林农，对新型林业经营主体的参保需求与不同类型营林主体的参保需求差异问题鲜有涉及，这与当前中国林业生产分化与经营规模化背景下新型林业经营主体逐渐成为林业生产主要力量的趋势不相符。不同类型营林主体在林业经营规模与生产特征等方面存在差异，导致其对森林保险的需求存在较大差异。相对于传统小林农，新型林业经营主体经营规模更大，面临的林业风险及风险所致损失相应更大，面临的风险种类更多，其对森林保险的需求更强烈。但受限于低保障水平与财政补贴政策设计缺陷，现有森林保险产品无法满足新型林业经营主体的基本风险管理需求，这严重影响了其参保意愿。为此，本节将传统小林农与新型林业经营主体纳入统一研究框架，基于实地调研数据，在综合考虑森林保险保费补贴政策与保险产品供给特征、内生性等因素的基础上，结合运用 Oprobit 模型与 Ivoprobit_CMP 估计法，就不同保障水平下森林保险参保激励效应及其对不同类型营林主体的参保激励差异进行分析。

## 二、理论分析

### （一）参保机理分析

在森林保险需求的影响因素方面，学者们主要考虑了营林主体特征、家庭基本情况、林业经营情况、受灾情况、保险认知、保险条款、政府补贴、政府救济等方面。总体来看，营林主体主观性因素、经济收入因素、林业经营性因素等均会对森林保险需求产生重要影响。其中，主观性因素包括投保主体年龄、受教育程度、风险偏好、对森林保险重要性的认知等；经济收入因素包括家庭收入情况、林业信贷情况等；林业经营性因素包括林地经营情况、林业收入情况、林业受灾状况等。学者们对森林保险产品特性及政府补贴制度等客观性因素与森林保险需求关系的关注相对较少。基于此，本节将影响营林主体参保的主要因素归纳为三方面：其一，是否有保险需要，保险产品供给能否满足潜在需求，这是参保的先决条件；其二，根据家庭收入特征，营林主体是否具有支付能力，这是参保的基础；其三，政府保费补贴政策是否激励营林主体参保，这是参保的保障（见图 2－1）。同时，传统小林农与新型林业经营主体在上述各类特征上存在较大差异，导致两者参保意愿可能存在较大差异。

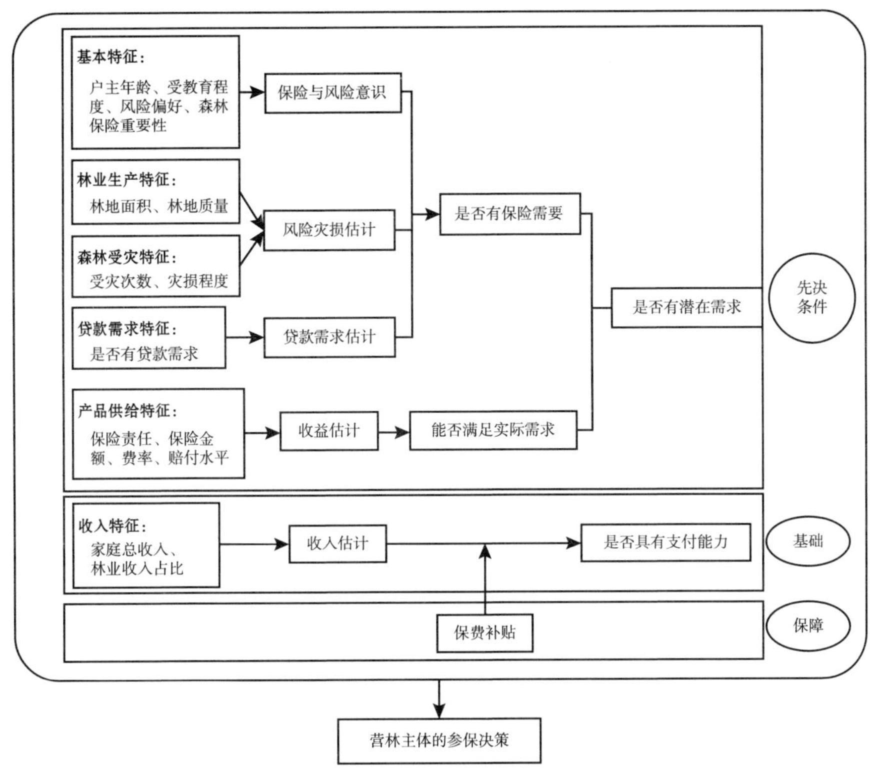


**图2－1　森林保险参保机理**

1. 参保先决条件：是否有潜在需求

首先，保险需要是形成参保潜在需求的前提。营林主体的保险需要主要由其风险与保险意识、风险灾损估计以及贷款需求估计三方面决定。其一，风险与保险意识是营林主体形成保险需要的先决条件。林业生产面临着自然风险、技术风险、市场风险、政策风险等多重风险，且具有连带特征，风险水平较高。具有保险意识的营林主体更倾向于参保来分散风险，且风险规避的营林主体对风险更敏感，在经营过程中更愿意主动采取措施规避风险，参保需求更高。其二，风险灾损估计是营林主体形成保险需要的必要条件。经历过重大灾害或频繁遭受灾害的营林主体对未来的风险灾损估计更高，更需要通过参保来分散风险，且风险所致损失越大，风险灾损预期越高，参保意愿也越强。其三，贷款需求也是营林主体形成保险需要的重要因素。林业生产受多重风险影响，收入稳定性差，使得营林主体信贷获取难度大，而森林保险作为林权抵押贷款的前置条件，对有贷款需求的营林主体有较强吸引力，尤其是想要扩大生产规模或想要加大生产资金投入的营林主体。

其次，森林保险产品供给是营林主体形成参保潜在需求的核心，决定了营林主体的参保效用与预期收益。保障水平直接影响营林主体的参保预期收益，营林主体对森林保险保障水平的认知评价越高，其参保意愿就越强。赔付水平衡量了营林主体参保后遇损时可获得的预期赔付，营林主体对赔付水平的认知评价越高，其参保意愿就越高。保险责任覆盖越全面，越能满足营林主体分散风险的需求，对营林主体的参保吸引力也就越大。费率决定了森林保险的保费水平，保费决定了参保的成本，营林主体的费率认知评价越高，其参保意愿就越强。

2. 参保基础：是否有支付能力

有保险支付能力是营林主体参保潜在需求转化为实际需求的基础。保险支付能力由营林主体的收入特征决定，包括其家庭收入水平与林业收入占比。家庭收入水平是营林主体购买森林保险的经济基础，在一定保费水平下，家庭收入水平越高，营林主体支付能力越强，参保可能性也越高。这也意味着费率是在既定收入水平下决定营林主体能否具有保险购买力的关键，营林主体的费率认知评价越高、支付能力越强，其参保意愿也就越强。同时，林业收入占比是衡量林业生产重要程度的指标，其比重越高，林业生产经营活动越重要，营林主体对林业风险的关注度也越高，参保可能性就越大。

3. 参保保障：政府补贴支持

政府保费补贴政策是营林主体参保的保障，也是促进森林保险市场快速有效发展的重要措施。政府对购买森林保险的营林主体提供一定比例的保费补贴，这会从收入效应与替代效应两方面增强营林主体参保可能性。从收入效应看，实施保费补贴政策后，营林主体的实际可支配收入增加，保险支付能力提高，参保有效需求也会随之增加。对具有保险潜在需求但受收入水平限制的营林主体而言，政府保费补贴增强了其保险支付购买力，有助于将其参保潜在需求转化为参保有效需求，提高参保可能性。从替代效应看，实施保费补贴政策后，相较于其他风险管理措施，森林保险的相对价格降低，效用与收益相对提升，增加了营林主体选择参保从而规避风险的可能性，有效需求随之增加。因此，森林保险保费补贴政策可能提高营林主体的参保意愿。

但不同类型营林主体对风险管理与保障的需求、对保费补贴政策的认知、对保险产品的需求等均存在较大差异，导致保费补贴政策对营林主体的参保激励效应可能存在差异。传统小林农林业生产规模普遍较小，受灾可能性及灾损估计相对较低，保险意识普遍较低，这抑制了其参保需求。此外，小林农收入水平较低，保险购买力弱，对森林保险产品的保费水平变动更敏感，这也导致小林农更加依赖政府保费补贴，保费补贴可能是影响小林农参保的关键。新型林业经营主体规模化、专业化程度高，更多受到林业风险的影响，灾损估计也相应较大。新型林业经营主体包括大林场、林业企业等，具有综合企业相似的特征，风险与保险意识高，具有较高的保险需求。同时，新型林业经营主体具有较高的风险管理需求，对森林保险产品保障水平的要求较高，现行“低保障”保险产品无法满足其对森林保险的有效需求。

### （二）研究假说

政府大力宣传森林保险保费补贴政策，有助于提升营林主体的保险意识，强化其保险需求。补贴政策的实施，可以有效降低营林主体保费负担，提高保险支付购买力，进而促使潜在需求转化为有效需求。

H1：森林保险保费补贴政策具有参保激励效应，即森林保险保费补贴政策的实施可以有效提高营林主体的参保意愿。

传统小林农与新型林业经营主体在林业生产特征、收入特征、产品供给特征及贷款需求特征等方面存在较大差异，使得两者的保险潜在需求与参保支付能力存在差异，这造成两者对政府保费补贴的需求存在差异，进而导致森林保险保费补贴政策对两类营林主体参保意愿的影响存在差异。

H2：森林保险保费补贴政策参保激励效应存在主体异质性，即保费补贴政策对传统小林农与新型林业经营主体参保意愿的影响存在差异。

## 三、数据来源与模型构建

### （一）数据来源

本节数据来源于笔者2018年10~12月对福建省的问卷调研，调研采用分层抽样和随机抽样相结合的方法，首先采用分层抽样方法选取两个样本县，分别为福建省清流县和沙县，在此基础上，对样本县中的营林主体展开随机抽样。调研共覆盖8个乡镇①，40个村，发放调查问卷500份，

① 调研乡镇包括：三明市清流县李家乡、龙津镇、嵩口镇、灵地镇、沙芜乡、嵩溪镇，三明市沙县高桥镇、南霞乡。受篇幅限制，调查村的名称不一一说明。

收回有效问卷470份，样本有效率为94.0%。其中，传统小林农有效问卷为382份，新型林业经营主体（包括林业大户、家庭林场以及林业龙头企业等）有效问卷为88份。选取福建省为调研地点，主要有两点考虑：一是福建省为中国重点林区，森林覆盖率高；二是福建省为中国最早一批进行中央财政森林保险保费补贴试点的省份，森林保险开展时间较长，具有一定代表性。

**（二）变量选择**

1. 被解释变量

被解释变量为营林主体的森林保险参与意愿，问卷中的回答及赋值设定为“无参与意愿=1”“一般=2”“有较高参与愿意=3”。森林保险参与意愿是有序分类变量，可以更好地体现营林主体森林保险参与意愿的层次性。

2. 核心解释变量

笔者将核心解释变量设定为营林主体的森林保险保费补贴政策认知度与森林保险保费补贴政策满意度。前者通过问卷题目“您是否了解本地当前的森林保险保费补贴政策?”衡量，题项答案为：①完全不了解；②一般；③较为了解；④非常了解。后者通过问卷题目“您对本地当前的森林保险保费补贴政策是否满意?”衡量，题项答案为：①不满意；②一般；③比较满意；④非常满意。

3. 控制变量

控制变量包括营林主体基本特征、林业生产经营特征、森林灾损特征、收入特征、产品供给特征及贷款需求特征六类。其中，选取年龄、受教育程度、风险偏好程度、森林保险重要性等变量衡量营林主体的基本特征；选取林地面积衡量林业生产经营特征；选取是否遭受灾害与林地灾损程度两个变量衡量森林灾损特征；选取林业收入占比来衡量收入特征；选取保险责任认知评价、保障水平认知评价、赔付情况认知评价、费率认知评价衡量产品供给特征；选取是否有贷款需求变量衡量贷款需求特征。森林参保意愿变量及赋值见表2-11。

**表2-11　　森林保险参保意愿变量选择**

| 类型 | 变量 | 测量及赋值 |
|---|---|---|
| 参保意愿 | 森林保险参与意愿 | 无意愿参与=1，一般=2，有很高参与意愿=3 |

续表

| 类型 | 变量 | 测量及赋值 |
| --- | --- | --- |
| 保费补贴政策 | 保费补贴政策认知度 | 完全不了解 =1，一般 =2，较为了解 =3，非常了解 =4 |
| | 保费补贴政策满意度 | 不满意 =1，一般 =2，比较满意 =3，非常满意 =4 |
| 产品供给特征 | 保险责任认知评价 | 不满意 =1，一般 =2，比较满意 =3，非常满意 =4 |
| | 保障水平认知评价 | 不满意 =1，一般 =2，比较满意 =3，非常满意 =4 |
| | 费率认知评价 | 不满意 =1，一般 =2，比较满意 =3，非常满意 =4 |
| | 赔付情况认知评价 | 不满意 =1，一般 =2，比较满意 =3，非常满意 =4 |
| 贷款需求特征 | 是否有贷款需求 | 是 =1，否 =0 |
| 森林灾损特征 | 是否遭受灾害 | 近 3 年是否遭受自然灾害：否 =0，是 =1 |
| | 林地灾损程度 | 10% 以下 =1，10% ~30% =2，31% ~50% =3，50% 以上 =4 |
| 营林主体基本特征 | 年龄 | 户主实际年龄，单位：岁 |
| | 受教育程度 | 小学及以下 =1，初中 =2，高中 =3，大专及以上 =4 |
| | 风险偏好程度 | 风险偏好实验的实际测试值：风险厌恶型 =1，风险中立型 =2，风险偏好型 =3 |
| | 森林保险重要性 | 不重要 =1，一般 =2，比较重要 =3，非常重要 =4 |
| 林业生产经营特征 | 林地面积 | 实际林地面积或经营规模，单位：亩 |
| 收入特征 | 林业收入占比 | 10% 以下 =1，10% ~30% =2，31% ~50% =3，50% 以上 =4 |

注：借鉴安德森和宫（Anderson & Gong，2010）的研究，营林主体的风险偏好实验设置如下。假定营林主体可在 2019 年末采伐所有林木，且林木有两种销售方式：一是以固定的市场价格出售给森工企业，需要在 2018 年底与森工企业签署销售合同，无论 2019 年市场价格如何变动，营林主体须按合同执行；二是根据 2019 年的市场价格出售。由于市场价格存在不确定性，2019 年获得的收益可能比第一种方式高，也可能低。营林主体若认为第一种方式优于第二种方式，则被视为风险厌恶型；若认为第二种方式优于第一种，则被视为风险偏好型；若认为两种方式不存在差异，则被视为风险中立型。

### （三）模型设定

1. 森林保险保费补贴政策参保激励效应模型设定

被解释变量为营林主体的森林保险参保意愿，是有序分类变量，因此，选择 Oprobit 模型进行分析。Oprobit 模型设定为

$$Y_i = \alpha + \beta_1 X_1 + \beta_2 X_2 + \sum_{k=1}^{n} \pi_k Z_k + \varepsilon \qquad (2-10)$$

式中，$Y_i$ 表示营林主体 $i$ 的参保意愿选择；$X_1$ 为森林保险保费补贴政策认

知度，$X_2$ 为森林保险保费补贴政策满意度，两者为核心解释变量，$\beta$ 表示核心解释变量系数；$Z_k$ 表示控制变量，$\pi_k$ 为控制变量系数。$\varepsilon$ 为随机干扰项。

此外，诸多研究表明，Oprobit 模型与 Ologit 模型、OLS 模型估计结果的系数符号及显著性一致，当模型设定无误时，Oprobit 模型、Ologit 模型及 OLS 估计并无优劣之分（Ferrer & Frijters，2004；祝仲坤，2017）。因此，本节运用 Oprobit 模型进行回归估计，并运用 Ologit 模型与 OLS 估计进行稳健性检验。

2. 森林保险保费补贴政策参保激励效应异质性模型设定

为进一步检验不同类型营林主体的保费补贴政策参保激励效应差异，在式（2－10）基础上加入营林主体虚拟变量与森林保险保费补贴政策认知度和满意度的交互项，模型设定为

$$Y_i = \alpha + \beta_1 X_1 + \beta_1' X_1 \times F + \beta_2 X_2 + \beta_2' X_2 \times F + \sum_{k=1}^{n} \pi_k Z_k + \varepsilon \tag{2-11}$$

式中，$F$ 为营林主体虚拟变量，如果是传统小林农，则赋值为 1，如果是新型林业经营主体，则赋值为 0。其他变量设定与式（2－10）一致。交互项的系数 $\beta_1'$、$\beta_2'$分别表示森林保险保费补贴政策认知度与满意度对两类营林主体参保意愿的影响。估计方法与式（2－10）一致。

**（四）描述性分析**

为分析两类异质性营林主体在森林保险参与意愿、保费补贴政策认知评价、森林保险产品供给认知评价、基本特征等方面的差异，分别对这些方面进行非参数卡方（$\chi^2$）检验。卡方检验的原假设是：不同样本组的数据不存在内在因素导致的显著性差异，所有差异都是抽样误差引起的。

1. 不同类型营林主体的森林保险参与意愿分析

在当前 1000 元/亩的保障水平下，有较高森林保险参与愿意的传统小林农有 256 个，占全部小林农的比重为 67.02%，而没有参与意愿的小林农仅有 12 个，占全部小林农的 3.14%；有较高森林保险参与意愿的新型林业经营主体有 48 个，占全部新型林业经营主体的比重为 54.55%，一般或不愿意参保的新型林业经营主体有 40 个，占全部新型林业经营主体的 45.45%。由此可知，在当前“低保费、低保障”的森林保险模式下，相较于新型林业经营主体，小林农的参保意愿更高。小林农经营规模小、生产投入少，且林业收入在家庭总收入中占比较低，使得小林农对风险管理与保障的要求相对较低，但对保费较为敏感。因此，当前“低保费、低保

障”的森林保险产品能满足大部分小林农参保需求。新型林业经营主体的经营规模大、投入大，林业收入占比高，这使得其对保障水平有较高要求。当前“低保障”的森林保险产品供给并不能有效满足新型林业经营主体的风险管理需求，因此，新型林业经营主体的参保意愿相对不高。此外，各保障水平下参保意愿的卡方检验均在1%统计水平上显著拒绝原假设，表明新型林业经营主体与传统小林农的风险管理需求存在明显差异，即不同类型营林主体的森林保险需求存在明显差异。

2. 不同类型营林主体的森林保险保费补贴政策认知分析

森林保险保费补贴政策认知情况如表2－12所示。首先，两类营林主体对补贴政策的认知度均较高，较为了解与非常了解的小林农和新型林业经营主体分别有244个和66个，分别占全部小林农和新型林业经营主体的63.88%和75.00%，不了解的小林农与新型林业经营主体分别有24个和3个，分别占全部小林农和新型林业经营主体的6.28%和3.41%。由此可知，大部分营林主体对补贴政策的认知度较高，反映出福建省对补贴政策的重视程度较高，推广宣传较为成功，大部分营林主体对补贴政策有一定了解。卡方检验在5%统计水平上显著拒绝原假设，表明新型林业经营主体的补贴政策认知度显著高于传统小林农。其次，对补贴政策非常满意与较为满意的小林农共有240个，占全部小林农的62.83%，评价为不满意的小林农占全部小林农的5.76%。而评价为非常满意与较为满意的新型林业经营主体有80个，占全部新型林业经营主体的90.91%，评价为不满意的新型林业经营主体仅占全部新型林业经营主体的2.27%。由此可知，营林主体对补贴政策满意度较高，现行补贴政策可在一定程度上满足其投保需求。卡方检验在1%统计水平上显著拒绝原假设，表明新型林业经营主体的补贴政策满意度显著高于传统小林农。

**表2－12　不同类型营林主体森林保险保费补贴政策认知特征**

| 补贴政策认知特征 | | 传统小林农 | | 新型林业经营主体 | |
|---|---|---|---|---|---|
| | | 频数 | 占比 | 频数 | 占比 |
| 补贴政策认知度 | 不了解 | 24 | 6.28% | 3 | 3.41% |
| | 一般 | 114 | 29.84% | 19 | 21.59% |
| | 较为了解 | 203 | 53.14% | 47 | 53.41% |
| | 非常了解 | 41 | 10.74% | 19 | 21.59% |
| | $\chi^2$ 检验 | $\chi^2(3)=9.355$；$p=0.025$ | | | |

续表

| 补贴政策认知特征 | | 传统小林农 | | 新型林业经营主体 | |
|---|---|---|---|---|---|
| | | 频数 | 占比 | 频数 | 占比 |
| 补贴政策满意度 | 不满意 | 22 | 5.76% | 2 | 2.27% |
| | 一般 | 120 | 31.41% | 6 | 6.82% |
| | 较为满意 | 201 | 52.62% | 57 | 64.77% |
| | 非常满意 | 39 | 10.21% | 23 | 26.14% |
| | $\chi^2$ 检验 | $\chi^2(3)=33.532$；$p=0.000$ | | | |

3. 不同类型营林主体的森林保险产品供给认知分析

不同类型营林主体的森林保险产品供给认知如表2-13所示。

第一，就森林保险责任认知评价而言，传统小林农与新型林业经营主体的保险责任认知评价均值分别为2.41与2.78。其中，新型林业经营主体整体评价相对更高，评价为满意及以上的有59个，占全部新型林业经营主体的67.04%，评价为不满意的仅占全部新型林业经营主体的6.82%。传统小林农评价为满意及以上的有162个，占全部小林农的42.41%，评价为不满意的占全部小林农的13.09%。由此可知，福建省森林综合保险责任覆盖面较广，涵盖了绝大部分自然灾害种类，两类营林主体对保险责任均较为满意。卡方检验在1%统计水平上显著拒绝原假设，表明新型林业经营主体对保险责任的评价显著高于传统小林农。

**表2-13　　不同类型营林主体森林保险产品供给评价特征**

| 保险产品供给特征 | | 传统小林农 | | 新型林业经营主体 | |
|---|---|---|---|---|---|
| | | 频数 | 占比 | 频数 | 占比 |
| 保险责任认知 | 不满意 | 50 | 13.09% | 6 | 6.82% |
| | 一般 | 170 | 44.50% | 23 | 26.14% |
| | 满意 | 116 | 30.37% | 43 | 48.86% |
| | 很满意 | 46 | 12.04% | 16 | 18.18% |
| | $\chi^2$ 检验 | $\chi^2(3)=17.513$，$p=0.001$ | | | |

续表

| 保险产品供给特征 | | 传统小林农 | | 新型林业经营主体 | |
|---|---|---|---|---|---|
| | | 频数 | 占比 | 频数 | 占比 |
| 保障水平认知 | 不满意 | 78 | 20.42% | 47 | 53.41% |
| | 一般 | 110 | 28.80% | 35 | 39.77% |
| | 满意 | 158 | 41.36% | 6 | 6.82% |
| | 很满意 | 36 | 9.42% | 0 | 0.00% |
| | $\chi^2$ 检验 | $\chi^2(3)=88.544$，$p=0.000$ | | | |
| 费率认知 | 不满意 | 44 | 11.52% | 7 | 7.95% |
| | 一般 | 86 | 22.51% | 11 | 12.50% |
| | 满意 | 160 | 41.89% | 28 | 31.82% |
| | 很满意 | 92 | 24.08% | 42 | 47.73% |
| | $\chi^2$ 检验 | $\chi^2(3)=20.148$，$p=0.000$ | | | |
| 赔付认知 | 不满意 | 48 | 12.57% | 10 | 11.36% |
| | 一般 | 154 | 40.31% | 12 | 13.64% |
| | 满意 | 160 | 41.88% | 44 | 50.00% |
| | 很满意 | 20 | 5.24% | 22 | 25.00% |
| | $\chi^2$ 检验 | $\chi^2(3)=46.847$，$p=0.000$ | | | |

第二，就保障水平认知评价而言，新型林业经营主体整体评价偏低。其中，评价为很满意的新型林业经营主体数为0，评价为满意的仅有6个，占全部新型林业经营主体的比重仅为6.82%，其余均为一般与不满意。传统小林农的评价比新型林业经营主体高，其中，评价为满意与很满意的有194个，占全部小林农的比重为50.78%。由此可知，福建省目前每亩700元～1080元的保险金额能满足一部分小林农的风险保障需求，但远不能满足新型林业经营主体的风险保障需求。根据调研，目前福建省森林保险保障水平仅为营林主体生产总成本的46.67%～66.67%，虽较前几年有所提升，但仍不能完全解决林业简单再生产的风险补偿问题，更不能满足规模化新型经营主体的风险保障需要。卡方检验在1%统计水平上显著拒绝原假设，表明小林农的保障水平评价显著高于新型林业经营主体。

第三，就费率认知评价而言，新型林业经营主体认知评价整体较高，均值为3.19。其中，评价为满意及以上的有70个，占全部新型林业经营主体的79.55%，评价为不满意的仅占全部新型林业经营主体的7.95%。小林农的认知评价略低于新型林业经营主体，均值为2.79，评价为满意与很满意的有252个，占全部小林农的比重为65.97%，评价为不满意的占全部小林农的11.52%。由此可知，福建省目前1.39‰~2.15‰的费率水平（1.5元/亩）在大部分营林主体可负担的范围内，尤其在财政高比例补贴后，营林主体需支付的保费很低，使得其对当前费率水平的满意度评价整体偏高。卡方检验在1%统计水平上显著拒绝原假设，表明新型林业经营主体对费率水平的评价显著高于传统小林农。

第四，就赔付认知评价而言，新型林业经营主体的评价整体较高，均值为2.89。其中，评价为很满意与满意的有66个，占全部新型林业经营主体的比重为75.00%，评价为不满意的有10个，占全部新型林业经营主体的比重仅为11.36%。而小林农的评价低于新型林业经营主体，均值为2.40，且"中间大，两头小"，大部分小林农的评价集中在一般与满意两个水平上，占全部小林农的比重达82.19%。福建省森林保险赔付没有绝对免赔规定，仅有相对免赔率。当前以100亩为界的赔付规定更有利于规模较大的新型林业经营主体，不利于林地经营面积偏小的传统小林农，导致小林农的获赔满意度低于新型林业经营主体。卡方检验在1%统计水平上显著拒绝原假设，表明新型林业经营主体的赔付评价显著高于传统小林农。

## 四、不同类型主体保费补贴政策参保激励效应分析

### （一）森林保险保费补贴政策参保激励效应分析

表2-14给出了全样本营林主体的参保意愿回归结果。其中，方程1到方程3为运用Oprobit模型的回归结果，方程4到方程6为运用Ologit模型的回归结果，方程7为运用OLS模型的回归结果。方程1与方程4考察了森林保险保费补贴政策认知度对营林主体参保意愿的影响，方程2与方程5考察了森林保险保费补贴政策满意度对营林主体参保意愿的影响，方程3、方程6及方程7同时加入了森林保险保费补贴政策认知度和满意度两个核心解释变量。从估计结果来看，所有方程中森林保险保费补贴政策认知度与满意度两个核心解释变量均显著，且系数差异不大，回归结果稳健。

**表 2－14　　森林保险保费补贴政策的参保激励效应检验结果**

| 解释变量 | Oprobit 模型 | | | Ologit 模型 | | | OLS 回归 |
|---|---|---|---|---|---|---|---|
| | 方程 1 | 方程 2 | 方程 3 | 方程 4 | 方程 5 | 方程 6 | 方程 7 |
| 补贴政策认知度 | 0.027 *<br>(0.012) | | 0.028 *<br>(0.012) | 0.049 *<br>(0.024) | | 0.052 *<br>(0.024) | 0.013 *<br>(0.008) |
| 补贴政策满意度 | | 0.191 ***<br>(0.039) | 0.194 ***<br>(0.040) | | 0.367 ***<br>(0.074) | 0.371 ***<br>(0.076) | 0.102 **<br>(0.023) |
| 保险责任认知评价 | 0.022 *<br>(0.024) | 0.018 *<br>(0.023) | 0.016 *<br>(0.024) | 0.039 *<br>(0.045) | 0.032 *<br>(0.041) | 0.028 *<br>(0.047) | 0.009 *<br>(0.014) |
| 保障水平认知评价 | 0.257 ***<br>(0.070) | 0.206 ***<br>(0.071) | 0.234 ***<br>(0071) | 0.483 ***<br>(0.131) | 0.406 ***<br>(0.133) | 0.447 ***<br>(0.134) | 0.125 ***<br>(0.038) |
| 费率认知评价 | 0.003 **<br>(0.001) | 0.002 **<br>(0.001) | 0.002 **<br>(0.001) | 0.005 **<br>(0.002) | 0.003 **<br>(0.002) | 0.003 **<br>(0.002) | 0.001 *<br>(0.001) |
| 赔付情况认知评价 | 0.019 **<br>(0.040) | 0.023 **<br>(0.040) | 0.020 **<br>(0.040) | 0.032 **<br>(0.081) | 0.041 **<br>(0.079) | 0.035 **<br>(0.083) | 0.011 *<br>(0.021) |
| 是否有贷款需求 | 0.031 **<br>(0.083) | 0.025 **<br>(0.082) | 0.036 **<br>(0.083) | 0.053 **<br>(0.163) | 0.042 **<br>(0.162) | 0.056 **<br>(0.163) | 0.019 *<br>(0.045) |
| 是否遭受灾害 | 0.024 *<br>(0.013) | 0.020 *<br>(0.012) | 0.022 *<br>(0.014) | 0.042 *<br>(0.025) | 0.036 *<br>(0.022) | 0.039 *<br>(0.026) | 0.013 *<br>(0.008) |
| 林地灾损程度 | 0.213 ***<br>(0.085) | 0.163 ***<br>(0.084) | 0.171 ***<br>(0.085) | 0.375 ***<br>(0.159) | 0.288 ***<br>(0.154) | 0.304 ***<br>(0.161) | 0.090 ***<br>(0.043) |
| 年龄 | －0.067<br>(0.009) | －0.046<br>(0.009) | －0.055<br>(0.009) | －0.113<br>(0.017) | －0.084<br>(0.016) | －0.098<br>(0.017) | －0.031<br>(0.005) |
| 受教育程度 | 0.009 **<br>(0.029) | 0.015 **<br>(0.030) | 0.008 **<br>(0.030) | 0.015 **<br>(0.055) | 0.025 **<br>(0.058) | 0.014 **<br>(0.058) | 0.004 *<br>(0.016) |
| 风险偏好程度 | －0.011 ***<br>(0.008) | －0.023 ***<br>(0.007) | －0.016 ***<br>(0.008) | －0.017 ***<br>(0.014) | －0.038 ***<br>(0.012) | －0.030 ***<br>(0.014) | －0.008 ***<br>(0.004) |
| 森林保险重要性 | 0.040 *<br>(0.041) | 0.028 *<br>(0.040) | 0.043 *<br>(0.041) | 0.071 *<br>(0.076) | 0.045 *<br>(0.075) | 0.075 *<br>(0.078) | 0.022 *<br>(0.025) |
| 林地面积 | 0.016 **<br>(0.070) | 0.008 **<br>(0.070) | 0.012 **<br>(0.071) | 0.025 **<br>(0.137) | 0.014 **<br>(0.134) | 0.020 **<br>(0.138) | 0.006 *<br>(0.037) |
| 林业收入占比 | 0.135 ***<br>(0.023) | 0.106 ***<br>(0.023) | 0.158 ***<br>(0.023) | 0.256 ***<br>(0.043) | 0.193 ***<br>(0.042) | 0.282 ***<br>(0.043) | 0.083 ***<br>(0.012) |

续表

| 解释变量 | Oprobit 模型 | | | Ologit 模型 | | | OLS 回归 |
|---|---|---|---|---|---|---|---|
| | 方程 1 | 方程 2 | 方程 3 | 方程 4 | 方程 5 | 方程 6 | 方程 7 |
| 切点 1 估计值 | 0.505<br>(0.361) | 0.688<br>(0.511) | 0.217<br>(0.241) | 0.501<br>(0.612) | 0.682<br>(0.802) | 0.215<br>(0.389) | |
| 切点 2 估计值 | 1.126<br>(0.364) | 1.309<br>(0.513) | 1.064<br>(0.245) | 2.025<br>(0.618) | 2.293<br>(0.810) | 1.856<br>(0.392) | |
| 县域地区变量 | 已控制 | 已控制 | 已控制 | 已控制 | 已控制 | 已控制 | 已控制 |
| 准 $R^2$ 或 $R^2$ | 0.082 | 0.105 | 0.107 | 0.093 | 0.121 | 0.124 | 0.256 |
| $N$ | 470 | | | | | | |

注：***、**、*分别表示 1%、5%、10% 的显著性水平；括号内为标准误。

根据估计结果可知，补贴政策认知度在 10% 统计水平上显著正向影响营林主体的森林保险参与意愿，表明营林主体的补贴政策认知度越高，其参保意愿越强烈，即了解森林保险保费补贴政策有助于激励营林主体参保。除方程 7 外，补贴政策满意度在 1% 统计水平上显著正向影响营林主体的森林保险参保意愿，表明营林主体的补贴政策满意度越高，其参保意愿越强烈，即补贴政策越能满足营林主体的期望，越有助于激励其参保。由此可知，森林保险保费补贴政策的实施有效激励了营林主体参保，验证了 H1。

Oprobit 模型的回归系数没有实际意义，只能反映显著性与符号方向。为量化反映森林保险保费补贴政策对营林主体参保意愿的影响效应，笔者进一步计算了补贴政策认知度与满意度在均值处的边际效应，结果如表 2－15 所示。根据表 2－15 的计算结果，保费补贴政策认知度与满意度增加时，营林主体无参与意愿的概率均有所降低，较高参与意愿概率均有所增加，这进一步反映了森林保险保费补贴政策可以有效提升营林主体的参保意愿，具有参保激励效应。随着森林保险保费补贴政策的完善以及政府部门的推广与宣传，营林主体对森林保险及保费补贴政策的认知更深入，对政府参保优惠政策以及参保的重要性认知更高，从而激励了营林主体参保。同时，当前保费补贴政策，包括补贴方式、补贴力度以及补贴标准等，越能满足营林主体的期望，保费补贴政策对营林主体的参保激励作用越强。

**表 2 –15　　森林保险保费补贴政策对参保意愿的边际效应分析**

| 解释变量 | 无参与意愿 | 一般 | 较高参与意愿 |
|---|---|---|---|
| 补贴政策认知度 | –0.0018* | –0.0030* | 0.0039* |
| 补贴政策满意度 | –0.0027** | –0.0051*** | 0.0074*** |

注：***、**、* 分别表示 1%、5%、10% 的显著性水平。

从森林保险产品供给特征看，森林保险责任认知评价、保障水平认知评价、费率认知评价、赔付认知评价均在不同显著性水平上正向影响营林主体森林保险参与意愿，表明营林主体对森林保险责任、保障水平、费率以及赔付的评价越高，其参保意愿越强烈。这也反映出改善森林保险产品供给质量，提高营林主体对森林保险产品的满意度，可有效提升其参保意愿。结合营林主体对森林保险产品供给的评价可知，营林主体对森林保险费率水平和保险责任比较满意，但对保障水平与赔付的满意度偏低，尤其是保障水平。因此，进一步提升补贴政策的参保激励效果，需要在提高保障水平与优化赔付规定等方面完善森林保险产品供给。在其他控制变量方面，林业信贷需求、是否遭受灾害及林地灾损程度、林地面积、林业收入占比、受教育程度以及森林保险重要性均在不同统计水平上正向影响营林主体的参保意愿，表明林业信贷需求越强烈、遭受过林业灾害或灾损程度越大、林地经营规模越大、林业收入占比越高、越重视森林保险，营林主体的参保意愿越强烈。风险偏好程度在 1% 统计水平上显著负向影响营林主体的参保意愿，表明风险规避度越高，营林主体越倾向于通过参保来规避林业生产风险。

### （二）不同类型营林主体参保激励效应分析

表 2 –16 给出了两类异质性营林主体的森林保险保费补贴政策参保激励效应回归结果。其中，方程 1 到方程 3 为参保激励效应异质性模型回归结果，回归中加入了森林保险保费补贴政策认知度和满意度与营林主体类型的交互项。① 方程 1、方程 2、方程 3 分别为运用 Oprobit 模型、Ologit 模型及 OLS 估计的回归结果。方程 4 为针对传统小林农的补贴政策参保激励效应回归结果，方程 5 为针对新型林业经营主体的补贴政策参保激励效应回归结果。

---

① 营林主体类型变量的设定：新型林业经营主体为对照组，赋值为 0；传统小林农为处理组，赋值为 1。

**表 2－16　　小林农与新型林业经营主体参保激励效应回归结果**

| 解释变量 | 不同类型营林主体激励差异性 | | | 传统小林农 | 新型林业经营主体 |
|---|---|---|---|---|---|
| | 方程 1 | 方程 2 | 方程 3 | 方程 4 | 方程 5 |
| | Oprobit | Ologit | OLS | Oprobit | Oprobit |
| 补贴政策认知度 | 0.021*<br>(0.017) | 0.040*<br>(0.031) | 0.009*<br>(0.009) | 0.026**<br>(0.082) | 0.005*<br>(0.074) |
| 补贴政策认知度×营林主体类型 | 0.015*<br>(0.008) | 0.029*<br>(0.012) | 0.007*<br>(0.002) | | |
| 补贴政策满意度 | 0.142***<br>(0.046) | 0.275***<br>(0.080) | 0.064**<br>(0.025) | 0.156**<br>(0.080) | 0.114**<br>(0.073) |
| 补贴政策满意度×营林主体类型 | 0.098***<br>(0.016) | 0.194**<br>(0.040) | 0.055***<br>(0.011) | | |
| 保险责任认知评价 | 0.013*<br>(0.028) | 0.023*<br>(0.052) | 0.006*<br>(0.017) | 0.009<br>(0.066) | 0.261*<br>(0.054) |
| 保障水平认知评价 | 0.189***<br>(0.075) | 0.344***<br>(0.141) | 0.086***<br>(0.042) | 0.166***<br>(0.167) | 0.278**<br>(0.148) |
| 费率认知评价 | 0.001**<br>(0.005) | 0.002**<br>(0.009) | 0.001*<br>(0.003) | 0.001**<br>(0.110) | 0.001<br>(0.018) |
| 赔付情况认知评价 | 0.014**<br>(0.044) | 0.026**<br>(0.087) | 0.005*<br>(0.028) | 0.009**<br>(0.129) | 0.063*<br>(0.091) |
| 切点 1 估计值 | 0.295<br>(0.531) | 0.291<br>(0.866) | | 0.317<br>(0.392) | 0.545<br>(0.258) |
| 切点 2 估计值 | 1.127<br>(0.539) | 2.042<br>(0.870) | | 1.416<br>(0.396) | 1.118<br>(0.262) |
| 控制变量 | 已控制 | 已控制 | 已控制 | 已控制 | 已控制 |
| 常数 | 已控制 | 已控制 | 已控制 | 已控制 | 已控制 |
| 调整 $R^2$ 或准 $R^2$ | 0.125 | 0.137 | 0.082 | 0.114 | 0.101 |
| $N$ | 470 | 470 | 470 | 382 | 88 |

注：***、**、*分别表示 1%、5%、10% 的显著性水平；括号内为标准误；因篇幅限制，表中仅汇报核心解释变量的回归结果，其他控制变量同表 2－14。

根据表 2－16，方程 1 中保费补贴政策认知度和营林主体类型交互项、保费补贴政策满意度与营林主体类型交互项分别在 10%、1% 统计水平上显著，且系数均为正，说明两类营林主体的补贴政策参保激励效应存在显著差异，当前森林保险保费补贴政策对传统小林农参保意愿的影响要高于新型林业经营主体。同时，方程2和方程3估计结果同样表明两类营林主体的补贴政策参保激励效应存在显著差异。因此，H2得到验证。为进一步分析两类营林主体补贴政策参保激励效应的差异，笔者分别计算了两类营林主体的森林保险保费补贴政策认知度与满意度在均值处的边际效应，结果见表2－17。

**表2－17　两类营林主体的边际效应分析**

| 解释变量 | 营林主体 | 无参与意愿 | 一般 | 较高参与意愿 |
|---|---|---|---|---|
| 补贴政策认知度 | 传统小林农 | －0.0024* | －0.0035* | 0.0047* |
| | 新型林业经营主体 | －0.0013* | －0.0021* | 0.0027* |
| 补贴政策满意度 | 传统小林农 | －0.0035** | －0.0058*** | 0.0086*** |
| | 新型林业经营主体 | －0.0019** | －0.0042*** | 0.0049*** |

注：***、**、*分别表示1%、5%、10%的显著性水平。

根据表2－17的估计结果，森林保险保费补贴政策认知度和满意度增加时，传统小林农与新型林业经营主体的无参与意愿的概率均有所降低，较高参与意愿概率均有所增加。从边际效应值看，现行保费补贴政策对新型林业经营主体的参保激励效应弱于传统小林农，进一步验证了H2。这可能是由于两类营林主体基本特征、对森林保险产品偏好等方面的差别。新型林业经营主体通常是大林场或林业企业等，风险与保险意识高，受到林业风险的影响相对较大，灾害损失也相应较大，对风险管理与保障需求较高。而在当前“低保障”补贴政策下，森林保险产品不能满足部分新型林业经营主体的风险管理需求，即使在政府高比例保费补贴下，补贴政策的参保激励作用仍相对较小。传统小林农林业生产规模较小，风险与灾害损失相对较低。同时，小林农收入水平较低，保险购买力弱，对保险价格而非风险管理更加看重。因此，当前“低保费、高补贴”的森林保险保费补贴政策对小林农参保意愿的影响较大，参保激励作用更强。

在现有森林保险保障水平基础上分别提高50%、100%、150%（即1500元/亩、2000元/亩、2500元/亩），按当前的保费补贴比例与费率水平给出各保障水平下所需支付的保费，受访营林主体根据保障水平与保费等确定其参保意愿，具体如表2－18所示。根据表2－18，新型林业经营主体的参保意愿随保障水平的提高而上升。森林保险覆盖林木再植成本并不能完全满足新型林业经营主体风险管理需求，“保价值”“保收入”等更高保障水平的森林保险会更吸引新型林业经营主体参保，这反映了低保障水平是阻碍保费补贴政策对新型林业经营主体的参保激励效应发挥的最主要因素。传统小林农的参保意愿随保障水平的提高而先上升再下降，呈倒U型。保障水平超过林木再植成本后，小林农的参保意愿反而会下降，说明覆盖林木再植成本基本可以满足大部分小林农的风险管理需求，继续提高保障水平并不会提高小林农的参保意愿。这可能是由于过高的保障水平会导致保费过高，给小林农带来较大经济负担。因此，在当前较低的保障水平下，保费补贴政策对小林农的参保激励更大，对新型林业经营主体的参保激励相对较小。

**表2-18　不同保障水平下两类营林主体的森林保险参与意愿特征**

| 营林主体 | | 1500元/亩 | | | 2000元/亩 | | | 2500元/亩 | | |
|---|---|---|---|---|---|---|---|---|---|---|
| | | 无意愿 | 一般 | 高意愿 | 无意愿 | 一般 | 高意愿 | 无意愿 | 一般 | 高意愿 |
| 传统小林农 | 频数 | 16 | 69 | 297 | 46 | 117 | 219 | 95 | 143 | 144 |
| | 参保率（%） | 4.19 | 18.06 | 77.75 | 12.04 | 30.63 | 57.33 | 24.87 | 37.43 | 37.70 |
| 新型林业经营主体 | 频数 | 9 | 23 | 56 | 3 | 16 | 69 | 1 | 9 | 78 |
| | 投保率（%） | 10.23 | 26.13 | 63.64 | 3.41 | 18.18 | 78.41 | 1.14 | 10.23 | 88.64 |
| 卡方检验 | | $\chi^2(2)=9.182$，$p=0.010$ | | | $\chi^2(2)=14.215$，$p=0.001$ | | | $\chi^2(2)=75.386$，$p=0.000$ | | |

注：受限于篇幅，未列出1000元/亩保障水平下营林主体的森林保险参与意愿特征。

此外，表2-16方程4的估计结果显示，对传统小林农而言，森林保险保费补贴政策认知度与满意度均在5%统计水平上显著正向影响其参保意愿，表明补贴政策具有对小林农的参保激励效应。方程5的估计结果显示，对新型林业经营主体而言，森林保险保费补贴政策认知度与满意度分别在10%与5%统计水平上显著正向影响其参保意愿，表明补贴政策也具有对新型林业经营主体的参保激励效应。

**（三）内生性检验**

营林主体的参保意愿在理论上受到森林保险保费补贴政策认知度和满意度的影响，但具有参保意愿的营林主体很可能会更积极主动去了解补贴政策和保险产品，具有参保意愿的营林主体也更容易对森林保险保费补贴政策与保险产品给出高评价，从而导致模型可能存在内生性问题。因此，采用工具变量法来纠正内生性问题。但由于两个关键内生解释变量不是连续型变量，不能直接采用工具变量法。相较于 Ivoprobit_MLE 估计，Ivoprobit_CMP 估计对内生解释变量的要求更宽松，既可为连续变量，也可为非连续变量。因此，选择运用 Ivoprobit_CMP 估计法进行回归，并同时列出 Ivoprobit_MLE 估计的回归结果，以进一步检验结果的稳健性。

1. 工具变量选择

其一，引入新农保政策认知度作为森林保险保费补贴政策认知度的工具变量。新农保政策和森林保险保费补贴政策均为财政惠农政策，且了解新农保政策的营林主体更具有保险意识，更有意愿通过参保来进行风险管理，因此，新农保政策认知度与森林保险保费补贴政策认知度预计存在高相关性。同时，新农保政策认知度与营林主体是否购买森林保险不直接相关。其二，引入造林补贴政策满意度作为森林保险保费补贴政策满意度的工具变量。造林补贴政策与森林保险保费补贴政策均为财政惠农政策，政策实施至今均逾 10 年，且造林是营林主体林业生产经营的起点，营林主体对造林补贴政策的满意度可在一定程度上反映其对森林保险保费补贴政策的满意度。同时，造林补贴政策满意度与营林主体是否购买森林保险不直接相关。因此，笔者选择新农保政策认知度与造林补贴政策满意度作为工具变量。

进一步地，笔者对工具变量依次进行弱工具变量检验、外生性检验、过度识别检验以及内生性检验以判断其有效性。首先，由第一阶段回归结果可知，新农保政策认知度与森林保险保费补贴政策认知度、造林补贴政策满意度与森林保险保费补贴政策满意度分别在1%、5%统计水平上显著相关，表明工具变量满足与内生变量相关的要求。联合显著性检验 $F$ 值均大于 10，表明不存在弱工具变量问题。其次，Sargan 检验 $p$ 值与 Basmann 检验 $p$ 值均大于 0.05，表明无法拒绝工具变量符合外生性条件的原假设。再次，Hansen J 统计量等于 0，说明工具变量恰好识别。最后，内生性 Hausman 检验的 $p$ 值为 0.047，在 5% 统计水平上显著拒绝了所有变量均为外生性的原假设，表明运用工具变量法纠正内生性问题是合理的。因此，新农保政策认知度与造林补贴政策满意度满足工具变量的基本要求。

2. 检验结果分析

表 2-19 报告了全样本营林主体的森林保险保费补贴政策参保激励效应的再估计结果。其中，方程 1 为 Ivoprobit_CMP 估计的回归结果，方程 2 为 Ivoprobit_MLE 估计的回归结果。

**表 2－19　全样本森林保险保费补贴政策参保激励效应的再估计**

| 变量 | 方程 1 | | | | 方程 2 | | | |
|---|---|---|---|---|---|---|---|---|
| | Ivoprobit_CMP | | | | Ivoprobit_MLE | | | |
| | 第一阶段 | | 第二阶段 | | 第一阶段 | | 第二阶段 | |
| 补贴政策认知度 | | | 0.060*** (4.84) | | | | 0.075*** (4.21) | |
| 补贴政策满意度 | | | 0.208* (2.91) | | | | 0.191* (3.17) | |
| 新农保政策认知度 | 1.077*** (9.13) | | | | 1.136*** (8.97) | | | |
| 造林补贴政策满意度 | | 2.362** (9.39) | | | | 2.155** (9.52) | | |
| 控制变量 | 已控制 | 已控制 | 已控制 | | 已控制 | 已控制 | 已控制 | |
| $N$ | 470 | 470 | 470 | | 470 | 470 | 470 | |

注：***、**、*分别表示 1%、5%、10% 的显著性水平；括号内为经稳健标准误校正过的 $t$ 统计量；因篇幅限制，表中仅汇报核心解释变量的回归结果，其他控制变量同表 2－14。

根据表 2－19 的估计结果，方程 1 和方程 2 中核心解释变量的回归结果并无明显变化，说明考虑内生性后，森林保险保费补贴政策认知度与满意度均显著正向影响营林主体的参保意愿，这再次验证了森林保险保费补贴政策具有参保激励效应的结论。

表 2－20 报告了两类营林主体的森林保险保费补贴政策参保激励效应再估计的结果。其中，方程 1、方程 2 为针对传统小林农分别运用 Ivoprobit_CMP 估计与 Ivoprobit_MLE 估计的回归结果，方程 3、方程 4 为针对新型林业经营主体分别运用 Ivoprobit_CMP 估计与 Ivoprobit_MLE 估计的回归结果。

**表 2－20　两类营林主体的森林保险保费补贴政策参保激励效应的再估计**

| 变量 | 传统小林农 | | | | 新型林业经营主体 | | | |
|---|---|---|---|---|---|---|---|---|
| | 方程 1 | | 方程 2 | | 方程 3 | | 方程 4 | |
| | Ivoprobit_CMP | | Ivoprobit_MLE | | Ivoprobit_CMP | | Ivoprobit_MLE | |
| | 第一阶段 | 第二阶段 | 第一阶段 | 第二阶段 | 第一阶段 | 第二阶段 | 第一阶段 | 第二阶段 |
| 补贴政策认知度 | | 0.106*** (3.13) | | 0.094*** (4.28) | | 0.043** (2.36) | | 0.040** (2.79) |

续表

| 变量 | 传统小林农 | | | | 新型林业经营主体 | | | |
|---|---|---|---|---|---|---|---|---|
| | 方程 1 | | 方程 2 | | 方程 3 | | 方程 4 | |
| | Ivoprobit_CMP | | Ivoprobit_MLE | | Ivoprobit_CMP | | Ivoprobit_MLE | |
| | 第一阶段 | 第二阶段 | 第一阶段 | 第二阶段 | 第一阶段 | 第二阶段 | 第一阶段 | 第二阶段 |
| 补贴政策满意度 | | 0.257**<br>(3.95) | | 0.232**<br>(2.72) | | 0.128*<br>(5.38) | | 0.119*<br>(5.84) |
| 新农保政策认知度 | 1.241***<br>(8.34) | | 1.163***<br>(8.51) | | 0.804**<br>(7.62) | | 0.775**<br>(8.56) | |
| 造林补贴政策满意度 | 3.062**<br>(9.67) | | 3.108**<br>(9.45) | | 2.079**<br>(14.75) | | 2.212**<br>(9.48) | |
| 控制变量 | 已控制 | 已控制 | 已控制 | 已控制 | 已控制 | 已控制 | 已控制 | 已控制 |
| $N$ | 382 | 382 | 382 | 382 | 88 | 88 | 88 | 88 |

注：***、**、*分别表示1%、5%、10%的显著性水平；括号内为经稳健标准误校正过的 $t$ 统计量；因篇幅限制，各方程第一阶段两个工具变量的回归结果均放在同一列，分别对应于这两个工具变量的两个回归方程；因篇幅限制，表中仅汇报核心解释变量的回归结果，其他控制变量同表2-14。

根据表2-20的估计结果，所有方程中森林保险保费补贴政策认知度与满意度均显著，且系数为正，说明考虑内生性后，森林保险保费补贴政策对两类营林主体均具有参保激励效应。同时，方程1中保费补贴政策认知度与满意度分别在1%、5%统计水平上显著，系数分别为0.106、0.257，方程3中保费补贴政策认知度与满意度分别在5%、10%统计水平上显著，系数分别为0.043、0.128，说明考虑内生性后，森林保险保费补贴政策对传统小林农参保意愿的影响要高于新型林业经营主体，这再次验证了森林保险保费补贴政策参保激励效应存在主体异质性的结论。

**（四）稳健性检验**

通过删除极端样本和替换核心变量来进行稳健性检验，估计结果参见表2-21。首先，笔者删除林地经营规模最大1%和最小1%的营林主体，重新进行回归。方程1、方程3、方程5分别为删除极端样本后全部营林主体、传统小林农、新型林业经营主体的回归结果。其次，笔者将森林保险保费补贴政策认知度替换为是否知道森林保险保费补贴比例（知道森林保险保费补贴比例=1，不知道森林保险保费补贴比例=0）重新进行回归。方程2、方程4、方程6分别为替换核心解释变量后全部营林主体、传统小林农、新型林业经营主体的回归结果。

表 2-21 稳健性检验

| 变量 | 全部营林主体 | | 传统小林农 | | 新型林业经营主体 | |
|---|---|---|---|---|---|---|
| | 方程 1 | 方程 2 | 方程 3 | 方程 4 | 方程 5 | 方程 6 |
| 补贴政策认知度 | 0.235 ** (0.076) | | 0.364 * (0.141) | | 0.027 * (0.152) | |
| 是否知道森林保险保费补贴比例 | | 0.055 * (0.063) | | 0.361 * (0.049) | | 0.031 * (0.187) |
| 补贴政策满意度 | 0.282 *** (0.103) | 0.187 *** (0.137) | 0.216 *** (0.162) | 0.227 ** (0.091) | 0.208 ** (0.149) | 0.015 ** (0.084) |
| 控制变量 | 已控制 | 已控制 | 已控制 | 已控制 | 已控制 | 已控制 |
| 样本数 | 470 | | 382 | | 88 | |

注：***、**、* 分别表示 1%、5%、10% 的显著性水平；括号内为标准误；因篇幅限制，表中仅汇报核心解释变量的回归结果，其他控制变量同表 2-14。

在剔除掉极端规模的营林主体后，全部营林主体、传统小林农及新型林业经营主体的估计结果均无明显变化，表明回归结果是稳健的。在替换核心解释变量后，全部营林主体、传统小林农及新型林业经营主体的估计结果同样无明显变化，表明回归结果是稳健的。

## 第三节 不同保障水平对林农森林保险需求的影响

### 一、问题的提出

风险保障水平是衡量森林保险功效的主要标准，也是森林保险保费补贴政策效果的重要体现。然而，当前我国森林保险基于“低保障，广覆盖”原则，以再植成本的一定比例确定保险金额，森林保险保费补贴政策实施 10 年来，林业生产与经营环境发生了不容忽视的变化与革新，现行保障水平无法适应现代林业生产中涌现出的诸多新问题与新需求。首先，保障水平一直维持在较低水平（见图 2-2），与现代林业发展呈现出的高成本、高投入特点不相符，无法实现对营林主体从事简单再生产的风险补偿，更不足以满足规模化与专业化新型经营主体的风险管理需要。其次，保障水平相对单一，基本为一省一个保障水平；但随着林业生产经营的分化与非林收入的快速增加，营林主体产生了明显变化，家庭农场、农民专业合作社以及龙头企业等新型林业经营主体迅猛发展，营林主体呈现出小林农和新型林业经营主体并存的局面，这将是未来20年我国现代林业发展的微观基础与常态；但由于两类经营主体在林业生产与经营过程中的风险认知与态度、生产经营方式及面临的林业风险等存在较大差异，使得其对森林保险及风险管理提出了多样化的新要求，现有相对单一的保障水平无法满足不同类型营林主体的差异化风险管理需求。在此背景下，虽然国家财政给予了高比例的保费补贴，但受限于偏低且单一的保障水平，导致真正有投保需求的营林主体因“低获得感”而无参与意愿，森林保险市场供需不适配。

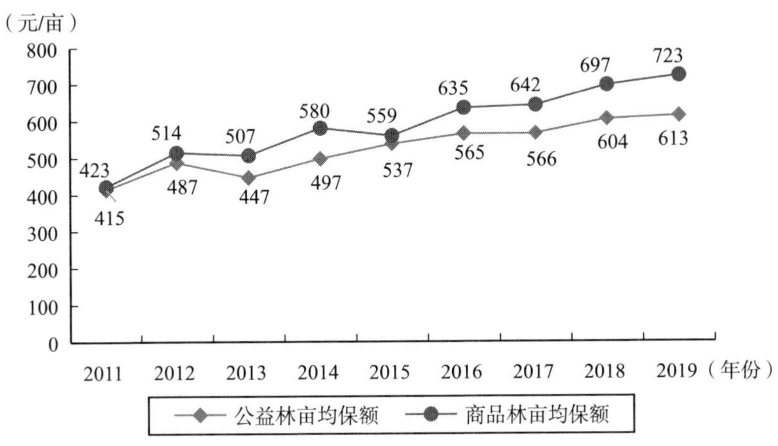


**图2-2　2011—2019年公益林与商品林亩均保额变化**

资料来源：根据各年《中国森林保险发展报告》整理所得。

此外，2015年之前的中央1号文件中提到要扩大森林保险覆盖范围，完善森林保险制度，而2016年到2022年中央1号文件中均提出了“提标”“扩面”“增品”等的相关要求，要求逐渐扩大完全成本保险及收入保险试点覆盖范围，由此可知，森林保险的发展方向从单方面追求增加覆盖面向扩面、提标、增品综合转变提升。因此，优化森林保险保障水平是提升我国森林保险发展质量的形势所趋，也是助力林业产业发展之必需。鉴于此，探讨收入分化与经营规模化新背景下我国森林保险保障水平的优化与设定，对增强不同类型营林主体参保积极性以及提升森林保险财政补贴激励效果都有重要的现实作用。

已有研究对森林保险保障水平的定义及影响因素进行了分析与探讨，达成了现有保障水平偏低的共识，并提出需逐步提高保障水平的相关建议，但已有研究大多为概略性的政策建议与优化方向，并未针对森林保险保障水平的具体提升路径及优化策略进行深入分析。此外，已有研究未能对不同类型营林主体的差异化保障需求进行深入分析与论证。鉴于此，本节基于对收入分化与经营规模化背景下不同类型营林主体差异化风险保障需求的理论分析，从探讨森林保险保障水平影响因素与设定方式出发，围绕提高保障水平与增加保障水平层次两个维度对森林保险保障水平进行设定与优化。

## 二、理论分析

### （一）收入分化背景下不同营林主体的差异化保障需求

随着非农产业的快速发展，大量农村劳动力转向非农产业，非农收入在家庭收入中所占比重逐渐增大（Hyde et al.，2019；许时蕾等，2020）。在此背景下，营林主体加速分化，不同营林主体的林业生产特征、风险意识与保险意识、风险分散途径以及所面临的风险灾损情况等均存在较大差异，这必然会影响其风险管理与保障偏好（刘海巍和陈珂，2020）。而森林保险作为最重要的林业风险管理方式，在收入分化新背景下，不同营林主体对森林保险保障的需求及差异如何有待于进一步分析与探讨。

1. 未参保时林业风险灾害对不同营林主体的收益影响

依据营林主体对林业收入依赖度的差异，借鉴农业农村部固定观察点调查中对农业经营主体兼业程度的划分标准，将营林主体划分为林业专业户（林业收入占比≥80%）、林业兼业户（20%＜林业收入占比＜80%）、非林户（林业收入占比≤20%）；其中，林业专业户的主要收入来源为林业经营性收入，非林户的主要收入来源为包括工资性收入、财产性收入等的其他收入，林业兼业户主要收入来源既包括林业经营性收入，也包括其他收入（张伟等，2018）。

假设存在三个典型的营林主体，营林主体1为林业专业户，营林主体2为林业兼业户，营林主体3为非林户；且营林主体的收入主要包括林业经营性收入 $F$ 与其他收入 $E$，林业风险发生概率为 $p(0\leqslant p\leqslant 1)$，发生灾害时的致损率为 $\theta(0\leqslant\theta\leqslant 1)$。则在未参与森林保险时，营林主体的收益水平 $R_0$ 为

$$R_0=E+(1-p)F+p(F-\theta F)=E+F(1-\theta p) \qquad (2-12)$$

式中，工资性收入 $E$ 为营林主体的确定性收入，不受林业风险灾害的影响。而林业经营性收入受林业风险的影响，为不确定性收入。当未发生林

业风险时，林业经营性收入为 $F$；发生林业风险时，林业经营性收入为 $F-\theta F$，$\theta F$ 为因发生林业风险而导致的损失；$\theta p$ 为林业风险灾损率。由此可知，对于非林户而言，发生林业灾损不会对其工资性收入等的其他收入产生影响，对其林业经营性收入的影响因其在总收入中占比很小而使得总收益变动也相对较小；对林业专业户而言，发生林业风险灾损时，对其林业经营性收入的影响因在总收入中占比较大而导致其总收益变动较大；对林业兼业户而言，发生林业风险灾损时对其总收益的影响介于林业专业户与非林户之间。

为更直观地比较林业风险灾损对林业专业户、林业兼业户以及非林户的影响情况，结合我国森林保险经营实际，通过对其赋值进行收益变动比较。设定林业专业户 1、林业兼业户 2 与非林户 3 的无风险总收入均为 10000 元，林业专业户 1 的林业经营性收入占比 80%，即 8000 元，其他收入占比 20%，即 2000 元；林业兼业户 2 的其他收入与林业经营性收入占比各 50%，即 5000 元；非林户 3 的林业经营性收入占比 20%，即 2000 元，工资性收入占比 80%，即 8000 元。基于此假设，结合公式（2－12），分别对林业专业户 1、林业兼业户 2 与非林户 3 在不同林业风险灾损情况下（$\theta p \in [0-100\%]$）的收益水平进行模拟（见表 2－22）。

**表 2－22　不同类型营林主体在不同林业风险灾损水平下的收益情况**

单位：元

| 营林主体 | 林业风险灾损率 | | | | | | | | | | |
|---|---|---|---|---|---|---|---|---|---|---|---|
| | 0 | 10% | 20% | 30% | 40% | 50% | 60% | 70% | 80% | 90% | 100% |
| 林业专业户 1 | 10000 | 9200 | 8400 | 7600 | 6800 | 6000 | 5200 | 4400 | 3600 | 2800 | 2000 |
| 林业兼业户 2 | 10000 | 9500 | 9000 | 8500 | 8000 | 7500 | 7000 | 6500 | 6000 | 5500 | 5000 |
| 非林户 3 | 10000 | 9800 | 9600 | 9400 | 9200 | 9000 | 8800 | 8600 | 8400 | 8200 | 8000 |

由模拟结果可知，非林户 3 因其确定性工资收入等的其他收入占比较大，使得其对风险灾害的抵御能力较强；随着林业风险灾损率的增加，非林户相较于林业专业户而言收入变动较小，林业风险灾损对非林户的收益影响非常有限，即使在最大灾损率（$\theta p=100\%$）时，非林户 3 的收益水平也达到了预期最大收益的 80%，这也意味着非林户对森林保险及风险保障的需求并不高。就林业专业户而言，其林业经营收入受林业风险灾害的影响大，导致其总收益水平随林业风险灾损的增加变动幅度偏大，在 50%

的林业风险灾损率下，林业专业户 1 的总收益水平为预期总收益的 60%，在最大灾损（$\theta p=100\%$）时，林业专业户 1 的总收益水平仅为预期总收益的 20%，不足在同等风险灾损下林业兼业户 2 总收益水平的一半，非林户 3 总收益水平的 1/4。这意味着从维持收益稳定的视角看，林业专业户才是森林保险的主要与主动需求方，其对森林保险风险保障水平的要求最高，林业兼业户次之，非林户需求最低。因此，应设置差异化森林保险保障水平来满足不同营林主体的风险管理与保障需求，并应将林业专业户作为森林保险保费补贴政策的主要目标群体，提供适合其风险管理需求的具有高风险保障水平的森林保险产品。

2. 参保时林业风险灾害对不同营林主体的收益影响

假定森林保险提供的保障水平为 $\mu$，费率水平为 $\delta$，政府提供的保费补贴率为 $\lambda$，$I$ 为在 $\mu$ 保障水平下发生风险灾损时可获得的赔付额。则在参与森林保险时营林主体获得的赔付情况为

$$I=\begin{cases}0 & \theta p\leqslant 1-\mu\\ \theta F-(1-\mu)F & \theta p>1-\mu\end{cases} \tag{2-13}$$

当林业风险灾损 $\theta pF$ 低于保险免赔额 $F(1-\mu)$ 时，即使发生灾损营林主体也不能获得赔付；当林业风险灾损 $\theta pF$ 超过保险免赔额 $F(1-\mu)$ 时，营林主体获得 $\theta F-(1-\mu)F$ 的赔付额。此时，营林主体的参保总收益 $R_1$ 为

$$R_1=\begin{cases}E+(1-p)[F-\mu F\delta(1-\lambda)]+p[F-\theta F-\mu F\delta(1-\lambda)] & \theta p\leqslant 1-\mu\\ E+F-\mu F\delta(1-\lambda)-L+I & \theta p>1-\mu\end{cases} \tag{2-14}$$

式中，$\mu F$ 为森林保险为营林主体提供的风险保障水平，即保险金额；$\mu F\delta$ 为森林保险保费水平；$\mu F\delta(1-\lambda)$ 为除去政府补贴外营林主体所需支付的保费水平。在林业风险灾损率高于森林保险免赔率 $\theta p>(1-\mu)$ 时，参保营林主体可获得赔付额 $\theta F-(1-\mu)F$。将赔付额代入式（2-14），可得到营林主体的总收益水平 $R_1$ 为

$$R_1=\begin{cases}E+F(1-p\theta)-\mu F\delta(1-\lambda) & \theta p\leqslant 1-\mu\\ E+\mu F-\mu F\delta(1-\lambda) & \theta p>1-\mu\end{cases} \tag{2-15}$$

就参保后营林主体的总收益水平看，当林业风险灾损率低于森林保险免赔率时，参保营林主体总收益为 $E+F(1-p\theta)-\mu F\delta(1-\lambda)$，相较于未参保时的总收益看，营林主体需多支出参保保费；当林业风险灾损率高于森林保险免赔率时，参保营林主体可获得保障性林业经营收入

$\mu F$，即在各风险灾损情况下，参保营林主体的总收益水平均不低于 $E+\mu F-\mu F\delta(1-\lambda)$。

3. 不同营林主体的森林保险保障需求偏好

结合我国当前森林保险保费补贴政策实际执行情况，在前文赋值基础上，继续通过赋值模拟进行对比分析。首先，就保障水平而言，当前我国森林保险保障水平整体偏低，全国商品林平均保障水平为 697 元/亩，最低为湖南省 400 元/亩，最高为贵州省 1250 元/亩；同时，依据 2018 年对广西林木再植成本的相关调研数据可知，桉树林、松树林和杉木林等主要树种的再植成本约为 1500 元/亩，由此可知森林保险保障水平基本在 25% ~ 85% 范围内。据此设定模拟保障率 $\mu$ 为 25%、55%、85%，并加入完全成本保障即 $\mu=100\%$ 进行差异化保障水平模拟分析。其次，由《2018 年中国森林保险发展报告》可知，全国商品林平均费率水平为 2.70‰，财政补贴比例为 74.72%，据此设定模拟费率 δ 为 2.70‰，模拟补贴比例 λ 为 75%，收益模拟结果见表 2-23。

**表 2-23　不同保障水平下林业风险灾损对不同类型营林主体的收益影响**

单位：元

| 保障水平 | 营林主体 | 风险灾损率 | | | | | | 收益差额（100%） |
|---|---|---|---|---|---|---|---|---|
| | | 0 | 20% | 40% | 60% | 80% | 100% | |
| 25% | 林业专业户 1 | 9998.69 | 8398.69 | 6798.69 | 5198.69 | 3998.69 | 3998.69 | 4500.99 |
| | 林业兼业户 2 | 9999.18 | 8999.18 | 7999.18 | 6999.18 | 6249.18 | 6249.18 | |
| | 非林户 3 | 9999.67 | 9599.67 | 9199.67 | 8799.67 | 8499.67 | 8499.67 | |
| 55% | 林业专业户 1 | 9997.11 | 8397.11 | 6797.11 | 6397.11 | 6397.11 | 6397.11 | 2702.17 |
| | 林业兼业户 2 | 9998.19 | 8998.19 | 7998.19 | 7748.19 | 7748.19 | 7748.19 | |
| | 非林户 3 | 9999.28 | 9599.28 | 9199.28 | 9099.28 | 9099.28 | 9099.28 | |
| 85% | 林业专业户 1 | 9995.53 | 8795.53 | 8795.53 | 8795.53 | 8795.53 | 8795.53 | 903.35 |
| | 林业兼业户 2 | 9997.21 | 9247.21 | 9247.21 | 9247.21 | 9247.21 | 9247.21 | |
| | 非林户 3 | 9998.88 | 9698.88 | 9698.88 | 9698.88 | 9698.88 | 9698.88 | |
| 100% | 林业专业户 1 | 9994.74 | 9994.74 | 9994.74 | 9994.74 | 9994.74 | 9994.74 | 3.95 |
| | 林业兼业户 2 | 9996.71 | 9996.71 | 9996.71 | 9996.71 | 9996.71 | 9996.71 | |
| | 非林户 3 | 9998.69 | 9998.69 | 9998.69 | 9998.69 | 9998.69 | 9998.69 | |

第一，在模拟既定费率水平与财政补贴比例下，林业专业户、林业兼

业户和非林户在同一保障水平下的总收益随林业风险灾损率的不同存在明显差异。在25%保障水平下，当风险灾损率为0时，林业专业户1、林业兼业户2和非林户3的总收益分别为9998.69元、9999.18元和9999.67元，差距不大；此时与未参保时收益水平相较而言，营林主体的收益差额在于其参保所缴纳的保费。随着林业风险灾损率的增加，林业专业户、林业兼业户和非林户的收益差距逐渐增大，在风险灾损率为100%时三类营林主体的总收益分别为3998.69元、6249.18元和8499.67元，林业专业户1与林业兼业户2两者的收益差额为2250.49元，林业专业户1与非林户3两者的收益差额为4500.98元；此时与未参保时收益相较而言，各营林主体的收益水平均因森林保险的风险保障作用而有所提高，但因保障水平整体较低，导致其风险保障功能较为有限。此外，森林保险对不同营林主体的风险保障效益存在差异，在25%保障水平与100%风险灾损率情况下，参保与未参保时林业专业户1的收益差额为1998.69元，林业兼业户2的收益差额为1249.18元，非林户3的收益差额为499.67元。由此可知，参保对林业专业户的保障效应明显高于林业兼业户，更明显高于非林户，即森林保险可为林业专业户提供更高的风险保障。

第二，在同一林业风险灾损率下林业专业户、林业兼业户和非林户的总收益随保障水平的不同也存在明显差异。在灾损率为20%低风险情况下，林业专业户1在25%、55%、85%、100%保障水平下的总收益分别为8398.69元、8397.11元、8795.53元、9994.74元，其在最高保障水平与最低保障水平下的收益存在较大差异，差额为1596.05元；林业兼业户2在最高保障水平与最低保障水平下的收益差距相对较小，最大差额为997.53元；非林户3在最高保障水平与最低保障水平下的收益差距非常小，仅为399.02元。由此可知，各营林主体整体收益水平随保障水平的提高而增加，即随着保障水平的上升，森林保险的风险保障作用越明显；同时，森林保险对各营林主体的风险与收益保障作用由强到弱的顺序为：林业专业户>林业兼业户>非林户，同样表明森林保险对林业专业户的风险与收益保障作用最强。

第三，在灾损率为100%高风险情况下，林业专业户1在25%、55%、85%、100%保障水平下的总收益分别为3998.69元、6397.11元、8795.53元、9994.74元，其在最高与最低保障水平下收益差距为5996.05元；林业兼业户2的收益最大差距为3747.53元；非林户3的收益最大差距为1499.02元。由此可知，在风险灾损较大时，各营林主体总收益水平同样随保障水平的提高而上升，且增加幅度大小顺序同样为林业专业户 > 林业兼业户 > 非林户，即森林保险保障水平越高，对各营林主体的风险保障作用越明显，尤其对林业专业户的风险与收益保障作用最强。此外，相较于灾损率为20%的低风险情况，各营林主体在不同保障水平下的收益水平显著提高。这反映出相较于低风险地区，高风险地区营林主体的风险保障及森林保险需求更强烈，森林保险产品供给应更关注高风险地区与林业专业户的风险管理与保障需求；同时应提高并设定多层级差异化保障水平，以满足不同风险地区与不同营林主体的差异化风险管理需求。

**（二）规模化背景下不同营林主体的差异化保障需求**

规模化、集约化及现代化的新型林业经营主体日益成为我国林业生产的新趋势，也是森林保险的主要与主动需求者；其与传统小林农在生产经营方式及面临的林业风险等方面存在明显差异，导致其对森林保险及风险保障的需求也存在显著差异。为此，借鉴曹兰芳等（2020）的研究，从森林保险的林业自然风险抵抗功能与金融风险分散功能两方面对传统小林农与新型林业经营主体的森林保险及风险保障需求差异进行分析。

1. 抗自然风险功能的预期收益

（1）不参保时营林主体的收益情况。林产品收获量（$y$）与林地规模（$s$）直接相关，林地经营规模越大，林业产出越高，规模越小，林业产出水平也越低。同时，林产品收获量也与林地质量（$g$）和投入成本（$c$）有关；优质林地的林产品收获量较高，贫瘠林地的林产品收获量相对偏低；林业投入成本包括种苗投入、劳动力投入等，适当地增加投入成本可有效促进林业产出水平提高，即投入成本是递增的，具有严格凸性。设定某一确定林地质量（$g=g_0$），林地自然灾害发生概率为 $w$，灾害致损率为 $\delta$，林产品价格为 $p$（一般会参照上期价格，因此其价格可以看作是既定的）。则营林主体在不参保时的收益水平 $R_2$ 为

$$
\begin{aligned}
R_2 &= (1-w)(y_{(g_0,c,s)}p-c)+w[y_{(g_0,c,s)}p(1-\delta)-c] \\
&= y_{(g_0,c,s)}p-c-wy_{(g_0,c,s)}p\delta \qquad (2-16)
\end{aligned}
$$

式中，$0\leqslant w\leqslant 1$，$0\leqslant \delta\leqslant 1$。$y_{(g_0,c,s)}p$ 为营林主体在确定林地质量 $g_0$ 与林业投入成本 $c$ 下的林业收入水平。其中，$y_{(g_0,c,s)}$ 为在确定林地质量 $g_0$ 与投入成本 $c$ 下的林产品收获量；同时，林产品收获量与林地经营规模直接相关，则营林主体的林业收入水平也与林地经营规模相关，林地经营规模越大，营林主体的林业收入水平越高。

（2）参保时营林主体的收益情况。设定森林保险保费率为 $\theta$，政府的

保费补贴率为 $\mu$，森林保险对灾损的保障赔付率为 $\varphi$，则在参保条件下，营林主体的收益水平 $R_3$ 为

$$\begin{aligned} R_3 &= (1-w)[y_{(g_0,c,s)}p - c - y_{(g_0,c,s)}p\theta(1-\mu)] + w[y_{(g_0,c,s)}p(1-\delta+\delta\varphi) \\ &\quad - c - y_{(g_0,c,s)}p\theta(1-\mu)] \\ &= y_{(g_0,c,s)}p - c - y_{(g_0,c,s)}p\theta + y_{(g_0,c,s)}p\theta\mu - wy_{(g_0,c,s)}p\delta + y_{(g_0,c,s)}p\delta\varphi \end{aligned} \tag{2-17}$$

式中，$0<\mu<1$，$0<\varphi<\delta$。$y_{(g_0,c,s)}p\theta$ 为森林保险保费，$y_{(g_0,c,s)}p\theta(1-\mu)$ 为在除去政府保费补贴后营林主体需为投保林地支付的保费，$y_{(g_0,c,s)}p\delta\varphi$ 为营林主体在参保后遭遇灾损时保险公司给予的赔付额。

此时，营林主体参与森林保险时对抗自然风险功能的预期收益 $R_N$ 为

$$R_N = R_3 - R_2 = y_{(g_0,c,s)}p(w\delta\varphi - \theta + \theta\mu) \tag{2-18}$$

由此可知，营林主体参与森林保险的抗自然风险预期收益与林产品收获量、林产品价格、灾害发生情况、森林保险保障水平、保费率及政府保费补贴相关。其中，灾害发生情况与林地经营规模有关，林地规模越大，发生林业风险灾害的概率及灾害致损率越高，其对森林保险及风险保障的需求越高；同时，林产品收获量与林地经营规模有关，经营规模越大，林产品收获量越大，参保的抗自然风险预期收益也越大。由此可知，相较于传统小林农，林地经营规模相对较大的新型林业经营主体对森林保险及风险保障的需求更高，且其参保后的抗自然风险预期收益更大。

2. 抗金融风险功能的预期收益

营林主体参与森林保险的抗金融风险功能预期收益 $R_F$ 为

$$R_F = lm \tag{2-19}$$

式中，$l$ 为营林主体的贷款需求度，$m$ 为在森林保险支持下贷款成功的概率。

随着集体林权制度改革的深化，增强了林业经济活力，新型林业经营主体也逐渐发展壮大，推动了林业产业的进一步发展。但林业作为弱质性产业，风险抵御能力弱，营林主体收入不稳定且抵押物不足，金融机构不愿为其发放贷款，这使得缺少资金支持成为阻碍营林主体尤其是新型林业经营主体快速发展的重要因素。而在森林保险保费补贴政策支持下，营林主体通过参保提高了风险抵御能力，稳定了林业收入；且多地金融机构为降低放贷风险将参与森林保险作为林权抵押贷款的前置条件，同时也可补充林业贷款抵押物。因此，参保有助于提升营林主体的贷款获取能力，以缓解扩大林业生产规模与提高投入资金的难题，助力林业生产现代化、专

业化及规模化。而相较于传统小林农，新型林业经营主体规模化与专业化的发展意愿更强，更需要大量的资金支持，这使得新型林业经营主体更看重森林保险的贷款担保标的物功能。由此，新型林业经营主体参保的抗金融风险功能预期收益相对更高。

3. 参与森林保险的总预期收益

营林主体参与森林保险的总预期收益 $R$ 为

$$R = R_{(N)} + R_{(F)} = \gamma_{(g_0,c,s)} p(w\delta\varphi - \theta + \theta\mu) + lm \qquad (2-20)$$

基于上述分析，相较于传统小林农，新型林业经营主体的林地经营规模更大，其参与森林保险的抗自然风险预期收益更大；且新型林业经营主体的资金需求更多，其参与森林保险的抗金融风险功能预期收益也更高。因此，新型林业经营主体对森林保险的主动需求意愿更强。同时，现代林业呈现出高成本、高投入的生产特点，对新型林业经营主体来说，其经营规模更大，成本投入更多，相应地在遇灾时遭受的损失也更多，致使其对森林保险的风险保障功能提出了更高的要求，需要更高层次的保障水平来满足其风险管理需求。

## 三、我国森林保险多层级保障水平设定

科学合理设置森林保险保障水平的基本前提是厘清其主要影响因素。为此，考虑我国森林保险标的特征和投保主体实际需求，探讨影响我国森林保险保障水平的主要因素，并据此提出“提标”“增层”两条具体路径来优化与设定我国森林保险的保障水平。

### （一）森林保险保障水平影响因素

1. 森林保险标的特征

参考森林保险发展较好国家的经验，其通常是在考虑保险标的的差异化特征基础上来设置多种保额，营林主体可根据不同树种、不同树龄、不同林分条件等特征选择不同的保额来投保。其中，美国与日本正是依据保险标的的多种差异化特征来设置不同的保障水平；澳大利亚也是基于保险标的多种差异化特征设置了具体的高、中、低三种层次价值估算标准，营林主体在参考估算标准的基础上自行选择保额参与投保。基于此，我国森林保险保障水平的设计也应考虑保险标的相关多种特征的影响，包括树种、树龄、经营状况及林分条件等。

2. 森林保险承保主体需求

不同类型营林主体的风险管理需求存在显著差别。对于传统小林农来

说，林地经营规模相对较小，且通常其林业收入占比较低，遭遇林业灾损时对其家庭总收入的影响较小，使得小林农对林业风险管理的关注度与重视度较低，对森林保险的购买意愿较为有限，加之小林农整体购买力相对较弱，导致其对林业风险管理与保障的需求也相应较低。因此，传统小林农对森林保险及保障水平的要求相对较低。但对于专业化、规模化从事林业生产与经营的新型林业经营主体来说，其生产规模大，林业经营收入通常为其主要收入来源，这使得其对林业风险管理的关注度与重视度较高，风险管理需求也较高，加之其对森林保险保费的支付意愿及购买力也相对较强，遇灾时希望森林保险保障水平能够覆盖经营林木所支出的所有成本，甚至覆盖林木经济价值。综上，不同类型营林主体的风险管理与保障需求存在明显差别，森林保险保障水平的设计需依据不同类型营林主体的实际需求进行差异化设置。

### （二）森林保险保障水平优化设定

#### 1. 森林保险保障水平设定原理

保完全成本、保收入、保价值为森林保险保额设置的主要方式，即分别按照覆盖林木生产总成本、覆盖营林主体经营收益、覆盖经济价值来设置保额水平。不同设置方式下的保额水平是不同的，通常保价值的保额设置方式下保额水平最高，保成本的保额设置方式下保额水平最低。森林保险发展水平较高的国家大多是按采用保林木经济价值的保额设置方式来确定保额，其所确定的保额水平往往较高，可为投保主体提供的风险保障程度较大，这有利于最大程度地发挥森林保险分散风险与收入保障的功能，但相应地，由于较高的保障水平，在相同的保费补贴比例下，政府需配套提供的补贴资金更多，财政支出压力也就越大。因此，基于当前我国实际经济与财政情况，我国森林保险保障水平应先依据“保成本”方式确定保险金额，在实现完全成本的保障水平之后，再借鉴国外“保价值”的保额设置方式与经验，结合我国政府财政实际情况，继续逐步提高森林保险保障水平。

#### 2. 提高森林保险保障水平标准

目前，我国“低保障”原则下的森林保险保障水平整体偏低，无法实现对林木生产总成本的覆盖，甚至不能覆盖除劳动力与土地成本之外的林木再植成本，这严重阻碍了森林保险风险保障功能的充分有效发挥。鉴于此，需对我国森林保险保障水平进行“提标”，即逐步提高森林保险保额水平，以期增强森林保险的风险管理与保障功能，而这一步便是将我国森林保险保障水平提高至能够覆盖林木的再植总成本，真正达到“保完全成本”。为此，基于课题组对广西森林保险及林木前 3 年再植成本的相关调研数据，以桉树林、松树林和杉木林为例，对我国森林保险保障水平进行优化设置。

就 2017 年各树种再植成本看（见表 2 - 24），桉树林的平均再植成本为 1676. 91 元/亩，松树林平均再植成本为 1241. 55 元/亩，杉木林平均再植成本为 1374. 27 元/亩；三种树种 2017 年的平均再植成本为 1430. 91 元/亩。就再植成本增速看，从 2013 年到 2017 年，各树种再植成本增速较快，其中，桉树林的再植成本由 2013 年的 1271. 35 元/亩提高到 2017 年的 1676. 91 元/亩，增幅达 31. 90%；松树林的再植成本由 2013 年的 783. 79 元/亩提高到 2017 年的 1241. 55 元/亩，增幅达 58. 40%；杉木林的再植成本由 2013 年的 940. 66 元/亩提高到 2017 年的 1374. 27 元/亩，增幅达 46. 10%。就原材料与人工费用看，2013 年到 2017 年各树种再植成本的快速增长主要是由于人工费用的快速提高造成的，原材料的增长幅度相对较小，且再植成本中人工费用所占比重逐渐增大，原材料成本占比逐渐减小，其中，桉树林人工费用由 2013 年的 462. 38 元/亩提高到 2017 年的 800. 30 元/亩，增幅达 73. 08%，而桉树林原材料费用从 2013 年的 808. 97 元/亩提高到 2017 年的 876. 61 元/亩，增幅仅为 8. 36%；从 2013 年到 2017 年，松树林的人工费用增幅达 111. 55%，而松树林原材料费用增幅仅为 18. 64%；杉木林人工费用增幅达 89. 96%，而杉木林原材料费用增幅仅为 12. 00%。这也反映出我国目前以物化成本为基础的森林保险保额确定方式，忽略了再植成本中占比较高的人力成本，保障水平设定不合理，无法实现风险管理与保障的基本功能。

**表 2 - 24　桉树林、松树林、杉木林人工费用与原材料费用汇总**　单位：元/亩

| 树种 | 2013 年 | | | 2015 年 | | | 2017 年 | | |
|---|---|---|---|---|---|---|---|---|---|
| | 总成本 | 人工费 | 原材料 | 总成本 | 人工费 | 原材料 | 总成本 | 人工费 | 原材料 |
| 桉树林 | 1271. 35 | 462. 38 | 808. 97 | 1437. 82 | 596. 83 | 840. 99 | 1676. 91 | 800. 30 | 876. 61 |
| 松树林 | 783. 79 | 335. 44 | 448. 35 | 1017. 04 | 505. 78 | 511. 26 | 1241. 55 | 709. 64 | 531. 91 |
| 杉木林 | 940. 66 | 411. 42 | 529. 24 | 1124. 06 | 571. 63 | 552. 43 | 1374. 27 | 781. 53 | 592. 74 |

注：依据课题组多年对广西桉树林、松树林和杉木林相关调研数据整理。

由此可知，桉树林、松树林、杉木林三种树种的再植成本基本为

1200～1700 元/亩，平均再植成本为 1430.91 元/亩。据此，按照“保成本”的保额确定方式，将广西森林保险的基本保险金额确定为 1500 元/亩。

3. 增加森林保险保障水平层次

当前我国各地森林保险保障水平相对单一，除浙江和海南等少部分地区外，其余各地多为实行单一保障水平，没有考虑不同树种、不同树龄及不同市县等的差异化因素，如各地乔木林地和灌木林地的成本与经济价值存在差异，又如 5 年树龄以下的幼龄树木和 20 年以上的成年树木成本与经济价值也存在差异，单一的保障水平与多树种、不同树龄的林木实际情况不符。因此，需要针对单一保障水平来增加保障水平层次。具体地，针对不同森林保险标的与投保主体，通过“增层”设置多层级、差异化的保险金额，增加保障水平层次，以适应不同树种与树龄以及不同营林主体的差异化保障需求，进而改善当前森林保险“一省一保额”的现状，有效增强营林主体的投保意愿，提升森林保险风险保障水平。

（1）依据不同类型营林主体的多层级保障水平设定。首先，就传统小林农而言，林业生产规模普遍较小，受林业风险的影响较小，灾损估计也相应较小，且其保险意识与灾损估计普遍较低，保险需求度不高。同时，小林农收入水平较低，保险购买力较弱，且随着城镇化与劳动力转移的加速，林业经营收入占家庭总收入的比例逐渐减小，林业生产波动对其家庭收入或生活的影响较小。这均使得传统小林农对森林保险及保障水平的要求偏低。由此，基于再植成本 1500 元/亩的保险金额便可以满足大部分小林农的风险管理需求。其次，就新型林业经营主体而言，由于其专业化、规模化及机械化程度高，林地经营规模大，因而更多受到林业风险的影响，灾损估计也相应较大，且通常以大林场或林业企业的方式存在，具有与综合企业相似的特征，风险与保险意识高。此外，新型林业经营主体的收入水平相对较高，自身具备较强的购买力。由此，新型林业经营主体具有较高的风险管理需求，对森林保险保障水平的要求也相应较高，仅基于再植成本的森林保险产品无法满足其实际风险管理需求，需要设定更高层次的保障水平。为此，在 1500 元/亩的基本保险金额基础上，将保障水平再提高 20%、40%、60%、80%，据此，增加 1800 元/亩、2100 元/亩、2400 元/亩、2700 元/亩四个层级的森林保险保障水平。新型林业经营主体可依据不同林木的实际经营成本与经济价值，在考虑自身风险管理需求及支付能力的基础上选择不同的保障水平，从而进一步满足不同类型营林主体的差异化风险管理需求，增强森林保险产品对新型林业经营主体的吸引力。

（2）依据不同树种与林龄的差异化保障水平设定。桉树林、松树林、杉木林不同林龄的再植成本相关调研数据如表 2 - 25 所示。其中，各树种第一年的造林成本占总再植成本的 53% ~60%，第二年的抚育成本占总再植成本的 20% ~24%，第三年的抚育成本占总再植成本的 20% ~23%，三年生累计成本即为各树种总再植成本。

**表 2 - 25　　桉树林、松树林、杉木林不同林龄造林成本**

| 树种 | 造林成本 | 第一年 | 第二年 | 第三年 | 总成本 |
|---|---|---|---|---|---|
| 桉树林 | 当年成本（元/亩） | 903.35 | 388.71 | 384.85 | 1676.91 |
| | 总成本占比（%） | 53.87 | 23.18 | 22.95 | 100.00 |
| 松树林 | 当年成本（元/亩） | 727.67 | 259.86 | 254.02 | 1241.55 |
| | 总成本占比（%） | 58.61 | 20.93 | 20.46 | 100.00 |
| 杉木林 | 当年成本（元/亩） | 815.77 | 281.45 | 277.05 | 1374.27 |
| | 总成本占比（%） | 59.36 | 20.48 | 20.16 | 100.00 |

注：依据课题组对广西桉树林、松树林和杉木林相关调研数据整理。

基于对桉树林、松树林和杉木林不同林龄造林成本的分析，以桉树林、松树林、杉木林三种树种为例，进行不同树种与不同林龄的差异化保障水平设定（见表 2 - 26）。首先，以各树种不同林龄的总再植成本为基础确定保额水平。就桉树林而言，1 年树龄、2 年树龄、3 年树龄桉树林的保障水平分别为 900 元/亩、1300 元/亩、1650 元/亩。就松树林而言，1 年树龄、2 年树龄、3 年树龄松树林的保障水平分别为 750 元/亩、1000 元/亩、1250 元/亩。就杉木林而言，1 年树龄、2 年树龄、3 年树龄杉树的保障水平分别为 850 元/亩、1100 元/亩、1400 元/亩。其次，在各树种不同林龄基础保险金额设置的基础上，将各树种不同林龄的保险金额分别再提高 20%、40%、60%。就桉树林而言，1 年树龄的桉树林保障水平分别为 900 元/亩、1080 元/亩、1260 元/亩、1440 元/亩，2 年树龄的桉树林保障水平为 1300 元/亩、1560 元/亩、1820 元/亩、2080 元/亩，3 年树龄的桉树林保障水平为 1650 元/亩、1980 元/亩、2310 元/亩、2640 元/亩。就松树林而言，1 年树龄的松树林保障水平为 750 元/亩、900 元/亩、1050 元/亩、1200 元/亩，2 年树龄的松树林保障水平为 1000 元/亩、1200

元/亩、1400元/亩、1600元/亩，3年树龄的松树林保障水平为1250元/亩、1500元/亩、1750元/亩、2000元/亩。就杉木林而言，1年树龄的杉木林保障水平为850元/亩、1020元/亩、1190元/亩、1360元/亩，2年树龄的杉木林保障水平为1100元/亩、1320元/亩、1540元/亩、1760元/亩，3年树龄的杉木林保障水平为1400元/亩、1680元/亩、1960元/亩、2240元/亩。

**表2-26　依据不同树种不同林龄的多层级保障水平设定**　单位：元/亩

| 树种 | 林龄 | 保障水平层级 | | | |
|---|---|---|---|---|---|
| | | 第一层 | 第二层 | 第三层 | 第四层 |
| 桉树林 | 第一年 | 900 | 1080 | 1260 | 1440 |
| | 第二年 | 1300 | 1560 | 1820 | 2080 |
| | 第三年 | 1650 | 1980 | 2310 | 2640 |
| 松树林 | 第一年 | 750 | 900 | 1050 | 1200 |
| | 第二年 | 1000 | 1200 | 1400 | 1600 |
| | 第三年 | 1250 | 1500 | 1750 | 2000 |
| 杉木林 | 第一年 | 850 | 1020 | 1190 | 1360 |
| | 第二年 | 1100 | 1320 | 1540 | 1760 |
| | 第三年 | 1400 | 1680 | 1960 | 2240 |

## 第四节　财政补贴政策对林农森林保险需求的影响

### 一、问题的提出

森林保险具有准公共物品的属性，一方面，由于森林保险业务费率低，经营成本高，承保、查勘、定损技术难度大，巨灾、大灾风险分散机制缺失，保险公司经营的积极性不高，导致了森林保险的有效供给不足；另一方面，由于逆向选择和道德风险，收入水平较低，自身风险和保障意识缺乏，以及险种单一等原因，导致了林农对于森林保险的有效需求不足，从而导致森林保险市场失灵。政府的介入可以潜在地解决市场失灵，即政府采取相应的措施来弥补市场失灵，改善市场结果。森林保险制度的运行，不仅需要政府在政策上予以支持，更需要政府在财政上给予激励。

一方面，政府应减免保险公司经营森林保险业务的相关税费，并对森林保险的额外成本予以一定的补贴；另一方面，政府要对林农森林保险保费进行财政补贴，减轻林农的保费负担，刺激森林保险的供给与需求。政府对森林保险提供财政补贴将从两个方面对林农的保险需求产生影响：一方面，财政补贴直接降低了林农实际支付的保费水平，从而提高了林农对森林保险的购买能力；另一方面，政府提供补贴相当于降低了森林保险的价格，从而提高了森林保险的需求量。

从森林保险业务开展较好的国家经验来看，森林保险补贴政策在实施初期可以提高森林保险的覆盖率，因此森林保险补贴政策对林农保险需求产生影响。政府森林保险补贴理应能够提高林农购买保险的意愿，但是森林保险补贴实施是否真正取得了应有的效果，需要根据实际情况进行分析。

## 二、数据来源与模型构建

### （一）实证模型构建

1. 模型因变量定义

本节研究的是林农是否购买森林保险与相关影响因素之间的关系，因此，模型的因变量为林农对森林保险的需求，即林农是否购买森林保险，用 $Y$ 表示，若回答是，记 $Y=1$，否则记 $Y=0$。

2. 模型自变量定义

研究林农购买森林保险的影响因素时除了包括保险补贴政策等因素外，还应包括林农基本特征、林农家庭特征、林地资源特征、灾害特征等情况。综合以上考虑，模型自变量的选择包括了以上五个部分，各变量定义如表 2－27 所示。

**表 2－27　　自变量定义**

| 变量 | 符号 | 定义 | 预期作用方向 |
|---|---|---|---|
| 年龄 | $X_1$ | 户主年龄（岁） | ? |
| 文化程度 | $X_2$ | 受教育程度（年） | + |
| 森林保险认知 | $X_3$ | 对森林保险重要程度的认知 | + |
| 家庭收入水平 | $X_4$ | ln（家庭年均总收入） | + |
| 家庭收入来源 | $X_5$ | 林业占家庭总收入比重（%） | + |
| 劳动力状况 | $X_6$ | 家庭外出务工人数比重（%） | ? |
| 林地面积 | $X_7$ | 林地面积（亩） | ? |

续表

| 变量 | 符号 | 定义 | 预期作用方向 |
|---|---|---|---|
| 林地质量 | $X_8$ | 林地质量（一等、二等、三等） | − |
| 受灾频率 | $X_9$ | 年均受灾频率（次） | + |
| 森林灾害认知 | $X_{10}$ | 对森林灾害严重程度的认知 | + |
| 期望补贴比例 | $X_{11}$ | 期望森林保险保费补贴比例（%） | − |

（1）林农的基本情况。包括年龄、文化程度、森林保险认知等。一般来说，林农年龄越大，其林业生产经营经验越丰富，对林业生产规律把握越好，抵御风险的能力越强，因此购买保险的可能性会降低；但年龄大的林农其遭受灾害的损失也可能越大，因此更愿意通过购买森林保险来分散风险。文化程度高的林农越能更好地理解保险的作用，越善于运用保险来分散风险，因此可能更愿意购买保险来增强其抵御风险的能力。林农对森林保险的认知表示为林农认为森林保险的重要程度，分为五档：1 为不重要，2 为不太重要，3 为一般重要，4 为比较重要，5 为非常重要。

（2）林农家庭的基本情况。包括家庭收入水平、家庭收入来源、劳动力状况等。家庭收入水平是影响林农保险需求的主要因素之一，林农的收入水平较低，而森林保险并不属于生活必需品，因此随着林农收入的增加，其购买森林保险的可能性将增加。林业生产收入占家庭年纯收入的比重越大，林业生产遭受的损失对林农生产生活造成的影响就越大，其购买森林保险的可能性就越大。

（3）林地资源状况。包括林地面积、林地质量等。林地面积越大，即林业生产经营规模越大，林农面临的风险也越大，因此购买森林保险的意愿可能更高。但林地面积大的林农也有可能通过森林保险以外的方式来分散风险，从而降低投保的可能性。林地质量则反映了林农遭受自然灾害的可能性。

（4）森林灾害状况和认知。包括受灾的频率、森林灾害认知等。如果林农受自然灾害频率越高，其购买森林保险的可能性越大；反之，则购买森林保险的可能性越小。林农对灾害的认知表示为其认为森林灾害对其生产生活带来的影响程度，分为五档：1 为没有影响，2 为影响很小，3 为有一定影响，4 为影响较大，5 为影响非常大。

（5）森林保险状况。包括期望的森林保险保费补贴比例。期望的森林保险保费补贴比例从一定程度上反映了林农购买森林保险时的支付水平。

当林农对森林保险补贴的期望越高时，在现有保险费率水平下其购买森林保险的可能性就越小；反之，对森林保险补贴的期望越低，其购买森林保险的可能性就越大。

3. 模型构建

由于模型中因变量包括购买或者未购买森林保险两个选择，即 $Y=1$ 和 $Y=0$，因此需要构建一个离散因变量模型来研究定性变量与其影响因素之间的关系。Logistic 回归模型是对二分类因变量进行回归分析时最普遍使用的多元统计方法。因此，采用 Logistic 回归模型对林农是否愿意购买森林保险的选择行为进行研究，分析林农购买森林保险的影响因素，探讨森林保险补贴政策对于林农保险需求的影响。因变量取值为［0，1］，当因变量取 1 时，$P$ 为林农愿意参加森林保险的概率；当因变量取 0 时，$P$ 为林农不愿意参加森林保险的概率。

Logistic 模型采用的是逻辑概率分布函数，它的具体形式为

$$P_i = F(Z_i) = F(\alpha + \beta X_i) = \frac{1}{1 + e^{-Z_i}} = \frac{1}{1 + e^{-(\alpha + \beta X_i)}} \tag{2-21}$$

式中，$e$ 代表自然对数的底。对于给定的 $X_i$，$P$ 是个体作出某一选择的概率。为了估计由式（2－21）定义的模型，一般将其进行 Logit 变换，转化为式（2－22），得到 Logistic 回归模型。

$$\log \frac{P_i}{1 - P_i} = Z_i = \alpha + \beta X_i \tag{2-22}$$

以上回归方程中的因变量是作某一特别选择的机会比的对数。Logistic 模型的一个重要优点是它把在（0，$l$）上预测概率的问题转化为在实数轴上预测一个事件发生的机会比的问题。

根据以上模型，结合表 2－27 变量的定义，构建模型为

$$\log \frac{P_i}{1 - P_i} = Z_i = \beta_0 + \beta_1 X_{1i} + \beta_2 X_{2i} + \beta_3 X_{3i} + \cdots + \beta_{10} X_{10i} + \beta_{11} X_{11i} \tag{2-23}$$

**（二）数据来源与描述性分析**

本节数据来源于对湖南省林农的调查问卷。选择湖南省林农作为调研对象主要有以下几方面的原因：第一，湖南省是我国第一批纳入中央财政森林保险保费补贴试点的省份，林农对森林保险的认知程度相对较高；第二，湖南省是我国林业较发达的省份之一，全省森林覆盖率 57.52%，森林蓄积量 4.45 亿立方米，林业产业总产值 2380 亿元，各项指标均居全国前列；第三，湖南省林业易受火灾、冰雪冻灾、森林病虫害等灾害影响，

林农对灾害和保险重要性的认知相对较高。为此，2012 年 7 月到 9 月，选择湖南省浏阳市、冷水江市和新化县作为调查点，运用入户问卷调查的方法，调查了 200 户林农，经过逻辑检验与筛选，最终采用的有效问卷为 190 份，有效问卷率为 95%。有效样本中 118 户（62.1%）购买了森林保险，72 户（37.9%）未购买森林保险。

林农森林保险需求的多样性和复杂性决定了研究林农的森林保险需求必须从多角度、多层面入手进行深入分析。从年龄来看，样本平均年龄为 47.58 岁，其中年龄最小为 25 岁，最大为 81 岁。绝大多数样本年龄为 25 ~ 60 岁，占样本总量的 85.8%。从文化程度来看，样本的文化程度以受教育年限为衡量标准，读书年限最短为 0 年，最长为 15 年，平均读书年限为 7.25 年，仅相当于初中一年级水平。

为了验证模型的准确性，首先从购买森林保险和未购买森林保险的有效样本中分别随机选取 80 户和 50 户的数据作为估计样本，以此样本作为模型构建的数据来源；然后将剩余的 38 户和 22 户的数据作为检测样本，以验证模型的准确性。

## 三、财政补贴政策对林农森林保险需求影响分析

### （一）模型结果分析

1. 模型结果

按照上述建模步骤，应用 SPSS 18 处理 Logistic 回归模型，筛选变量时采用向后步进（Wald）的方法，选入标准 $\alpha = 0.05$ 和剔出标准 $\alpha = 0.10$。回归模型结果如表 2 - 28 所示。

**表 2 - 28　　回归模型结果**

| 变量 | 参数估计 | 标准差 | Wald 统计量 | 自由度 | 显著性水平 |
|---|---|---|---|---|---|
| $X_1$ | 0.689 | 0.244 | 0.700 | 1 | 0.403 |
| $X_2$ | 0.023 | 0.081 | 1.851 | 1 | 0.173 |
| $X_3$ | 0.881 | 0.268 | 10.811 | 1 | 0.001 |
| $X_4$ | 0.738 | 0.228 | 0.154 | 1 | 0.694 |
| $X_5$ | 0.139 | 0.091 | 2.336 | 1 | 0.126 |
| $X_6$ | 0.326 | 0.706 | 0.213 | 1 | 0.644 |
| $X_7$ | 0.450 | 1.231 | 9.766 | 1 | 0.002 |
| $X_8$ | -0.329 | 0.342 | 0.512 | 1 | 0.474 |

续表

| 变量 | 参数估计 | 标准差 | Wald 统计量 | 自由度 | 显著性水平 |
| --- | --- | --- | --- | --- | --- |
| $X_9$ | 0.638 | 0.969 | 0.433 | 1 | 0.511 |
| $X_{10}$ | 0.859 | 0.239 | 9.766 | 1 | 0.002 |
| $X_{11}$ | -0.478 | 0.106 | 15.190 | 1 | 0.000 |
| 常数 | -8.374 | 3.245 | 7.938 | 1 | 0.005 |
| 模型卡方检验值：120.431 | | | | | |
| -2 对数似然值：159.323 | | | | | |
| Nagelkerke $R^2$：0.498 | | | | | |

根据表 2-28，从模型拟合度方面来看，模型卡方检验统计是显著的，-2 对数似然值和 Nagelkerke $R^2$ 值也处于合理范围。因此，方程总体上的检验是显著的。

2. 模型检验

根据以上模型，将检验样本数据代入进行检验，当 $p>0.5$ 时，认为林农购买了保险，检验结果如表 2-29 所示。从比较结果可以看出，用分析样本数据得到的结果预测正确率为 72.31%，而用检验样本得到的预测正确率为 70%，可以判断其预测准确度较高。

**表 2-29　　验证模型的对比结果**

| 是否购买保险 | 分析样本 | | | 检验样本 | | |
| --- | --- | --- | --- | --- | --- | --- |
| | 购买保险 | 未购买保险 | 正确率（%） | 购买保险 | 未购买保险 | 正确率（%） |
| 购买保险 | 59 | 21 | 73.75 | 26 | 12 | 68.42 |
| 未购买保险 | 15 | 35 | 70.00 | 6 | 16 | 72.73 |
| 合计 | | | 72.31 | | | 70.00 |

3. 结果分析

从表 2-29 可以看出，模型整体拟合度较好，变量中森林保险认知（$X_3$）、林地面积（$X_7$）、森林灾害认知（$X_{10}$）、期望补贴比例（$X_{11}$）对林农购买森林保险的决策有影响。

（1）影响显著的变量解释。其一，林农对森林保险重要程度的评价分析表明，被调查者认为森林保险越重要则对森林保险的需求越大；反之，认为森林保险不重要的林农对森林保险的需求较低。其二，林地面积对林农购买森林保险的决策有正向影响，说明林农的林业生产经营面积越大，其面临的风险就越大，其购买保险的可能性越大。其三，林农对自然灾害严重程度的认知对其购买森林保险的决策有正向影响，被调查者认为自然灾害对林农家庭收入影响越大则对森林保险的需求越大；反之，认为自然灾害对家庭收入没有影响或影响不大的林农对森林保险的需求较低。其四，林农对森林保险保费补贴的期望对其购买森林保险的决策有负向影响，当林农对森林保险保费补贴比例的期望越高则在现有水平下购买森林保险的可能性越小；反之，对森林保险保费补贴比例的期望越低则在现有水平下购买森林保险的可能性越大。

（2）影响不显著的变量解释。其一，劳动力状况（家庭外出务工人数比重）对森林保险购买决策影响不显著。林农外出务工能提高家庭总收入、增加其购买力，但也会增加其非林业生产收入，使其家庭收入更多元化、更稳定，减少其购买森林保险的可能性，因此务工对林农购买森林保险的影响不明显。其二，家庭收入水平、家庭收入来源（林业占家庭总收入比重）对森林保险购买决策影响不显著。原因可能是一方面由于家庭收入较高的林农对森林保险的购买力也较强，而另一方面由于自然灾害对林业生产生活造成的影响不会对家庭收入造成较大影响，这样林农购买森林保险的可能性也会降低。其三，林地质量对森林保险购买决策影响不显著。理论上林地质量越差的林农购买森林保险的可能性越大，但是在调查地区林业的主要自然灾害是火灾、冰冻雨雪、病虫害等，这些灾害造成的损失通常与林地的质量关系不大，因此林地质量对林农购买森林保险的决策影响不显著。

**（二）森林保险补贴效果分析**

由于 Logistic 模型的非线性性质，得到的估计系数并不能反映自变量变化产生的边际效用，即不能够直接用来解释自变量对概率的边际影响，需要进一步计算其边际效应。变量 $X_i$ 的边际效用计算公式为

$$\log\frac{\alpha P_{ij}}{\alpha X_i} = P_{ij}(\beta_j - \sum_{k=0}^{j} P_{ik}\beta_k) \tag{2-24}$$

由此可看出，边际效用不仅仅取决于估计系数本身，还决定所有其他估计系数及变量。根据以上公式计算林农期望补贴比例的边际效用为 -0.076。结果说明，林农对森林保险补贴的期望每提高 1%，在现有补贴水平下其购买森林保险的概率就下降 7.6%，也就是说，政府如果将森林保险补贴每提高 1%，那么林农购买森林保险的概率将上升 7.6%。

## 第五节　研究结论与政策启示

### 一、研究结论

（1）林农对森林保险的了解程度越高和重要性认识越深入，对森林保险的需求就会越强烈。林业收入占家庭总收入比重显著影响林农对森林保险的需求。林农林业收入水平越高，规避森林灾害风险的意愿越强烈，对森林保险的需求也就会越高。灾害损失情况中的受灾严重程度显著影响林农对森林保险的需求，说明林农的风险规避意识会强化他们选择森林保险作为避险的方式。保险产品条款设计显著影响林农对森林保险的需求，但因现行条款中保险责任范围有限，保险金额水平较低，因而林农参保的积极性不高。政府保费补贴水平越高，林农参与森林保险的积极性越高，这是由于政府保费补贴可以适当减少林农保险费用支出。综上，目前林农对森林保险的需求意愿不强，而这种有限的需求又呈现出差异性和层次性，林业收入占家庭总收入比重较高的大户营林主体对森林保险需求较大，而小户营林主体参与森林保险的意愿明显偏低。但值得关注的是，虽然大户营林主体对森林保险有较高的需求意愿，但由于森林保险产品和补贴政策设计上的不合理，尤其是保险金额过低和保险责任不全，制约了营林主体对森林保险的需求，最终导致森林保险的参保率偏低。

（2）不同类型营林主体的森林保险保费补贴政策认知评价存在显著差异，且在不同保障水平下的参保意愿、森林保险产品供给评价也存在显著差异。森林保险保费补贴政策具有对营林主体的参保激励效应。营林主体对补贴政策的认知度越高，其参保意愿越强烈；营林主体对补贴政策的满意度越高，其参保意愿越强烈。森林保险保费补贴政策对两类营林主体的参保激励效应存在显著差异，当前“低保障”的保费补贴政策对传统小林农的参保激励效应要明显高于新型林业经营主体。森林保险产品供给特征，包括保险责任、保障水平、费率及赔付规定等，均为影响营林主体森林保险参与意愿的重要因素。

（3）森林保险对林业专业户的风险与收益保障作用最强，林业兼业户次之，非林户最弱；各营林主体的参保收益水平随保障水平的提高而增加，且相较于低风险地区，高风险地区营林主体的风险保障需求更高。同时，相较于传统小林农，新型林业经营主体因参保抗自然风险预期收益与抗金融风险预期收益更大，使得其对森林保险的需求及对风险保障水平的要求也更高。此外，基于再植成本的实际调研数据，将广西森林保险的基础保障水平设定为1500元/亩，并在此基础上提高20%～80%以设定多层级保障水平；另针对桉树林、松树林、杉木林三类树种与不同树龄，从“提标”与“增层”两方面设置多层级差异化的保障水平，进而为我国森林保险保障水平的设定与优化提供具体优化路径与参考思路。

（4）近年来森林保险补贴政策支持力度在逐步加大并取得了较好成效，但仍存在一些不足，如森林保险补贴内容单一、保费补贴比例较低、保险产品单一、宣传力度不够等。同时，林农对森林保险保费补贴比例的期望可显著影响对其购买森林保险的决策。当林农对森林保险保费补贴的期望比例越高，则在现有水平下购买森林保险的可能性越小；反之，当林农对森林保险保费补贴的期望比例越低，则在现有水平下购买森林保险的可能性越大。森林保险保费补贴比例对于林农购买森林保险概率的边际效用为7.6%，即在现有保费水平下，政府对森林保险保费补贴每提高1%，林农购买森林保险的概率就增加7.6%。因此，需继续完善政府的保费补贴政策，提高森林保险保费补贴比例，更多地依靠政府的力量推动森林保险的发展。

## 二、政策启示

（1）首先，提高林农对森林保险的认知，加大对森林保险的宣传力度。要发挥森林保险宣传的重要作用，特别是基层政府的宣传职能，开展专题讲座，并通过电视、广播、宣传板、标语等形式使林农的森林保险意识逐步增强。其次，通过林地流转扩大林业生产规模，造就一批大户营林主体，提高林业总体收入水平，鼓励和引导大户营林主体投保，以带动其他林农参与森林保险。再次，创新保险产品，丰富森林保险品种。调查发现，浙江省有别于其他省份，针对不同林种设置了不同的保险金额、保险费率及赔款标准，而大多数森林保险试点省份对商品林实行统一费率和统一保险金额，不能适应林农的多样化需求。由于林木种类繁多，不同林种经济价值的差异也较大，因此，应针对不同林种设计不同的保险金额及费率。最后，实施有效管理，提高补贴力度。森林保险的公益性决定了森林保险的开展离不开政府的支持，特别是在目前林农收入水平低、购买意愿弱的情况下更要坚持森林保险的政策性。因此，应继续实行与完善政府森林保险补贴政策，提高保费补贴比例。

（2）首先，要科学测算补贴规模。避免一味地提高保费补贴比例，应在市场化原则下，将森林保险产品体系完善与财政补贴体系改进结合起来。在扩展保险责任覆盖、科学厘定费率、逐步提高保障水平的基础上，基于供给方费率水平与需求方支付水平科学测算补贴规模。其次，合理设置差异化补贴水平。应根据保障水平的不同，设计差异化保费补贴比例，补贴比例随着保障水平的提升而逐渐降低，以避免营林主体低效率生产。最后，增强补贴资金指向性。一方面，加大中央财政对经济发展水平相对较弱地区及森林资源丰富地区的财政补贴力度，降低这类地区县级财政的配套补贴比例，减轻县级财政的补贴负担，提高这类地区营林主体的参保意愿；另一方面，考虑不同营林主体对森林保险需求的差异性，有效区分需求弹性较低与需求弹性较高的营林主体，加大对需求弹性较高的新型林业经营主体的补贴力度，提高补贴资金使用效率，增强补贴资金的指向性与精准性。

（3）首先，逐步提高保额，构建多层次、差异化的森林保险保障水平。依据各地林业经营实际成本，在实现我国森林保险保完全成本的基础上，逐步推动森林保险由成本险向价值险转换，进而增强森林保险的整体保障水平。同时，应参考森林保险发展较好国家的方法与经验，在设置森林保险保障水平时充分考虑保险标的多种差异化特征，据此针对不同保险标的设置多档保额，真正实现保障水平的多层级与差异化。其次，依据多保障水平优化财政补贴规模，设置差异化财政补贴标准。保障水平是确定财政补贴规模的决定性因素之一，我国森林保险应在多层级、差异化保障水平设定的基础上，根据营林主体对不同保额下森林保险的实际支付意愿测算最优的财政补贴规模，确定最佳财政补贴标准，进而改变当前补贴规模相对统一、补贴标准缺乏差异化的现状，进一步提高我国森林保险财政补贴资金使用效率及补贴政策实施效果。最后，继续探索完善森林保险的风险管理与保障功能。完善灾前预防机制，优化灾后减损补偿体系，进而实现全面风险管理；同时，强化森林保险融资增信功能，通过保单抵押贷款、“银保担”及“政保担”等方式激活金融机构对林贷款的积极性，缓解林业信贷配给束缚，进而有效增强森林保险风险管理与保障功能的发挥。

# 第三章　森林保险支付水平测度

## 第一节　森林保险参保意愿分析

### 一、问题的提出

任何政策的制定与执行能否达到预期的效果，都取决于对政策目标群体经济行为的把握程度。同样，对于森林保险的保费补贴政策来讲，确定一个合理有效的补贴标准的前提是，要弄清林农对森林保险的实际支付意愿以及影响因素。然后，通过对这些影响因素进行适当、有效的政策性干预（包括宣传、教育、引导、鼓励、经济杠杆、财政政策等），来设法改善林农自身的投保意愿，逐步提高投保率。否则，盲目地或是强制性地执行某一指令性的补贴标准，而不考虑林农的实际支付意愿，其结果往往是事倍功半。从实地调研结果来看，林农普遍表达了购买森林保险的需求和意愿，但是存在费用难以负担的问题。改善林农对森林保险有效需求的一个重要办法就是给予一定的保费补贴。因此，确定一个合理有效的补贴标准具有重要的现实意义。只有在深入了解林农的保费支付意愿及其影响因素的前提下，通过优化保险条款和调整保费补贴政策，针对其参保的影响因素和支付能力出台相应的措施，才能达到提高林农参保率和增加森林保险需求的政策目标。为了服务于这样的目标，本节综合运用 CVM 模型和 Cox 比例风险模型，实证分析林农森林保险支付意愿的影响因素，并从造成林农对森林保险有效需求不足的最根本原因入手，提出优化和完善现有森林保险补贴政策的具体措施。

### 二、数据来源与模型构建

#### （一）CVM 条件估值法

自 20 世纪 80 年代以来，CVM 被广泛运用于计量包括森林、自然保护区、濒危物种、环境资源等多种物品的效益。目前，CVM 已成为评价公共物品经济价值最为常用的方法。CVM 法是在把非市场环境资源或服务置于假想市场，由访问者提供假设市场信息，并直接向受访者访问公共物品或准公共物品的支付意愿价格（WTP）。CVM 主要通过问卷调查的方式，将受访者的偏好倾向用货币价值来表示，以了解受访者对非市场商品愿意支付的货币数量。CVM 常用的询价方式有两大类：一类是可以直接得到受访者支付意愿金额大小的开放式询价法（open-ended bidding）；另一类是不可以直接得到支付意愿值，只能知道受访者对某一支付意愿水平的意愿的封闭式询价法（close-ended bidding），受访者在给定的最高支付水平上是否愿意支付，如果不愿意，询问其在更低的水平上是否愿意支付，故又称为二分选择式询价法。由于封闭式询价法仅要求受访者回答愿意或不愿意支付某金额，封闭式询价法在 CVM 中运用更为广泛。本节将采用二分选择式询价法中的单向递减式（one-way street down）方法来获取林农对森林保险的支付意愿数据。

**（二）Cox 比例风险模型**

通过 CVM 的询价流程（见图 3－1）可知，林农支付意愿资料的表现形式是在询价进行的中途随时有可能终止，这类似于生存分析法中的删失数据（censored data）。不同于其他数据处理方法，生存分析法是将事件的结局与出现这一结局所经历的时间结合起来分析的统计分析方法，它能充分利用删失数据的信息对事件进行模拟。卡森和米切尔（Carson & Mitchell，1991）最早存活模型来研究消费者支付意愿决定因素和支付意愿值的估算。由于 Cox 比例风险模型既能对林农支付意愿与其影响因素的关系进行分析，又无须事先确定支付意愿的分布类型，从而更具有应用的灵活性，本节也采用这种方法进行实证分析。

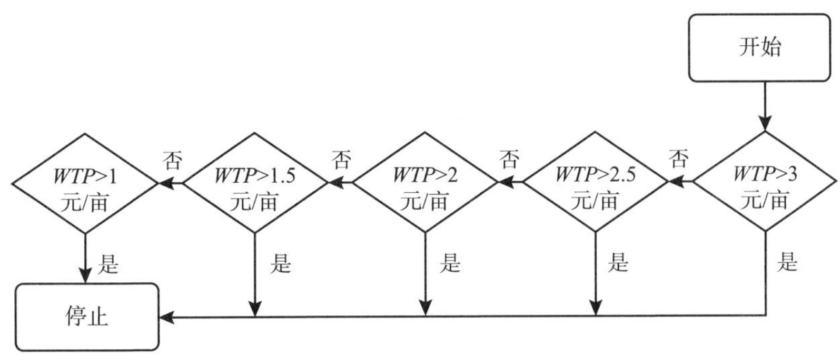


**图 3－1　询价流程**

生存函数（survival function）记作 $S(b)$：

$$S(b)=P(\text{在 } b \text{ 水平上愿意支付的概率}) \tag{3-1}$$

$f(b)$ 概率密度函数（probability density function）：

$$f(b)=\lim_{\Delta b\to 0}\frac{P(\text{在}(b,\ b+\Delta b)\text{上不愿意支付的概率})}{\Delta b} \tag{3-2}$$

$$F(b)=P(\text{在 } b \text{ 水平上不愿意支付的概率}) \tag{3-3}$$

风险函数 $h(b)$ 实际上就是林农在保费为 $b$ 水平下愿意购买森林保险，而在保费为水平 $b+\Delta b$ 下不愿意购买的条件概率的极限，即

$$h(b)=\lim_{\Delta b\to 0}\frac{prob(b\leqslant B\leqslant b+\Delta b\mid B\geqslant b)}{\Delta b}=\lim_{\Delta b\to 0}\frac{F(b+\Delta b)-F(b)}{\Delta b\cdot S(b)}=\frac{f(b)}{S(b)} \tag{3-4}$$

风险函数包含两部分内容：一部分是当所有影响因素都取值为 0 时的基线风险函数 $h_0$（baseline hazard），另一部分是由一系列影响因素变量所定义的指数函数。设林农在支付水平 $b+\Delta b$ 上不愿意支付的影响因素向量为 $\boldsymbol{X}=(x_1,\ x_2,\ \cdots,\ x_m)$，$h_0(b)$ 表示影响因素取 0 时的基底风险量。因此，如果有 $m$ 个因素同时影响森林保险支付意愿，那么，林农在支付水平 $b$ 上的风险函数可以表示为

$$h(b,\ \boldsymbol{X},\ \boldsymbol{\beta})=h_0(b)\cdot\exp(\boldsymbol{X\beta}) \tag{3-5}$$

式中，$h(b,\ \boldsymbol{X},\ \boldsymbol{\beta})$ 是风险函数，$\boldsymbol{X}$ 是影响因素向量，$\boldsymbol{\beta}$ 是影响因素向量的估计系数向量，表示影响因素变化一个单位时引起的相对风险度改变倍数的自然对数值。因此，可以用 $e^{\beta}$ 表示相对风险度（relative risk，RR），$RR>1$，说明相应的影响因素变量的增加，会导致林农不愿意支付的发生概率增加，即支付意愿的减少；反之，则其支付意愿增加。因此若估计系数符号为负，说明影响因素与支付意愿呈正向关系。

**（三）研究假说**

综合现有的研究成果和相关理论，将影响林农森林保险支付意愿的影响因素划分为五大类：第一，林农个人及家庭特征变量，包括受教育程度、家庭年均总收入水平、林业收入占家庭总收入比重；第二，林业生产经营状况，包括林地总面积、林地质量、林业收入占家庭总收入比例；第三，森林保险认知程度，包括森林保险的重要性、林农对森林保险的了解程度、林农风险偏好类型；第四，林农受灾情况，包括林农近三年遭受灾害次数和遭受灾害损失额；第五，森林保险产品及补贴政策，包括保险责任、保障水平、保费水平和政府补贴比例。

H1：在反映林农个人及家庭特征的变量中，受教育程度、家庭年均

总收入、林业收入占家庭总收入比重正向影响林农的森林保险支付意愿。

林农受教育程度影响着林农对风险特征、森林保险的特点和作用的理解水平。一般来说，林农受教育程度越高，越能更好地理解森林保险的作用及其重要性，支付意愿相应就越高。家庭年均总收入水平反映了林农抵抗风险的能力和对森林保险产品的支付能力。林农的家庭年均收入越高，林农对规避风险的需求就更高，其保险支付能力也更强，因而其支付意愿水平也会相应更高。林业总收入占家庭总收入的比重越高，意味着林业越可能是林农的主要收入来源。因此，林业收入越高的林农，越依赖于林业生产，也越重视防范林业生产风险，其森林保险支付意愿可能会越高。

H2：在反映林业生产经营状况的变量中，林地面积正向影响林农的森林保险支付意愿，林地质量则负向影响林农的森林保险支付意愿。

林地面积在一定程度上影响林农对林业风险的防范意识，当林业经营面积较小时，林农对通过投保来抵御林业生产风险的兴趣不高；而当林地经营规模较大时，林农面临的生产风险也较大，一旦遭受自然灾害，所受到的损失可能很严重，因此，林农的森林保险支付意愿会相应较高。林地质量越差，意味着其出现减产的可能性越大，林农对这类林业收入的预期也就越低。在现有单一保障水平的保险政策下，在林业生产出现风险时，质量差的林地的投保净收益要高于质量好的林地。因此，林地质量越差，林农的保险支付意愿往往越高。

H3：在反映林农对森林保险的认知程度中，对森林保险重要性的认识、对森林保险的了解程度和风险偏好程度正向影响林农购买森林保险的支付意愿。

林农对森林保险重要性的认知程度直接影响林农的投保决策。林农如果认为森林保险重要程度越高，其投保意愿则越强烈，相应地保险支付意愿就越高。林农对森林保险了解程度各不相同，有的仅限于听说过森林保险，有的则对森林保险的种类、保费和保额都非常了解。林农对森林保险的了解程度越高，则信息不对称带来的不确定性越小，因此支付意愿越强。另外，林农的风险偏好不同，其保险支付意愿也相应有所差别。林农按风险偏好的不同，一般可分为风险喜好型、风险中性型及风险规避型三种。那些风险喜好型林农通常偏好高投入、高回报的森林保险产品，他们愿意为获得高额赔偿支付高额保费，因此，其保险支付意愿相对较高；那些风险中性型林农投保则往往基于只要保险赔偿额等于投保成本就行的考虑，相对于风险喜好型林农来说，其保险支付意愿略低；而那些保守的风险规避型林农在没得到保险赔偿之前往往不愿意冒险去支付高额保费，因此保险支付意愿最低。

H4：在反映林农受灾风险的变量中，林农遭受灾害次数和受灾损失程度正向影响林农购买森林保险的支付意愿。

自然灾害直接导致林农的经济损失，是触发风险事件的关键因素。林农对近几年因灾害引起的减产损失通常有深刻的体会，这种体会将直接影响其投保决策。林业受灾减产的经济损失程度越大，林农对林业生产的风险预期可能越高，其森林保险支付意愿也相应可能越高。林农遭受灾害的次数将直接影响林农购买森林保险的支付意愿。若林农所经营的林地频繁遭到灾害，则林农通过购买森林保险来分散风险的意愿会增加；若林农所经营的林地在近几年都未曾遭到自然灾害，则认为其未来遭受自然灾害的可能性也不大，因此购买森林保险的意愿将偏低。

H5：在反映森林保险产品设计及政策因素的变量中，林农对保额水平、保险责任、政府补贴比例的满意程度正向影响林农的支付意愿；森林保险的保费水平负向影响林农的支付意愿。

保额水平的高低直接决定了灾后赔款能在多大程度上弥补损失。保险金额越高，当遭遇自然灾害时林农获得的保障水平越高，因此林农的支付意愿越强；反之则会降低林农参保的积极性。森林保险的保险责任越全面越能满足林农分散风险的需求，因而森林保险对林农的吸引力也就越大。在森林保险保额不变的情况下，其保费率水平越高，势必会降低购买者的购买意愿，所以保费水平会负向影响林农的支付意愿。另外，政府对林农参保的补贴比例越高，林农所需支付的比例就越小，承受的经济负担也越小，林农的支付意愿就会越高。

### （四）数据来源

本节数据来源于对湖南省林农的调查问卷。2013 年 7 月，选取湖南省浏阳市、冷水江市和新化县作为调查点，运用入户问卷调查的方法，调查了 200 户林农，经过逻辑检验与筛选，最终采用的有效问卷为 190 份，有效问卷率为 95%。有效样本中 67 户（35.36%）购买了森林保险，123 户（64.74%）没有购买森林保险。

## 三、森林保险参保意愿的实证研究

### （一）样本的描述性分析

1. 林农家庭收入情况

按照家庭年均收入水平和林业收入占家庭总收入比重水平的不同将林

农分为三组，对应的样本数和保险需求发生率列于表 3-1 和表 3-2。可以看出，林农对森林保险的需求与家庭年均收入水平和林业收入占家庭总收入比重均呈正向关系。

**表 3-1　林农家庭年均收入与保险需求**

| 家庭年均收入水平 | 10000 元以下 | 10000~50000 元 | 50000 元以上 |
|---|---|---|---|
| 样本分布情况（户） | 37 | 110 | 43 |
| 有森林保险需求的户数（户） | 6 | 39 | 22 |
| 保险需求发生率（%） | 16.22 | 35.45 | 51.16 |

**表 3-2　林业收入占家庭总收入比重与保险需求**

| 林业收入占家庭总收入比重 | 30%以下 | 30%~60% | 60%以上 |
|---|---|---|---|
| 样本分布情况（户） | 30 | 116 | 44 |
| 有森林保险需求的户数（户） | 7 | 39 | 21 |
| 保险需求发生率（%） | 23.33 | 33.62 | 47.72 |

2. 林业生产经营状况

家庭经营的林地面积一方面可以反映林农的生产经营规模，同时也可以用来衡量林农家庭的林业收入；而林地质量则反映了潜在的经营风险。分别依据林地面积和林地质量将样本分为三组，对应的保险需求发生率列于表 3-3 和表 3-4。可以发现，林农购买森林保险与家庭经营的林地面积和林地质量均呈正向关系。

**表 3-3　林地面积情况与保险需求**

| 林地面积情况 | 30 亩以下 | 30~60 亩 | 60 亩以上 |
|---|---|---|---|
| 样本分布情况（户） | 42 | 103 | 45 |
| 有森林保险需求的户数（户） | 8 | 37 | 22 |
| 保险需求发生率（%） | 19.04 | 35.92 | 48.89 |

**表 3-4　林地质量与保险需求**

| 林地质量 | 较差 | 一般 | 较好 |
|---|---|---|---|
| 样本分布情况（户） | 47 | 116 | 27 |
| 有森林保险需求的户数（户） | 29 | 31 | 7 |
| 保险需求发生率（%） | 61.70 | 26.72 | 25.93 |

3. 森林保险认知程度

由表3－5～表3－7可知，林农对森林保险的需求与自身对森林保险重要性的认识、对森林保险了解程度和风险偏好类型均呈现出正相关关系。为了度量林农的风险偏好，通过询问户主的投保动机来近似地测量。林农投保的动机分为三个选项：（1）虽然不可能年年发生林业灾害，但期望在个别年份发生林业灾害时，所得到的保险赔付要大大超过所支付的保费；（2）平均来说，只要能赚回保费就行；（3）只有在连续几年购买保险后每年平均的赔付收益超过每年平均所支付的保费时，才会选择投保。三个选项依次对应为风险喜好、风险中性和风险规避。

**表3－5　　森林保险重要性与保险需求**

| 森林保险重要性的认识 | 不重要 | 重要 | 非常重要 |
|---|---|---|---|
| 样本分布情况 | 53 | 72 | 65 |
| 有森林保险需求的户数（户） | 4 | 26 | 37 |
| 保险需求发生率（%） | 7.54 | 36.11 | 56.92 |

**表3－6　　森林保险了解程度与保险需求**

| 对森林保险了解程度 | 不了解 | 一般 | 非常了解 |
|---|---|---|---|
| 样本分布情况（户） | 30 | 88 | 72 |
| 有森林保险需求的户数（户） | 0 | 19 | 48 |
| 保险需求发生率（%） | 0 | 21.59 | 66.67 |

**表3－7　　风险偏好类型与保险需求**

| 风险偏好类型 | 风险喜好 | 风险中性 | 风险规避 |
|---|---|---|---|
| 样本分布情况（户） | 43 | 88 | 59 |
| 有森林保险需求的户数（户） | 13 | 27 | 27 |
| 保险需求发生率（%） | 30.23 | 30.68 | 45.76 |

4. 森林灾害发生情况

由表3－8可知，在190个有效样本中，近3年遭受林业灾害损失额超过1000元以上的林农有123户，占总样本的64.74%；1000元以下的有67户，占总样本的35.26%。这说明森林灾害的影响面还是很大的，而且随着受灾损失额的增加，林农投保的意愿也会增强。

**表 3-8　　近 3 年遭受林业灾害损失额与森林保险需求**

| 近 3 年遭受林业灾害损失额（元） | 1000 以下 | 1000～3000 | 3000 以上 |
|---|---|---|---|
| 样本分布情况（户） | 67 | 103 | 20 |
| 有森林保险需求的户数（户） | 13 | 39 | 15 |
| 保险需求发生率（%） | 19.40 | 37.86 | 75.00 |

5. 森林保险产品设计

表 3-9～表 3-11 根据保险产品内容设计的三个基本方面：保险责任、保额水平、保费水平，将样本分为三组。由具体数据可知，无论对于哪个方面，随着林农满意程度的提高，保险需求的发生率均明显上升。这说明保险责任与保额水平与保险需求正相关，保费水平与保险需求负相关。

**表 3-9　　保险责任与森林保险需求**

| 对保险责任的满足程度 | 不能满足 | 基本满足 | 完全满足 |
|---|---|---|---|
| 样本分布情况（户） | 44 | 114 | 32 |
| 有森林保险需求的户数（户） | 3 | 36 | 28 |
| 保险需求发生率（%） | 6.81 | 31.58 | 87.50 |

**表 3-10　　保额水平与森林保险需求**

| 对保额水平的满足程度 | 不能满足 | 基本满足 | 完全满足 |
|---|---|---|---|
| 样本分布情况（户） | 102 | 58 | 30 |
| 有森林保险需求的户数（户） | 19 | 29 | 19 |
| 保险需求发生率（%） | 18.63 | 50.00 | 63.33 |

**表 3-11　　保费水平与森林保险需求**

| 对保费水平的接受程度 | 不能接受 | 基本接受 | 完全接受 |
|---|---|---|---|
| 样本分布情况（户） | 61 | 96 | 33 |
| 有森林保险需求的户数（户） | 4 | 34 | 29 |
| 保险需求发生率（%） | 6.56 | 35.42 | 87.88 |

### （二）变量设置

1. 被解释变量

被解释变量是林农对森林保险的支付意愿，采用 CVM 中的二分选择式询价法中的单向递减式方法来获取数据。如图 3－1 所示，CVM 的具体流程为：设林农每亩可能支付的保费为 1 元、1.5 元、2 元、2.5 元、3 元。任一林农对森林保险的支付意愿可能落在［0，1），［1，1.5），［1.5，2），［2，2.5），［2.5，3），［3，＋∞）其中的一个区间。在每亩保费为 3 元时，某林农若愿意支付，则他的支付意愿落入［3，＋∞），不需要继续询问。若林农不愿意支付，则继续询问再次高投标值，如 2.5 元，是否愿意投保，以此类推，直到林农回答“是”或者所有投标值被询问完。最终，可以将林农的保费意愿支付水平分成不同的区间，各区间的样本分布情况如表 3－12 所示。根据式（3－5），被解释变量的数据含义是：在某一区间不愿意支付，但在更低的价格区间愿意支付的概率。被解释变量的值越大，表示在更低价格区间愿意支付的概率越高，即支付意愿越低。

表 3－12　WTP 分布区间

| WTP 区间（元/亩） | 人次 | 频率（%） |
|---|---|---|
| 0～1 | 54 | 28.42 |
| 1～1.5 | 83 | 43.68 |
| 1.5～2 | 23 | 12.11 |
| 2～2.5 | 16 | 8.42 |
| 2.5～3 | 14 | 7.39 |
| 合计 | 190 | 100 |

2. 解释变量

根据对数据的描述性分析可知，在可能影响林农对森林保险支付意愿的因素中（见表 3－13），家庭年均总收入水平、林业收入占总收入比重、林地总面积、林地质量、近 3 年来遭受损失次数、政府补贴比例、保额水平、保费水平是连续变量，其余变量都是赋予了离散值的定序变量，每一个值都对应着问卷的一个选项。

表 3-13 自变量

| 解释变量 | 变量说明 | 均值 | 标准差 | 先验判断 |
|---|---|---|---|---|
| 受教育程度（$X_1$） | 定序变量，小学及以下 =0，初中 =1，高中及以上 =2 | 0.973 | 0.415 | + |
| 家庭年均总收入水平（$X_2$） | 连续变量 | 2.582 | 1.383 | + |
| 林业收入占总收入比重（$X_3$） | 连续变量 | 0.484 | 0.418 | + |
| 林地总面积（$X_4$） | 连续变量 | 38.605 | 43.882 | + |
| 林地质量（$X_5$） | 定序变量，较差 =0，一般 =1，较好 =2 | 0.894 | 0.378 | - |
| 森林保险重要性（$X_6$） | 定序变量，0 = 不重要，1 = 重要，2 = 非常重要 | 1.063 | 0.617 | + |
| 森林保险了解程度（$X_7$） | 定序变量，0 = 不了解，1 = 了解，2 = 非常了解 | 1.221 | 0.488 | + |
| 风险偏好类型（$X_8$） | 定序变量，0 = 风险规避型，1 = 风险中性型，2 = 风险偏好型 | 1.084 | 0.529 | + |
| 近 3 年来遭受损失次数（$X_9$） | 连续变量 | 1.010 | 0.473 | + |
| 近 3 年来遭受损失额（$X_{10}$） | 定序变量，1000 元及以下 =0，1000 ~ 2000 元 =1，2000 元及以上 =3 | 2.447 | 1.124 | + |
| 保险责任的满意程度（$X_{11}$） | 定序变量，不满意 =0，基本满意 =1，完全满意 =2 | 0.936 | 0.396 | + |
| 保额水平（$X_{12}$） | 连续变量 | 0.383 | 0.041 | + |
| 保费水平（$X_{13}$） | 连续变量 | 1.673 | 0.273 | - |
| 政府补贴比例（$X_{14}$） | 连续变量 | 0.571 | 0.311 | + |

### （三）Cox 回归结果分析

通过 SPSS 19.0 软件对 Cox 比例风险模型进行参数估计，应用 Newton - Raphson 极大似然函数迭代方法得到估计结果，见表 3 - 14。模型的似然比（LR）统计量为 136.12，且在 5% 水平上显著，这说明模型总体拟合效果较好。

表 3-14　　Cox 回归结果分析

| 变量 | 回归系数 | 风险比 | 标准差 | $p$ 值 |
|---|---|---|---|---|
| 受教育程度（$X_1$） | -0.1894 | 1.0520 | 0.2542 | 0.034 |
| 家庭年均总收入水平（$X_2$） | -0.0233 | 0.9993 | 0.0139 | 0.096 |
| 林业收入占总收入比重（$X_3$） | -0.1399 | 0.8587 | 0.1478 | 0.037 |
| 林地总面积（$X_4$） | -0.0380 | 1.0389 | 0.1135 | 0.012 |
| 林地质量（$X_5$） | -0.0104 | 0.9872 | 0.0277 | 0.823 |
| 森林保险重要性（$X_6$） | -0.2268 | 1.3658 | 0.3037 | 0.061 |
| 森林保险了解程度（$X_7$） | -0.2505 | 0.5964 | 0.1070 | 0.004 |
| 风险偏好类型（$X_8$） | -0.0819 | 1.0977 | 0.0562 | 0.049 |
| 近3年来遭受损失次数（$X_9$） | -0.0380 | 0.9627 | 0.1279 | 0.026 |
| 近3年来遭受损失额（$X_{10}$） | 0.3296 | 1.5342 | 0.2174 | 0.934 |
| 保险责任的满意程度（$X_{11}$） | -0.3029 | 0.9162 | 0.0846 | 0.007 |
| 保额水平（$X_{12}$） | -0.0867 | 1.1658 | 0.3537 | 0.013 |
| 保费水平（$X_{13}$） | 0.0474 | 1.1517 | 0.0625 | 0.009 |
| 政府补贴比例（$X_{14}$） | -0.0633 | 0.9799 | 0.2414 | 0.001 |
| log*likelihood* = -386.37 | | 似然比卡方统计量 = 136.12 | | |

如果 Cox 模型得到的某一因素回归系数为负，那么强化这一因素能够降低意愿支付值（WTP）继续下降的概率，因此对支付意愿的影响为正，这与一般的回归分析将系数为正判定为影响方向为正的准则截然相反。从表 3-14 可以看出，在所有的变量当中，受教育程度（$X_1$）、林业收入占总收入比重（$X_3$）、林地总面积（$X_4$）、森林保险了解程度（$X_7$）、风险偏好程度（$X_8$）、近 3 年来遭受损失次数（$X_9$）、保险责任的满意程度（$X_{11}$）、保额水平（$X_{12}$）、政府补贴比例（$X_{14}$）对林农购买森林保险的决策在 5% 的水平上有显著影响，且系数为负，说明以上因素对支付意愿有正向影响。保费水平（$X_{13}$）在 1% 的水平上显著为正，说明其对支付意愿有负向影响。而家庭年均总收入（$X_2$）、林地质量（$X_5$）、森林保险重要程性（$X_6$）、近 3 年来遭受损失额（$X_{10}$）对支付意愿的影响至少在 5% 的水平上不显著，不足以判定为主要影响因素。综上所述，H5 得到了完全的支持，即保险产品设计和政府补贴因素对支付意愿的影响是显著的，而这也正是现有研究通常忽视的方面，实证结论证实了引入这些因素的合理性和必要性。而 H1 到 H4，每个假说都有一个变量没有表现出显著影响。

## 第二节 森林保险支付水平差异性分析

### 一、问题的提出

我国现行的森林保险产品单一不能满足不同类型营林主体的投保需求，导致其森林保险支付意愿不强。实际上，营林主体购买森林保险属于投资者购买金融产品的决策行为，会受到个体性因素的影响（Jainal & Usami，2019）。而我国现行的森林保险产品和补贴政策没有根据不同类型营林主体特征进行差异化设计，林农只能面对同质化的产品进行决策，缺乏根据自身特点和风险偏好自主选择投保方案的机会。在这种情况下，林农的实际投保行为并不能完全反映出其真实的保险支付意愿。因此，为了更好地研究森林保险的投保行为，有必要对营林主体进行恰当的分类，并对他们各自的特征差异和投保行为差异进行分析与比照。通过研究不同类型营林主体在当前各种约束条件下的主体特征，并实际测算不同类型营林主体对森林保险产品的满意程度以及在现有保额水平下的意愿支付水平差异，有利于揭示森林保险市场有效需求不足的深层次原因，为针对不同类型营林主体设计森林保险产品和保费补贴政策奠定微观分析的基础。为了了解不同类型营林主体的决策行为，有必要对森林保险投保主体进行恰当的分类，对它们各自的特征差异和投保行为差异进行分析与比照，并将研究重点聚焦在不同类型营林主体对森林保险的支付意愿和支付水平差异，为设计有针对性的森林保险产品以及补贴政策奠定基础。本节突破现有文献因未对营林主体进行分类而无法反映不同类型营林主体对森林保险的个性化需求的局限，根据林地经营规模的大小将营林主体分为森林培育专业户和兼业林农两类，[①] 基于期望效用函数解释了不同类型营林主体对森林保险支付意愿存在差异的原因，并以湖南省试点地区 196 个营林主体的调查数据为基础，综合运用条件估值法、卡方检验和单位概率分析法对理论假设进行检验，揭示了不同类型营林主体的特征差别以及对森林保险支付意愿的水平差异。

① 按照林地经营规模将营林主体进行分类：经营面积大于 200 亩的为森林培育专业户，经营面积小于 200 亩的为兼业林农。

## 二、理论分析与研究假设

### （一）理论分析

根据微观经济学的生产者理论，营林主体作为生产经营的决策主体，其经营目标是利润最大化。而在一般期望效用理论的框架下，把不同营林主体看作一个整体，无论是确定还是不确定的情况，这一目标进一步被表述为货币财富的效用最大化。假设 $W_1$ 为灾害发生时营林主体的货币财富量，效用为 $U(W_1)$；$W_2$ 为灾害未发生时营林主体的货币财富量，效用为 $U(W_2)$，风险发生的概率为 $P$，风险发生造成的损失为 $W_1-W_2$。那么在满足以下几个前提下，两种类型营林主体购买森林保险的支付意愿相同。

前提 1：决策者对森林保险的认知水平相同，即同样理性；

前提 2：决策者风险厌恶程度相同，即具有相同的效用函数；

前提 3：风险独立于营林主体客观存在，且对于不同类型营林主体存在的概率都为 $P$；

前提 4：保险公司能够提供满足全体林农需要的保险产品，即保险责任健全、保障水平较高和保费合理。

为了分析这四个前提对保险支付意愿的作用，通过图 3－2 的效用函数曲线加以分析。图 3－2 的横轴表示营林主体持有的货币财富，纵轴表示财富带来的效用。曲线 $AB$ 描述了风险规避者的效用函数，曲线向纵轴凸出的程度越大表示风险厌恶程度越高，直线 $AB$ 表示风险中性。在直线 $AB$ 上，沿着从 $B$ 到 $A$ 的方向，风险事件发生的概率 $P$ 增大。设保险产品的最大保障水平为全额损失 $W_2-[PW_1+(1-P)W_2]=P(W_2-W_1)$，实际保障水平在全额损失的基础上赋予折扣系数 $\alpha(0<\alpha\leqslant1)$，保险责任系数为 $\beta(0<\beta\leqslant1)$，保费率为 $\theta(0<\theta\leqslant1)$。

由于决策者为风险厌恶者，其效用函数为二阶连续可导且单调递增的凹函数。在风险依概率 $P$ 发生的情况下，营林主体的期望效用为 $PU(W_1)+(1-P)U(W_2)$（图 3－2 中 $S$ 点的位置），它对应的无风险效用当量为 $U[PW_1+(1-P)W_2]$（图 3－2 中 $R$ 点的位置）。显然 $R$ 点高于 $S$ 点，满足营林主体为风险厌恶者的条件。营林主体为了规避风险，会通过购买森林保险来弥补自己的效用损失，即图 3－2 中 $R$ 点与 $S$ 点之间的距离 $|RS|$。当四个前提条件没有满足时，会导致两类营林主体的支付意愿出现差异，具体分析如下。

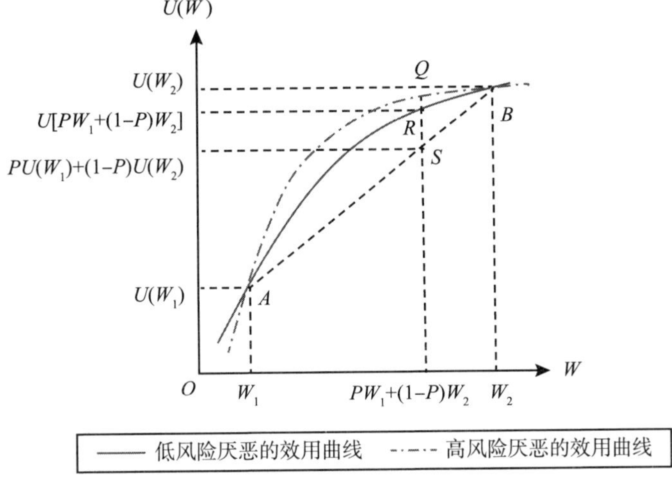


**图 3-2　风险厌恶者的效用函数**

前提 1 不存在：两类营林主体对森林保险的认知程度不同，即不同类型营林主体对 $\alpha$、$\beta$、$\theta$ 等保险产品变量的含义理解程度不同。这时两类营林主体对保险收益与成本的权衡结果不同，于是支付意愿不同。

前提 2 不存在：两类营林主体的林地经营规模、林种价值，以及林业收入占总收入比重不同，因此风险事件对两类营林主体的影响程度不同，这导致风险规避程度不同。图 3-2 中效用曲线的弯曲程度反映了风险厌恶程度。当曲线越凸向纵轴时，风险厌恶程度越高，这时 $S$ 点对应的确定性效用当量向上平移，由 $R$ 点移动到 $Q$ 点。于是，两类营林主体的效用损失分别为 $|RS|$ 和 $|QS|$。由于 $|RS| \neq |QS|$，因此两类营林主体对效用损失的支付意愿不同。

前提 3 不存在：当不同类型营林主体面临的风险种类不同时，他们的面临的风险发生概率会产生差异，即统一的概率 $P$ 不存在。这时，两类营林主体的期望效用 $PU(W_1)+(1-P)U(W_2)$ 及其无风险效用当量 $U[PW_1+(1-P)W_2]$ 都会存在差别，于是由效用损失决定的支付意愿也就存在差异。另外，当预期风险发生的概率 $P$ 较低时，$P$ 趋近于 0，这时图 3-2 中的 $R$ 点和 $S$ 点都向 $B$ 点方向水平移动，$R$ 与 $S$ 之间的竖直差距趋近于 0，购买保险与否带来的效用差异可以忽略，因此营林主体的保险支付意愿降低；当 $P$ 为 0 的极端情况下（不存在风险），$|RS|=|QS|=0$，此时两类营林主体都没有支付意愿。

前提 4 不存在：营林主体购买森林保险的决策取决于收益 $\alpha\beta P(W_2-W_1)$

与实际保费成本 $\theta P(W_2 - W_1)$ 之间的权衡，当两类营林主体对保险责任 $\beta$、保险水平 $\alpha$、保费率 $\theta$ 等保险条款的满足程度不同时，权衡的结果自然不同，支付意愿也就不同。

综上，基于期望效用函数建立了理论框架，根据风险厌恶程度的差别构造了曲率不同的两条效用曲线，反映了不同营林主体对森林保险支付意愿的差异，并且揭示了决定这种差异的因素，突破了现有研究通过构造单一的效用曲线将不同类型营林主体统一研究的局限。

**（二）研究假设**

根据理论框架，将不同类型营林主体的差异化归结为四方面。第一类，认知水平；第二类，风险厌恶程度；第三类，保险产品特征，包括保险责任满意程度、期望保额水平、期望保费水平；第四类，支付意愿。以下根据两类营林主体的生产经营特点提出假设，将理论框架中提出的差异具体化。借鉴冯祥锦等（2012）的研究，根据林地经营面积将营林主体分为森林培育专业户与兼业林农。森林培育专业户也称为森林培育大户，是指专门或主要从事森林培育活动的营林主体，其收入的主要来源是林木收益，家庭主要成员一般都拥有林业经营的技术和经验，经营面积一般在200亩以上。兼业林农，是指营林主体在从事农业生产的同时也从事林业生产，特别是指以农业收入为主而以林业收入为辅的营林主体，兼业林农所经营的森林面积一般在200亩以下。两类营林主体的差异性由以下五个假说来阐述。

H1：森林培育专业户相对兼业林农更专业化，对森林保险的认知水平更高。

森林培育专业户一般都有一定的经济实力或有一定的能力聚集资金投入造林中，其主要活动精力也在于森林培育，使林业实现由分散经营到集约经营的转变，从而实现规模经济效应。他们会主动到林业部门请教技术，在林业技术员的指导下，精心种植，从而对于转移风险的专业工具——森林保险认知程度较高。然而对于兼业林农来说，林业收入占总收入的比重小，对林业生产经营的重视程度相对较低，化解林业生产经营风险的主观动力不足，因此对于森林保险认知程度较低。

H2：森林培育专业户相对兼业林农林地规模更大，风险厌恶程度更高。

森林培育专业户家庭主要劳动力以从事森林培育为主，其收入的主要来源也是林木收益。森林培育专业户的林地经营面积较大，风险敞口也相对较大，一旦遭受重大自然灾害袭击，往往使其倾家荡产。因此面对风险事件时，森林培育专业户的风险态度趋向于风险厌恶。然而兼业林农所经营的林地面积都比较小，林地往往比较分散，风险敞口小。并且兼业林农的主要活动精力也不在于林业，收入主要以农业或其他收入为主，林业为辅。因此兼业林农对风险的厌恶程度相比森林培育专业户较低。

H3：森林培育专业户相对兼业林农面临的风险种类更多，对保险责任的要求更高。

森林培育专业户所面临的风险种类比兼业林农所面临的风险种类多，除了所有营林主体所面临的自然风险和政策风险以外，还面临着林产品价格、林业生产资料价格的变动所带来的经济风险，还有种类越来越多的技术风险和社会风险，比如：新高产品种种植的失败；假冒伪劣种子造成颗粒不收；单一种植引致的大面积虫灾病害；林业生产机械使用过程中的财产损失、伪劣林业生产资料造成的损失等。而这些风险往往不在森林保险的保险责任范围内，因此森林培育专业户相比兼业林农期望的保险责任覆盖面更广。

H4：森林培育专业户相对兼业林农林地价值更高，期望的森林保险保障水平更高。

森林培育专业户掌握着现代化林业生产所需资本、技术、经营理念等要素，对所属森林一般都采取一定规模的集约化经营、规模化生产，极大地提高了林业生产率。因此森林培育专业户的林地价值高，期望的森林保险保障水平也就高；而兼业林农在生产经营的科学性、规模经济性、资本技术的先进性等方面均不如森林培育专业户，因此兼业林农林地价值相对较低，期望的森林保险保障水平也就相对较低。

H5：森林培育专业户相对兼业林农收入水平更高，对森林保险的支付意愿更高。

森林培育专业户为了取得较好的经济效益，采用了相对先进的生产工具和技术。并且森林培育专业户吸引更多的生产要素参与到森林培育活动中来，获得较高劳动生产率，收入水平较高，故其支付能力较强。而兼业林农经营实力弱、规模小、各种生产要素集中度低，导致其劳动生产率较低。并且冯祥锦（2012）指出兼业林农长期以来在自给自足的自然经济条件下，参与市场经济活动较少，市场观念淡薄，适应市场的能力较差，导致林产品的商品率低。因此兼业林农的收入水平较低，支付意愿也相对较低。

综上所述，不同营林主体的主要特征差异比照如表3-15所示。

表3-15 森林保险市场投保主体的主要特征差异比照

| 主要特征 | 森林培育专业户 | 兼业林农 |
| --- | --- | --- |
| 经营规模 | 大 | 小 |
| 专业化经营管理能力 | 优 | 差 |
| 面临风险种类 | 经营种植风险、市场风险等 | 经营种植风险 |
| 林地价值 | 较高 | 较低 |
| 收入水平 | 较高 | 较低 |
| 风险态度 | 风险厌恶 | 风险偏好 |
| 对森林保险认知程度 | 较高 | 较低 |
| 期望的保险责任 | 较多 | 较少 |
| 期望保障水平 | 较高 | 较低 |
| 支付能力 | 较高 | 较低 |

## 三、数据来源与模型构建

### （一）数据来源

本节数据来源于2014年对湖南省营林主体的问卷调研。共发放问卷300份，回收问卷260份，其中有效问卷196份。按照林地经营规模将营林主体分类：经营面积大于200亩的为森林培育专业户，共93户；经营面积小于200亩的为兼业林农，共103户。

### （二）模型构建：概率单位分析法

选择概率单位分析法（Probit模型）来测算营林主体对森林保险的保费意愿支付水平。取WTP的中位值，即测算50%的投保率水平下营林主体愿意支付的保费值。

概率单位分析（probit analysis）又称为概率回归分析，是一种用来分析刺激强度与响应比例之间关系的方法，常用于半数效应分析。在测算不同类型营林主体对森林保险的支付水平时，相当于运用意愿支付区间进行概率单位分析。基于半数效应测算出营林主体有支付意愿的情况下期望保费意愿支付水平的中位值。模型如式（3-6）所示。

$$\Pr(v) = A + B \cdot \ln WTP \tag{3-6}$$

式中，$v$为支付意愿目标变量，$\Pr(v)$表示林农有森林保险支付意愿的概率。$A$ 表示林农有森林保险支付意愿时的自然响应率，$A$ 与 $B$ 都是模型参数，协变量 $\ln WTP$ 为被转化成自然对数形式的支付意愿。

## 四、森林保险支付水平差异的实证研究

### （一）不同类型营林主体特征差异的统计分析

为分析不同类型营林主体，即森林培育专业户和兼业林农在风险偏好、对森林保险的投保和认知情况、对森林保险产品特征的满意程度以及现有水平下的意愿支付水平等方面的差异性，首先需要建立二维列联表，然后进行非参数卡方（$\chi^2$）检验。卡方检验的原假设是：不同样本组的数据不存在内在因素导致的显著性差异，所有差异都是抽样误差引起的。当不同类型林农在森林保险市场的行为差异是由本身内在因素引起而非抽样误差所致时，卡方值就大，相应的 $P$ 值（反映由抽样误差引起的差异的概率）就小。当卡方值高于某一显著性水平（如 10%）对应的卡方值时，不同类型营林主体的差异显著；反之，卡方值越小，$p$ 值就越大，则差异越不显著。

1. 不同类型营林主体投保发生率的差异

不同类型营林主体的森林保险投保发生率如表 3－16 所示。88.17% 的森林培育专业户会投保森林保险，11.83% 的森林培育专业户不会投保森林保险；而 49.51% 的兼业林农会投保森林保险，50.49% 的兼业林农不会投保森林保险。由此可知，森林培育专业户的投保发生率高于兼业林农。并且卡方检验在 1% 的显著性水平下拒绝了数据差异完全是由抽样误差引起的原假设，即森林培育专业户与兼业林农的投保率具有显著差异，专业户的投保率显著高于兼业林农。

**表 3－16　不同类型营林主体投保发生率情况差异**

| 营林主体 | 投保（占比） | 不投保（占比） |
|---|---|---|
| 森林培育专业户 | 82（88.17%） | 11（11.83%） |
| 兼业林农 | 51（49.51%） | 52（50.49%） |
| $\chi^2$ 检验 Chi-square test　$\chi^2(2)=33.48506388$　$p=7.18134E-09$ | | |

2. 不同类型营林主体对森林保险认知情况的差异

不同类型营林主体对森林保险认知程度如表 3－17 所示。森林培育专业户对于森林保险认知情况为不了解、一般了解、非常了解的分别占

10.75%、36.56%、63.44%；而兼业林农对于森林保险认知情况为不了解、一般了解、非常了解的分别占64.08%、33%、2.92%。由此可知，森林培育专业户对森林保险的认知程度高于兼业林农。并且卡方检验在1%的显著水平拒绝原假设，即表明森林培育专业户对于森林保险的认知程度显著高于兼业林农。H1成立。

**表3-17　　不同类型营林主体森林保险认知情况差异**

| 营林主体 | 不了解（占比） | 一般了解（占比） | 非常了解（占比） |
|---|---|---|---|
| 森林培育专业户 | 10（10.75%） | 34（36.56%） | 59（63.44%） |
| 兼业林农 | 66（64.08%） | 34（33%） | 3（2.92%） |
| $\chi^2$ 检验 Chi-square test　$\chi^2(2)=81.65782352$　$p=1.85451E-18$ | | | |

3. 不同类型营林主体风险偏好程度的差异

在反映营林主体风险偏好情况的调查中，问卷通过询问户主的投保动因来近似地测量。不同类型营林主体风险偏好程度如表3-18所示。森林培育专业户中风险爱好者、中性者、规避者分别占8.60%、29.03%、62.37%；而兼业林农风险爱好者、中性者、规避者分别占38.83%、57.28%、3.88%。由此可知，森林培育专业户对于风险趋于规避状态而兼业林农趋于喜好状态。并且卡方检验在1%的显著水平拒绝原假设，即表明森林培育专业户的风险厌恶程度显著高于兼业林农。H2成立。

**表3-18　　不同类型营林主体的风险偏好程度差异**

| 营林主体 | 风险爱好者（占比） | 风险中性者（占比） | 风险规避者（占比） |
|---|---|---|---|
| 森林培育专业户 | 8（8.60%） | 27（29.03%） | 58（62.37%） |
| 兼业林农 | 40（38.84%） | 59（57.28%） | 4（3.88%） |
| $\chi^2$ 检验 Chi-square test　$\chi^2(2)=79.97053392$　$p=4.31141E-18$ | | | |

4. 不同类型营林主体对森林保险责任满意程度的差异

不同类型营林主体森林保险责任满足情况如表3-19所示。对于现有森林保险责任范围，森林培育专业户表示不能满足、基本满足、完全满足的分别占60.22%、24.73%、15.05%；兼业林农表示不能满足、基本满足、完全满足的分别占20.39%、50.49%、29.13%。由此可得大多数森林培育专业户表示现有森林保险责任不能满足其需求，而大部分兼业林农表示现有的森林保险责任可基本满足于其需求。并且卡方检验在1%的显著水平拒绝原假设，即表明森林培育专业户对保险责任的要求显著高于兼业林农。H3成立。

**表3-19　对现有森林保险责任满足情况**

| 营林主体 | 不能满足（占比） | 基本满足（占比） | 完全满足（占比） |
|---|---|---|---|
| 森林培育专业户 | 56（60.22%） | 23（24.73%） | 14（15.05%） |
| 兼业林农 | 21（20.39%） | 52（50.49%） | 30（29.13%） |
| $\chi^2$ 检验 Chi-square test　$\chi^2(2)=32.5150413$　$p=8.69858E-08$ | | | |

5. 不同类型营林主体对森林保险期望保额水平的差异

采用条件价值评估法询价模式获取的营林主体期望的森林保险的保险金额。条件价值评估法（CVM）是一种典型的非市场价值评估方法，其基本思路是构建某种商品的一个虚拟市场，采用调查问卷的形式直接询问受访者愿意支付多少钱来获得该商品，通过对该问题的回答可得到消费者或者潜在消费者的支付意愿（WTP）。依此办法，得到营林主体期望的保险金额水平落入4个半闭半开区间内，分别为3个完整区间[400，800)，[800，1200)，[1200，1600）和1个删失区间[1600，+∞)。由表3-20可知，森林培育专业户期望的森林保险金额水平落在[400，800)，[800，1200)，[1200，1600)，[1600，+∞）的比例分别为4.30%、20.43%、22.58%、52.69%；而兼业林农期望的森林保险金额水平落在[400，800)，[800，1200)，[1200，1600)，[1600，+∞）的比例分别为50.49%、21.36%、16.50%、11.65%。由此可得湖南省现行的400～800元/亩的单位保额远远不能满足森林培育专业户的需求，但可满足一部分兼业林农的需求。并且卡方检验在1%的显著水平拒绝原假设，即表明森林培育专业户期望保额水平显著高于兼业林农。H4成立。

**表3-20　期望的森林保险金额水平**

| 不同林农类型 | 400～800元/亩（占比） | 800～1200元/亩（占比） | 1200～1600元/亩（占比） | ≥1600元/亩（占比） |
|---|---|---|---|---|
| 森林培育专业户 | 4（4.30%） | 19（20.43%） | 21（22.58%） | 49（52.69%） |
| 兼业林农 | 52（50.49%） | 22（21.36%） | 17（16.50%） | 12（11.65%） |
| $\chi^2$ 检验 Chi-square test　$\chi^2(3)=63.88213127$　$p=8.69855E-14$ | | | | |

### （二）不同类型营林主体对保费支付水平的测度与分析

1. 数据来源与描述性统计

采用多界二分选择式中的单向递减询价模式（CVM）对两类营林主体意愿支付的费率水平进行询问，将保额水平设定为现行值400元/亩。得到的保费意愿支付水平数据分别落入［0，1），［1，1.5），［1.5，2），［2，2.5），［2.5，3），［3，+∞）6个半闭半开区间内，不同类型营林主体的保费意愿支付水平的区间分布情况如表3-21所示。对于兼业林农，当费率不变时，有20.39%的保费意愿支付水平在［2，+∞）。而对于森林培育专业户，有72.04%的保费意愿支付水平在［2，+∞），可以发现不同类型营林主体的保费意愿支付水平存在差异。

**表3-21　不同类型营林主体的保费意愿支付水平的分布区间**

| 区间 | 兼业林农 | | 森林培育专业户 | |
|---|---|---|---|---|
| | 频数（户） | 频率（%） | 频数（户） | 频率（%） |
| ［0，1） | 39 | 37.86 | 5 | 5.38 |
| ［1，1.5） | 21 | 20.39 | 13 | 13.98 |
| ［1.5，2） | 22 | 21.36 | 8 | 8.60 |
| ［2，2.5） | 11 | 10.68 | 17 | 18.28 |
| ［2.5，3） | 8 | 7.77 | 26 | 27.96 |
| ［3，+∞） | 2 | 1.94 | 24 | 25.81 |
| 合计 | 103 | 100.00 | 93 | 100.00 |

2. 保费意愿支付水平的测算结果

通过概率单位分析法（Probit模型）对量两类营林主体分别进行实证，结果显示模型的拟合优度卡方统计量分别是18.72和31.38，均在1%的统计水平上显著。模型参数估计的结果如表3-22所示。

**表3-22　两类营林主体保费意愿支付水平的概率单位分析结果**

| 不同方案 | 兼业林农 | | 森林培育专业户 | |
|---|---|---|---|---|
| | 参数 | z值 | 参数 | z值 |
| B | -1.42 | -13.21 | -1.91 | -15.46 |
| A | 0.85 | 18.27 | 2.58 | 18.30 |

将表3-22中概率单位分析的参数估计结果代入式（3-6），由此得出营林主体的保费意愿支付水平及其在95%的置信水平下置信区间的上限和下限。兼业林农的保费意愿支付水平的中位值是1.231元/亩，在95%的置信水平下置信区间的为（0.899，1.402）；森林培育专业户的保费意愿支付水平的中位值是2.916元/亩，在95%的置信水平下置信区间的为（2.713，3.207）。由此可得，在现行的保额水平下森林培育专业户的保费意愿支付水平高于兼业林农。H5成立。

## 第三节　不同保障水平下森林保险支付水平测度

### 一、问题的提出

当前森林保险市场有效需求不足可能是以下两方面原因：一方面，林农普遍对森林保险表现出一定的需求意愿和购买积极性，但由于可能存在的购买力不足等原因，即森林保险费率过高，补贴不到位导致了对森林保险实际有效需求不足；另一方面，森林保险的保险责任、保障水平和保险费率等核心要素没有经过科学和定量的风险评估，不存在保险精算，人为性与随意性较强。森林保险的保险费率、保额往往依据地方配套资金的数量确定，缺乏科学依据，导致森林保险赔付率较低，财政补贴资金的使用效率不高。尤其是保障水平设置较低，导致林农购买森林保险的积极性受到限制。那么，究竟是什么导致林农对森林保险的需求不足？到底是保险费率过高、保费补贴水平不到位，还是保障水平设置不合理？怎样才能使森林保险走出“上热下冷”的困境？本节拟通过对林农森林保险支付意愿和保障水平进行分析，探讨解决目前我国森林保险有效需求不足的问题。

### 二、理论分析

期望值原理常被用于不确定事件决策中，而农业生产面临自然灾害等原因造成损失的风险，是一个不确定事件。假定正常情况下，林农所经营林木的价值为$w_0$，遭受风险产生损失为随机变量$x(0\leqslant x\leqslant w_0)$，损失发生的概率为$p(x)$，则林农林业生产过程中林木的总价值为$W=w_0-x$，$E(W)=w_0-E(x)$。假设林农林业生产经营成本为常数$c$，在没有投保森林保险的情况下，林农的期望利润为：$E(R_0)=E(W)-c=w_0-xp(x)-c$。

其中，随着 $x$ 和 $p(x)$ 的增大，林农的期望利润减少，当期望利润小于等于0时，宁可不从事林业生产。

假定林农投保了森林保险，费率为 $h$，保费补贴比例为 $s(0 \leqslant s \leqslant 1)$。该保险的保障水平为 $\beta(0 \leqslant \beta \leqslant 1)$，即当 $W \geqslant w_0\beta$ 时，林农不会获得保险赔偿；当 $W < w_0\beta$，即当损失 $x > (1-\beta)w_0$ 时，林农获得赔偿数额为 $I = w_0\beta - W = w_0\beta - (w_0 - x) = x - (1-\beta)w_0$，期望利润为 $E(R_1) = (1-p(x))w_0 + p(x)w_0\beta - (1-s)hw_0 - c$。与没有投保时相比，期望利润的增量为 $\Delta E(R) = E(R_1) - E(R_0) = w_0[p(x)(\beta-1) + h(s-1)] + xp(x)$。$\Delta E(R)$ 与保障水平 $\beta$、保费补贴比例 $s$、损失数额 $x$ 及损失概率 $p(x)$ 正相关。以上分析可以得出三点结论：第一，当保障水平过低时，林农即使参加森林保险也得不到损失赔偿，自身还要承担一部分保费，此时林农参保愿意不强烈；第二，保障水平和保费补贴比例越大，林农参保的期望利润增量越大，林农参保意愿越强烈；第三，损失风险越大，林农参保获得的收益越多。

## 三、数据来源与模型构建

### （一）数据来源

本节数据来源于2012年7~9月对湖南省浏阳市、冷水江市和新化县林农的调查（同第二章第一节数据），采取入户问卷调查和访谈的方法，调查了200户林农，经过逻辑检验与筛选，最终采用的有效问卷为190份，有效问卷率为95%。

湖南省现行森林保险实施方案包括两部分。

（1）公益林保险金额每亩为400元，保险费率为4‰，即每亩收取保费1.6元，其中中央财政补贴50%，省财政补贴30%，市县财政补贴10%，林权权利人承担10%（可由市县财政承担）。从实际执行来看，各县市财政基本承担了林权权利人应承担的部分，即湖南省公益林保险基本实现保费全额补贴。

（2）商品林保险金额每亩为400元，保险费率为4‰，即每亩收取保费1.6元，其中中央财政补贴30%，省财政补贴25%，林权权利人承担45%。由于湖南省公益林保险基本由财政全额承担，因此，关于林农森林保险支付意愿的研究仅针对商品林展开。按现行标准，林农需要缴纳的实际保费为1.6×45% =0.72（元/亩），因此选取基准支付金额为0.8元/亩，并分别向两端拓展50%，得到调查时的支付金额区间为［0.4，1.2］，大致可以满足不同林农对森林保险的支付意愿。实地调研中，以0.1为跨度，则支付金额可以在数集｛0.4，0.5，0.6，…，1.2｝中随机选取。单界二分选择式的CVM仅要求受访者做一次回答，受访者根据调查人员选取的支付金额直接回答“愿意”或“不愿意”购买即可，此方法较适合于对新的产品或服务进行支付意愿测算。

### （二）模型构建：概率单位分析法

概率单位分析（Probit模型）又称为概率回归分析，它主要用于测度刺激强度与响应比例之间的关系，是计算半数效量的常用方法之一。只有在所研究的数据具有相反的属性时（例如，买与不买）或几组研究对象被作用于不同水平的刺激条件而产生不同的反应水平时，才能应用概率单位分析法。因此，测算多个保障水平下林农对森林保险的保费意愿支付水平，相当于运用意愿支付区间进行概率单位分析，在每个保障水平下，分别测算出在全部被调查林农有支付愿意的情况下期望保费意愿支付水平的中位值。概率单位回归模型设定为

$$Pr(v) = A + B \cdot \ln WTP \tag{3-7}$$

式中，$v$ 为支付意愿目标变量，$Pr(v)$ 表示林农有保险支付意愿的概率，$A$ 表示林农有保险支付意愿时的自然响应率，$A$ 与 $B$ 均为模型参数，协变量 $\ln WTP$ 为被转化成自然对数形式的支付意愿。

### （三）描述性分析

实地调查时随机产生的支付金额分类及林农的平均支付意愿测算结果见表3-23。

**表3-23　森林保险支付金额分类及林农平均支付意愿测算结果**

| 支付金额 $b_i$ 元 | 样本频数（户） | 样本频率（%） | 条件支付频数 $f_i$（户） | 条件支付频率（%） |
|---|---|---|---|---|
| 0.4 | 18 | 0.09 | 11 | 0.16 |
| 0.5 | 20 | 0.11 | 9 | 0.13 |
| 0.6 | 25 | 0.13 | 13 | 0.19 |
| 0.7 | 27 | 0.14 | 22 | 0.31 |
| 0.8 | 24 | 0.13 | 8 | 0.11 |
| 0.9 | 22 | 0.12 | 4 | 0.06 |
| 1.0 | 20 | 0.11 | 2 | 0.03 |
| 1.1 | 18 | 0.09 | 1 | 0.01 |
| 1.2 | 16 | 0.08 | 0 | 0.00 |
| 累计 | 190 | 100 | 70 | 100 |

由表3－23可知，湖南林农的森林保险平均支付意愿为0.65元/亩，与湖南省森林保险实施方案规定的0.72元/亩相比，林农的平均支付意愿低0.07元/亩，相当于林农平均支付意愿的10.77%。若仍按湖南省森林保险4‰的现行费率和400元/亩的平均投保金额计算，要填补这一差额政府所需承担的保费份额至少应为59.37%，而非55%。这说明，森林保险的现行费率超出了林农的平均支付意愿，政策补贴水平低有可能是导致林农购买森林保险需求不足的原因之一。但同时可以发现，现行的政策补贴标准距离实际需要承担的份额较为接近，因此，政府补贴水平低可能并不是导致林农购买森林保险需求不足的主导因素。从前期调研来看，林农普遍反映了森林保险保障水平低的问题，以下从保障水平这个角度展开研究。

## 四、多保障水平下森林保险支付水平测度的实证研究

投保人对保险产品的需求取决于自身对风险的承受能力，即风险偏好。对于林农而言，其风险偏好受其收入水平、林地经营规模、自然环境和社会环境的制约，因此，对处于同一风险水平下的林业生产，不同林农会表现出不同的风险偏好，进而产生不同的保险需求。也就是说，对同一森林保险产品而言，每个林农的需求曲线可能是截然不同的，这就决定了森林保险的保障水平应该是多水平、多层次的。而我国现行的森林保险方案中，森林保险的保障水平较为单一，缺乏针对不同类型林农的不同风险偏好设置不同保障水平的保险产品。因此，在未来的森林保险产品设计中应考虑设计多种保险金额的产品满足不同林农的需求。鉴于此，有必要研究不同保额水平下林农的保费支付能力，并与实际的支付能力进行比较，为科学制定合理的保额水平和补贴政策提供依据。

### （一）保费意愿支付水平的区间分布

在调查过程中，采用多界二分选择式中的单向递减询价模式（CVM）分别对林农分别在保额水平为500元/亩、1000元/亩和2000元/亩三种方案下的意愿投标值进行询问。在每一特定的保额水平下，具体的询问流程如下：设有1元/亩、1.5元/亩、2元/亩、2.5元/亩、3元/亩五档投标值，当林农在问卷调查中回答不愿意投保时，视投标值为0，不再继续询问；当林农回答愿意投保时则开始询价，首先询问林农在最高投标值（如3元）是否愿意投保，若回答“愿意”则停止，否则继续询问在次高投标值（如2.5元）是否愿意投保，以此类推，直到林农回答“愿意”或者

所有投标值被询问完。最终，可以将林农的保费意愿支付水平分成不同的区间，以便测算 WTP。获取的保费意愿支付水平的数据分别落入［0，1），［1，1.5），［1.5，2），［2，2.5），［2.5，3），［3，+∞）6 个半闭半开区间内。在保额为 500 元/亩（方案一）、1000 元/亩（方案二）和 2000 元/亩（方案三）的三种方案下，林农的保费意愿支付水平的区间分布情况如表 3－24 所示。

**表 3－24　　林农的保费意愿支付水平的区间分布**

| 区间 | 方案一（500 元/亩） | | 方案二（1000 元/亩） | | 方案三（2000 元/亩） | |
|---|---|---|---|---|---|---|
| | 频数（户） | 频率（%） | 频数（户） | 频率（%） | 频数（户） | 频率（%） |
| ［0，1） | 49 | 25.79 | 21 | 11.05 | 5 | 2.63 |
| ［1，1.5） | 81 | 42.63 | 36 | 18.95 | 23 | 12.11 |
| ［1.5，2） | 27 | 14.21 | 51 | 26.84 | 28 | 14.74 |
| ［2，2.5） | 23 | 12.11 | 47 | 24.74 | 44 | 23.16 |
| ［2.5，3） | 8 | 4.21 | 24 | 12.63 | 46 | 24.21 |
| ［3，+∞） | 2 | 1.05 | 11 | 5.79 | 44 | 23.15 |
| 合计 | 190 | 100.00 | 190 | 100.00 | 190 | 100.00 |

根据湖南省现行的费率和补贴比例，在方案一下，保额为 500 元/亩时，林农实际需要支付保费 0.9 元/亩，有 74.21% 的林农的保费意愿支付水平在［1，+∞）；在方案二下，保额为 1000 元/亩时，林农实际需要支付保费 1.8 元/亩，有 43.26% 的林农的保费意愿支付水平在［2，+∞）；在方案三下，保额为 2000 元/亩时，林农实际需要支付保费 3.6 元/亩，有 23.15% 的林农的保费意愿支付水平在［3，+∞），随着区间向更高的支付水平移动，越高的保额水平对应的频率越大。

**（二）保费意愿支付区间的概率单位分析**

通过概率单位分析法来测算林农对森林保险的保费意愿支付水平（WTP 的中位值），即 50% 的投保率水平下，林农愿意支付的保费值。结果显示三个保额水平下概率单位分析模型的拟合优度卡方统计量分别是 18.72、23.49 和 31.38，均在 1% 的统计水平上显著。模型参数估计的结果见表 3－25。

**表 3-25　　林农的保费意愿支付水平的概率单位分析结果**

| 不同方案 | 方案一（500 元/亩） | | 方案二（1000 元/亩） | | 方案三（2000 元/亩） | |
|---|---|---|---|---|---|---|
| | 参数 | z 值 | 参数 | z 值 | 参数 | z 值 |
| B | -1.63 | -15.33 | -1.59 | -19.02 | -1.84 | 18.56 |
| A | 0.76 | 17.87 | 1.52 | 16.88 | 2.45 | 17.09 |

根据表 3-25 中概率单位分析的参数估计结果，计算林农的保费意愿支付水平及其在 95% 的置信水平下置信区间的上限和下限。在方案一下，即保额为 500 元/亩时，林农的保费意愿支付水平的中位值是 0.922 元/亩，在 95% 的置信水平下置信区间的为（0.823，1.020）；在方案二下，即保额为 1000 元/亩时，林农的保费意愿支付水平的中位值是 1.954 元/亩，在 95% 的置信水平下置信区间的为（1.753，2.178）；在方案三下，即保额为 2000 元/亩时，林农的保费意愿支付水平的中位值是 2.893 元/亩，在 95% 的置信水平下置信区间的为（2.670，3.129）。

根据以上研究结果可以发现，随着保额水平的提高，林农购买森林保险的意愿支付水平提高，但是当保险金额接近 2000 元时，林农应承担的保费水平将超过其实际承担能力，导致林农无力承担保费的结果，因此，需要进一步调整补贴比例，才能保持较高的投保率。所以，需要从林农的保费意愿支付水平和政府保费补贴比例两个方面来进行研究。

在林农保费意愿支付水平的基础上，继续对多保额水平下政府补贴比例的确定进行了初步的探析。例如，表 3-26 假设保费按照保额的 0.4% 收取，则保费与林农意愿支付水平（WTP）的差额则需要政府补贴来弥补。以维持 50% 的投保率为限，当保额水平为 500 元/亩时，补贴比例应为 53.90%；当保额水平为 1000 元/亩时，补贴比例应为 51.15%；当保额水平为 2000 元/亩时，补贴比例应为 63.84%。可以看出，当保额一开始增大时，林农意愿支付水平上升幅度（从 0.922 到 1.954）大于保额的上升幅度（从 500 到 1000），保险产品的替代效应大于收入效应，意愿支付水平与保费（由保额决定）的相对缺口减小，补贴比例应降低。随着保额的进一步增大，林农意愿支付水平的上升却乏力了（受制于预算约束），这时收入效应大于替代效应，意愿支付水平上升幅度（从 1.954 到 2.893）小于保额的上升幅度（从 1000 到 2000），相对缺口又增大了，所以补贴比例反而应增加。

**表 3 – 26　　　　　多保额水平下政府补贴比例分析**

| 不同方案 | 方案一（500 元/亩） | 方案二（1000 元/亩） | 方案三（2000 元/亩） |
|---|---|---|---|
| *WTP* | 0.922 | 1.954 | 2.893 |
| 保费 = 保额 × 费率 | 2.000 | 4.000 | 8.000 |
| 差额 = 保费 – *WTP* | 1.078 | 2.046 | 5.107 |
| 补贴比例 = 差额/保费 | 53.90% | 51.15% | 63.84% |

### （三）多保障水平下林农的期望投保率分析

通过对调查地区林农保费意愿支付水平的分布情况，测算出林农对森林保险的期望投保率与各保障水平之间的对应关系（见表 3 – 27）。在当前中国森林保险市场运行机制中，森林保险方案运行的约束条件——大数法则要求应至少满足 50% 的投保率。而调查发现，在现行保险方案（400 元/亩单一保额）和补贴比例一定的情况下，调查地区林农实际需支付的保费为 0.72 元/亩，在这一保费水平上有支付意愿的林农不足一半；在个别乡镇，在林业局分担部分保费的情况下，这些地区林农的森林保险投保率可达到 50%，刚好满足保险公司对承保基数的下限要求。当费率不变时，如果将现行的保额提高至 500 元/亩，按照测算的 0.922 元/亩（*WTP* 的中位值）的保费意愿支付水平计算，林农的期望投保率是 50%，如果该地区林业局继续分担一定比例的保费，按保费支付水平 0 ~ 1 元/亩计算，则期望投保率可望达到 55.34%。当保额提高至 1000 元/亩时，按照测算的 1.954 元/亩（WTP 的中位值）的保费意愿支付水平计算，林农的期望投保率可达到 50%；同时，若按照 1.5 ~ 2 元/亩的保费计算，林农投保率也望达到 50%。在这种情况下，若林业局仍然愿意继续分担一定比例的保费，即使保费提高到 1.5 ~ 2 元/亩，林农的期望投保率也有望达到 61.86%。

**表 3 – 27　　　多保障水平下林农的森林保险投保率的对比分析**

| 保费支付水平（元） | 现行方案（400 元/亩） | 方案一（500 元/亩） | 方案二（1000 元/亩） | 方案三（2000 元/亩） |
|---|---|---|---|---|
| | 实际投保率（%） | 期望投保率（%） | 期望投保率（%） | 期望投保率（%） |
| [0, 1) | 50 | 55.34 | 100 | 100 |
| [1, 1.5) | — | 23.18 | 86.27 | 99.28 |

续表

| 保费支付水平（元） | 现行方案（400 元/亩） | 方案一（500 元/亩） | 方案二（1000 元/亩） | 方案三（2000 元/亩） |
|---|---|---|---|---|
| | 实际投保率（%） | 期望投保率（%） | 期望投保率（%） | 期望投保率（%） |
| [1.5，2) | — | 6.82 | 61.86 | 95.46 |
| [2，2.5) | — | 1.64 | 32.27 | 85.25 |
| [2.5，3) | — | 0.01 | 11.08 | 70.91 |
| [3，+∞) | — | 0 | 2.55 | 36.28 |

经测算，如果仅将现行保额提高至 500 元/亩，林农投保率就可以提高 10.68% $\left(\frac{55.34-50}{50}\right)$；如果将现行保额提高至 1000 元/亩，则林农投保率将提高 23.72% $\left(\frac{61.86-50}{50}\right)$；如果将现行保额提高至 2000 元/亩，则林农投保率将提高 41.82% $\left(\frac{70.91-50}{50}\right)$。这一结果充分表明，合理设置保障水平对提高林农的期望投保率具有较大促进作用。由于中国各地区林业生产风险条件与林农的风险偏好存在较大差异，保障水平的多元化设置不仅可以扩大森林保险的承保覆盖面，提高林农的实际投保率，同时还可以有效减少林农的逆向选择和道德风险。在多保障水平下中国森林保险存在巨大的市场潜力，在国家投入大量资金用于森林保险保费补贴的前提下，当前解决林农保险需求不足问题的关键在于合理设置保费和保障水平的组合。只有解决了这一关键问题，林农对森林保险的潜在需求才能转化为现实需求。

## 第四节　不同保障水平下森林保险支付水平差异性分析

### 一、问题的提出

目前关于森林保险支付意愿及影响因素的研究较少，尚处于起步阶段，且已有研究更注重小林农，针对新型林业经营主体或针对两类不同类型营林主体的差异分析较少，未能关注到不同类型营林主体的差异性，极少通过对营林主体进行分类研究其特征与意愿支付水平的差异。同时，现有对支付意愿的测算均是基于当前保额水平，但在当前“低保障”下的支付意愿分析无法真实反映营林主体的实际支付意愿。此外，对影响因素的考察不够全面，大多集中在林农的个体特征与生产经营特征上，忽视了森林保险产品本身特征因素对支付意愿的影响，这导致实证结果无法为保险产品设计以及补贴政策优化提供可靠且有针对性的支撑。基于此，本节以传统小林农和新型林业经营主体两类异质性营林主体为研究对象，通过微观层面的调查数据，综合运用CVM模型、卡方检验及Cox比例风险模型，分析不同保额水平下两类营林主体的森林保险意愿支付水平及其差异。在此基础上，考虑认知特征、林业生产经营特征、灾损特征以及森林保险产品供给特征等，就不同类型营林主体支付意愿的影响因素及其差异进行分析，以期揭示森林保险市场有效需求不足的深层原因，并为设计差异化森林保险产品及确定科学合理的财政补贴标准与补贴政策奠定基础。

## 二、理论分析

结合本章第二节基于效用函数曲线对异质性营林主体森林保险支付意愿的分析可知，不同营林主体的森林保险支付意愿存在不同的原因可能是：其一，不同营林主体因自身基本特征的差异而对保险责任、保障水平、保费率等森林保险产品特征的认知不同，即不同营林主体处于不同的信息不完全状态；其二，不同营林主体的林地规模、林种价值、营林收入占比等的林业生产特征不同，因此林业风险对不同营林主体造成的影响及大小不同，导致其风险规避程度也不同；其三，不同营林主体面临的林业风险特征包括林业风险种类与林业风险发生概率存在较大差异，即不存在统一的林业风险概率；其四，营林主体购买森林保险的决策取决于参保收益与参保实际保费成本之间的权衡，当不同营林主体对保险责任、保障水平、保费率等森林保险产品供给特征的需求情况和满意度不同时，参保收益和参保成本的权衡结果自然不同，支付意愿也就存在差异。

基于此，因不同营林主体在自身基本特征、林业生产特征、林业风险特征、森林保险产品供给特征存在差异，导致异质性营林主体的森林保险支付意愿存在差异。

H1：异质性营林主体的森林保险支付意愿存在显著差异。

## 三、数据来源与模型构建

### （一）数据来源

数据来源于2018年10月至12月对福建省三明市小林农和新型林业经营主体的入户调研、电子邮件问卷调查面对面访谈，小林农共发放调查问卷400份，收回有效问卷382份，样本有效率为95.5%；新型林业经营主体共发放调查问卷100份，收回有效问卷88份，样本有效率为88%。此外，在问卷调研前做了以下分析准备。

首先，福建省现行森林保险保障水平为1000元/亩左右，费率约为1.610‰。同时，借鉴富丽莎等（2020）对森林保险纯费率的测算，并参考当前福建省的森林保险参保率（89.23%），将福建省森林保险的精算纯费率设定为9.618‰（即90%参保率下的纯费率）。此外，福建省当前对商品林保险的三级财政补贴比例为75%，同时考虑到在精算费率下与提高保障水平后政府的财政压力会提高，应适当降低政府的补贴比例，据此将精算费率下的三级财政补贴比例分别设定为75%与50%。

其次，依据课题组对福建省林木成本的调研数据（见表3－28），将福建省森林保险的基本保险金额确定为1500元/亩。同时，考虑不同类型营林主体的差异化风险管理需求，在基本保额基础上，将保障水平再提高20%～80%，即增加了1500元/亩、2000元/亩、2500元/亩三个层级。在此基础上，基于现行保额水平与保费率、设定保额水平与保费率，以及财政补贴比例，计算出不同保障水平下营林主体所需支付的保费估算值（见表3－29）。

**表3－28　桉树林、马尾松林、杉木林人工费用与原材料费用汇总**

单位：元/亩

| 树种 | 2013年 | | | 2015年 | | | 2017年 | | |
|---|---|---|---|---|---|---|---|---|---|
| | 总成本 | 人工费 | 原材料 | 总成本 | 人工费 | 原材料 | 总成本 | 人工费 | 原材料 |
| 桉树林 | 1123.71 | 407.71 | 716.00 | 1344.94 | 562.14 | 782.80 | 1648.13 | 801.81 | 846.32 |
| 马尾松林 | 960.68 | 412.30 | 548.38 | 1156.46 | 580.67 | 575.79 | 1427.03 | 822.37 | 604.66 |
| 杉木林 | 1064.13 | 462.70 | 601.43 | 1279.22 | 647.78 | 631.44 | 1534.85 | 871.92 | 662.93 |

注：依据课题组多年对福建省桉树林（Eucalyptus forest）、马尾松林（Pinus massoniana）和杉木林（Chinese fir forest）相关调研数据整理。

表 3-29 不同保障水平与参保率下福建省森林保险保费估算值 单位：元/亩

| 保障水平 | 现行费率下 | | 测算纯费率下 | | |
|---|---|---|---|---|---|
| | 保费 | 75%补贴下的保费 | 保费 | 75%补贴下的保费 | 50%补贴下的保费 |
| 1000 | 1.610 | 0.403 | 9.880 | 2.470 | 4.940 |
| 1500 | 2.415 | 0.604 | 14.820 | 3.607 | 7.213 |
| 2000 | 3.220 | 0.805 | 19.760 | 4.809 | 9.618 |
| 2500 | 4.025 | 1.006 | 24.700 | 6.011 | 12.022 |

基于上述分析，设定初始保费值为 4.8 元/亩，并在每一特定的保额水平下进行营林主体的森林保险支付意愿询问。具体询问流程如下：在问卷调查前先告知受访对象某一保额水平，再询问其在初始保费值下（4.8 元/亩）的支付愿意，在“愿意支付”时追问其在 6.4 元/亩下的投保愿意，以此方式连续追问，直到回答“不愿意支付”或所有设定支付意愿值全部被问完则问题终止。而在 4.8 元/亩下回答“不愿意支付”时，追问其在 3.2 元/亩下的投保愿意，以此方式连续追问，直到回答“愿意支付”或设定支付意愿值全部被问完时问题终止。最终，可将营林主体的保费意愿支付水平分成不同的区间，以便测算 WTP。获取的保费意愿支付水平的数据分别落入［0，1.6）、［1.6，3.2）、［3.2，4.8）、［4.8，6.4）、［6.4，8.0）、［8.0，9.6）、［9.6，11.2）、［11.2，+∞）8 个半闭半开区间内。

**（二）Cox 比例风险模型**

由 CVM 二分选择式询价法的流程看，营林主体的森林保险支付意愿数据可能会在询价中途任意时刻终止，由此获取的数据类似生存分析法中的删失数据。生存分析法可用于分析事件结果与得到该事件结果所需时间的问题，可充分有效利用数据信息；而其中 Cox 比例风险模型既可用于营林主体支付意愿与影响因素的关系分析，同时又不用预先确定营林主体的支付意愿分布情况，应用更为灵活。为此，选择 Cox 比例风险模型分析营林主体支付意愿的影响因素。具体方法见第三章第一节“Cox 比例风险模型”。

**（三）变量设置**

Cox 比例风险模型的被解释变量为营林主体的森林保险意愿支付水平，包括删失变量与生存时间变量，删失变量的取值为 0 或 1，当营林主体的支付意愿处于完整区间时赋值 1，表示对应事件以失败终止；当营林主体的支付意愿落入删失区间时赋值 0，表示对应事件以删失终止。生存时间变量为从初始保费到营林主体最大保费支付意愿的询问次数。数据由 CVM 二分选择式询价法获取，包括［0，1.6］、［1.6，3.2］、［3.2，4.8］、［4.8，6.4］、［6.4，8.0］、［8.0，9.6］、［9.6，11.2］的完整区间和［11.2，+∞］的删失区间。

Cox 比例风险模型的解释变量为营林主体森林保险支付意愿的影响因素。基于对不同类型营林主体差异化支付意愿的理论分析可知，不同营林主体的森林保险支付意愿受影响于自身基本特征包括年龄、受教育程度等，对保险责任、保障水平、保费率等森林保险产品特征的需求情况和满意度，林地面积、林种价值、林业收入占比、风险偏好等的林业生产经营特征，是否受灾及受灾损失程度等的林业灾损特征，以及对森林保险及其重要性的认知情况。其一，自身基本特征可影响营林主体对森林保险的认知度与需求度，进而影响其对森林保险的支付意愿。其二，林地规模、营林收入占比等的林业生产经营特征决定了林业生产活动的重要程度，也决定了遭遇林业风险对营林主体造成的损失大小以及其参保后的期望效用情况，进而影响其对森林保险的支付意愿。其三，林业灾损特征决定了营林主体对森林保险的需求度与重视度，同时也影响了林业风险对营林主体造成的损失程度以及其参保期望效用，进而影响其对森林保险的支付意愿。其四，对保险责任、保障水平、保费率、保费补贴等森林保险产品供给特征的认知满意度，作用于营林主体预期参保收益与预期参保成本，进而影响了其对森林保险的支付意愿。为此，森林保险支付意愿影响因素的选取主要从营林主体基本特征、森林保险认知特征、林业生产经营特征、林业灾损特征、森林保险产品供给特征五个方面选取（见表 3 – 30）。

**表 3 – 30　　森林保险支付意愿影响因素变量选择**

| 类型 | 变量 | 测量及赋值 |
| --- | --- | --- |
| 基本特征 | 年龄 | 户主实际年龄 |
| | 受教育程度 | 小学及以下 =1；初中 =2；高中 =3；大专及以上 =4 |
| 森林保险认知特征 | 森林保险认知度 | 完全不了解 =1；一般 =2；较为了解 =3；非常了解 =4 |
| | 森林保险重要性 | 不重要 =1；一般 =2；比较重要 =3；非常重要 =4 |

续表

| 类型 | 变量 | 测量及赋值 |
|---|---|---|
| 林业生产经营特征 | 林地面积 | 实际林地面积或经营规模 |
| | 林业收入占比 | 10%以下=1；10%~30%=2；30%~50%=3，50%以上=4 |
| | 风险偏好程度 | 风险偏好试验的实际测试数值：风险厌恶型=1；风险中立性=2；风险偏好型=3 |
| 林业灾损特征 | 是否遭受灾损 | 近3年是否遭受自然灾害，否=0；是=1 |
| | 受灾损失程度 | 10%以下=1；10%~30%=2；30%~50%=3；50%以上=4 |
| 森林保险产品供给特征 | 保险责任评价 | 不满意=1；一般=2；比较满意=3；非常满意=4 |
| | 保障水平评价 | 不满意=1；一般=2；比较满意=3；非常满意=4 |
| | 费率水平评价 | 不满意=1；一般=2；比较满意=3；非常满意=4 |
| | 赔付情况评价 | 不满意=1；一般=2；比较满意=3；非常满意=4 |
| | 保费补贴评价 | 不满意=1；一般=2；比较满意=3；非常满意=4 |

## 四、不同类型营林主体支付意愿及影响因素的实证研究

### （一）不同类型营林主体的支付意愿及异质性检验

为分析不同类型营林主体的森林保险支付意愿及差异情况，需对传统小林农与新型林业经营主体的森林保险支付意愿进行非参数卡方（$\chi^2$）检验。卡方检验的原假设是：不同样本组的数据不存在内在因素导致的显著性差异，所有差异都是抽样误差引起的。

1. 各保障水平下不同类型营林主体的支付意愿分布及异质性检验

对470份有效调查问卷进行统计分析后，分别得到了传统小林农与新型林业经营主体在保额为1000元/亩、1500元/亩、2000元/亩和2500元/亩下的森林保险支付意愿分布情况（见表3－31）。

**表3－31　不同类型营林主体在各保障水平下的支付意愿分布**

| 区间 | 人数（占比） | | | | | | | |
|---|---|---|---|---|---|---|---|---|
| | 1000元/亩 | | 1500元/亩 | | 2000元/亩 | | 2500元/亩 | |
| | 传统小林农 | 新型林业经营主体 | 传统小林农 | 新型林业经营主体 | 传统小林农 | 新型林业经营主体 | 传统小林农 | 新型林业经营主体 |
| [0，1.6) | 180（47.12%） | 49（55.68%） | 106（27.75%） | 14（15.91%） | 72（18.85%） | 3（3.41%） | 66（17.28%） | 1（1.14%） |

续表

| 区间 | 人数（占比） | | | | | | | |
|---|---|---|---|---|---|---|---|---|
| | 1000 元/亩 | | 1500 元/亩 | | 2000 元/亩 | | 2500 元/亩 | |
| | 传统小林农 | 新型林业经营主体 | 传统小林农 | 新型林业经营主体 | 传统小林农 | 新型林业经营主体 | 传统小林农 | 新型林业经营主体 |
| [1.6，3.2) | 136 (35.60%) | 27 (30.68%) | 129 (33.77%) | 23 (26.14%) | 117 (30.63%) | 7 (7.95%) | 85 (22.25%) | 4 (4.55%) |
| [3.2，4.8) | 41 (10.73%) | 8 (9.09%) | 74 (19.37%) | 22 (25.00%) | 89 (23.30%) | 17 (19.32%) | 97 (25.39%) | 11 (12.50%) |
| [4.8，6.4) | 14 (3.66%) | 3 (3.41%) | 36 (9.42%) | 14 (15.91%) | 51 (13.35%) | 31 (35.23%) | 63 (16.49%) | 19 (21.59%) |
| [6.4，8.0) | 8 (2.09%) | 1 (1.14) | 22 (5.76%) | 8 (9.09%) | 34 (8.90%) | 15 (17.05%) | 46 (12.04%) | 27 (30.68%) |
| [8.0，9.6) | 3 (0.79%) | 0 (0.00%) | 13 (3.40%) | 4 (4.55%) | 16 (4.19%) | 9 (10.23%) | 20 (5.24%) | 15 (17.05%) |
| [9.6，11.2) | 0 (0) | 0 (0) | 2 (0.52%) | 2 (2.27%) | 3 (0.79%) | 5 (5.68%) | 5 (1.31%) | 8 (9.09%) |
| [11.2，+∞) | 0 (0) | 0 (0) | 0 (0) | 1 (1.14%) | 0 (0) | 1 (1.14%) | 0 (0) | 3 (3.41%) |
| 合计 | 382 (100%) | 88 (100%) | 382 (100%) | 88 (100%) | 382 (100%) | 88 (100%) | 382 (100%) | 88 (100%) |
| $\chi^2$ 检验 | $\chi^2(5)2.8.7$; $p=0.730$ | | $\chi^2(5)=17.566$; $p=0.014$ | | $\chi^2(5)=68.613$; $p=0.000$ | | $\chi^2(5)=89.230$; $p=0.000$ | |

对传统小林农而言，在 1000 元/亩的保障水平下，大部分小林农（47.12%）的森林保险支付意愿集中在 0～1.6 元/亩；当保障水平提升至 1500 元/亩时，大部分小林农（33.77%）支付意愿集中于 1.6～3.2 元/亩；当提升至 2000 元/亩时，大部分小林农（30.63%）支付意愿仍在 1.6～3.2 元/亩；当继续提升至 2500 元/亩时，大部分小林农（25.39%）支付意愿提升至 3.2～4.8 元/亩。这表明在当前保障水平下，小林农的支付意愿偏低，当保险金额提高至基本能够覆盖完全成本时，小林农的意愿支付水平有一定程度的提升，但之后继续提高保障水平，小林农的意愿支付水平提升幅度较小。这也反映出当前过低的保障水平同样不能满足部分小林农的风险管理需求，其仍愿意购买较高保障水平的森林保险产品，但大部分小林农对超过完全成本保障水平（1500 元/亩）的森林保险产品支付意愿并不高，即覆盖林木再植成本基本可以满足大部分小林农的风险管理需

求，继续提高保障水平并不会提高其投保意愿，这是由于过高的保障水平会导致保费过高，对小林农造成较大经济负担。

对新型林业经营主体而言，在1000元/亩的保障水平下，大部分新型林业经营主体（55.68%）支付意愿集中于0~1.6元/亩；当保障水平提升至1500元/亩时，大部分新型林业经营主体（51.14%）支付意愿集中于1.6~4.8元/亩；当提升至2000元/亩时，大部分新型林业经营主体（35.23%）支付意愿集中于4.8~6.4元/亩；当提升至2500元/亩时，大部分新型林业经营主体（30.68%）支付意愿集中于6.4~8.0元/亩。这表明当前过低的保障水平不能满足大部分新型林业经营主体的风险管理需求。同时，新型林业经营主体的支付意愿水平随保障水平的提高而提高，更高保障水平的森林保险产品对新型林业经营主体更具吸引力，其支付意愿也更高。即对新型林业经营主体而言，覆盖林木再植成本并不完全能满足其风险管理需求，“保价值”“保收入”等更高的保障水平会更吸引新型林业经营主体投保。

此外，除在1000元/亩保障水平外，其余各保障水平的卡方检验均在不同显著性水平下拒绝原假设。这表明在当前低保障水平下，两类营林主体的支付意愿均集中在较低水平，差异性不大；而在提高保障水平后（1500元/亩、2000元/亩、2500元/亩），两类营林主体的森林保险支付意愿存在显著差异，新型林业经营主体的支付意愿要明显高于传统小林农。这验证了H1，同时也进一步反映了传统小林农和新型林业经营主体的风险保障需求及支付意愿存在明显差异。可能的原因是：对传统小林农来说，林地经营面积相对较小，且通常其林业收入占家庭总收入的比重小，导致其对林业生产经营中的风险管理与保障需求相对较低，即其对森林保险保障水平的要求相对较低，因此小林农对森林保险保费的支付意愿也较为有限；但是对于集约化、规模化生产经营的新型林业经营主体来说，林业生产经营规模大，林业经营收入通常为其主要收入来源，这使得其风险管理需求较高，遇灾时希望森林保险保障水平能够覆盖经营林木所支出的所有成本，甚至覆盖林木经济价值，因此新型林业经营主体对高保障水平的森林保险产品支付意愿更高。因此，两类营林主体的风险管理需求存在显著差别，森林保险保障水平的设计需依据不同类型营林主体的实际需求进行差异化设置。

2. 各保障水平下不同类型营林主体的意愿支付水平测算

根据支付意愿分布情况，运用离散变量数学期望估算两类营林主体的支付意愿均值；在此基础上，基于调整Spike模型测算整体平均支付意愿。

$$E(WTP) = \sum_{i-1}^{n} W_i P_i$$
$$\overline{E(WTP)} = E(WTP) \times (1 - WTP_0) \tag{3-8}$$

式中，$W_i$ 为营林主体的最大支付意愿投标值，$P_i$ 为该投标值的分布概率，$n$ 为投标数；$WTP_0$ 为零支付占比，即各保障水平下支付意愿为 0 的人数占比；$E(WTP)$ 期望支付意愿，$\overline{E(WTP)}$ 为调整后平均支付意愿。

据此，可得到在 1000 元/亩、1500 元/亩、2000 元/亩及 2500 元/亩的保障水平下，传统小林农的调整后平均支付意愿水平分别为 1.911 元/亩、2.941 元/亩、3.532 元/亩及 3.979 元/亩，新型林业经营主体的调整后平均支付意愿水平分别为 1.632 元/亩、3.971 元/亩、5.809 元/亩、6.864 元/亩。由此可知，传统小林农的森林保险支付意愿随保障水平的提高而提高，但提升幅度随保障水平的提升而下降，在保额由 1000 元/亩提升至 1500 元/亩时，传统小林农支付意愿提升幅度最大，在保额由 2000 元/亩提升至 2500 元/亩时，传统小林农支付意愿提升幅度最小。新型林业经营主体的森林保险支付意愿也随保障水平的提高而上升，在保额为 1000 元/亩时支付意愿最低，在 2500 元/亩时支付意愿最高，且各保障水平下支付意愿的提升幅度均大于传统小林农的提升幅度。就传统小林农与新型林业经营主体在各保障水平下的支付意愿对比而言，仅在 1000 元/亩的保障水平下，传统小林农的保费意愿支付水平高于新型林业经营主体，其余各森林保险保障水平下，新型林业经营主体的保费意愿支付水平均远高于传统小林农。这表明当前偏低保障水平的森林保险满足了部分小林农的风险管理需求，其支付意愿较新型林业经营主体更高些；而新型林业经营主体在当前保障水平下的支付意愿弱，现有保额远不能满足新型林业经营主体的风险管理需求，其更偏好于更高风险保障水平的森林保险产品。同时，这也进一步反映了两类营林主体的风险管理需求及保障水平偏好存在较大差异，森林保险产品的供给应考虑不同营林主体的差异化特征与实际需求。此外，对比福建省当前的保费水平，营林主体包括大部分小林农均具有森林保险购买力，保费并不是制约其参保的主要原因，而是偏低的保障水平。

### （二）不同类型营林主体支付意愿影响因素分析

#### 1. 传统小林农支付意愿影响因素分析

在 1000 元/亩、1500 元/亩、2000 元/亩以及 2500 元/亩各保障水平下，对数似然模型值均较小，且双边界模型的卡方检验均在不同置信水平下显著，模拟结果良好（见表 3-32）。

**表 3－32　　传统小林农 Cox 回归结果分析**

| 变量 | 1000 元/亩 | | 1500 元/亩 | | 2000 元/亩 | | 2500 元/亩 | |
|---|---|---|---|---|---|---|---|---|
| | 回归系数 | 显著水平 | 回归系数 | 显著水平 | 回归系数 | 显著水平 | 回归系数 | 显著水平 |
| 年龄 | 0.003 | 0.631 | 0.018 | 0.362 | 0.085* | 0.083 | 0.102** | 0.032 |
| 受教育程度 | －0.189* | 0.074 | －0.531* | 0.051 | －0.793** | 0.034 | －0.828** | 0.018 |
| 森林保险认知度 | －0.024 | 0.527 | －0.048* | 0.076 | －0.207* | 0.087 | －0.251** | 0.040 |
| 森林保险重要性 | －2.536** | 0.043 | －2.111*** | 0.006 | －1.856** | 0.020 | －1.227** | 0.016 |
| 林地面积 | －0.589 | 0.144 | －1.005* | 0.068 | －1.110* | 0.012 | －1.138*** | 0.000 |
| 林业收入占比 | －1.256** | 0.035 | －0.957** | 0.011 | －1.877* | 0.076 | －2.140** | 0.037 |
| 风险偏好程度 | 0.301* | 0.086 | 0.522* | 0.053 | 0.793** | 0.041 | 0.816** | 0.026 |
| 是否遭受灾损 | －0.233** | 0.048 | －0.501** | 0.037 | －0.775* | 0.032 | －1.038 | 0.102 |
| 灾损程度 | －0.867** | 0.013 | －0.355** | 0.044 | －0.155*** | 0.003 | －0.889*** | 0.006 |
| 保险责任评价 | －0.558* | 0.074 | －0.125 | 0.277 | －1.040* | 0.062 | －1.303* | 0.073 |
| 保障水平评价 | －0.524 | 0.484 | －0.053 | 0.295 | 0.224* | 0.074 | 1.148** | 0.031 |
| 费率水平评价 | －1.025*** | 0.004 | －2.021** | 0.037 | －1.885 | 0.230 | －1.047 | 0.247 |
| 赔付情况评价 | －1.329 | 0.194 | －1.653 | 0.134 | －1.452 | 0.135 | －1.244 | 0.194 |
| 保费补贴评价 | －2.227** | 0.026 | －1.987*** | 0.007 | －1.784*** | 0.005 | －1.163*** | 0.001 |
| 对数似然比 | －379.650 | | －333.412 | | －422.058 | | －431.749 | |
| 显著性水平 | 0.036 | | 0.020 | | 0.014 | | 0.010 | |

注：***、**、*分别表示1%、5%、10%的显著性水平。

从模型系数显著性来看，在各保障水平下，受教育程度、林业收入占比、森林保险重要性、灾损程度、保费补贴评价均显著正向影响传统小林农的森林保险支付意愿。对传统小林农来说，受教育程度越高，对森林保险的接受度与认知度提升，越愿意通过参保来实现林业生产风险的分散，支付意愿就越高；林业收入占比越高，家庭收入对林业收入的依赖度越高，越愿意通过参保来降低林业生产的波动性，保障林业收入，支付意愿也就越高；森林保险重要性认知越高，意味着小林农认为参保对稳定林业生产与保障林业收入发挥的作用更大，更愿意为其支付保费；灾损程度越大，小林农就林业风险对林业生产与收入造成的损失印象越深刻，越不愿意再次遭受林业灾害，也就越愿意通过参保来转移林业风险；财政补贴评价度越高，小林农对政府在森林保险方面给予的财政支持越满意，越有助于激励其参保，支付意愿也就越高。同时，在各保障水平下，风险偏好程度均在不同显著性水平下负向影响小林农的支付意愿，这表明小林农的风险规避度越强烈，对林业生产的重视度越高，越倾向于通过参保来规避林业生产风险，支付意愿越高。此外，在较低保障水平下，对现行保障水平评价度越高的小林农支付意愿越高，而在较高保障水平下，对现行保障水平评价度越低的小林农，其支付意愿越高，这反映了对当前保障水平越不满意的小林农，越期望高保障水平的森林保险产品，对小林农支付意愿的影响也越大。

2. 新型林业经营主体支付意愿影响因素分析

在1000元/亩、1500元/亩、2000元/亩以及2500元/亩各保障水平下，对数似然模型值均较小，且双边界模型的卡方检验均在不同置信水平下显著，模拟结果良好（见表3－33）。

从模型系数显著性来看，在各保障水平下，受教育程度、森林保险重要性与认知度、林地面积、林业收入占比、灾损程度、财政补贴评价在不同显著性水平下均正向影响新型林业经营主体的支付意愿。对新型林业经营主体来说，受教育程度越高，对森林保险的认知度越高，越懂得通过参保来保障林业生产，支付意愿越高；森林保险重要性与认知度越高，则意味着新型林业经营主体对森林保险在稳定林业生产与保障林业收入等方面发挥的作用认可度越高，越愿意为其支付保费；林地经营面积越大，遭遇林业风险灾害的概率越高，且通常经营规模越大，相应的林业生产投入也就越大，遇灾时的损失也就越高，因此，新型林业经营主体越愿意通过参保来转移与分散林业风险，保障林业生产与收入；林业收入占比越高，对

**表 3－33　新型林业经营主体 Cox 回归结果分析**

| 变量 | 1000 元/亩 | | 1500 元/亩 | | 2000 元/亩 | | 2500 元/亩 | |
|---|---|---|---|---|---|---|---|---|
| | 回归系数 | 显著水平 | 回归系数 | 显著水平 | 回归系数 | 显著水平 | 回归系数 | 显著水平 |
| 年龄 | －0. 013 | 0. 113 | 0. 068* | 0. 074 | 0. 117 | 0. 131 | 0. 130* | 0. 062 |
| 受教育程度 | －0. 804* | 0. 104 | －0. 522* | 0. 095 | －0. 319* | 0. 083 | －0. 082* | 0. 072 |
| 森林保险认知度 | －0. 012** | 0. 025 | －0. 035** | 0. 021 | －0. 079** | 0. 017 | －0. 105*** | 0. 010 |
| 森林保险重要性 | －1. 395* | 0. 074 | －1. 073** | 0. 038 | －0. 917** | 0. 042 | －0. 827** | 0. 036 |
| 林地面积 | －2. 381** | 0. 044 | －2. 080** | 0. 012 | －1. 701*** | 0. 000 | －1. 1484*** | 0. 000 |
| 林业收入占比 | －2. 028* | 0. 087 | －1. 845* | 0. 051 | －1. 291** | 0. 040 | －1. 103** | 0. 015 |
| 风险偏好程度 | 0. 031* | 0. 088 | 0. 084* | 0. 065 | 0. 098** | 0. 037 | 0. 132** | 0. 025 |
| 是否遭受灾损 | －1. 107* | 0. 083 | －0. 602 | 0. 319 | －0. 096 | 0. 307 | －0. 077 | 0. 164 |
| 灾损程度 | －1. 285** | 0. 036 | －1. 584* | 0. 048 | －1. 751* | 0. 062 | －1. 907* | 0. 068 |
| 保险责任评价 | －0. 007 | 0. 149 | －0. 026 | 0. 108 | －0. 480* | 0. 086 | －0. 831* | 0. 067 |
| 保障水平评价 | －0. 024 | 0. 141 | 0. 137* | 0. 087 | 0. 588** | 0. 036 | 1. 274*** | 0. 001 |
| 费率水平评价 | －0. 102* | 0. 064 | －0. 609 | 0. 143 | －1. 018 | 0. 138 | －1. 529 | 0. 104 |
| 赔付情况评价 | －0. 525 | 0. 431 | －0. 633 | 0. 369 | －1. 024 | 0. 276 | －1. 105 | 0. 109 |
| 保费补贴评价 | －1. 536* | 0. 083 | －1. 373* | 0. 075 | －1. 198* | 0. 085 | －0. 871* | 0. 097 |
| 对数似然比 | －408. 562 | | －429. 573 | | －438. 722 | | －454. 735 | |
| 显著性水平 | 0. 019 | | 0. 012 | | 0. 010 | | 0. 007 | |

注：***、**、*分别表示1%、5%、10%的显著性水平。

林业收入的依赖度与重视度越高，发生林业风险灾害时对总收入的影响也就越大，因此也越愿意通过参保来稳定与保障林业生产与经营；灾损程度越大，越容易增强新型林业经营主体对林业风险及灾损的防范意识，也就越愿意通过参保来分散风险，支付意愿也就越高；财政补贴评价度越高，对政府的财政支持政策满意度就越高，则对新型林业经营主体的参保激励作用就越强，支付意愿也就越高。同时，在各保障水平下，风险偏好程度在不同显著性水平下负向影响新型林业经营主体的支付意愿，这表明风险规避度越强烈，新型林业经营主体越不愿意冒险，参保与支付意愿也就越高。此外，随着保障水平的进一步提升，新型林业经营主体对保险责任覆盖情况的关注度越高，森林保险责任覆盖越全面，新型林业经营主体的支付意愿越强烈；同时，对现行保障水平评价度越低，其支付意愿也越高，且随着保障水平的提高，现行保障水平的评价度对新型林业经营主体支付意愿的影响逐渐增强。

3. 不同类型营林主体支付意愿影响因素的对比分析

对比两类营林主体的支付意愿影响因素可知，在较低保障水平下，保险责任评价和森林保险认知度对传统小林农的支付意愿影响较大，财政补贴评价对新型林业经营主体的支付意愿影响较大；在较高保障水平下，林地面积对小林农的支付意愿影响较大，保险责任评价与保障水平评价对新型林业经营主体的支付意愿影响较大。同时，随着保障水平的提升，现行保障水平评价度对小林农的支付意愿影响增强，而新型林业经营主体则对森林保险责任覆盖情况的关注度增强。由此，不同类型营林主体支付意愿的影响因素存在差异，这与其在森林保险认知特征、林业生产经营特征、林业灾损特征、森林保险产品评价特征等方面存在显著差异有关。

其一，就森林保险认知特征来看，福建省对森林保险的重视度较高，推广宣传力度大，使得两类营林主体对森林保险的认知度均较高。新型林业经营主体的认知度相对更高，其更关注并了解森林保险；同时，新型林业经营主体对森林保险重要性的感知水平整体要高于传统小林农。由此，新型林业经营主体的森林保险认知和森林保险重要性认知要更高，因而更了解森林保险及参保重要性，也更愿意为森林保险支付较高的价格。

其二，就林业生产经营特征来看，传统小林农与新型林业经营主体的林地经营面积相差巨大，新型林业经营主体多为规模化、集约化的林业生产经营方式，传统小林农多为小且分散的传统生产经营方式；而灾害发生情况与林地经营规模有关，林地规模越大，发生林业风险与灾害的概率越高，其对森林保险与风险保障的需求越高。因此，相较于小林农，林地经营规模对新型林业经营主体的森林保险需求与支付意愿影响更大。同时，随着农村劳动力的加速转移与收入的分化，相较于专业从事于林业生产经营活动的新型林业经营主体，传统小林农的林业收入在家庭收入中所占比重下降，因此，林业风险灾害对新型林业经营主体收入的影响更大，其应对风险管理与森林保险的需求更高；且因小林农的林业收入占比小，导致其对林业生产经营的重视度下降，对林业风险的规避重视度也降低，因此林业收入占比对小林农的参保需求与支付愿意影响较小。

其三，就林业灾损特征来看，福建省森林自然灾害发生率较高，在过去三年中有近一半的营林主体遭遇过自然灾害。新型林业经营主体因其林地面积大、生产较为集中，其遭遇林业灾害的概率相较小林农更高，且因其集中化、规模化的生产经营方式，导致其遭遇灾害时的受损程度更大。由此，林业灾损对新型林业经营主体的森林保险需求与支付意愿影响更强。

其四，就森林保险产品供给特征来看，福建省目前 700 ~ 1080 元/亩的保险金额虽较前几年有所提升，但仍不能完全解决林业简单再生产的风险补偿问题，更不能满足规模化经营主体的风险管理需要，导致森林保险风险保障功能无法充分发挥，因此仅能满足一部分小林农的风险保障需求，但远不能满足新型林业经营主体的风险管理需求。同时，目前福建省 1. 39‰ ~ 2. 15‰的费率水平（1. 5 元/亩）在大部分营林主体可负担的范围内，尤其在政府财政高比例补贴下，这使得两类营林主体对费率水平的满意度评价整体偏高，但同时，因新型林业经营主体的收入与支付能力更高，导致其较小林农的保费支付愿意更高。

此外，林地面积同时对传统小林农和新型林业经营主体的支付意愿有显著促进作用，这表明规模化、集约化的营林主体愿意支付更高水平的保费，也反映出当前森林保险保障水平远不能满足规模化营林主体对风险管理的需求，有必要提供较高保障水平的多样化森林保险产品。

## 第五节　研究结论与政策启示

### 一、研究结论

（1）首先，林农对森林保险有限的认知水平和了解程度限制了森林保险的推广，且由于林业收入占林农家庭收入的比重较低，使林农对林业生产收入的依赖程度不高，因此一定程度上降低了他们购买森林保险的支付意愿。其次，林地规模的大小会影响林农的支付意愿，而我国在森林保险推进过程中没有对大户林农和小户林农作出有效的区分对待，这是导致林农支付意愿不高的又一原因。再次，林农受灾的频繁程度也显著影响了林农购买森林保险的支付意愿，因此应重点关注林业灾害频繁的地区。最后，现有保险产品和补贴政策不能完全满足林农需求导致林农投保意愿不强烈，具体来说，森林保险责任不够全面、保障水平较低、政府补贴额度较小制约了林农在购买森林保险的支付意愿。

（2）首先，森林培育专业户与兼业林农两类营林主体对于森林保险的认知程度及风险偏好程度存在显著差异，森林培育专业户相对兼业林农对于森林保险的认知程度更高，对于风险的厌恶程度也更高。其次，两类营林主体期望的森林保险责任范围存在显著差异，森林培育专业户相对于兼业林农期望的森林保险责任要求更高。再次，两类营林主体期望的森林保险保障水平存在显著差异，森林培育专业户相对于兼业林农期望的森林保险保障水平更高。最后，两类营林主体的保费意愿支付水平存在显著差异，森林培育专业户相对于兼业林农对于森林保险的支付意愿更高。

（3）首先，林农平均支付意愿为0.65元/亩，与现行的保费0.72元/亩相比，两者之间有一定差距。按4‰的实际厘定费率和400元/亩的平均投保金额计算，要填补这一差额政府所需承担的保费份额至少应为59.37%。这说明，目前森林保险的保费超过了林农的平均支付意愿，导致了林农对森林保险的有效需求不足。其次，当保额分别为500元/亩、1000元/亩、2000元/亩时，林农的保费意愿支付水平的中位值分别为0.922元/亩、1.954元/亩、2.893元/亩，且在95%的置信水平下置信区间分别为（0.823，1.020）、（1.753，2.178）、（2.670，3.129）。再次，在当前费率不变的情况下，以维持50%的投保率为限，当保额水平为500元/亩时，补贴比例应为53.90%；当保额水平为1000元/亩时，补贴比例应为51.15%；当保额水平为2000元/亩时，补贴比例应为63.84%。最后，提高现行森林保险的保额水平，林农的期望投保率将有明显上升。因此，需在对林农林业生产经营物化成本补偿的基础上，再增加劳动力成本补偿和价值补偿，林农投保森林保险的积极性将会更高。

（4）首先，传统小林农与新型林业经营主体的支付意愿水平均随保障水平的提高而上升，新型林业经营主体的提升幅度更大。其次，在当前低保障水平下，传统小林农的支付意愿更强，而提高保障水平后，新型林业经营主体的支付意愿均明显高于传统小林农。这表明当前低保障水平的森林保险对小林农的吸引力更强，而高保障水平的森林保险对新型林业经营主体的吸引力更强。这反映了当前保障水平能满足部分传统小林农的风险管理需求，但远不能满足新型林业经营主体的风险管理需求；这也进一步反映出两类营林主体的风险保障需求存在明显差别，需提供不同保障水平的差异化森林保险产品来满足不同营林主体的实际需求。最后，不同类型营林主体森林保险支付意愿的影响因素存在差异，这与两类营林主体在森林保险认知特征、林业生产经营特征、林业灾损特征、森林保险产品评价特征等方面存在显著差异有关。

## 二、政策启示

（1）首先，林农对森林保险的了解程度与支付意愿呈正相关，因此，提高林农的了解程度至关重要。其次，家庭的经济条件是影响林农购买森林保险的因素之一，林农只有满足了基本的生活需求以后才能考虑更高层次的安全需求，因此如果林农经济条件受限势必会影响林农对森林保险的支付意愿。考虑到林农的经济承受能力和林业的正外部性，建议中央和地方政府通过短期提高森林保险的补贴水平和长期拓宽农民增收途径的策略来提高林农收入水平，从而增强林农对森林保险的支付意愿，从根本上扩大林农对森林保险的需求。随着参保林农数量的增加，保费就会相应地增加，保险资金储备增加，赔偿能力增强，长期就可以实现森林保险市场的良性循环，政府也就可以逐步减少保费补贴。再次，推进林业生产规模化，改进和优化投保方式。由模型结果可知，林地经营面积与支付意愿呈正向相关，说明了林业的规模化生产有助于森林保险的业务拓展；同时，森林保险长期亏损的主要原因在于林农经营林业规模过小，增大了开展森林保险业务的经营成本。森林保险是林业经济发展到一定阶段的产物，开展森林保险的基础是林业经营实现规模化。只有当林农的经营规模扩大，收入水平提高以后，才会有强烈地利用保险规避经营风险的意识和支付保费的能力。最后，根据林业自身特征，合理设计森林保险产品。由于当前森林保险市场不活跃，保险责任涵盖不足，保险种类较少，林农往往无法找到最适合自己的险种，险种的单一影响了林农的投保意愿，这也不利于森林保险市场的发展。所以，应积极开发森林保险产品，尽可能覆盖林农对森林保险的需求，从而促进森林保险市场的活跃和完善。

（2）首先，针对不同类型营林主体支付意愿的差异性，提高营林主体收益水平，激发营林主体自愿投保积极性。兼业林农林地规模小，营林收入较低，直接抑制了其自愿投保森林保险的积极性。要让营林主体自愿选择投保森林保险，先是提高其营林的收入水平，只有在此前提下能保证森林保险在营林主体群体中普及，进而满足保险公司在经营中的"大数法则"要求，这对供需双方而言均为共赢。提高营林收入的方式包括发展林下经济、成立林业合作组织进行规模化经营、延伸林业生产的产业链等。随着营林收入的提升，营林主体对于森林保险的支付意愿也会随之提升。其次，针对不同类型营林主体期望的保险责任差异，建立多风险、多灾因的森林保险体系。不同类型营林主体面临的风险种类不同，保险责任的设计应满足不同类型营林主体需要，涵盖本地区发生较为频繁和易造成较大损失的灾害风险，建立多风险、多灾因的森林保险产品体系。目前我国森林保险主要以火灾险和综合险为主，其他单一灾害责任的险种开展不足，对保险责任划分不够明晰，无法针对不同营林主体的特点设计具有差异性的保险产品，使那些对某单一责任险具有强烈需求的兼业林农无法得到满足。再次，针对不同类型营林主体期望的保险金额水平，提高并设置多层级的商品林保险金额。针对兼业林农，鼓励投保政策性基本险，满足兼业林农保林地成本的需求。针对森林培育专业户可尝试采用纯商业化的运作模式，在双方协商的基础上，运用林木市场价格法确定保险金额。或者开发"价值附加险"，鼓励有需求的森林培育专业户在购买基本险的基础上，对超出再植成本部分的林木价值进行保险。最后，针对不同类型营林主体的收入水平差异，基于损失与风险科学厘定森林保险费率。针对营林主体收入水平的不同设置保障范围，实行等级费率。将森林保险的费率按照保障水平的不同分成若干个档次。与高保障水平相对应是覆盖高风险的高费率。对收入水平低且经营规模小的兼业林农，可提供低保障、低费率的险种，以提高他们的参保率；对收入水平中等且经营规模小的兼业林农，可尝试采用打折的方式吸引投保；对经营高成本、林业附加值高的森林培育专业户，由于他们的需求程度高，因此，需要提供保障水平较高同时费率也较高的保险品种。此外，还要赏罚分明，对上年度赔付率低的营林主体适当降低费率，保费优惠幅度随不出险时间的增加而加大。

（3）首先，在当前的森林保险方案中，应进一步加大补贴力度，使林农实际需要承担的保费达到愿意支付的水平。虽然中央政府和各级财政都对森林保险给予了高度的重视，但是当前保费补贴力度还是需要进一步加强。只有这样才能进一步提高农民投保森林保险和林业经营生产的积极性，我国的林业发展和生态安全才会有基础。其次，提高森林保险保障水平。在多保障水平下林农的支付水平测度中，可以看出保障水平是影响林农保险意愿支付水平的重要因素，而且当前的保额水平偏低是导致林农缺乏投保意愿的主要原因之一，研究发现逐步地提高保障水平，林农的支付意愿有较大的提升。因此，应该在围绕提高林农灾后恢复生产能力，保障广大投保林农利益，在维持或降低林农缴费水平的前提下，针对林业生产的特殊性，提高商品林单位保额，以提高林农的参保积极性。最后，合理设定保费补贴比例。根据多保额水平下林农的期望投保率分析，随着森林保险保额水平提高，林农期望投保率得到提升。当保额为 500 元/亩和 1000 元/亩时，需要政府补贴的比例分别为 53. 90% 和 51. 15%，实际需要补贴的比例低于当前补贴比例，政府可适当降低保费补贴比例；当保额为 2000 元/亩时，需要政府补贴的比例为 63. 84%，由于保额上升，林农承担的保费绝对值上升，此时实际需要补贴的比例低于当前补贴比例，政府适当提高保费补贴比例。因此，政府应根据不同保额设置合理的保费补贴比例，以提高财政资金的使用效率。

（4）首先，面向实际需求优化设计保险产品。在考虑不同营林主体实际需求的基础上，结合林业灾害特点，根据市场化原则科学合理设计适销对路的森林保险产品与保险条款；尝试在设计以火灾险或病虫害险为主险、多种意外天气灾害险为附加险的新型森林保险险种的基础上，基于科学谨慎的原则积极探索基差风险小的天气指数型保险等。其次，逐步提高保险金额，并构建多层次保障水平。针对不同类型营林主体的差异化保额需求，应依据各地林业经营实际成本与森林资产价值，以“保完全成本”与“保价值”为方向，提高森林保险保障水平。同时，设计差异化多层级保障水平，如针对传统小林农，设计保障水平较低的森林保险产品，并提高对其的补贴力度；针对新型林业经营主体可尝试采用商业化的运作模式，在双方协商的基础上，运用林木市场价格法确定保险金额，或开发“价值附加险”，鼓励有需求的新型林业经营主体在购买基本险的基础上，对超出再植成本部分的林木价值进行保险。

# 第四章　森林保险供需失衡及制度困境

## 第一节　我国森林保险发展现状

我国森林保险遵循“政府引导、市场运作”原则，由商业性保险公司按照“低保障、广覆盖”原则开展森林保险业务。10年来，随着财政补贴力度逐年加大，森林保险覆盖面逐步提升，截至2022年底我国共有36个地区和单位纳入中央财政森林保险保费补贴范围,① 参保面积达24.65亿亩，保费收入达38.37亿元，参保主体涵盖了包括林农、林业企业、森林公园、林业合作社及自然保护区等几乎所有类型的营林主体。森林保险险种以综合险和火灾险为主，公益林保额为400～1200元/亩，费率为1‰～6‰；商品林保额为600～1400元/亩，费率为1.6‰～8‰；现行中央财政保费补贴政策采取中央、省、市县三级财政“倒补贴”联动机制，中央财政按公益林和商品林划分保费补贴标准，全国采用统一补贴比例。

### 一、我国森林保险保费补贴政策与补贴模式

#### （一）我国森林保险保费补贴政策

我国森林保险及财政补贴政策相关工作起步较晚，在经历了漫长的森林保险探索试点时期后，我国于2009年启动了中央财政森林保险保费补贴试点，2012年森林保险保费补贴政策在全国范围内铺开。在中央财政保费补贴政策的支持下，我国森林保险市场实现了初阶段的快速繁荣与壮

---

① 2019年，全国仅有天津、上海、西藏、宁夏、新疆（含新疆生产建设兵团）5个省（自治区、直辖市）和龙江森工未纳入保费补贴范围。

大。在现行保费补贴政策下，我国森林保险遵循“低保障、保成本、广覆盖”原则运作，三方参与主体为政府部门、保险公司、林业经营主体。其中，承保主体是营利性的保险公司，投保主体为林业经营主体；政府部门为投保林业经营主体提供一定比例的保费补贴，并对森林保险业务进行监督和管理。就中央财政保费补贴政策下我国森林保险运作模式看，运行机构一般为中央、省、市县三级（见图4-1），中央财政按公益林和商品林划分保费补贴标准，全国采用统一补贴比例。其中，中央财政承担约30%，省级财政承担约25%~30%，市县级财政承担约5%~25%，林业经营主体自担约0~40%。

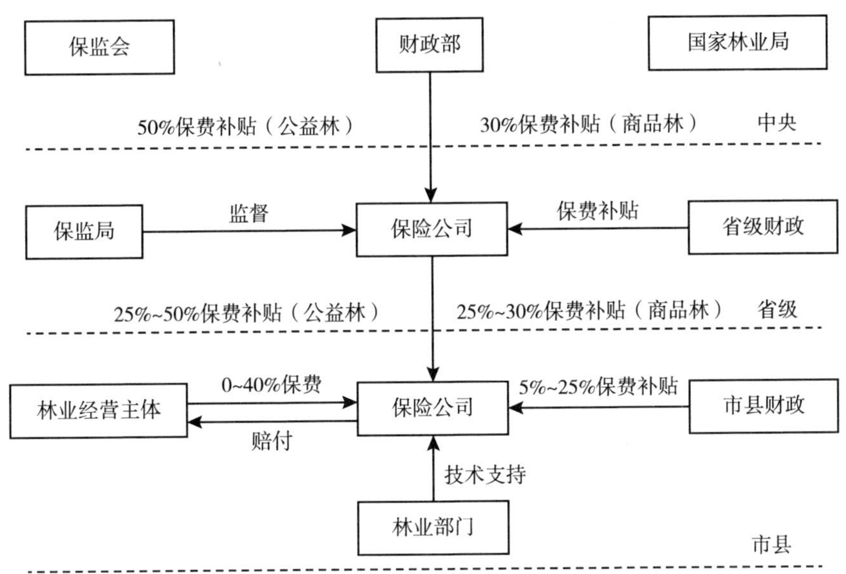


**图4-1 中央财政森林保险保费补贴运作模式**

就我国森林保险险种来看，我国森林保险主要以灾害补偿型险种为主。2009年我国针对公益林和商品林仅开办了森林火灾险一种，2010年开始试点包含火灾、雪灾、病虫害等的综合险种。2012年森林保险在全国范围内铺开后，为了扩展业务范围，提高森林保险产品的适用性，政府积极鼓励各保险公司加大产品创新力度，提供种类更丰富的森林保险产品。但因林业经营主体有限的支付能力以及森林保险业务的高经营成本，保险公司对开发、升级以及创新森林保险产品的动力不足，目前我国各地区森林保险仍以火灾险和综合险两种险种为主，产品与责任覆盖较为单一，且笼统地将风灾、冻灾、病虫害等归于综合险，未能全面考虑不同地区、不同灾害类型以及不同林业经营主体的差异化险种需求。

就森林保险费率来看，我国实行相对统一的费率水平，费率厘定未考虑区域位置、气候条件、管护水平等因素，也未考虑树种、林龄和立地条件的不同。各类投保主体包括小林农、造林大户、林业企业及各类新型林业经营主体承担相同的保费，没有差别化对待。但由于我国各地区的自然环境和灾害造成的损失程度差别明显，故现行统一的费率会影响保险公司的承保动力与投保林业经营主体的参与积极性。

就我国森林保险保障水平来看，现行森林保险保障水平的确定是由政府部门与保险公司协商而定的，实行的是以灾后再植成本为保障原则的低水平保险金额，保险金额相当于承保对象物化成本的一定比例（40% ~ 60%），基本处于 7500 ~ 18000 元/公顷，我国人力及土地租金等占比较大的成本未纳入考量。可见，当前我国森林保险保障水平尚不能完全解决林业简单再生产的风险补偿问题，更无法实现稳定林业产出与保障林业经营主体收益的政策目标。同时，不同林种、不同林龄未作区分，不同地区森林保险保障水平差异不明显。

由此可知，在现行保费补贴政策下，我国森林保险是在考虑政府财力前提下的成本险，保险金额以物化成本或基于灾后再植成本确定，费率是在政府要求低保费前提下的政策性统一费率，灾后赔偿按成本而不按实际损失赔偿。这导致我国森林保险产品体系与其在应对森林经营风险方面的职能不相适应，即使政府在此基础上提供了高比例的保费补贴，也无法持续激励森林保险市场的长效发展。因此，我国森林保险保费补贴政策从试点到现在的 10 多年来，在经历规模高速增长后，进入了相对低速发展阶段。在实际运行中，随着政府支持力度的加大，我国森林保险却出现“供需双冷”的市场僵局，参保规模增速减缓甚至出现下降，政府财政投入资金使用效率不高，森林保险市场发展缓慢。

**（二）我国森林保险财政补贴模式**

就我国森林保险财政补贴方式而言，我国政府实行的是针对需求方参保林业经营主体的保费补贴，区分了公益林与商品林（见表 4 - 1），按中央财政、省级财政、市县级财政三级进行配套补贴。但因当前我国森林保险费率并未进行精细化分区与厘定，使得我国现行保费补贴方式合理性缺乏论证。

表 4-1 我国森林保险财政补贴模式

| 财政补贴模式 | 公益林 | 商品林 |
|---|---|---|
| 财政补贴方式 | 保费补贴 | 保费补贴 |
| 财政补贴规模 | 95% | 75% |
| 财政补贴责任 | 中央、省、市县级财政按 5:3:1.5 提供补贴，且实行“倒补贴”机制 | 中央、省、市县级财政按 3:3:1.5 提供补贴，且实行“倒补贴”机制 |

就我国森林保险财政补贴规模而言，按照现行保费补贴政策下财政补贴规模的计算方式，即依据“保费补贴规模 = 保费 × 补贴比例 = 保险金额 × 费率 × 补贴比例”，在区分公益林与商品林的基础上，各级财政对不同地区投保主体提供相对统一的财政补贴水平。就公益林而言，三级财政提供的保费补贴比例为总保费的95%；就商品林而言，三级财政提供的保费补贴比例为总保费的75%。由此可知，我国森林保险财政补贴比例整体偏高，但受限于保障水平基数过低，单纯地提高保费补贴比例也难以提高保费补贴规模，整体保费补贴水平不高，且因我国森林保险保障水平与费率水平的设定不合理，致使当前高补贴比例下的财政补贴规模激励作用偏低，林业经营主体的真实投保意愿仍然不高。

就我国森林保险财政补贴责任而言，我国现行森林保险财政补贴责任划分采取的是统一的三级财政补贴标准，全国各地的森林保险补贴资金均由中央级财政、省级财政、市县级财政三级基本按照一定比例共同承担。在各级财政配套补贴中，未考虑各地区实际情况，采取一刀切的统一补贴责任划分标准，各地区各类投保主体承担相同保费。同时，我国森林保险保费补贴实行的是地方财政补贴资金落实到位后中央财政补贴资金才会拨付的“倒补贴”机制。

相较于国外森林保险开办较为成功的国家，我国现行森林保险运行中，政府的干预范围与力度更大，除了提供财政补贴支持外，政府部门还主导了我国森林保险的运行、保险产品的设计包括保险责任、费率水平、保险金额以及保险条款等，导致我国森林保险政策性强，市场化弱。同时，也正是基于此原因，导致我国森林保险财政补贴方式缺乏合理性，财政补贴规模差异性不足，且森林保险财政补贴责任划分中地方财政的补贴比例较高，配套补贴压力较重。此外，森林再保险市场缺乏政府支持。由于林业风险具有相关性和巨灾性，一旦出现风险灾害很可能动用保险公司的所有准备金和资本金，这会危及森林保险承保主体经营的稳健性，不利于森林保险市场的持续发展。因此，国外森林保险发展较好的国家均建立了完善的林业巨灾风险分散机制，包括建立政策性森林保险再保险公司，或对经营森林保险再保险业务的承保机构提供一定的财政补贴支持，以此来分散保险公司的经营风险，实现林业风险的全面保障与全过程保险。但我国森林保险再保险市场缺乏政府财政与政策支持，再保险市场发展缓慢。

## 二、我国森林保险保费补贴政策执行情况

### （一）整体参保情况

随着森林保险保费补贴工作逐步深入开展，森林保险覆盖率有了快速的提升。截至 2019 年，中央财政森林保险保费补贴政策覆盖全国 34 个地区及单位，参保面积达 23.56 亿亩，保费收入为 34.97 亿元，总保额达 15065.25 亿元。[①] 但整体来看，总参保面积的增长主要依赖于公益林参保面积的提高，且从 2014 年开始我国森林保险总参保面积增长放缓，2016 年甚至出现了参保面积下降的趋势。同时，由于在我国森林保险投保中存在一定的“强制投保”，投保主体没有可充分表达真实投保意愿与选择产品的机会，导致现有森林保险运行机制下的保费或参保率并非“真实”量，而是在地方政府行政力量干预下的参保水平。

此外，公益林和商品林保险发展不均衡，参保呈现两极分化的发展趋势，商品林投保主体的真实参保意愿不强。一方面，公益林在政府基本实现全额补贴前提下参保面积呈现逐年上升态势，推动了总参保面积的增长；另一方面，公益林和商品林保险参保率有着明显差别，随着政府支持力度的加大，商品林参保面积没有显著提升，甚至有所降低。2019 年公益林参保面积较 2011 年增长了 341.88%，而商品林参保面积仅增长了 55.03%；且 2016 年商品林投保较 2015 年降低 1.85 亿亩，同比下降 34.91%，出现了较大幅度的下降；2018 年也仅比 2017 年增长 0.49 亿亩，参保面积增长乏力。另外，商品林占整个森林保险参保面积的比重也在下降，近几年仅维持在 20% 左右（见图 4－2）。

---

① 根据各年《中国森林保险发展报告》整理所得。

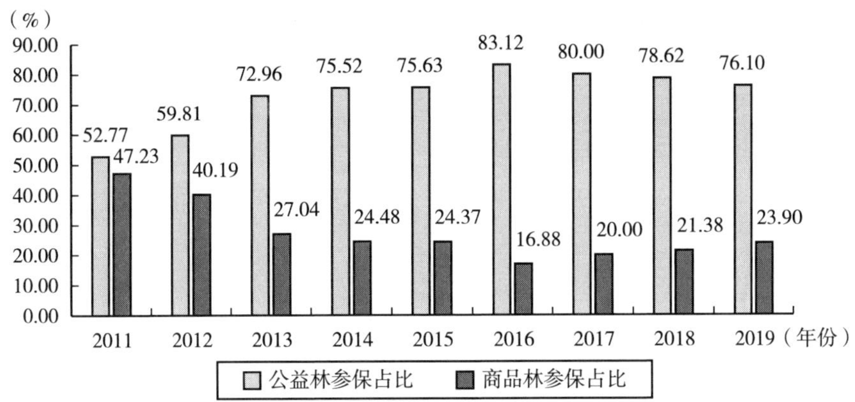


**图 4－2　2011—2019 年公益林与商品林参保占比情况**

资料来源：根据各年《中国森林保险发展报告》整理所得。

## （二）保险产品情况

一是森林保险保障水平偏低，且差异化不明显。2019 年公益林亩均保额为 613.02 元；商品林亩均保额不足 723.57 元。保费补贴政策实施 10 年来，森林保险亩均保额总体提升不足 300 元。全国 34 个公益林保险参保地区和单位中，仅有 4 个地区亩均保额超过 1000 元，近 65% 的地区均集中在 400～600 元；全国 29 个商品林参保地区和单位中，仅有 3 个地区亩均保额超过 1000 元，超 60% 的地区均在 400～600 元。二是费率地区差异不明显（见图 4－3）。公益林参保地区和单位近半数集中在 2‰～4‰，14 个商品林参保地区和单位的平均费率集中在 3‰～4‰。三是保险品种仍以火灾险和综合险为主。虽然地方政府也积极开展经果林特色农产品保险试点工作，但尚处在试点阶段，未能在全国范围有效开展。

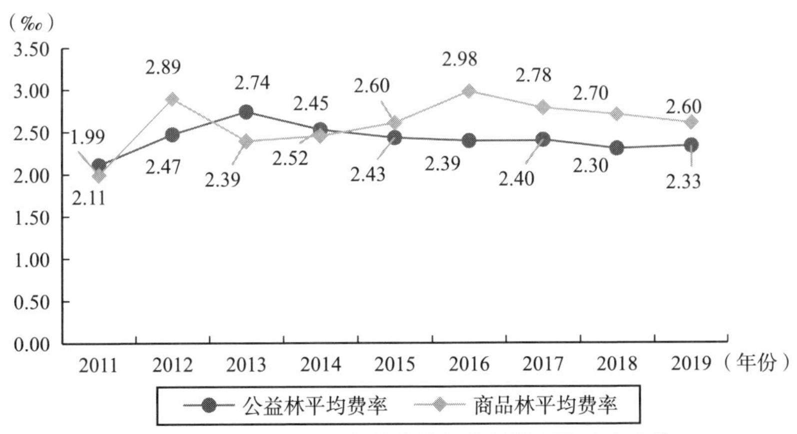


**图 4－3　2011—2019 年公益林与商品林平均费率变化**

资料来源：根据各年《中国森林保险发展报告》整理所得。

### （三）保费补贴情况

首先，保费补贴规模提高，但补贴比例已无上升空间。我国森林保险保费补贴比例逐步提升，补贴力度逐年增强，保持着与保费规模的同步增长。2013 年以来各级财政保费补贴占比维持在 90% 左右。其中，对公益林的财政补贴比例已超 95%，近乎于全额补贴；对商品林的财政补贴维持在 70% ~75%（见表 4 -2），虽低于公益林，但也远远高于其他大多数国家对森林保险保费补贴的平均水平。就森林保险保费补贴结构看，我国三级财政的补贴占比不断上升，林业经营主体所缴保费占比持续降低。另外部分地区对公益林的补贴已达 100%，北京、江西、河南、广西、海南等由中央和省（市）级财政全额承担公益林保险保费，林业经营主体无须支付保费。但这均是基于我国森林保险是保物化成本的基础上，且过高的财政补贴比例在一定程度上违背了保险经营的原则，补贴比例已基本没有上升空间，财政补贴的保险激励作用难以进一步发挥。

**表 4 -2　2012—2019 年我国森林保险财政补贴情况**

| 指标 | 2012 年 | 2013 年 | 2014 年 | 2015 年 | 2016 年 | 2017 年 | 2018 年 | 2019 年 |
|---|---|---|---|---|---|---|---|---|
| 保费收入（亿元） | 16.99 | 25.59 | 27.27 | 29.17 | 29.45 | 32.35 | 34.76 | 34.97 |
| 财政补贴（亿元） | 14.28 | 22.92 | 24.38 | 26.09 | 26.74 | 29.07 | 31.16 | 30.94 |
| 总保额（亿元） | 6423 | 9060 | 10889 | 11797 | 11780 | 13011 | 14522 | 15065 |
| 补贴比率（%） | 84.05 | 89.57 | 89.40 | 89.44 | 90.80 | 89.88 | 89.63 | 88.48 |
| 公益林补贴比率（%） | 95.76 | 96.11 | 95.80 | 95.77 | 95.78 | 95.24 | 95.14 | 95.20 |
| 商品林补贴比率（%） | 71.06 | 67.5 | 71.43 | 71.85 | 73.25 | 73.55 | 74.72 | 73.00 |

资料来源：根据各年《中国森林保险发展报告》整理所得。

其次，补贴责任划分相对统一，存在区域间不公平。当前我国森林保险财政补贴责任基本形成了中央财政、省级财政、市县级财政、林业经营主体 5∶3∶1∶1 的划分比例。2021 年修订的《中央财政农业保险保费补贴管理办法》也明确了森林保险中公益林与商品林的各级财政补贴责任划分占比，同时也指出各地政府可基于本地实际情况进行一定的调整。但从各地森林保险财政补贴责任分配实际看，各级政府仍维持现有固定补贴比例，不同地区横向间差异不大。这种不考虑地区经济状况与各级政府财政水平及林业资源等情况的平均化倾向补贴模式，使得经济水平与财政实力相对较高而林业资源相对贫瘠的地区财政补贴负担较小，而经济水平与财政实力相对偏低而林业资源相对丰富的地区财政补贴负担较大，从而进一步拉大地区间森林保险发展的差距，严重影响了财政补贴政策的实施效果与补贴资金的使用效率。

**（四）保险赔付情况**

近年来，我国森林保险的平均简单赔付率基本在30%左右，相较于森林保险发达国家，我国森林保险赔付率整体偏低，瑞典森林保险平均赔付率超40%，芬兰整体赔付率超60%，且我国森林保险赔付率也远低于我国农业保险的总体赔付率（基本维持在70%左右）。这表明我国森林保险保费收入中直接用于经济补偿作用的资金份额偏少，财政补贴资金使用效率偏低。同时，我国公益林保险与商品林保险的赔付率也存在较大差异，从各年赔付率变化情况看（见图4－4），公益林保险简单赔付率尚不到30%，远低于商品林保险赔付率，公益林保险的风险补偿效果较差，财政资金的利用效率急需提高。

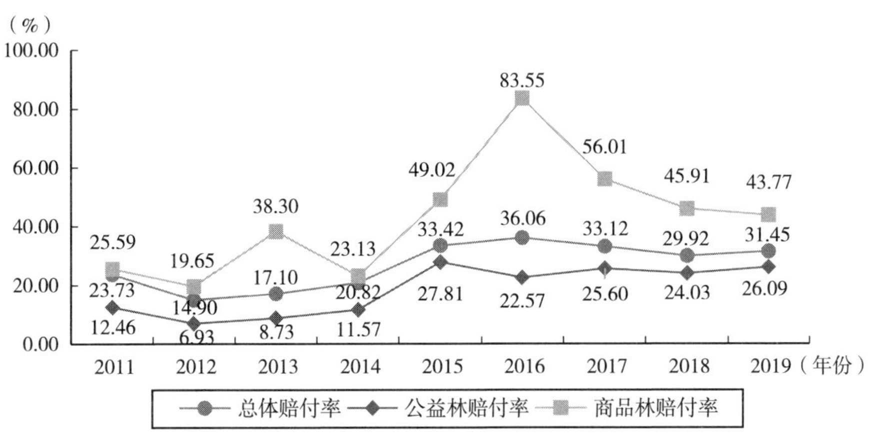


**图4－4　2011—2019年公益林与商品林及总体赔付率**

资料来源：根据各年《中国森林保险发展报告》整理所得。

全国相对统一的费率水平导致地区间保险公司赔付率差异巨大，不同地区保险公司的保费收入与赔付金额相差甚远。就2019年赔付率看，各地区存在较大差异，如江西的森林保险赔付率均超过60%，而黑龙江、大连、厦门低于10%；又如湖北商品林保险的赔付率高达544.49%，而甘肃、大连、厦门等地区均没有产生理赔。可见，各地区赔付率差异较大，存在明显分化。同时，地区间赔付的不均衡容易导致保险公司出现逆向选择，保险公司会在费率水平相对较高、赔付率相对较低的地区开展森林保险业务，而对于费率水平相对较低、赔付率较高的地区则丧失了开展森林保险业务的积极性。

## 第二节 我国森林保险面临的现实困境与制度成因

### 一、森林保险主要发展困境

#### （一）需求层面：现行保险产品与实际需求不匹配，投保主体参保意愿不强烈

森林保险产品与实际需求错位，无法满足投保主体现实需求。公益林参保面积不断增加主要是由于政府采取统保方式且给予高比例甚至全额保费补贴，一旦失去政府统保或减少补贴比例，公益林保险将陷入投保意愿不足的困境；商品林因当前保险产品不能满足其实际需求而陷入参保增长乏力的困境。森林保险投保主体涵盖了小林农与新型林业经营主体。随着林业产业化和规模化发展，新型林业经营主体逐渐成为我国林业生产的新趋势，是森林保险的主要需求者，且现代林业发展呈现出高成本、高投入的生产特点，保险标的经营成本与经济价值日益增长。而当前基于“低保障、广覆盖”原则设计的森林保险产品保障水平偏低，且未能实现与生产成本的同步增长，不能满足规模化经营主体对灾损补偿的保障需求，导致真正有保险需求的投保主体尤其是新型林业经营主体因参保“不解渴”“获得感差”而无投保意愿（秦涛等，2014）。此外，林业风险与灾害的多样性决定了林农对森林保险需求的多样化。我国不同地区所面临的主要林业风险存在较大差异，如广东、海南等处于沿海邻近区域，易受台风影响，江西等地受雨雪冰冻灾害影响严重，福建山体多山势陡且降雨多，这使得不同地区林农对强调不同灾害责任的保险供给需求存在明显差别。而现有除火灾单独险外（见表4－3），并没有针对地区特殊灾害的成熟保险产品，综合险虽然将大部分灾害全面归入，但仍不能满足投保主体地域化、特色化的保险需求。

表 4-3　　我国森林保险产品的核心条款

| 核心条款 | 公益林 | 商品林 |
| --- | --- | --- |
| 保险品种 | 综合险、火灾险 | |
| 保险责任 | 火灾、暴雨、暴风、洪水、泥石流、冰雹、霜冻、台风、暴雪、雨凇、虫灾、干旱、滑坡、雪凇、雨雪冰冻、热带气旋、龙卷风、雷击、洪涝、低温、沙尘暴、地震、干热风等 | |
| 保险金额 | 400～1200 元/亩 | 600～1400 元/亩 |
| 保险费率 | 1‰～6‰ | 1.6‰～8‰ |

资料来源：根据《中国森林保险发展报告》（2016—2020 年）整理所得。

### （二）供给层面：保险市场未能形成有效竞争格局，保险公司创新供给动力明显不足

我国森林保险供给市场产业集中水平偏高，属于高度寡占型市场。2019 年前十大森林保险承保机构承保面积占市场的 97.45%①，且多数经营机构市场分布窄且无市场优势，同时部分机构仅在某一地区开展森林保险业务，存在着“一家独大”的承保局面。这导致承保主体“挑肥拣瘦”的低风险承保倾向严重，阻碍了统一服务与标准的明确，增加了市场非理性竞争与摩擦纠纷。此外，保费补贴政策实施 10 多年来，森林保险产品并未有实质性变化，新型森林保险产品的开发、设计、创新及升级相对滞后，难以适应现代林业发展过程中涌现出的诸多新情况与新需求，尤其是随着新型林业经营主体逐渐成为林业生产的主导力量，不仅要求森林保险产品能满足其灾损补偿的需求，同时也朝着保收入、保产量、保价值转变，现有以再植成本为主的单一森林保险产品，远不能满足林农多样化、精细化的保险需求。

我国森林保险产品的供给现状表现为保险公司供给乏力。由于林区成片种植，林木间密度大关联程度高，使森林灾害具有局部地区的损失规模很可能较大，风险在一定地域范围内难以分散的特点，保险公司理赔风险较大。李艳和陈盛伟（2018）强调了森林灾害不仅具有低频性和偶发性，最为严重的是巨灾性和高损性。一场严重的森林灾害会使保险公司遭受巨额损失，甚至面临生存危机。虽然可以选择通过再保险途径分散保险公司面临的风险，但我国再保险与相关风险分散制度目前仍有较大缺失，森林

① 根据《中国森林保险发展报告》（2016—2020 年）整理所得。

保险的实际承保公司为各大保险公司的省级分公司，其经营对象通常在各省区域内，这导致了区域内经营风险较为集中且不易分散，各省分公司在与再保险公司谈判分保过程中遇到较多困难。

此外，当前保险公司愿意承保森林保险的重要原因是公益林保险实行县域级的统一投保模式，地方政府尤其是基层林业部门在实际运作中完成了大量工作并承担了大部分经费支出，由此减少了保险公司经营成本，若林业部门停止相关协助工作，保险公司就极有可能缩减甚至退出森林保险业务，未来持续供给面临威胁。

### （三）政策层面：地方政府配套保费补贴压力较大，基层林业部门缺乏工作动力

地方政府作为推动森林保险发展的政策执行主体，需要配套提供一定比例的保费补贴，部分地方政府因森林规模大或财力限制造成过重的补贴负担，无法完成配套补贴，从而导致了参保面积的下降。截至 2019 年底，由于森林面积大，地方财力负担过重，西藏和新疆等地区仍未纳入补贴试点范围；吉林省由于部分基层政府无力配套补贴资金导致 2016 年公益林参保面积下降 22.74%；大连市 2018 年受财力限制降低了 10% 的县级财政补贴而导致投保面积下降 31.44 万亩。同时，地方林业部门需要在森林保险经营过程中参与保费收缴、定损理赔等的工作（Sacchelli et al.，2018），加之又缺少相关工作的费用补贴和专项工作经费保障，林业部门推进森林保险的工作动力不足。

## 二、保费补贴政策的设计缺陷与不足

### （一）政府职能定位超越了鼓励引导范围

政府作为参与主体之一，森林保险实施方案中规定其在实际运作中应遵循“政府引导、市场运作”原则，主要以财政补贴、政策支持等方式参与森林保险，起到投保主体与承保机构之间的桥梁作用，衔接保险公司与分散小林农及新型林业经营主体间关系。发达国家森林保险实践中政府主要以“裁判员”身份作为监管主体参与，而我国政府则是以“裁判员”和“教练员”的双重身份全面参与到保险产品设计、投保、定损理赔等各个环节，其作用并不仅限于提供保费补贴、监管资金和业务等的指导和支持，还主导了保险责任、保险金额及费率等保险条款的制定。过强的政府干预使得森林保险违背了市场运作原则，导致保险产品偏离实际需求，也使得保险公司对政府部门的依赖度过高。

### （二）保险产品设计未遵照市场运作原则

由于政府过度干预，造成森林保险产品无法完全按照市场化原则进行设计，人为性与随意性较强，造成了保险责任、保障水平及费率水平设定缺乏科学依据，无法适应实际需求。

1. 保险责任单一

不同地区、不同林种所面临的林业风险不同，且森林分类经营的发展趋势也加强了对保险责任多样化的需求。目前我国主要以灾害补偿型险种为主，产品与责任覆盖单一，各省针对公益林和商品林仅开办了森林火灾险与综合险，未能有效区分树种与树龄等；而森林保险发展水平高的国家均为多险种，日本有火灾险、气象灾害险、火山喷发险等，澳大利亚保险责任不仅覆盖林木损失费用，还包括了基础设施费用、灭火费用、灾后残余物清理及设备损坏费用等，瑞典保险责任覆盖范围包括损失费、救援费、作业费及树林损失补偿费等。

2. 保障水平偏低且单一

根据财产保险一般原理，保额的设置应依据产品实际价值来确定，美国、日本、澳大利亚等国家均是依照树种价值、投保林龄、林分条件、地理位置及投保期限等进行保额差异化设定。而我国则以“低保障”为原则，保险金额相当于承保对象物化成本的一定比例（40%～60%），人力及土地租金等占比较大的成本未纳入考量；且补贴政策实施10多年来，保障水平既未能维持与投入成本的同步增长，也未进行多层级差异化的设定。2011—2019年，森林保险亩均保额总体提升不足300元（见图4－5）；2019年公益林亩均保额为613.02元，商品林亩均保额不足723.57元（见表4－4）[①]。此外，我国目前的最高保障水平（1200元/亩）也抵不上普通立地条件的林木再植成本（1500元/亩左右），更不抵“三难地”及个别特殊地带的林木再植成本。

3. 未进行费率精细化测算

森林保险费率应在市场化原则下，由保险公司在综合考虑区域位置、气候条件、管护水平等因素基础上进行科学厘定（富丽莎等，2020）。美国、日本、瑞典等均是按照不同地区所面临实际风险进行等级区划，并由此确定差别化费率水平。虽然我国在2016年国务院办公厅印发《关于完善集体林权制度的意见》中明确规定要考虑多种因素科学厘定费率、建立

① 商品林参保地区和单位中不含内蒙古森工。

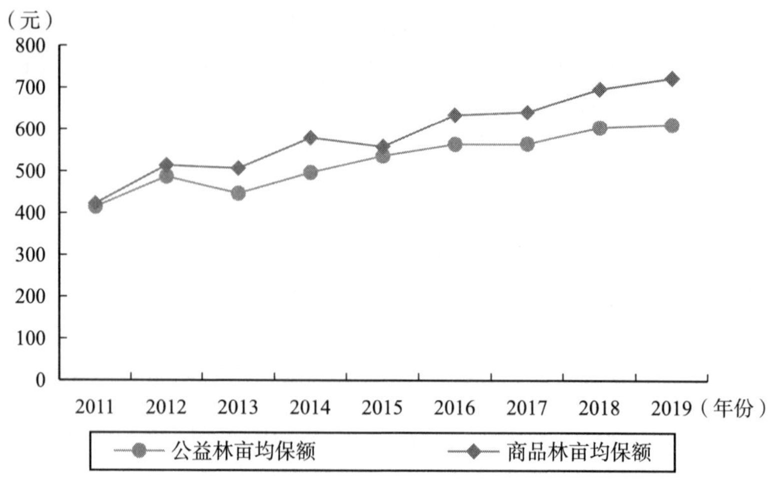


**图 4 -5　2011—2019 年公益林与商品林亩均保额**

资料来源：根据《中国森林保险发展报告》（2016—2019 年）整理所得。

**表 4 -4　　2019 年各地区公益林和商品林亩均保额**

| 亩均保额 | 公益林 | | 商品林 | |
|---|---|---|---|---|
| | 个数 | 地区 | 个数 | 地区 |
| 400 ~ 600 元 | 18 | 云南、湖南、大连、浙江、安徽、河南、江西、甘肃、湖北、辽宁、吉林、青岛、广东、广西、四川、陕西、海南、河北 | 10 | 云南、大连、湖南、辽宁、湖北、吉林、广东、安徽、浙江、甘肃 |
| 600 ~ 800 元 | 6 | 内蒙古、厦门、重庆、宁波、山西、山东 | 8 | 厦门、河南、内蒙古、宁波、四川、重庆、江西、河北 |
| 800 ~ 1000 元 | 2 | 福建、青海 | 4 | 福建、海南、山东、青海 |
| 1000 元以上 | 2 | 北京、贵州 | 2 | 贵州、广西 |

资料来源：根据《中国森林保险发展报告》（2016—2020 年）整理所得。

健全森林保险费率调整机制①，但现实情况是费率水平整体变化不大（见图 4 -6），既没有根据各地实际风险与致灾情况精细厘定，也未能体现树种、林龄和立地条件的不同，费率水平没有明显差异性。2019 年近半数公益林参保地区和单位费率水平集中在 2‰ ~ 4‰，13 个商品林参保地区和

① 国务院办公厅印发《关于完善集体林权制度的意见》对集体林业发展中的主要问题提出了系列政策措施，指出完善森林保险制度，建立健全森林保险费率调整机制，完善大灾风险分散机制工作。

单位集中在3‰~4‰（见表4-5）。统一费率促使投保主体产生严重的逆向选择，致使森林保险市场趋向“柠檬市场”，最终导致需求市场萎缩。

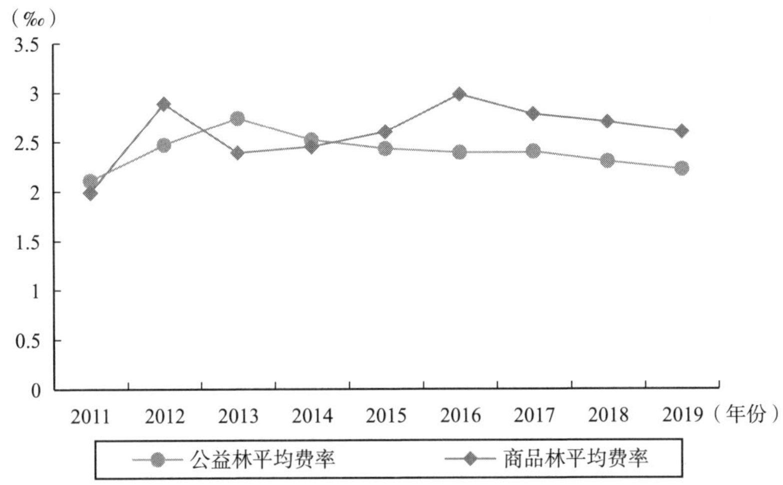


**图4-6　2011—2019年公益林与商品林平均费率**

资料来源：根据《中国森林保险发展报告》（2016—2019年）整理所得。

**表4-5　2019年各地区公益林和商品林平均费率**

| 平均费率水平 | 公益林 | | 商品林 | |
|---|---|---|---|---|
| | 个数 | 地区 | 个数 | 地区 |
| 1.5‰以下 | 5 | 云南、浙江、河南、四川、重庆 | 4 | 厦门、宁波、云南、四川 |
| 1.5‰~3‰ | 14 | 福建、陕西、宁波、北京、江西、甘肃、厦门、山西、贵州、内蒙古、青海、广西、湖北、辽宁 | 8 | 福建、甘肃、贵州、内蒙古、重庆、辽宁、湖北、河南 |
| 3‰~4.5‰ | 8 | 海南、安徽、河北、吉林、青岛、广东、湖南、大连 | 8 | 广西、江西、河北、吉林、广东、大连、湖南、安徽 |
| 4.5‰以上 | 1 | 山东 | 4 | 海南、浙江、山东、青海 |

资料来源：根据《中国森林保险发展报告》（2016—2020年）整理所得。

4. 投保激励政策不完善，理赔机制亟待改进

现行投保方式基本采取“分年投保，一年一签”的方式，在统一费率下，没有对连续投保且未遭灾损投保主体的优惠措施，抑制了持续投保的积极性，且单次投保易引致严重的道德风险问题。同时，自主自愿的参保理赔机制影响了森林保险保费补贴政策的有效推进。“自主自愿”原则下，

投保主体可自由选择是否参保，然而当前我国投保主体保险意识弱且多处在经济欠发达地区，对参保重要性认知还远不够，投保积极性远不及预期。此外，缺乏完善的理赔机制，高比例补贴下的公益林因保险赔款容易诱发道德风险与逆向选择问题。

### （三）保费补贴标准不利于激励作用的发挥

在“低保障、广覆盖”原则下，以低保费为基础的森林保险保费补贴水平偏低，且补贴标准缺乏差异化，导致补贴政策难以发挥激励作用，影响了地方政府配套补贴与协同工作的动力。

#### 1. 补贴水平偏低

尽管我国森林保险保费补贴比例非常高，但实际补贴额仍偏低，单纯依靠补贴比例的提高来激励投保主体参保的空间十分有限。目前我国森林保险财政补贴占比已近 90%，远高于 44% 的全球农业保险保费补贴占比，继续增加补贴比例已无法进一步激励投保主体。同时，依据“补贴规模 = 保费 × 补贴比例 = 保额 × 费率 × 补贴比例”，费率与保障水平既可直接影响补贴规模，又可通过保费间接作用于补贴规模；而由于我国保费补贴标准制定中未能与保障水平相结合，受低保障的限制，补贴比例的继续加大也难以相应提高补贴规模，导致参保激励作用弱。

#### 2. 统一央地补贴标准缺乏差异化

在当前统一保费补贴比例的“倒补贴”联动机制下，中央财政保费补贴资金的杠杆效应明显，但激励效应偏弱。我国地区间经济与财政水平、林业资源状况、投保主体保费负担能力等均存在较大差异，然而财政补贴资金分配并没有考虑这些因素，致使投保主体保费负担水平与支付能力不相适应。就 2019 年公益林财政补贴地区分布看①，经济水平与农民收入偏低的西部地区财政保费承担比例低于经济水平与收入较高的东部地区，林业资源丰富且经济活力不足的东北地区财政保费承担力度也弱于东部地区。同时，对基层政府来说，在没有根据各地实际森林面积与经济水平实施差异化补贴情况下，补贴比例的继续加大与保险参与率的继续提升会进一步加重地方财政负担，这尤其与我国森林资源丰富地区经济条件往往落后的现实不相适应，严重影响了基层政府配套补贴的动力。部分地区正是因此而减少参保面积，甚至退出森林保险。此外，保费补贴对不同营林主体的投保激励是存在差异的，当前我国森林保险保费补贴政策顺应了开展

---

① 数据整理于《中国森林保险发展报告》（2016—2020 年）。

初期小且分散的投保主体需求，但随着需求主体的变化与升级，使得现行补贴政策下补贴资金指向性弱，既无法实现对新型林业经营主体的投保激励，也无法满足传统小林农对保费补贴的实际需求（富丽莎等，2022），补贴激励作用无法充分发挥。

**（四）保险运行模式影响了协同推进的效果**

1. 中央与地方政府部门目标不统一

中央和省级政府站在利国利民和发展林业的角度考虑，对推动森林保险的发展抱有较大积极性与信心，但省级以下政府，特别是部分林区基层政府财政比较困难，而当前的保费补贴标准需县级财政承担一定的保费，且全国采取统一补贴比例，这使得森林资源丰富且经济欠发达的基层政府，尤其是县域政府财政负担过大。同时，基层政府从事森林保险查勘、定损、理赔等业务缺乏相应的业务费补贴，使得部分基层政府逐渐丧失了协助开展森林保险的积极性。

2. 林业部门和保险公司实际定位存在偏差，无法形成协同动力

现有森林保险实践中，保险公司与林业部门职责分工不明确，导致保险公司处于强势地位，而林业部门因政绩压力被迫以“打工者”身份协助保险公司完成森林保险宣传、出险定损及理赔等相关工作，缺少森林保险管理的话语权。同时林业部门也没有专门工作经费支持森林保险工作，使得其在森林保险运行中尤为重要的纽带作用未能充分体现，影响了森林保险的运行效果。

## 第三节　森林保险道德风险形成机理与防范机制

### 一、问题的提出

由于森林保险市场上存在严重的信息不对称，容易产生投保主体的道德风险问题（王华丽和陈建成，2011），尤其公益林的准公共物品属性以及权属关系的特殊性（刘本洁和祖建新，2009），公益林与一般保险标的之间存在较大差异甚至是本质区别，尤其在我国现行保费补贴政策下，公益林保险在承保、风险管理和理赔等环节都存在较大差异，相应的道德风险表现形式和形成机理都可能与一般保险不同，这使得保险公司在经营公益林保险过程中面临的道德风险问题比一般险种更加严重和复杂，对标的

进行风险管理变得更加困难。如不能有效地防范道德风险，会使得保险公司的经营成本上升，导致整个森林保险市场经营效率低下。因此，本节将结合公益林保险的特点，分析投保主体道德风险表现形式及其形成的经济学机理，并结合我国实际情况探讨投保主体道德风险的制度成因，最后为解决公益林保险市场中道德风险问题提供政策建议。

## 二、公益林保险投保主体道德风险表现形式

我国公益林权属关系的特殊性与广泛存在的信息不对称容易引发公益林保险的道德风险。投保主体的道德风险可以理解为投保人在公益林投保后的失信行为或者机会主义行为，与商品林和经济林不同，公益林经营者不能随意改种或砍伐林中的树木，担负了更多的生态效益责任，具有准公共物品属性。同时公益林保险的参与主体从普通商业保险的两方扩展到多方，包括林业经营主体、保险公司、地方林业部门和各级政府等，容易出现权利与义务不对等的情况，这些使得公益林保险的道德风险问题更为特殊和复杂（农婧和杨爽，2015）。

### （一）我国公益林保险补贴模式和运行机制

现行森林保险采取的是“低保额、保成本、广覆盖”的成本保险方式，保费补贴层级一般为中央、省、地级市、县（市、区）四级，在省直管县的地区，补贴层级则为中央、省、县（市、区）三级。公益林中央财政补贴比例为50%，省（直辖市）级财政对公益林的保费补贴比例为25%～50%，市级及以下财政承担的补贴比例5%～25%，林农等林业经营主体自担部分平均为0～10%。2017年，从各地区总体来看，有4个地区的公益林保险财政补贴比例达到100%，17个地区的补贴比例位于90%～100%，10个地区补贴比例低于90%。

根据投保主体的不同，公益林保险的运行模式可以分为两种：公益林经营主体自行投保模式和地方政府部门统保统赔模式，见表4-6。

**表4-6　我国公益林保险的主要运行模式**

| 保险条款 | 自行投保 | 统保统赔 |
| --- | --- | --- |
| 投保人 | 林业经营主体；<br>村集体/专业生产合作社 | 地方林业部门 |
| 被保险人 | 林业经营主体 | 地方林业部门 |

续表

| 保险条款 | 自行投保 | 统保统赔 |
| --- | --- | --- |
| 投保方式 | 分为自行投保和集中投保两种方式：<br>由林农或林业企业等林业经营主体作为投保主体的自行投保方式；<br>由专业生产经营组织、行政村等为单位组织林权所有者集中投保方式 | 实行统一保险方式：由地方林业部门与保险公司签订统保协议，用各级财政保费补贴金统一向保险公司支付 |
| 赔付对象 | 自行投保情况下，保险公司直接将赔偿金转账到公益林经营主体账户；<br>集中投保情况下，赔偿金通常拨付给投保村集体或专业生产合作社 | 保险赔款由保险公司直接支付地方林业部门，用于受灾林地的造林和灾后抚育工作 |
| 赔偿标准 | 赔偿金额 = 每亩保险金额 × 损失程度 × 受损面积（其中，损失程度 = 单位面积受损株数/林木平均密度） | |

资料来源：《2018 年中国森林保险发展报告》、各省公益林保险实施方案。

### （二）自行投保模式下道德风险表现形式

在自行投保模式下，通常由林业经营主体（林农、林场、林业企业等）作为投保主体和赔付对象。目前主要有两种投保方式：一种由林农或林业企业等林业经营主体自行投保，与保险公司签订保险合约；另一种由专业生产合作社、农林业经营组织、村民委员会等为单位组织营林主体集中投保，统一与保险公司签订保险合约。根据投保方式的不同，理赔流程亦有差异，自行投保情况下，保险赔偿款由保险公司直接转账支付至林业经营主体的“一折通”或其他实名银行账户；集中投保情况下，赔偿金通常拨付给投保村集体或专业生产合作社，由其进行管理，专项用于受灾林地的造林工作。自行投保模式如图 4 －7 所示。

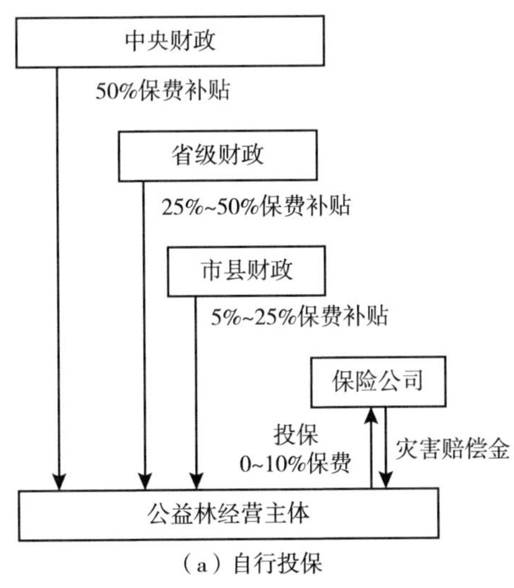

（a）自行投保

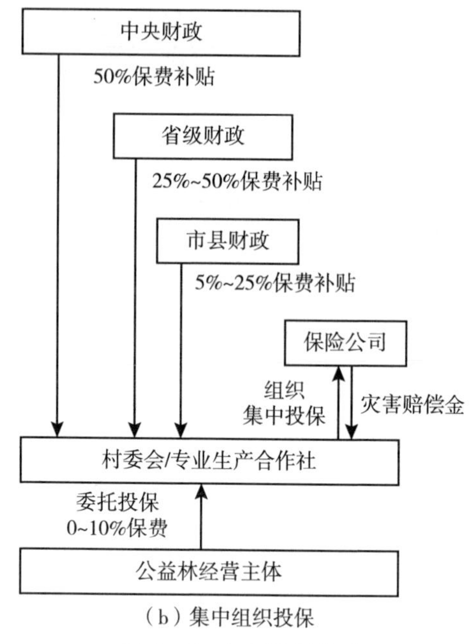


（b）集中组织投保

**图 4-7　自行投保模式**

资料来源：根据各省公益林保险实施方案整理所得。

在自行投保模式下，道德风险主要来源于公益林经营主体，其道德风险行为可分为防损端的事前道德风险和减损端的事后道德风险。事前道德风险是指投保人在公益林灾害发生前的不诚实、不守信，或者因有保险保障而降低对公益林的维护措施，导致灾害发生概率上升；事后道德风险是指投保人在灾害发生后补救措施不积极主动，甚至采取人为破坏等败德行为，造成公益林的损失扩大。具体有以下表现。

（1）事前道德风险通常体现为因有保险保障而诱发的两类完全相反行为。一类是经营主体在投保后更倾向于冒险，由于其防损行为异常而引起的保险事故发生。有学者研究发现，部分地区林农出现故意将生长情况差的林地烧掉（赵新华，2011），或者人为地制造火灾以获取保险赔偿金的现象（李超等，2013）；林业企业在投保后不按经营规范管理林木，盲目引进新树种、施肥不当等。另一类是经营主体在投保后更倾向于保守，由于其防损行为不积极而引起保险事故的发生。调查表明投保后的一些林农有故意降低其在公益林维护中的努力程度、减少防灾防损措施和消极防御火灾的行为，以节约时间开展其他生产经营活动以增加非林业收入；林业企业也在投保后出现减少病虫灾害的防控人员数和防虫药物的投入量的情况，进而减少企业在公益林上投入的物质成本与人力成本（刘本洁和祖建新，2009）。

（2）事后道德风险的表现具体有两种类型。一类是在受灾后怠于采取减损措施或者进行人为破坏，公益林保险的保险标的是具有生命的树林，因灾致损时进行适当的修复和照料通常可以自我调节和恢复，故风险事故的发生并不意味着最终损失的发生。然而，不少林农和林业企业在受灾以后寄希望于政府补贴和保险公司赔偿金，不及时采取补救措施，造成公益林因灾损失增加，以获取保险公司超额保险赔款。另一类是在灾后造林过程中的不积极或者变相融资行为，在拿到赔偿金后的重新造林过程中，再植成本会因树种选择的不同而有差异，林农和林企会倾向于选择种植短期更易成活、成本更低的树种，甚至倒卖树苗（李超等，2013），但不同树种的生态效应不同，树木的耐寒、耐旱能力和水土保持的程度有差异，因此，投保人的这种道德风险行为会对公益林生态功能带来很大影响。

**（三）统保统赔模式下道德风险表现形式**

在统保统赔模式下，地方林业部门作为投保主体，在承保环节代替林农统一与保险公司签订保险合同，统一投保，统一确定保额、保费和保险责任等。在投保后，部分省区采取防灾减灾经费方式进行管理，由保险公司从保费中提取一定比例专门用于防灾减损的费用，再根据上一年度保费和赔付情况确定发放给地方林业部门的经费额度，以提高当地公益林综合防灾能力。以广西为例，防灾减损经费列支总额一般不超过上一年保费总额的 1.5%，上一年综合赔付率超过 100% 的列支经费占比不高于 0.5%；内蒙古则规定公益林保险保费收入在 10 亿元以上的，按 2.5% 提取，10 亿元以下的按 3% 提取。在理赔环节，公益林发生灾害后，保险公司直接将赔偿金支付给相关的基层政府部门，由地方政府部门对账户资金进行管理，用于受灾林地的造林和灾后抚育工作。与上一种模式相比，该种模式下保险主体不再涉及公益林经营者，灾后造林和修复工作将由地方林业部门负责执行。统保统赔模式如图 4-8 所示。

在统保统赔模式下，公益林保险的参与方为保险公司与基层地方政府部门。理论上基层地方政府部门的目标函数是追求社会福利最大化，但地方政府部门作为“经济人”，同样也会追求自身利益最大化，只是寻求利益最大化的偏好会受到制度的约束，表现没有市场中的一般“经济人”明显。基层政府部门参与到公益林保险的补贴、参保、理赔各个环节，在公益林保险经营的各个环节起着很大的作用，极易诱发道德风险问题，主要有以下表现。

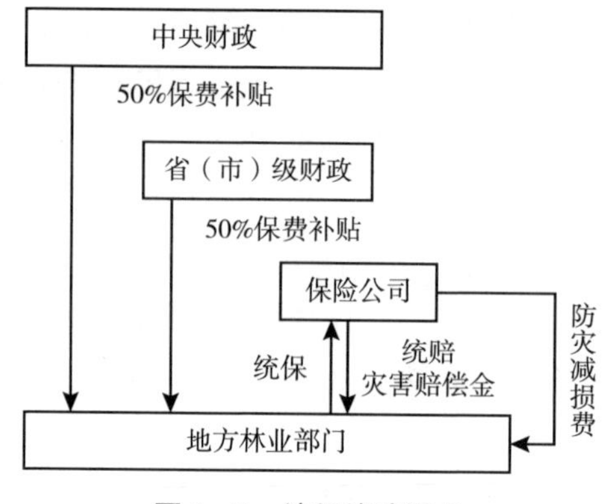


**图 4-8　统保统赔模式**

资料来源：根据各省公益林保险实施方案整理所得。

（1）保险公司进行虚假投保，以增加保险业务量，获取相应的超额森林保险工作经费，套取中央财政保费补贴资金。如 2016 年某农业保险公司六安中心支公司因虚增投保面积、虚列森林保险防灾费、超额计提森林保险工作经费，受到中国银保监会六安银保监分局行政处罚。

（2）保险公司以多种形式（防灾减损费、协办费等）将保险补贴款返还基层政府部门，基层政府部门通过与保险公司合谋滥用或挪用防灾减损资金。克（Ker，2001）指出，在美国联邦农作物保险市场，有些保险公司会通过向投保人提供"有利"的赔偿金来维持客户关系，以获得额外收益。

以上道德风险的存在，增加了公益林保险的经营成本，尤其通过提取较高比例的防灾减损费、协办费等方式存在的道德风险行为造成了我国公益林保险较低的简单赔付率，但算上防灾减损费、协办费等项支出后的综合支出或综合赔付率却并不低，较高的隐性运营成本在一定程度上也影响了公益林保险市场运行效率。另外，增长过快的中央财政补贴支出也造成一定财政资源浪费。道德风险虽然是金融市场的共性问题，但公益林保险的道德风险又有巨大负外部性，包括生态失衡、环境恶化、气候破坏、水土流失、生物多样性减少等无法用经济数字反映的损失（李全庆和陈利根，2009）。

## 三、公益林保险投保主体道德风险形成机理

目前我国公益林保险市场有两类投保主体：一类是林农和林业企业等林业经营主体；另一类是县（市、区）林业主管部门或乡（镇、街道）。

林农经营公益林的收入主要为财政补贴的公益林生态补偿金，以及发展林业相关产业经营收入（如森林旅游观光等）；地方林业部门经营公益林获得的收益主要体现为当地社会生态效益的增加。以下选用期望效用函数和博弈模型分别论证两类投保主体道德风险的形成，其中第一类以林农作为代表、第二类以地方林业部门为代表进行研究。

**（一）林农作为投保主体：基于效用函数的分析**

假设投保林农是理性经济人，他们会选择自身效用最大的行为。设林农维护公益林的努力程度为 $a$，$V(a)$ 表示林农的努力成本，是努力程度的可变成本函数，且 $V'(a)>0$，$V''(a)>0$（即努力成本 $V$ 为努力程度 $a$ 的增函数，且努力成本 $V$ 随着努力程度 $a$ 的增加而增长越快）。在高努力程度 $a_H$ 和低努力程度 $a_L$ 下所对应的努力成本为常数 $V(a_H)$ 和 $V(a_L)$ 且 $V(a_H)>V(a_L)$。设 $F$ 为固定成本，不随努力程度而改变，于是总成本可表示为 $C(a)=V(a)+F$，同时有 $C'(a)>0$，$C''(a)>0$。

由于公益林保险是一种高风险性、强正外部性的准公共产品，林农购买保险的私人边际效益小于社会边际效益，需要政府补贴以便林农参与约束得到满足。令 $Y_G$ 表示政府每年给林农的固定生态补偿金，$Y_0$ 为林农经营公益林的收入；林农参加公益林保险的总保额为 $W$，费率为 $k$，即保险费用为 $kW$；$S$ 表示政府财政为公益林保险提供的保费补贴，$s$ 表示政府的保费补贴比例，且 $0<s<1$，则有政府保费补贴 $S=skW$，林农个人承担保费为 $kW-S=(1-s)kW$。

当公益林因灾害受损时，保险公司支付给林农的赔偿金金额为 $I$，其理论上应与受损公益林的林地面积和树木品种有关，但在部分省份的实际运营过程中，无论林木品种和树种年龄，均采取定额赔偿金政策，此时赔偿金金额 $I$ 便只与受损公益林的面积有关。假设林农以自身效用最大化为目标，其效用函数为 $U(EY, a)$，效用 $U$ 与预期收入 $EY$ 正相关，与努力程度 $a$ 呈负相关系。

（1）若林农未参加公益林保险，由于没有公益林灾害化解措施，林农会投入较多努力 $a_H$ 来维护公益林，以保证经营收入 $Y_0$ 的稳定。从而，在该状态下没有灾害发生时其预期收入和效用分别为

$$\begin{gathered} EY=Y_0+Y_G-C(a_H) \\ U_1=U(Y_0+Y_G-C(a_H),\ a_H) \end{gathered} \tag{4-1}$$

当公益林因灾害发生而受损时，其预期收入和效用分别为

$$\begin{gathered} EY=Y_G-C(a_H), \\ U_2=U(Y_G-C(a_H),\ a_H) \end{gathered} \tag{4-2}$$

（2）若林农参加公益林保险且依然投入 $a_H$ 的努力，当无灾害发生时林农的预期收入和效用为

$$EY = Y_0 + Y_G - C(a_H) - (1-s)kW$$
$$U_3 = U(Y_0 + Y_G - C(a_H) - (1-s)kW,\ a_H) \tag{4-3}$$

当灾害发生时，林农因公益林受损而无法获得经营收入 $Y_0$，从保险公司获得赔偿金收入，此时林农的预期收入和效用为

$$EY = Y_G - C(a_H) - (1-s)kW + I$$
$$U_4 = U(Y_G - C(a_H) - (1-s)kW + I,\ a_H) \tag{4-4}$$

（3）若林农参加公益林保险，但之后降低努力程度投入 $a_L$ 的努力，其公益林的正常经营收入 $Y_0$ 将减少为 $Y_0'$（显然 $Y_0' < Y_0$），当无灾害发生时林农的预期收入和效用为

$$EY = Y_0' + Y_G - C(a_L) - (1-s)kW$$
$$U_5 = U(Y_0' + Y_G - C(a_L) - (1-s)kW,\ a_L) \tag{4-5}$$

当灾害发生时，林农获得保险公司赔偿，此时林农的预期收入和效用为

$$EY = Y_G - C(a_L) - (1-s)kW + I$$
$$U_6 = U(Y_G - C(a_L) - (1-s)kW + I,\ a_L) \tag{4-6}$$

从以上分析可以看出，当投入相同的努力程度 $a_H$ 时，没有灾害发生时，参保和不参保的效用之比显然为负值，即林农因不参保节省了保费支出而获得更大效用；灾害发生时，参保和不参保的效用之差：

$$U_4 - U_2 = U(Y_G - C(a_H) - (1-s)kW + I,\ a_H) - U(Y_G - C(a_H),\ a_H) \tag{4-7}$$

此时参保效用和不参保效用之差是否为正值取决于 $-(1-s)kW + I$ 的大小，考虑到保险公司理赔的公平博弈机制，实际上是取决于政府的保费补贴比例 $s$，只有当 $s$ 足够高时林农才有参与公益林保险的动机。

在（2）的情况下，有灾害发生时的效用和无灾害发生时的效用相比：

$$U_4 - U_3 = U(Y_G - C(a_H) - (1-s)kW + I,\ a_H) - U(Y_0 + Y_G - C(a_H) - (1-s)kW,\ a_H) \tag{4-8}$$

此时有灾害发生效用和无灾害发生时效用之差是否为正值取决于 $I - Y_0$ 的大小，可知当投保林农因灾害发生获得的赔偿金大于公益林经营收入时（$I > Y_0$），两种情况下的效用之差（$U_4 - U_3$）可能为正值，即投保林农可能因风险事故发生而获得更大的效用，该发现也是对李超等（2013）研究的补充。

在（3）的情况下，有灾害发生时的效用和无灾害发生时的效用相比：

$$U_6 - U_5 = U(Y_G - C(a_L) - (1-s)kW + I,\ a_L) - U(Y'_0 + Y_G - C(a_L) - (1-s)kW,\ a_L) \quad (4-9)$$

此时有灾害发生效用和无灾害发生时效用之差是否为正值取决于 $I - Y'_0$的大小，可知当投保林农因灾害发生获得的赔偿金大于公益林经营收入时（$I > Y'_0$），两种情况下的效用之差（$U_6 - U_5$）可能为正值，即投保林农可能因风险事故发生而获得更大的效用。

在林农投保且预期灾害发生的情况下，投入 $a_L$ 努力的效用和 $a_H$ 努力的效用之比：

$$U_6 - U_4 = U(Y_G - C(a_L) - (1-s)kW + I,\ a_L) - U(Y_G - C(a_H) - (1-s)kW + I,\ a_H) > 0 \quad (4-10)$$

此时，即投保林农在公益林管理中投入较少努力比其投入较多努力获得更大的效用。毫无疑问，在投保林农通过各种信息预期灾害会发生时，会因有保险提供风险保障而选择降低其在公益林管理中的努力程度，这与已有研究结论一致（张芳洁等，2013）。

综上所述，只有在高额或者全额保费补贴下林农才会参保。不论林农对公益林管理投入的努力程度高低，在保险合同（赔偿金）设计不合理时，投保林农都有可能因公益林灾害发生获得更大的效用，加之公益林区地形地势复杂，自然火灾与纵火不易识别，按照理性人假设，这些都有可能激励其作出促成公益林灾害发生的行为。当投保林农预期灾害要发生时，其在公益林管理中更有可能存在防灾防损不积极和在风险事故发生后怠于采取减灾减损措施的问题。故而，林农作为投保主体时，公益林保险的事前道德风险和事后道德风险都具有产生的可能性。

**（二）地方林业部门作为投保主体：基于不完全信息条件下的博弈分析**

若财政对公益林保险费用进行全额补贴，由地方林业部门代替公益林经营主体统一投保，经营主体无须承担任何费用，则实际上变成保险公司和地方林业部门之间的博弈，而不涉及林农等经营主体的参与。贝叶斯博弈模型是经典的不完全信息条件下的静态博弈模型（赵耀华和蒲勇健，2010），因公益林保险经营过程中，投保林业部门和保险公司所处地位、掌握的信息资源不同，必然造成公益林保险中的信息不对称（郗希，2010），因此保险公司和林业部门之间的博弈属于典型的贝叶斯博弈。由于在贝叶斯博弈下无纯战略纳什均衡，存在的均衡状态只能是混合战略均衡，即最终使每个参与人的预期效用都达到最大化的一种均衡状态。

1. 模型的基本假设

假设1：保险公司和地方林业部门都是以预期效用最大化为目标的理性经济人。保险公司依据公益林保险产品的市场费率向林业部门收取相应的保费，保险公司在提供公益林保险产品过程中追求本公司的预期收益最大化。林业部门参加公益林保险也追求自身收益的最大化。

假设2：保险公司和地方林业部门之间的信息是不对称的。为了分析林业部门是否投保公益林对保险公司行为的影响，假设保险公司对林业部门是否参与公益林保险不清楚，只知晓林业部门参与公益林保险的概率分布情况。林业部门对保险公司在公益林保险制度中是否诚实并不清楚，只知道保险公司诚实的概率分布（保险公司的诚实态度是指根据投保人公益林实际情况及其需求销售保险产品，而不诚实行为是指推荐或诱导投保人购买比较昂贵或不与其实际需求相匹配的保险产品）。

2. 贝叶斯博弈模型的建立

在此种投保模式下的博弈中，参与人只涉及保险公司和林业部门。林业部门面临的策略是随机性地选择参与公益林保险和不参与公益林保险，其行动方案为（参与，不参与），其选择参与的概率为 $a$，选择不参与的概率为 $1-a$。保险公司面临的策略为随机性地选择诚实销售保险和不诚实销售保险，其行动方案为（诚实，不诚实），其选择诚实的概率为 $\beta$，选择不诚实的概率为 $1-\beta$。

林业部门的支付结构：假设公益林发生灾害的概率为 $\theta$，缴纳的公益林保险保费为 $C$，公益林保险金额为 $W$，中央财政给予的保费补偿为 $S$，公益林灾害发生时的损失及修复的费用为 $L$，未发生灾害时带来的社会生态效益为 $E$，保险公司发放返还的防灾经费为 $F$，不诚实销售保险给林业部门带来的超额成本为 $H$。则林业部门各种情况下的预期净收益为 $u_i$。

保险公司的支付结构：假设保险公司诚实售保时赚取的公益林保险保费收益为 $y$，从保费中列支的防灾减损经费 $F$，诚实售保为保险公司增添的隐形收益为 $K$（考虑到公益林保险市场具有一定竞争性，诚实售保会提升其在公益林保险市场的美誉度，进而提升了公司的声誉，同时也可以减少因不诚实售保被政府监管部门惩罚而造成的损失）；不诚实售保获得的超额收益占保费比例，即超额收益率为 $d$。则保险公司各种情况下的预期净收益为 $w_i$。

则保险公司与地方林业部门之间博弈的预期净收益矩阵见表4－7。

**表 4－7　　　　林业部门和保险公司之间博弈的净收益矩阵**

| 保险公司 | 林业部门 | |
|---|---|---|
| | 参与（$a$） | 不参与（$1-a$） |
| 诚实（$\beta$） | $u_1=\theta(W-L)-C+S+(1-\theta)E+F$,<br>$w_1=y+K-F$ | $u_2=-\theta L+(1-\theta)E$,<br>$w_1=K$ |
| 不诚实（$1-\beta$） | $u_3=\theta(W-L)-C+S-H+(1-\theta)E+F$,<br>$w_3=y+K+dC-F$ | $u_4=-\theta L+(1-\theta)E$,<br>$w_1=0$ |

3. 博弈模型的混合战略均衡

在林业部门参与公益林保险的概率为 $a$ 的情况下，保险公司选择诚实态度（$\beta=1$）和不诚实态度（$\beta=0$）的预期效用分别为

$$\pi_1^1(a)=a(y+K-F)+(1-a)K$$
$$\pi_1^2(a)=a(y+K+dC-F) \tag{4-11}$$

若 $\pi_1^1(a)>\pi_1^2(a)$，即 $a<\frac{K}{K+dC}$，则保险公司的最优选择是诚实售保；

若 $\pi_1^1(a)<\pi_1^2(a)$，即 $a>\frac{K}{K+dC}$，则保险公司的最优选择是不诚实售保；

若 $\pi_1^1(a)=\pi_1^2(a)$，即 $a=\frac{K}{K+dC}$，则保险公司选择诚实和不诚实的效用无差异。因此，均衡状态为 $\pi_1^{1*}(a)=\pi_1^{2*}(a)$，$a^*=\frac{K}{K+dC}$。

在保险公司选择诚实售保概率为 $\beta$ 的情况下，林业部门选择参与公益林保险（$a=1$）和不参加（$a=0$）的预期效用分别为

$$\pi_2^1(\beta)=\beta[\theta(W-L)-C+S+(1-\theta)E+F]+(1-\beta)[\theta(W-L)-C+S-H+(1-\theta)E+F]$$
$$\pi_2^2(\beta)=\beta[-\theta L+(1-\theta)E]+(1-\beta)[-\theta L+(1-\theta)E] \tag{4-12}$$

若 $\pi_2^1(\beta)>\pi_2^2(\beta)$，即 $\theta>\frac{H+C-S-F-\beta H}{W}$，则林业部门的最优选择是参加公益林保险；

若 $\pi_2^1(\beta)<\pi_2^2(\beta)$，即 $\theta<\frac{H+C-S-F-\beta H}{W}$，则林业部门的最优选择是不参加公益林保险；

若 $\pi_2^1(\beta)=\pi_2^2(\beta)$，即 $\theta=\frac{H+C-S-F-\beta H}{W}$，则林业部门选择参加和不参加的效用无差异。因此，均衡状态为 $\pi_2^{1*}(\beta)=\pi_2^{2*}(\beta)$，$\theta^*=\frac{H+C-S-F-\beta H}{W}$。

综上可知，保险公司和林业部门之间博弈的混合战略纳什均衡是 $a^*=\frac{K}{K+dC}$，$\theta^*=\frac{H+C-S-F-\beta H}{W}$。即林业部门以$\frac{K}{K+dc}$的概率选择参加公益林保险，而保险公司是否诚实销售保险与林业部门是否参加公益林保险无关。

根据上述混合战略均衡条件 $a^*=\frac{K}{K+dC}$和 $\theta^*=\frac{H+C-S-F-\beta H}{W}$可以得出结论，保险公司与林业部门之间的博弈最终将达到怎样的均衡状态，取决于保险公司不诚实售保情况下所获得的超额收益 $dC$ 和给林业部门带来的超额成本为 $H$、保险公司诚实售保获得的隐形收益 $K$、公益林发生灾害的概率 $\theta$、中央财政的保费补贴 $S$、保险公司返还的防灾减损经费 $F$、公益林保险产品的保额 $W$ 和保费 $C$ 等因素。

4. 林业部门与保险公司之间合谋的道德风险

在建立的博弈模型中，从净收益矩阵（见表 4-7）可以得出，在保险公司诚实售保概率为 $\beta$ 的情况下，林业部门参加公益林保险的收益为

$$\begin{aligned}&\beta[\theta(W-L)-C+S+(1-\theta)E+F]\\&+(1-\beta)[\theta(W-L)-C+S-H+(1-\theta)E+F]\end{aligned}\qquad(4-13)$$

又根据均衡条件：$a^*=\frac{K}{K+dC}$，可进一步求得林业部门参加公益林保险的收益为

$$\theta(W-L)+S+(\beta-1)H-\frac{K-a^*K}{a^*d}+(1-\theta)E+F\qquad(4-14)$$

由此可得出结论，在其他条件一定时（$\theta$、$W$、$L$、$S$、$H$、$K$、$E$ 和 $a^*$ 一定），地方林业部门参加公益林保险的收益将随着保险公司不诚实行为产生的超额收益率 $d$ 以及返还的防灾减损经费 $F$ 的增加而增加。由于地方林业部门参加公益林保险的收益与保险公司不诚实售保时的获取的超额收益、保险公司返还的防灾减损经费直接联系在一起，因此在公益林保费补贴制度下，地方林业部门和保险公司就可能串通在一起，故意虚增公益林保险保费，合谋套取公益林保险保费财政补贴，即产生保险双方合谋所造成的道德风险。至此，本节已经分别运用效用函数和贝叶斯博弈分析对两

类公益林投保主体的道德风险形成机理进行了较详细的分析。不论投保主体为林农或林业企业等林业经营主体还是地方林业主管部门或乡（镇、街道）办事处此类政府部门，都可以通过改变自身行为选择来获取更大的效用或收益。不同的是，林业经营主体发生道德风险的方式为减少对公益林管理的努力投入或者促成灾害发生，地方政府部门是通过与保险公司合谋套取第三方中央保费补贴的方式。

## 四、公益林保险投保主体道德风险制度成因

我国公益林投保主体道德风险问题的出现主要是由当前公益林保险制度本身设计不合理造成的，具体体现在保费补贴机制、保险投保方式、保险产品设计和定损理赔方式四个方面。

### （一）补贴对象不明确，补贴标准缺少差异化

目前我国半数以上省份的公益林保险采用全额补贴模式，即地方林业部门直接将财政补贴资金支付给保险公司作为公益林保费，这种形式导致了财政对公益林保险的补贴政策缺少补贴对象，存在公益林保险的购买和责任主体不明确的问题。在无责任主体的情况下，中央财政保费补贴资金在运用过程中极其容易产生道德风险，也就意味着对财政资源的浪费，使得财政对公益林保险的全额或高额补贴不过是精卫填海式的、非可持续性的措施，反而成为地方林业部门和公益林保险公司变相融资的一种途径。另外，目前中央财政对各省公益林保险的补贴比例一律为50%，但我国不同地区的财政实力不同，所能承担的保费补贴比例有差异。在均衡条件下，地方林业部门参加公益林保险时所获收益与中央财政补贴资金正相关，在财政实力薄弱地区，若仍要求市县财政承担较高比例的保费，其预期收益必然偏低，造成地方政府过高的财政压力，则容易导致地方林业部门通过增加超额收益率来增加预期收益，由此可能出现地方政府与保险公司合谋套取中央财政补贴资金的道德风险。

### （二）投保方式不合理，投保主体缺乏积极性

集体林权制度改革后，林农等公益林经营主体因生态保护要求限制，无法享有公益林经营的全部收益，由他们作为投保主体时容易造成他们对公益林保护的积极性不高，放任其自生自灭等不作为行为。同时林农的保险意识普遍不高，缺少正确的保险知识，而我国目前森林保险市场发展又不规范，导致林农参保意愿和实际参保率低。加之公益林风险较大，公益林保险的保费相对较高，包括林农在内的大部分公益林经营主体的经济能

力有限，为了与其支付能力相适应，必须相应降低费率或由政府进行补贴，造成市场供给意愿较低和运行效率不高。另外，开展公益林保险业务的公司在基层乡村并没有足够多的服务网点，公益林经营主体自行投保时，保险公司的承保与理赔工作直接面对的是对保险业务并不了解的大量投保林农，需投入大量的人力、物力、财力，这种分散投保方式必定产生较高交易、经营和监督成本。虽然现在部分地区改由村委会或专业生产合作社组织集中投保能在一定程度上缓解该问题，但村委会和生产合作社在保险专业能力方面仍有所欠缺。因此，以林业经营主体作为投保主体更容易造成道德风险。

**（三）产品设计不科学，费率厘定缺少风险区划**

公益林作为我国生态建设的一项重要配套措施，保险真正应该保护的是公益林的生态价值而不是其使用价值，目前被并类在农业险范畴的公益林保险并不符合其设立的初衷，因此公益林经营主体在灾后造林过程中选种成本低、短期成活率高的树种导致影响公益林生态效用的行为无法得到有效规制。根据目前各省公益林保险实施方案，公益林保险基本都采取每亩定额保险金方式，约为 400 ~ 1200 元/亩范围内，费率一般为 2‰ ~ 4‰（即 1 ~ 2 元/亩），林业经营主体承担保费为 0 ~ 10%。以陕西省秦岭山区为例，平均每户林农拥有 200 亩以上的公益林，每年投保最多只需缴纳 40 元保费。一旦发生火灾，假设烧损面积 100 亩，赔偿金就高达 4 万 ~ 12 万元，而公益林正常生长带来的收入微薄，相对于保险赔偿金，当前 10 ~ 20 元/亩的生态补偿金相对较低，而赔偿金收入所带来的效用更大，不能给予经营者有效的激励使其很好地维护公益林（郗希等，2009）。另外，由于公益林保险的特殊性，保险公司在签订保险合同前很难全面了解公益林的实际情况，只能根据以往的经验为每一个地区制定同样的保险费率。目前同一省份范围内基本采用统一的保险费率，缺乏激励机制，甚至在某些省份商品林和公益林保险收取同一费率，如陕西、河北、甘肃等，而我国国土辽阔，各地区林业风险程度差异较大（陈国荣等，2017），公益林保险费率水平的确定受主观影响较大，缺乏科学的费率厘定方法，带来劣币驱逐良币效应，这在很大程度上引发了投保人的道德风险。

**（四）赔付标准不合理，定损理赔模式有待完善**

根据山东省福山区公益林保险实施情况的调查（王明慧，2019），保险公司对其他人为恶意破坏森林资源也进行赔偿（保险公司可对行为责任人进行调查与追究）；同时即使在同一块林地上病虫害续发仍按相关保险条款进行赔偿，这些较为宽松的赔付条件实际上是增加了赔偿金收入的期望值，即投保林农因风险事故发生而获得更大效用的可能性提高，在一定程度上提供了投保人道德风险行为的空间，有可能诱导投保人串通他人恶意破坏公益林，或者减少管理措施促使公益林病虫灾害发生以获取赔偿金。另外，保险公司直接将赔偿金赔付给公益林经营主体的方式也容易诱发道德风险，尤其在部分补贴模式下公益林经营主体自行投保时，灾害赔偿金将直接拨付给公益林经营主体，相比于全额统保模式和集中组织投保方式，该方式缺乏林业主管部门对赔偿金使用的监督环节，经营主体可能将赔偿金用于其他用途而非修复公益林，或买廉价树苗种植，使生态效益大打折扣。但全额统保模式下由于地方林业部门收益与防灾减损费直接挂钩，也会导致地方林业部门有动机通过防灾减损费、协办费等形式绕开保险赔付金来增加收入。

## 第四节　研究结论与政策启示

### 一、研究结论

（1）首先，从财政补贴方式、补贴规模以及补贴责任三方面对我国森林保险财政补贴模式进行分析，指出相较于森林保险发展较好的国家，我国森林保险财政补贴模式下政府的干预范围与力度更大，导致我国森林保险财政补贴方式缺乏合理性，财政补贴规模差异性不足，地方财政配套补贴压力大，且森林再保险市场缺乏政府支持。其次，从整体参保情况、保险产品情况、保费补贴情况、保险赔付情况等方面就我国森林保险保费补贴政策实施10多年来的执行情况进行分析，指出在现行森林保险运行与财政补贴模式下，虽然森林保险参保面积与保费收入逐年增长，保费补贴比例不断提高，但在实际运行中仍存在商品林和公益林保险发展不均衡、商品林参保率增长乏力、保险金额整体偏低、费率地区差异不明显、保费补贴比例未来增长空间非常有限、央地补贴责任划分不合理、赔付率总体偏低且地区间存在明显差异等问题。

（2）首先，公益林保险投保主体道德风险主要表现为投保人在投保后的失信行为或者机会主义行为，根据行为发生的时间可进一步划分为事前道德风险和事后道德风险，两种道德风险分别会导致公益林灾害发生概率上升和损失的扩大。在部分补贴模式下公益林经营主体的事前道德风险表现形式有，因有风险保障而诱发的各类冒险行为和防损行为不积极而引起保险事故的发生；事后道德风险表现形式包括，受灾后怠于采取减损措施或人为破坏和灾后造林过程中的不积极或者变相融资行为。在全额补贴模式下地方林业部门的道德风险主要表现的是，保险公司与地方政府部门勾结，虚假投保以套取中央财政保费补贴资金，或者以防灾减损费、协办费形式将保险补贴款返还基层政府部门，滥用防灾减损资金。其次，两类投保主体的道德风险形成机理：一类只有在高额或者全额保费补贴下林农才会参保，不论其对公益林管理投入的努力程度高低，在保险赔偿设计不合理时，按照理性人假设，投保林农都有可能因公益林灾害发生获得更大的效用；另一类地方林业部门作为投保主体参保的收益与保险公司不诚实行为产生的超额收益率呈正相关，在保费补贴制度下，地方林业部门和保险公司可能串通在一起，虚增保费来合谋套取公益林保险保费补贴。最后，公益林投保主体道德风险问题的出现是由我国当前公益林保险补贴制度本身的不合理性造成的。一是全额补贴模式下，公益林保费的补贴对象不明确，投保主体缺失，实质上地方林业部门成为投保主体，中央补贴比例缺少差异化；二是林业经营主体作为投保主体的投保方式不合理，投保主体缺乏积极性；三是公益林保险产品设计不科学，费率厘定缺少风险区划；四是赔付标准过低，定损理赔方式不合理。以上四方面原因诱发了公益林经营主体和地方林业部门的各种道德风险。

## 二、政策启示

（1）优化补贴模式，明确地方政府主体责任。在统保统赔模式下，基层政府部门道德风险问题产生的根源主要来自对公益林保险市场的不适当干预以及对于其行政权力的约束不健全，使得公益林保险市场不能实现市场化运作。因此，应该完善保费补贴模式，合理界定地方政府部门的权力边界，对基层政府部门的承保理赔管理进行有效监管，对保费补贴资金的使用以及与保险公司的业务往来积极审查，防止基层政府部门为寻求自身利益最大化而产生的“损公肥私”措施。

（2）优化参保引导机制，实行“统保 + 自愿”运作模式。公益林作为具有生态价值的公共产品，其发展必须依靠政府强有力的干预和支持，但政府的过度介入使其背离了“政府引导、市场运作”的经营原则，因此应该合理界定政府介入公益林保险的“度”，避免政府过多地干预，实现公益林保险各主体之间利益的平衡，提高运营效率。依据各地不同的风险状况，将高频率、高灾损的林业风险灾害及低经济效益的林种纳为基本险，并以“统保”模式参与运作，该统保模式具有一定的经济利益诱导性和操作上的强制性，考虑实行信贷、补贴、流转和抵押限定诸如此类的限制措施；对低风险的林业灾害及高经济效益的林种可纳入附加险，并采取自愿保险的方式。

（3）创新公益林保险产品，合理设定保险保障水平。目前我国的公益林保险产品存在诸多不合理之处，是诱发投保人道德风险的重要原因。科学的公益林保险产品首先应明确其保险性质，为解决投保人影响公益林生态效用的道德风险行为，应将公益林保险并类为生态险类，基于生态险价值设计保险产品可解决现行保险运行模式与保险条例相违背的制度困境，更好地发挥公益林的生态效应。考虑到保险金额若与当地的生态补偿金差额过大可能成为营林主体的一种变相融资途径，因此金额设定应参考当地的生态补偿金，使发生灾害时获得的赔偿金与正常经营公益林所得相匹配，同时满足植被恢复和灾害管理的需要。此外，考虑到林业生产经营、灾害影响、生态效应的长周期性特征，建议将保险期限由目前的一年期延长为多年期，推出多期限的保险品种，这对于降低投保成本和投保人道德风险，提高投保积极性，促进公益林保险的持续发展有重要意义。

（4）建立费率调整机制，实施无赔付优待激励管理制度。目前我国大部分省市采取统一费率水平，费率水平受主观影响较大，导致投保人出现道德风险。为了降低道德风险，需要根据不同地区的风险特征，采用科学的方法对公益林保险进行定价，实行差异费率。针对不同的树种要根据针叶林、阔叶林、人工林等树种划分不同的费率档次；针对遭受自然灾害概率低的地区，可以制定一个费率低和赔付低的保险方案，重点管控森林火灾高发区域，有针对性地投入较多的人力物力严防森林火灾的发生。另外，建议保险公司结合地区情况建立无赔付优待的实施方案，保险期内无受灾和索赔发生的林地在下一保险期给予适当保费优惠，激发投保人防灾减损的动力，降低道德风险。

（5）明确防灾减损费标准，建立“灾前预防 + 灾后赔偿”的补偿机制，同时加强防灾减损费资金使用监督管理，规范支出范围。考虑到公益林投保主体事前和事后道德风险的表现形式，解决投保人的事前防灾和事后减损不积极的问题是防范公益林保险道德风险的关键。建议完善公益林的灾前防控管控机制和灾后赔偿机制，由地方林业主管部门牵头成立防灾减灾工作组，由政府部门、保险公司等金融机构、林业经营主体三方参与，在每年的结余保费中提取防灾减损资金，并明确每年提取的额度标准，用于公益林风险灾害的事前防范与管理和事后的奖励赔偿，根据公益林经营主体维护情况调整拨付的防灾减损金额度。同时严格限定防灾减损专项资金的用途，保证资金使用的公开透明。

# 第五章　森林保险风险区划与费率厘定

## 第一节　森林保险风险区划

### 一、森林保险风险区划理论与分析框架

保险是与风险相联系的，风险的大小是决定保险费率高低的最基本的因素，对于不同的地区或区域来说，森林灾害的种类、发生频次、强度和灾害所造成的损失有很大的不同，不同的森林植被类型、林种、林龄的森林抗灾能力也有很大的区别。因此，为进一步稳定发展森林保险业务，应结合各区域森林分布类型和特点、森林灾害损失的时空分布，进行森林灾害风险区划，实行差别森林保险费率。目前，我国尚未进行森林保险风险区划，各地实行统一的保险费率，未能反映区域间的风险差异，导致投保人和保险人难以达成交易，无法形成市场均衡。

森林保险的风险区划，是依据保险经营原则的要求和森林保险风险地域分异规律，即在对森林保险标的及其风险特点进行调查的基础上，根据各地不同的风险状况和保险标的的损失状况，按照区内相似性和区间差异性以及保持行政区界相对完整性的原则，将一定地域范围内森林保险标的所面临的风险划分为若干不同类型和等级区域，并分析研究各区域的自然经济等条件和风险特点，全面规划森林保险，为其全面开展和稳定经营提供科学依据。森林保险风险区划的目的，在于从长期总体的角度出发，全面规划某地区森林保险，为其普遍推行奠定科学基础。其内涵是把具有相同风险等级、即风险性质相同、损失发生概率基本一致的保险单位组合在一起。具体来说，森林灾害风险区划有以下五方面优点。

第一，有利于分区分类防灾和损失评估。我国是森林灾害多发国家，

但是森林灾害的相关历史数据和经验资料因为各地情况的不同，分散在各省气象、林业、民政等相关部门，没有统一整理汇总，缺乏应有的系统性和完整性。另外，森林保险起步较晚，森林保险业务开展不广泛，相关的业务数据和经验资料缺乏，这对森林灾害的预防、减少及灾后评估造成严重困难。通过森林灾害风险区划进行深入细致的调查分析，摸清某一地区森林灾害的时间空间分布规律，各区域灾害发生的联系，就可以进一步获得风险区域的更多资料，有利于分区分类防范灾害和损失评估。

第二，有利于准确厘定保险费率。开展森林保险业务，其关键是对林业风险及其损失等进行测算，包括风险发生的概率以及对不同对象所造成的损失及损失率等，进而科学地进行保险责任的确定和保险费率的厘定。由于森林产品的特殊性，各地发生森林灾害的情况、灾害造成的损失、承灾能力和救灾能力都不同。森林保险产品的费率厘定不仅直接关系到保险公司业务经营的稳定性，同时与林农对森林保险的有效需求密切相关。风险区划是准确厘定保险费率的前提，通过风险区划，结合当地经济发展水平以及被保险人对森林保险的有效需求能力和支付能力，在不同的风险区域进行差别费率制定，可以避免保费负担的不均衡性，既能使费率与区域生产状况风险状况紧密联系，又能使被保险人的保费支出与受到的保障相一致，准确厘定保险费率。

第三，有利于降低森林保险中逆向选择的问题。森林保险标的的生长状况和最终产出结果不但与自然因素有关，还与被保险人生产管理水平有很大关系，这就使得其中道德风险和逆向选择难以分辨。由于实行统一费率，保险公司按照过去的历史资料所计算的平均出险概率确定森林保险费率，忽视了保险标的的风险程度的客观差异，这样就会造成风险小的地区相对负担重，获得的补偿少；风险大的地区相对负担轻，获得的补偿多。这会产生严重的逆向选择和道德风险，相对优质的客户会因为保费过高而放弃购买保险，而劣质客户对保险的需求会增加，还会影响保险公司经营的可持续性，因为大量劣质客户的投保造成保险赔付率上升，保险公司财务状况恶化，最终将被迫提高森林保险的费率或减少森林保险的市场供给。进行风险区划以及实行费率分区，可以体现风险一致性原则，进而降低森林保险中逆向选择的问题。

第四，有利于森林保险差异化补贴的实施。森林保险以森林资源作为标的，具有明显的正外部性，所以很多学者认为森林保险属于准公共物品，森林保险的准公共产品属性决定了国家对森林保险实施财政补贴的政策。从2009年我国启动中央财政森林保险保费补贴开始，如何构建“公平有效、形式多样”的财政补贴政策成为我国森林保险差异化补贴的重点，“公平”不是指的“平均和统一”，而是指由中央财政根据各个区域灾害风险等级以及各个地区保险公司经营管理成本的不同，进行差别保费补贴，这种操作不仅可以在不同风险等级的投保人之间实现公平对待，同时也会减轻政府的财政负担。由于各省森林火灾发生概率不同，森林保险的费率与森林火灾发生概率直接相关，所以对各省森林保险保费补贴的比例也不同。区域森林灾害的风险程度越高，灾害损失后果越严重，森林保险的费率也就越高，林农的保费负担也就越重，所以对森林保险保费补贴需求也就越强烈，但是我国现在的财政补贴制度还没有完善地考虑到区域风险的不同，造成了财政补贴乏力及相对不公平，所以进行森林保险的风险区划还有利于森林保险差异化补贴的实施。

第五，有利于我国森林保险体系的健康发展。现阶段，我国森林保险发展严重滞后，远不能满足林业发展的需要。森林保险体系存在诸多问题，比如政府干预过多，保险责任不明，保障水平设置不合理，保险费率厘定不科学，保险产品技术力量薄弱，森林保险方面人才不足；森林保险经营效益低，出险率高，业务亏损严重，市场供给意愿不足；森林保险覆盖率低，需求率低等。究其深层次的原因除了制度方面的缺陷，其根源就是我国森林保险体系的建立和完善离不开合理的保险产品和费率，在森林保险试点阶段，保险的这些要素没有经过科学的定量风险测评，更加不利于我国森林保险风险体系的完善。进行森林保险风险区划是发展森林保险体系的前提，所以进行森林保险风险区划有利于我国森林保险体系的健康发展。

从世界范围来看，森林保险工作进展顺利的国家都进行了森林的风险区划和精细的费率厘定。在国际上，森林保险发展较先进的国家也多，可根据不同地区面临的森林灾害风险大小，按区域划分风险等级，并实行差别保险费率。美国将全国划分为两个风险等级共计143个区域，其中一级区有8个、二级区有135个，美国采用这种风险分区的方法极大地方便了对火灾的管理工作。美国对全国的一二级分区是建立在防灾、减灾的角度进行考虑的，在森林火灾保险领域则有另外一套体系，在一二级分区的基础上，再根据具体条件进行森林保险分区，实行差异化费率，具体考虑的因素有：气温、降雨量、风速、湿度等气候条件；地理位置、道路交通情况以及当地居民用火等其他习惯。最终将美国的森林分为六个风险区。瑞典根据自然环境、地理位置、气候条件、交通情况和群众习惯等方面的差异，将全国森林划分为6个具有不同风险程度的林区；日本选取树种、林龄、立地条件等因素，对森林进行了风险划分；芬兰也依据多方面因素的差异程度，把全国划分为20个林区。欧美国家的住宅地震保险、种植业保险、森林保险等自然灾害险种均以风险区划作为保险定价与业务开展的基础。表5-1为部分发达国家森林保险区划依据及实施。

**表5-1　　部分发达国家森林保险区划依据及实施**

| 国家 | 区划依据及实施 |
|---|---|
| 芬兰 | 根据森林灾害损失统计资料，把全国森林划分为20个林区，实行差级费率。单一森林保险费基本上为0.2～0.43美元/$hm^2$，综合森林保险费约为0.4～1.5美元/$hm^2$，重大损失险享受费率优待 |
| 瑞典 | 根据全国各地的自然环境、地理位置、气候条件、交通情况和群众习惯等因素，将全国森林划分为6个林区实行差别保险费率 |
| 日本 | 在风险区划方面做的比较完善，不仅考虑了降雨、湿度等气候因素，把树木的种类以及树龄都考虑在内，进行了风险区划，在此基础上确定差异化保额 |
| 美国 | 根据森林的气候条件、种植密度、树种耐灾性、防护措施以及其他因素收取不同的费率 |

可见，尽管各国划分风险区的依据和方法虽不完全一样，但其实质都是为了保证同一区域或等级内的风险基本一致，森林灾害风险的区域划分和费率分区成为开展森林保险的重要基础工作。

我国森林保险业务一直缺乏科学的风险评估与费率精算的支持。具体体现在我国大部分省市采取统一费率水平，而该费率水平的确定受主观影响较大，缺乏科学的费率厘定方法，未能反映区域之间风险水平的差异和风险转移的真实成本，给森林保险的各方带来了非常不利的影响。首先是投保人会觉得保险费率过高，投保意愿低；其次是有些保险公司觉得保险费率不足以弥补风险和经营成本，参与积极性不高；最后还可能导致再保险公司出于类似担忧而不愿承保，导致巨灾风险难以得到有效转移，从而进一步影响保险公司的积极性和整个森林保险的完整性。森林保险费率厘定不科学是阻碍我国森林保险健康发展的重要原因，因此，借鉴国际先进经验，开展森林保险的风险分区与基于风险区划的费率厘定工作已刻不容缓。风险区划可以体现森林灾害风险的区域性，同时基于风险区划对不同地区的费率进行差异化和细化，可以实现保险负担与保险责任的统一，有助于解决统一费率造成的不同地区之间保费负担不均衡的问题，避免低风险地区由于负担相对较重不愿投保而造成的优质客户流失，防范了逆向选择和道德风险的发生。

因此，森林灾害风险区划成为开展森林保险费率分区的重要基础工作，研究森林灾害风险区划的问题，对在政策层面服务于森林保险定价机制的完善具有重要的理论价值与现实意义。本章以最具代表性的森林火灾作为风险区划研究对象，希望借此对我国森林灾害风险区划和保费费率分区提供参考。

## 二、森林灾害风险区划指标体系

国外对森林火灾保险风险区划研究较多，也较深入。如厄尔滕（Erten et al.，2002）以土耳其加里波利（Gallipoli）半岛为例，分别选取了植被类型、坡度、坡向、距道路的远近、距居民点远近这5项指标，将各指标分别标准化为（1、2、3、4、5）的等级指数，并采用加权平均的方法计算了最终的火灾风险指数，运用ARC/GIS软件，生成了研究区火灾风险区划图。埃斯坎达里（Eskandari，2012）使用植被、坡度、坡向、海拔、森林与道路、居民点的距离变量对奈卡地区的森林火灾风险进行了评估，发现该地区34%的森林具有高风险。弗鲁藏（Frouzan，2014）考虑了气候变量（温度和年降雨量）、人为因素（与河流和农场的距离）、地理因素（坡度和海拔）等变量，并据此建立了风险指数模型，通过ROC系数以及Hosmer－Lemeshow检验发现森林火灾与坡度、海拔、与农场距离负相关。

我国对森林火险的评估与区划研究尚处于起步阶段。许东等（2005）利用综合遥感和地理信息系统技术，以长白山的白河林业局为例，对森林火险区划做了研究。王华丽（2011）提出对森林火灾风险进行区划的必要性，初步从火灾损失、火灾危险、森林易损情况、森林规模、森林效率、火灾防火能力等方面综合构建了森林火灾风险区划指标体系，运用因子分析和聚类分析法将全国划分为四个区域，研究发现我国森林火灾风险存在显著的区域差异，建议在风险区划的基础上针对不同区域实行差别费率，设计针对性的保险产品，实施差异化的补贴政策。冷慧卿和王珺（2011）对历年森林火灾对森林的受害率进行了最优分布拟合，得出不同地区森林火灾年期望受害率差异十分明显，并以此为依据将全国31个省（区、市）划分为五个级别的费率区。研究表明，全国森林受害风险差异明显，不同区域森林火灾保险纯费率与毛费率均有明显差别，火灾风险管控应当有明显的区域差异。此外，影响森林火灾发生的因素方面，邓鸥等（2012）以植被类型、海拔、坡度、坡向、离居住区远近等作为影响森林火灾发生的因子。白冬艳（2013）在对浙江森林火灾的分析研究中发现，森林火灾隔几年就进入一个高峰年，这种现象是受温度、降水、湿度、日照时间等气象因子与管理措施等人为因素的影响。李德（2013）对四川省森林火灾重灾区林火的发生进行了研究，得出风速、日照时数、降水量对火灾发生具有显著影响，其他因子影响较小。林志强等（2013）选取气象因子、地理因子、植被因子、社会因子等变量对西藏地区森林火险进行了定量评价。

总体来看，森林火灾风险区划研究取得了一定的成果，但火灾风险识别指标选取和构建的主观性较强，且大多只对森林火灾风险分区，并没有结合森林火灾保险的具体情况进行分析，如没有将损失情况作为指标，森林火灾风险分区不科学等。基于此，本章基于已有文献对森林火灾发生影响因素的研究，结合保险学原理，筛选森林火灾风险指标并构建评估指标体系，以此为基础，运用分层聚类和二次熵权方法将全国各地区按照森林火灾发生风险与损失大小的不同进行分类。

森林火灾风险区划指标体系研究方面，主要利用文献研究法进行指标体系的研究。在目前的森林火灾风险指标研究中，大多数文献以单纯的风险区划为目的，因此在风险指标选取方面，主要站在自然科学的角度，考虑的因素有气象、地理、社会以及植被类型等因素；少数文献以最终的费率厘定为目的，在风险区划中除考虑以上因素外，还考虑了防火投资额、人口素质、森林蓄积率、覆盖率、单位产值以及历史森林火灾损失等数据，而冷慧卿和王珺（2011）则在费率厘定的文献中只使用了森林火灾历史数据。

森林火灾风险区划是费率厘定的重要环节，在现有保险数据缺乏的情况下，以森林火灾损失率为基础进行费率厘定是较为科学和理想的方法。在对森林火灾风险进行区划的过程中，区划方案一般是基于防灾减灾的角度，对自然因素考虑较多。而以费率厘定为目的的风险区划中，首先，应考虑森林火灾历史数据，如森林蓄积量损失率、受灾面积损失率等指标，但是森林火灾历史损失数据仅代表森林火灾风险的结果。其次，还应考虑影响火灾发生的各种因素，森林火灾风险的大小与其发生森林火灾当地的气象因素，如平均温度、平均风速、平均相对湿度以及地理因素，如海拔、坡度、坡向等导致火灾发生的自然因素密切相关，此外还与森林防火投资额、人口素质等有助于防灾的因素息息相关，因此，该类指标在风险区划中也应有所体现。最后，森林火灾风险还与其本身的因素相关，如森林覆盖率、蓄积率以及产值。

## 三、森林灾害风险区划方法

森林火灾风险区划方面的方法较多，从总体来看大致可以分为三类，分别是基于致灾因子的风险区划、基于历史损失的风险区划以及基于情景模拟的风险区划。

### （一）基于致灾因子的风险区划方法

基于致灾因子的森林火灾风险评估的核心思想是先寻找森林火灾风险的影响因素，建立相应的指标体系，然后根据指标值进行整体的风险评估。

在实践中，风险区划一般使用定量和定性相结合的方法。其中，定性方法主要是找出不同区域之间质的不同，主要包括主导指标法、层次分析法、套叠法、经验分析法等；定量方法则是运用统计学及数学方法对影响各区域之间风险差异的因素的指标量化归类分析，主要包括因子分析法、聚类分析法、线性规划法等方法。

1. 主导指标法

主导指标法是根据风险区划的要求，从各个定量的指标中选出最能反映区域特征的主要指标来进行区域划分的方法。

区划种类不同，主导指标的选择也不同，如畜牧业区划一般以畜禽结构为主导指标，农业气候区划主要以热量、水分等为主导指标。同一种风险区划，区划等级不同，主导指标的选择也不同，区域划分的等级表明对区域差异的概括程度，如中国农业机械化的区划，一级区划反映机械化条件在全国范围内的地域差异，以对农业机械类型影响最大的生产部门和地貌作为主导指标；二级区划以地貌、农业部门和地域类型为主导指标。不同行政级的农业区划，主导指标也有所不同，如全国性林业区划以气候带、地貌和林业发展方向为主导指标。至于保险区划的划分可以根据全国性风险区划再做详细分解，但区划思路和方法可以参照一级区划标准。使用主导指标法的关键是找出与风险区划密切相关、最能反映区域特征的主要指标的指标进行区域划分的方法。

在进行主导指标选择时必须注意三方面的问题：一是指标具有空间差

异，以便选出最能反映地区差异的指标；二是要注意选择典型性较高的代表单元（聚类单元），样本分布尽可能均匀；三是所选指标要能够量化。

主导指标法具有以下优缺点。

（1）优点。如果所选指标具有很强的概括性，那么就可以显示出主导指标法的优越性。

（2）缺点。第一，在用主导指标法进行风险区划时，关键是主导指标的选择，但选择主导指标容易受个人的主观因素影响，造成选择的指标不能全面概括风险差异，或者随意选择指标，而没有验证指标的适用性；第二，并不是所选的指标越多越好，过多的指标不仅会增加计算的工作量，更会使聚类结果受到那些同风险区域分异没有密切联系的干扰，降低分类区划的科学性；第三，虽然主导指标法是一种定性的方法，但所选的指标必须能够量化，这样才可以为进一步分析做准备。

以农业生产风险区划为例，其所应用的指标一般为各地区农作物的产量变异系数、各地区农作物受灾超过30%的发生概率、各地区各种农作物的专业化指数、各地区各种农作物的效率指数，具体见表5-2。

**表5-2　风险分区指标及其解释**

| 指标 | 指标含义 | 指标类型 |
|---|---|---|
| $X_1$ | 各地区农作物的产量变异系数 | 综合性指标 |
| $X_2$ | 各地区农作物受灾超过30%的发生概率 | 各地区自然条件指标 |
| $X_3$ | 各地区各种农作物的专业化指数 | 各地区种植业生产规模指标 |
| $X_4$ | 各地区各种农作物的效率指数 | 各地区种植业生产水平指标 |

单产变异系数为

$$CV = \left[\sqrt{\sum (X_i - Y)^2} / (n-1)\right] / Y \quad (5-1)$$

式中，$n$ 为样本年数，$X_i$ 为每年产量，$Y$ 为平均产量。

采用非参数信息扩散模型来确定棉花种植风险的损失分布，然后再计算棉花受灾率超过30%的发生概率。信息扩散模型为

$$g_{zk}(l) = \frac{1}{h\sqrt{2\pi}}\exp\left[-\frac{(x_k - l)^2}{2h^2}\right] \quad (5-2)$$

式中，$h$ 为信息扩散系数，exp表示自然底的指数函数。

专业化指数是该作物在该地区的播种面积与全国范围内该作物的播种面积之比。

效率指数为该作物在该地区的单产与全国该作物的单产的比值。

以上四个指标符合主导指标法的要求，既可以很好地区分各地区的风险，又能对指标进行量化。

在森林保险风险区划中，首先需要找出影响林业生产的风险因素，这是进行林业风险区划的重要的步骤，风险因素的寻找就是主导指标法应用的过程，在选择主导指标时，不但要结合已有文献查询主要的影响因素，还应该进行专家调查等，以排除决策者个人主观因素的影响。在对指标进行分析的过程中，要精简指标，只留下与林业风险密切相关的指标，进行量化处理，达到最优效果。

2. 因子分析法

因子分析是指从变量群中提取共性因子的一种统计技术，即通过对变量的相关系数矩阵内部结构的研究，找出能控制所有变量的少数几个随机变量去描述多个变量之间的相关关系，简单地说就是将具有错综复杂关系的变量精简为数量较少的几个因子。因子分析法是由主成分分析发展推广出的一种多变量统计分析方法，主要研究的是变量间的相关性、样品间的相似性、两者联系，探索它们之间产生相似关系的内因。因子分析主要利用降维的思想，由研究原始变量相关矩阵内部的依赖关系出发，把一些具有错综复杂关系的变量归结为少数几个综合因子。可减少变量的数目，还可检验变量间关系的假设。

其基本做法是将变量按照相关性大小分组，同组内的变量之间相关性较高，不同组的变量之间相关性较低。每组变量代表一个基本结构，这个基本结构称为公共因子。对于所研究的问题就可试图用最少个数的不可测的公共因子的线性函数与特殊因子之和来描述原来观测的每一分量。

因子分析法包括以下基本步骤。

（1）数据处理，消除各指标的量纲。

（2）利用 SPSS 软件，经过 KMO 测定和 Bartlett 检验确定因子分析的合理性，KMO 检验是检测观测变量数据是否适用因子分析的一个基本检验，其取值范围为 0 到 1，通过比较观测变量之间偏相关系数和简单相关系数的大小，从而判断对观测变量进行因子分析是否适用。当 KMO 值接近于 1，即所有变量之间的简单相关系数的平方和远远大于偏相关系数的平方，表明观测变量适合作因子分析；而 KMO 值越接近 0，表明观测变量越不适合作因子分析。Bartlett 球形检验的原假设是总体变量不相关，即总体相关矩阵是单位矩阵，如果接受原假设，则表明对变量进行因子分析不适用。

（3）依据由 SPSS 计算得到的因子载荷阵、方差贡献率和累计贡献率确定公共因子个数，并根据公因子的意义进行因子命名。

（4）计算各因子得分。计算因子的得分可用数学线性模型，将变量或指标（$A_i$）表示为公共因子（$Y_i$）的线性组合：

$$A_i = \alpha_{i1}Y_1 + \alpha_{i2}Y_2 + \cdots + \alpha_{in}Y_n (i = 1, 2, \cdots m) \tag{5-3}$$

如上所述，公共因子可以反映原始变量的相关关系，因此用公共因子代表原始变量可以更好地描述研究对象的特征。使用旋转因子，即反过来将公共因子表示为指标的线性组合，并称之为因子得分函数：

$$Y_i = \beta_{j1}A_1 + \beta_{j2}A_2 + \cdots \beta_{jm}A_m (j = 1, 2, \cdots, n) \tag{5-4}$$

因子分析法具有以下优缺点。

（1）优点。第一，因子分析可在许多变量中找出隐藏的具有代表性的因子，将本质相同的变量归入一个因子。在研究中如果要处理大量的数据，尤其是数据项目较多时，分别分析各组数据的过程很烦琐。因子分析法就能很好地涵盖原始数据的各个项，同时将分析过程简化为因子项的分析，从而使问题的分析更加简便。第二，在变量、数据较多时，如果为了简化分析步骤，选用从中筛选几组数据分析的方法，就会使得分析结果不够准确，因子分析不是对原有变量的取舍，而是根据原始变量的信息进行重新组合，找出影响变量的共同因子，可靠性更大。第三，通过旋转使得因子变量更具有可解释性，命名清晰性高。

（2）缺点。因子分析只能面对综合性的评价，同时对数据的数据量和成分也有要求，需要先进行 KOM 检测数据是否可以运用因子分析法；在设计调查表的时候也需要针对性地设计问题。

由于森林本身的特性，森林灾害风险的指标较多，分别分析各组数据过程很烦琐，用因子分析方法可以有效地提取变量之间的公共因子，减少分析过程的繁杂程度，而且不必对原有变量进行取舍，这样得出的结果更加科学。通过因子分析，可以清楚地找出影响森林灾害发生的风险因子，通过对贡献率的计算，进一步说明因子的重要程度，并且对其进行直观命名，为风险区划的聚类分析做准备。

3. 聚类分析法

聚类分析法是多元统计学中的一种分析方法，其基本原理是根据各样本的属性特征，用数学方法定量地确定样本的差异性和相似性，把相似性较大的类型或地区聚合成一类，把相似性最小的类型或地区区别出来，按其亲疏程度进行分类区划。聚类分析的目标就是在相似的基础上收集数据来分类，从统计学的观点看，聚类分析法是通过数据建模简化数据的一种方法。

进行类型或区域的聚类分析之前，合理选定分类分区的指标因素（判别因素）是必要的，指标的选择是否得当，关系到类型和区界划分的科学性，如果因素选择不当，分析结果就可能出现偏差乃至错误。

聚类分析一般包括以下步骤。

（1）数据处理。选用 SPSS 中聚类分析中层次分析法默认的标准差方法，将各个代表样本指标因素的数据标准化。

（2）聚类因子的权重确定。聚类因子的权重标志着聚类因子在聚类成果的影响程度。权重分配应将规律性较强、较稳定的因子赋予较大比重。在使用风险指标进行风险区划的过程中，各个因子的权重设定关系到综合评判结果的可靠性和正确性，对最终结果有着重要作用，对于权重的确定通常也有三种做法：一是根据常识及决策者的经验给出主观的权重赋值法，如最小平方和法、德尔菲法、特征向量法等；二是根据决策矩阵信息进行的客观赋值法，如因子分析法、主成分分析法、多目标最优化法、线性规划法和熵值法等；三是基于第一类和第二类的主观客观相结合的赋权法，如层次分析法、折系数综合权重法、基于模糊判断矩阵的专家法等。在因子分析中，通过把因子得分作为聚类权重可以有效减少人为赋值的主观因素。

（3）相似性测度。表征相似性测度最常用的是欧氏距离和 Pearson 相关系数，计算方法如下。

欧氏距离算法为

$$d_{ij} = \sqrt{\sum_{k}^{m} (x_{ik} - x_{jk})^2} \qquad (5-5)$$

Pearson 相关系数为

$$r_{ij} = \frac{\sum_{k=1}^{m} (x_{ik} - \bar{x})(x_{jk} - \bar{x}_j)}{\sqrt{\sum_{k=1}^{m} (x_{ik} - \bar{x}_i)^2 \sum_{k=1}^{m} (x_{jk} - \bar{x}_j)^2}} \qquad (5-6)$$

在进行样本类型聚类时，$m$ 为变量数，$m_i$ 和 $m_j$ 分别代表任意两个样本。欧氏距离其实就是多维空间中的点距，两个点距离越小，表示两者关系越紧密，就越有可能分在同一类；相反，距离越大，表示两者间差异越大，分在同一类的可能性较小。应用式（5－5）、式（5－6）可以计算得到两个矩阵，为聚类做准备。

（4）聚类。在距离矩阵的基础上，采用分层的办法进行聚类（见图5－1）。其原理是，对于 $n$ 个观测样本分别先看成独自的一类，把离得最近的两个观测样本合并为一类，于是只剩 $n-1$ 个类，再计算这 $n-1$ 个类两两之间的距离，找到离得最近的两个类将其合并，就只剩下了 $n-2$ 个类。直到剩下两个类，把它们合并为一个类为止，通过聚类进度表和二叉树聚类图可表征聚类过程的每一步聚合情况，每一步计算出来的聚合系数作为确定分类数的主要依据。

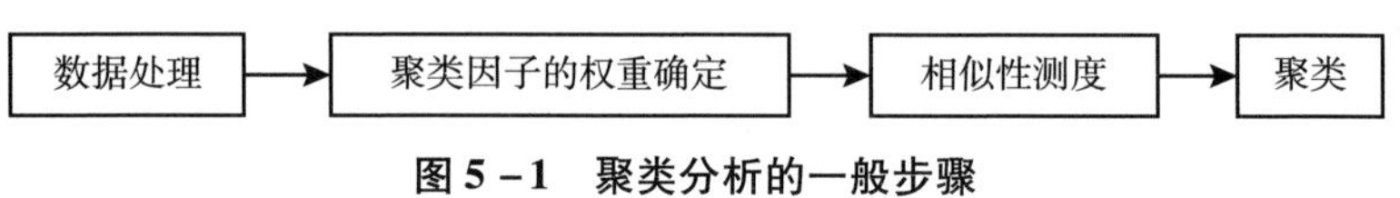


**图5－1　聚类分析的一般步骤**

聚类分析法具有以下优缺点。

（1）优点。聚类分析模型的优点就是直观，结论形式简明；聚类分析能够从样本数据出发，客观地决定分类标准。

（2）缺点。第一，在样本量较大时，要获得聚类结论有一定困难；第二，由于相关系数是根据被试的反映来建立反映被试间内在联系的指标，而实践中有时尽管从被试反映所得出的数据中发现他们之间有紧密的关系，但实际上事物之间却无任何内在联系，此时，如果根据距离或相似系数得出聚类分析的结果，显然是不适当的，但是，聚类分析模型本身却无法识别这类错误。

森林保险风险区域的划分实际上正是把相似性较大的类型或地区聚合成一类，把相似性最小的类型或地区区别出来，其基本原理是根据各样本的属性特征用数学方法定量地确定样本差异性、相似性，再按其差异性进行分类区划。在进行因子分析之后，得出每个因子的得分，进行相似性测度，最后得出聚类结果。

从国内外文献可以看出，基于致灾因子的火灾风险评估通常以气候因子、社会因子、地理因子、森林因子4类致灾因子（见表5－3）为基础对风险进行度量，但该评估方法的研究存在两个问题。一是影响因素的选取不够全面，缺乏全面系统的评级指标体系；二是该建模对火灾结果（损失）的评估只有区域间的相对排序，是侧重于定性判断风险相对大小的方法，因此更易被政府减灾部门管理者理解和接受，但其结果只包括一维信息，可应用范围较窄，无法为森林火灾险实践提供精算级别的支持，而且模型结果往往难以得到验证。

**表 5－3　　森林火灾致灾因子分类**

| 致灾因子类型 | 影响因子 |
|---|---|
| 气候因子 | 年均气温，最高气温，年均降雨量，无降水日数，风速，湿度，积雪日数，日照时数，近地面空气比湿，平均气压，雷暴日数 |
| 社会因子 | 与河流、农场、道路、居民的距离，人口素质，人口密度，公路密度，村庄密度，放牧程度，扑火经费，火灾防灾能力指数 |
| 地理因子 | 坡度，坡向，海拔，地貌类型，土壤湿度，落叶厚度，落叶湿度 |
| 森林因子 | 植被类型，森林覆盖率，森林规模，森林资源占有率，植被稠密度 |

气候因子方面，一般情况下，年均气温与森林火灾风险程度正相关，年均气温越高，湿度越低，而且较高的温度会降低木材的含水量，使得木材更加易燃，不仅使森林火灾发生的概率提高，而且森林火灾蔓延速度也会因较高的温度而加快；年均降水量越大，则地区湿度越大，湿度越大森林火灾发生的可能性越小，与森林火灾风险呈负相关；风速与森林火灾发生和蔓延速度密切相关，风速越大，则森林火灾蔓延速度越快，森林火灾风险越大；相对湿度与森林火灾发生直接相关，相对湿度越大，森林火灾蔓延速度越慢，其火灾发生概率越小；年最高气温方面，不能仅凭某一地区年最高气温的高低而判断该地区森林火灾风险的大小，更为重要的是该高温天气延续的时间长度；年雷暴日数与森林起火概率呈正相关关系，年雷暴日数越高，则森林因为雷击而发生火灾的概率越大，森林火灾风险越严重；年均积雪日数越高，则森林湿度越大，火灾风险越小，另外，积雪的覆盖有助于降低森林火灾的蔓延速度，降低森林火灾风险。

地理因子方面，海拔越高则相对温度越低，湿度越高，森林火灾发生风险越小；坡度和坡向，在森林火灾蔓延中也有重要影响，如果火灾发生在较低处，则有可能会在风力的助推下沿着有利坡势迅速蔓延开来。

社会因子方面，人口素质越高风险意识越强，人为因素造成的森林火灾风险就越小。

综上所述，森林火灾风险区划的方法很多，除了以上三种常用方法，森林火灾风险区划的主要方法还包括系统动力学、Keetch-byram 指数法、Fuzzy 综合评判法等。不同方法各有利弊。但在指标选取方面尚没有统一的标准，指标权重确定方面也没有形成统一的认识，如何在不同方法得到的风险区划结果中选出最佳风险区划方案，特别是如何确定最优的分类数，现有研究尚未进行深入探讨。而且现有研究侧重于实际数据特点，未能兼顾区域间的自然地理联系。

**（二）基于历史损失的风险区划方法**

基于历史损失的风险区划首先需要基于历史损失数据进行最优分布拟合，在拟合的方法使用上主要有两种，分别是参数估计法和非参数估计法。在分布拟合基础上，利用最优分布进行风险评估并进行风险区划。基于历史损失的森林火灾风险区划的关键问题是火灾损失模型的科学确定，通过火灾损失模型，可以得到火灾损失的概率密度分布，在概率密度损失分布的基础上，对各风险区进行风险大小识别，从而进行风险区划。所谓参数估计即是利用参数法对数据进行分布的估计，在参数模型的选择上主要有 Weibull、Gamma、对数正态、正态分布等其他分布函数；非参数法与此相反，不做假设条件，而是由数据本身产生分布，从而很好地保留了数据中的隐含信息，在非参数模型研究方面，核密度模型受到研究者的广泛认可。实际操作过程中，如果原始数据小于 30 个，则使用参数估计法进行研究；如果原始数据单位数大于 30 个，则利用非参方法能够很好地挖掘数据中隐含的信息。综上，为了风险评估的精确性，需要根据历史数据的多少选定合适的方法进行风险评估。

历史损失是致灾因子、本身因素以及其他因素的综合结果，因此，采用历史损失进行风险区划，不仅可以避免在指标选取方面的争议，而且还可以较为科学地进行风险区划。另外，基于概率损失的风险区划侧重于定量的分析，直接以森林火灾损失结果为依据对森林火灾风险进行评估和分区，而直接的损失概率也是保险公司最为看重的数据，因此该方法也得到不少保险公司的认可。虽然基于历史损失的森林火灾风险区划有诸多优点，但其缺点也不容忽视。

第一，目前公开的数据仅限于省一级的数据，对于更精确的市以及县镇级统计数据尚未公开，导致目前大多研究集中于大范围的风险区划，而对小范围内更精确的风险区划研究较少。

第二，基于历史损失的风险区划，表面上看是基于数据进行风险区划，科学性较强，但应认识到的是森林火灾历史损失数据是致灾因子、森林本身因素以及其他因素综合作用的结果，而森林本身以及致灾因子并不是一成不变的，基于历史损失数据的风险区划仅考虑了相对固定的损失结果，而对不断变化的损失原因没有考虑，缺乏应有的科学性。

第三，基于森林火灾历史损失数据的区划有不同的方法，不同的方法结果也往往有差异，其区划结果哪个更具科学性尚没有统一的定论。

**（三）基于情景模拟的风险区划方法**

基于致灾因子的风险区划是衡量森林火灾风险原因下的风险区划，基于历史损失的风险区划是衡量风险结果的风险区划，而基于情景模拟的风险区划则是衡量风险形成过程的风险区划。另外，通过情景模拟可以产生大量的火灾数据，更加丰富了森林火灾数据。森林火灾情景模拟模型有两个环节，分别是起火模型和蔓延模型。

1. 森林火灾起火模型

用于森林火灾的起火概率模型的方法主要有两种方法，分别是空间核密度估计和多元回归。前者通过核密度的方法将森林火灾损失信息做插值处理，得到起火概率，这种方法在森林火灾起火模型中运用得较少；而多元 Logistic 回归在起火概率模型中的运用则较多。在运用多元 Logistic 回归的方法中，首先需要取得森林火灾数据，即起火点的具体信息，在此基础上运用蒙特卡洛模型或其他随机模型产生非火点。在森林火灾起火模型的 Logistic 回归模型中，有两个变量，起火点和非起火点。与这两个变量相对应的有：地形因素，如坡向、坡度以及海拔等；气象因素，如平均相对湿度、平均温度、平均风速等；森林本身因素，如森林资源密度、林业产出率等；人为因素，如森林与居民点的距离以及与道路的距离等。将这些变量作为回归的解释变量，通过回归分析，便可计算出这些要素在森林火灾起火中的贡献率，进而利用回归模型以及地理空间数据，计算不同空间点的起火概率。

2. 森林火灾蔓延模型

森林火灾蔓延模型是对森林火灾从不同的点出发逐渐发展、蔓延并最终发展成面的过程描写。森林火灾从点到面的发展受不同因素的影响，除了森林本身的可燃性外，还与平均温度、平均风速以及坡度、坡向等有关。在数据的存储方面，主要有两种：一是矢量数据；二是栅格数据。栅格数据的产生一般利用元胞自动机进行模拟。在国外，元胞自动机在森林火灾动态模拟方面已经有了一些成熟的应用。两种数据存储方式在生成火灾相关数据方面各有优缺点，前者的主要优点在于数据方便简单以及利用计算机技术较容易实现，缺点是精度较低。矢量模型将森林火灾的蔓延以多边形的方式来展示，这个多边形并非一成不变的，是始终处于动态扩展中。在模拟的过程中，多边形的顶点以椭圆形蔓延，蔓延的方向由系统指定的参考值（火灾具体所处的坡度以及平均风速）来决定，椭圆的大小由蔓延率和时间步长决定。最后计算多边形节点相对位置，并衡量森林灾害面积。矢量模型技术虽然模型精度较高，但也存在两个缺点：一是技术性较高；二是需要利用计算机进行编码，实现起来较为困难，与此相比，栅格技术则应用起来较为容易。

森林火灾情景模拟是考虑了致灾因子、火灾形成具体情况后对森林火灾结果的描述，在获得森林所在区域相关指标值的情况下，可以再现森林火灾发展过程或预测将来火灾发生情况。情景模拟中的概率是导致灾害发生原因频率的描述，该频率越高，则最终的损失程度会越高；反之，则灾害程度会越小。进行灾害情景模拟，最重要的是探究灾害发生的原理。目前我国森林火灾风险区划方面对于情景模拟模型的研究相对较少，开展情景模拟的研究主要以气象学、水文水动力学居多。

## 四、我国森林火灾风险区划举例

### （一）基于聚类分析的森林火灾风险区划

1. 指标体系的构建

为了预测和划分各地森林火灾的发生情况，需要将各地区火灾发生的历史数据纳入指标体系。为了消除由于森林覆盖率不同产生的差异，以火灾发生次数、火灾总面积、林地受害面积等除以该地区森林面积得出的相对指标，取这三个数据作为火灾发生的历史数据指标。

气象条件对森林火灾的发生有重要影响。一般来说，温度越低，发生火灾的可能性就越小；而高温可降低木材的含水率，使之更加易燃。相对湿度越低，林木的含水率也越低，火灾发生的可能性就大。降水量能影响地区的相对湿度，降水量越高，平均相对湿度也越高，从而影响森林火灾的发生。结合有利于量化的原则，把温度、相对湿度、降水量数作为模型的指标，其中降水量越高和平均湿度越高，火灾发生率越低，所以以指标的倒数纳入模型。

如果仅以森林火灾发生的影响因素作为划分风险的依据，就忽视了保险作为金融产品的经济损失意义。厘定森林火灾保险费率的基础，就是使火灾风险的区划更具科学性和合理性。在设置模型变量时不但要考虑到火灾发生的历史数据，影响火灾发生的各种因素，还应考虑到火灾发生造成的损失，因为保险损失只有在有灾害损失时才会发生，没有灾害损失，保险也就没有风险。森林火灾发生之后造成的损失主要有林地的损失和经济方面的损失。其中，林地损失可用森林成林蓄积量损失的相对数额表示，经济损失包括为火灾而投入的费用（即扑火费用），用扑火费用与该地区森林面积指标表示。

森林面积的大小可反映一个地区的森林规模和专业化程度。森林覆盖率越高的地区，受到自然灾害的影响程度越大，所以以森林覆盖率与全国森林覆盖率之比作为森林规模的指标。森林蓄积量是指一定森林面积上的林木树干部分的总材积，可反映某地区森林资源总规模和水平的基本指标，单位面积森林的蓄积量越高，受到灾害的程度就越大，所以以各地区单位森林面积森林蓄积量与全国单位森林面积森林蓄积量之比的指标作为衡量森林资源多寡的指标。一个地区林业总产值越高，灾害造成的损失就可能越大，所以将各地区单位森林面积林业产值与全国单位面积林业产值之比作为指标进入模型。综上所述，以森林火灾保险厘定为目的的森林火灾风险区划指标体系见表5-4。

**表5-4　　森林火灾风险区划指标体系**

| 指标 | 子指标 | 说明 |
|---|---|---|
| 森林火灾历史数据指标 | $F_1$ 火灾发生率 | 火灾次数（次）/该地区森林面积（$hm^2$） |
| | $F_2$ 火场面积比率 | 火场面积（$hm^2$）/该地区森林面积（$hm^2$） |
| | $F_3$ 林地受害面积比率 | 林地受害面积（$hm^2$）/该地区森林面积（$hm^2$） |
| 森林火灾危险指标 | $F_4$ 平均气温（℃） | |
| | $F_5$ 平均降水量（取倒数） | |
| | $F_6$ 平均湿度（取倒数） | |
| 森林火灾损失指标 | $F_7$ 森林资源损失率 | 森林损失蓄积量（$m^3$）/森林总蓄积量（$m^3$） |
| | $F_8$ 扑火经费平均损失额 | 扑火经费（万元）/该地区森林面积（$hm^2$） |
| 森林资源占有及产出指标 | $F_9$ 相对森林覆盖率 | 森林覆盖率/全国森林覆盖率 |
| | $F_{10}$ 森林资源占有率 | 各地区单位森林面积森林蓄积量（$m^3$）/全国单位森林面积森林蓄积量（$m^3$） |
| | $F_{11}$ 林业产出比率 | 各地区单位森林面积林业产值（万元）/全国单位面积林业产值（万元） |

2. 数据来源

由于上海市各项森林损失指标多年为零，台湾地区、香港与澳门特别行政区的数据缺失，所以选取我国其他30个省级行政区2000—2010年的数据进行研究。指标中 $F_1$、$F_2$ 和 $F_3$ 三个指标可在2000—2010年的《中国林业统计年鉴》中查到；$F_4$、$F_5$、$F_6$ 三个指标，即平均气温、平均降水量、平均日照时数和平均湿度以各省区省会城市的数据为准，可在《中国环境年鉴》查到；$F_7$、$F_8$、$F_9$、$F_{10}$、$F_{11}$ 五个指标由2000—2010年的《中国林业统计年鉴》数据计算。

3. 风险区划

因子分析通过对变量的相关系数矩阵内部结构的研究，找出能控制所有变量的少数几个随机变量描述多个变量之间的相关关系，能在不影响准确性的前提下简化指标个数，所以采用因子分析方法简化模型。首先对数据进行标准化处理，消除量纲的影响。使用 SPSS 19.0 软件进行 KMO 和 Bartlett 球形检验，以验证变量数据是否适合做因子分析，KMO 取值范围为0~1，KMO 值越接近1表明越适合作因子分析，大于0.5表示可作因子分析；Bartlett 球形检验法假设相关系数矩阵是一个单位阵，原有变量之间不存在相关性，如果拒绝原假设则表明适合作因子分析。结果表明变量适合作因子分析（见表5-5）。用主成分分析法，当累计贡献率大于90%时，提取了4个因子，方差累计贡献率为90.763%；采用具有 Kaiser 标准化的正交旋转法进行旋转，得到旋转成分矩阵，见表5-6。

**表5-5　　KMO 和 Bartlett 球形检验**

| KMO 检验 | 巴特利特球形检验 | | |
|---|---|---|---|
| | 近似卡方值 | 自由度 | $P$ 值 |
| 0.544 | 549.446 | 55 | 0 |

**表5-6　　旋转成分矩阵及累计方差贡献率**

| 变量 | 因子载荷 | | | |
|---|---|---|---|---|
| | 因子1 | 因子2 | 因子3 | 因子4 |
| $F_3$ 林地受害面积比率 | 0.959 | -0.069 | -0.135 | -0.017 |
| $F_7$ 森林资源损失率 | 0.957 | -0.070 | -0.139 | -0.018 |
| $F_2$ 火场面积比率 | 0.851 | 0.116 | 0.378 | -0.068 |
| $F_8$ 扑火经费平均损失额 | 0.845 | -0.115 | 0.211 | -0.023 |
| $F_5$ 平均降水量 | -0.068 | 0.937 | 0.086 | -0.023 |

续表

| 变量 | 因子载荷 | | | |
|---|---|---|---|---|
| | 因子1 | 因子2 | 因子3 | 因子4 |
| $F_6$ 平均湿度 | 0.057 | -0.874 | -0.144 | 0.264 |
| $F_4$ 平均气温 | -0.276 | 0.874 | 0.120 | -0.219 |
| $F_9$ 相对森林覆盖率 | 0.228 | 0.843 | -0.287 | 0.130 |
| $F_1$ 火灾发生率 | 0.063 | 0.078 | 0.984 | -0.102 |
| $F_{11}$ 林业产出比率 | 0.067 | 0.002 | 0.977 | -0.058 |
| $F_{10}$ 森林资源占有率 | -0.091 | -0.199 | -0.123 | 0.958 |
| 方差累计贡献率（%） | 31.147 | 60.123 | 81.005 | 90.763 |

根据旋转成分矩阵看出，与因子1高度相关的变量有林地受害面积比率、森林资源损失率、火场面积比率、扑火经费平均损失额，虽然将火场面积比率和林地受害面积比率归为森林火灾发生的历史情况这一大类，但这两个指标也与森林资源的损失有密切联系，火场面积越大，林地受害面积越大，表明其损失就越多，所以将因子1命名为损失因子；与因子2高度相关的变量有平均气温、平均湿度、平均降水量、相对森林覆盖率，有3/4的变量都是影响火灾发生的气象指标，故将因子2命名为森林火灾气象因子；与因子3和因子4密切相关的是林业产出比率、火灾发生率、森林资源占有率，这些指标多与森林资源占有和产出相关，所以将因子3和因子4命名为资源因子，因子得分与综合得分见表5-7。

**表5-7　各地区森林火灾因子得分及综合得分**

| 地区 | 因子1得分 | 因子2得分 | 因子3得分 | 因子4得分 | 综合得分 |
|---|---|---|---|---|---|
| 北京 | -0.257 | -0.746 | -0.341 | -0.939 | -0.506 |
| 天津 | -0.335 | -0.854 | -0.111 | -1.340 | -0.558 |
| 河北 | -0.460 | -0.585 | -0.364 | -1.139 | -0.551 |
| 山西 | 0.0952 | -0.989 | -0.156 | -0.778 | -0.403 |
| 内蒙古 | 0.6937 | -1.174 | 0.1207 | 0.6738 | 0.038 |
| 辽宁 | -0.290 | -0.392 | -0.448 | -0.274 | -0.357 |
| 吉林 | -0.144 | -0.377 | -0.272 | 2.240 | 0.008 |

续表

| 地区 | 因子1得分 | 因子2得分 | 因子3得分 | 因子4得分 | 综合得分 |
|---|---|---|---|---|---|
| 黑龙江 | 5.064 | -0.370 | -0.738 | -0.0926 | 1.440 |
| 江苏 | 0.330 | -0.112 | 5.0913 | -0.151 | 1.227 |
| 浙江 | 0.464 | 0.893 | 0.8593 | -0.465 | 0.592 |
| 安徽 | -0.345 | 0.479 | -0.403 | -0.653 | -0.128 |
| 福建 | 0.064 | 1.320 | -0.165 | 0.222 | 0.431 |
| 江西 | -0.015 | 1.443 | -0.436 | 0.342 | 0.394 |
| 山东 | -0.307 | -0.179 | -0.407 | -0.860 | -0.348 |
| 河南 | -0.401 | -0.451 | -0.121 | -1.108 | -0.429 |
| 湖北 | -0.337 | 0.368 | -0.094 | -0.742 | -0.099 |
| 湖南 | -0.012 | 1.084 | 0.0244 | -0.287 | 0.318 |
| 广东 | -0.283 | 1.746 | -0.353 | -0.198 | 0.360 |
| 广西 | 0.0098 | 1.404 | -0.123 | -0.027 | 0.422 |
| 海南 | -0.405 | 1.854 | -0.303 | -0.029 | 0.382 |
| 重庆 | -0.041 | 0.660 | -0.135 | -0.088 | 0.157 |
| 四川 | -0.300 | 0.501 | -0.085 | 1.604 | 0.210 |
| 贵州 | 0.0226 | 0.419 | 0.246 | -0.194 | 0.177 |
| 云南 | -0.136 | 0.629 | -0.143 | 1.539 | 0.287 |
| 西藏 | -0.468 | -1.278 | -0.031 | 2.796 | -0.277 |
| 陕西 | -0.416 | -0.117 | -0.404 | -0.106 | -0.284 |
| 甘肃 | -0.484 | -1.156 | -0.185 | 0.218 | -0.555 |
| 青海 | -0.475 | -1.447 | -0.231 | -0.194 | -0.700 |
| 宁夏 | -0.456 | -1.487 | -0.252 | -1.099 | -0.809 |
| 新疆 | -0.375 | -1.086 | -0.046 | 1.130 | -0.365 |

此外，使用聚类分析法将各省区按森林火灾风险的大小分为六个风险不同的区域，得出我国森林火灾风险区域的划分。风险区划的结果显示：黑龙江和江苏两省发生森林火灾的风险最大，这两个省的森林资源丰富，有较大的潜在风险，从历年的火灾发生次数等历史数据可看出这与实际情况相符；其次是吉林省和西南林区，这些地区森林资源相对丰富；云南省的橡胶树和咖啡树，是我国重要的热带经济林区，但气象和地理条件使这

些地区发生森林火灾的风险增加；辽宁省和东南林区也有发生森林火灾的风险；风险较小的地区为西北地区；中部地区和华北地区森林火灾风险最小，这是我国森林资源较少的地区，发生森林火灾的风险也小，与实际情况相符。

4. 主要结论

（1）我国各地区的森林火灾风险区划的结果与实际统计情况相符。高风险地区集中在森林资源较丰富的地区。根据以往年份的统计，这些地区的火灾次数、火灾面积等指标较高，它们分别是东北林区、西南林区，风险一般的地区为东南林区以及北部地区，风险较低的区域为华北及华中平原地区。

（2）证明了各地区森林火灾风险有显著差异，这就要求森林火灾保险的费率厘定应考虑风险差异的因素，进行费率分区。

**（二）基于二次熵权法的森林火灾风险区划研究**

1. 指标体系的构建

森林火灾风险受多种因素的影响，主要包括气象因素、经济因素、森林火灾损失因素、森林本身因素四个方面。不同的影响因素对森林火灾风险的影响各有差异。

气象对森林火灾风险有较大影响，一般情况下，年均降水量越大，则地区湿度越大，湿度越大森林火灾发生的可能性越小，与森林火灾风险呈负相关；年均气温则与森林火灾风险程度正相关，年均气温越高，湿度越低，而且较高的温度会降低木材的含水量，使得木材更加易燃，提高森林火灾发生的概率；风速是决定森林火灾发生和蔓延速度的重要因素，风速越大，则森林火灾蔓延速度越快，森林火灾风险越大。相对湿度与森林火灾发生直接相关，相对湿度越大，森林火灾蔓延速度越慢，其火灾发生概率越小。

经济影响因素方面，以往的研究大多用的各省 GDP 指标，但考虑到该指标不能充分反映森林火灾造成的风险大小，改用能较高反映森林火灾风险水平的各省单位面积平均防火投资额，平均防火投资额越大，则火灾发生的风险越小，呈负相关。

森林本身影响因素方面，森林密度对森林火灾风险影响程度较大，单位面积森林蓄积量越大，风险越大，此处用森林资源密度表示；森林覆盖率越高，则风险暴露越大，相应的受自然因素影响越大；单位森林面积林业产值影响森林火灾受损程度，单位森林面积林业产值越大，则发生森林火灾时造成的损失越严重，风险越大。

在综合考虑以上因素之后，选取以下指标进行森林火灾风险区划（见表5－8）。

**表5－8　森林火灾风险区划指标体系**

| 一级指标 | 二级指标 | 说明 |
|---|---|---|
| 气象指标 | $E_1$ 平均气温 | |
| | $E_2$ 平均降水量（负向） | |
| | $E_3$ 平均湿度（负向） | |
| | $E_4$ 平均风速 | |
| 经济指标 | $E_5$ 单位护林防火投资额（负向） | |
| 森林火灾损失指标 | $E_6$ 森林资源损失率 | 森林损失蓄积量（$m^3$）/森林总蓄积量（$m^3$） |
| | $E_7$ 林地受害面积比率 | 林地受害面积（$hm^2$）/森林面积（$hm^2$） |
| 森林本身指标 | $E_8$ 森林覆盖率 | 各地区森林面积（$hm^2$） |
| | $E_9$ 森林资源密度 | 各地区森林总蓄积量（$m^3$）/各地区森林面积（$hm^2$） |
| | $E_{10}$ 林业产出比率 | 各地区林业产值（万元）/各地区森林总面积（$hm^2$） |

2. 数据来源

数据主要分三个部分：一是中国气象局统计的部分省份或地区1993—2013年的年降水量、平均气温、湿度、风速等气象数据；二是《中国林业统计年鉴》统计的部分省份或地区森林资源数据，包括各省森林面积、覆盖率及1984年以来的统计数据，如森林火灾次数、火灾面积及受害森林面积；三是《中国统计年鉴》统计的部分省份或地区1993年以来的历次森林资源普查数据。

3. 风险区划

熵权法是根据各评价指标提供的信息客观确定其权重，作为权数的熵权，通过对每年数据进行熵权法处理，不仅能客观体现决策时某项指标在指标体系中的重要程度，而且能反映指标权重随时间的变化状况。

在上述指标中，由于量纲不相同，为了消除量纲和数量级的差异性，明确各指标在全国所处的位置，采用［0，1］均匀分布的标准化方法对每个指标进行无量纲化处理。对于正向指标，即指标和火灾风险高低呈正相关，如温度、风速、森林覆盖率等，随着数值的增大，火灾风险程度也不断提高，对于此类指标应用以下处理方式：

$$X_i = \frac{X - X_{\min}}{X_{\max} - X_{\min}} \tag{5-7}$$

对于负向指标，即指标和火灾风险高低呈负相关，如相对湿度、单位面积防火投资额等，随着数值的增大，火灾风险程度不断下降，对于此类指标应用以下处理方式：

$$X_i = \frac{X_{\max} - X}{X_{\max} - X_{\min}} \tag{5-8}$$

（1）分别对各年度数据矩阵 $\boldsymbol{X} = (x_{ij})_{NK}$ 各列进行归一化处理，计算其特征比重：

$$P_{ij} = \frac{X_{ij}}{\sum_{i=0}^{N} X_{ij}} \quad i = 1, 2, \cdots, N; j = 1, 2, 3 \tag{5-9}$$

式中，$X_{ij} > 0$，$\sum_{i=0}^{N} \boldsymbol{X}_{ij} > 0$。

（2）计算第 $j$ 个距离指标的熵值：

$$e_j = \frac{1}{\ln N} \sum_{i=1}^{N} P_{ij} \ln P_{ij} \quad j = 1, 2, 3 \tag{5-10}$$

（3）计算第 $j$ 个距离的客观权重：

$$\boldsymbol{W}'_{ij} = \frac{1 - e_{ij}}{\sum_{i=0}^{N} (1 - e)} \quad j = 1, 2, 3 \tag{5-11}$$

（4）计算加权矩阵：

$$\boldsymbol{r}_{ij} = \boldsymbol{W}'_{ij} \boldsymbol{X}_{ij} \quad i = 1, 2, 3, \cdots, m; j = 1, 2, 3, \cdots, n \tag{5-12}$$

（5）对历年数据进行二次加权，最终结果见表 5-9。

**表 5-9　各地区最终风险值**

| 地区 | 福建 | 黑龙江 | 湖南 | 内蒙古 | 浙江 | 云南 |
|---|---|---|---|---|---|---|
| 最终值 | 0.36585 | 0.311698 | 0.298531 | 0.295142 | 0.25354 | 0.230307 |
| 地区 | 西藏 | 上海 | 广西 | 江西 | 海南 | 四川 |
| 最终值 | 0.207423 | 0.204696 | 0.18292 | 0.182683 | 0.178682 | 0.171959 |

续表

| 地区 | 广东 | 吉林 | 贵州 | 陕西 | 北京 | 安徽 |
|---|---|---|---|---|---|---|
| 最终值 | 0.166753 | 0.155845 | 0.150931 | 0.149178 | 0.140463 | 0.139703 |
| 地区 | 山东 | 辽宁 | 江苏 | 河南 | 山西 | 甘肃 |
| 最终值 | 0.138087 | 0.137007 | 0.135898 | 0.127882 | 0.125645 | 0.122188 |
| 地区 | 新疆 | 宁夏 | 河北 | 天津 | 湖北 | 青海 |
| 最终值 | 0.119834 | 0.114709 | 0.114491 | 0.112646 | 0.110488 | 0.102385 |

最终值越大，则相应的森林火灾风险越大，由表5-9可以看出，风险较大的省份有福建、黑龙江、湖南、内蒙古以及浙江等，而森林火灾风险较小的省份有青海、湖北、天津以及河北等。

（6）聚类分析。利用SPSS软件采用系统聚类法进行聚类分析，聚类方法选择Ward法，距离选用欧式距离，解的范围中选择3~8类，参照其他研究者分类数量以及本部分的分类数量结果，分为5类较为合理，五类分别为：高风险、较高风险、中风险、较低风险、低风险，见表5-10。

**表5-10　　风险区划**

| 区域 | 省份 |
|---|---|
| 高风险 | 福建、黑龙江、湖南、内蒙古 |
| 较高风险 | 浙江、云南、西藏、上海 |
| 中风险 | 四川、广西、广东、江西、海南、吉林、贵州 |
| 较低风险 | 陕西、北京、安徽、山东、辽宁 |
| 低风险 | 江苏、河南、山西、甘肃、新疆、河北、天津、宁夏、湖北、青海 |

由表5-10可以看出，不同风险区包含的省份多少有所不同，如较高风险区仅包含浙江、云南、西藏、上海四个省份；而低风险区则包含了江苏、河南、河北、新疆等10个省份。从侧面反映出我国森林火灾分布的不均等性。

具体来看，森林火灾风险最高的省份是福建、黑龙江、湖南、内蒙古，由于这些省份森林面积大、覆盖广、资源多，使得森林火灾防控难度较大，一旦发生火灾则影响较大，从我国整体来看，这些省份森林火灾发生面积、损失情况最为严重，属于高风险区域。森林火灾风险较高的省份是浙江、云南、西藏、上海，云南、西藏两个省份森林面积和森林蓄积量均位居前列，但由于这两个区域人口较少，发生火灾的诱因也较少，森林火灾发生率较低，因此，森林火灾风险水平也较低。森林火灾中风险的省份主要是南方林区以及四川，风险水平较低的区域是我国北部沿海省份以及我国中部、西部地区。

4. 主要结论

我国不同地区森林火灾风险存在明显的不同。火灾风险是火灾费率测算的基础，火灾风险的大小除上述的因素外，在具体的小区域内受诸多因素的影响，如同一地区防火投资额分配是否均衡、交通的便利性、是否是潜在野营地等。这些因素都会在不同程度上影响森林火灾的发生以及风险大小。

## 第二节　森林保险费率厘定方法

费率厘定，是精算师根据保单的风险状况制定适当的保费水平的过程。在费率厘定过程中，保险公司最关心的两个问题：一是使保费足够理赔；二是增强保险产品的竞争力。第一个问题要求保费尽量高，第二个问题则要求保费尽量低。因此合理的费率水平是这两个核心问题的平衡结果。

在森林火灾保费率厘定研究方面，研究者比较关注保险成本的合理性问题、保费率的合理性问题。投保人具体应付出多少成本来完成风险的转移，不应受人为主观因素的影响，而应视保险标的客观性质来决定。因此，森林保险在产品设计中要解决的最关键问题就是采用科学的方法对保险产品进行定价，即科学保险费率的厘定。合理确定森林保险的费率，能够使供给方（保险公司）和需求方（林农）达到均衡状态，并调节市场供求的变化，最终形成有效的保险产品市场。

### 一、森林火灾险费率厘定主要方法

#### （一）森林保险费率的概念与厘定原理

保险费率，在保险合同中有相关的定义界定，是指保费与保险金额的比值，该比值一般以百分比的形式表现。从保费率的构成来看，一般可以分为两部分，即纯保费率和附加保费率。纯保费率是刚好可以补偿风险损失的费率，根据期望赔付支出与期望保费收入相等的原理计算。纯保费率对应的纯保费通常也被称为公平保费、风险保费，是通过保险精算得到的将来用于支付赔偿金的保费。附加保费率一般指林业风险损失以外，支撑森林保险业务持续经营的费率，与附加保费率相对应的是附加保费，附加保费一般包含经营管理费用、风险附加费以及一定的利润等。具体森林保险保费构成要素如图 5－2 所示。

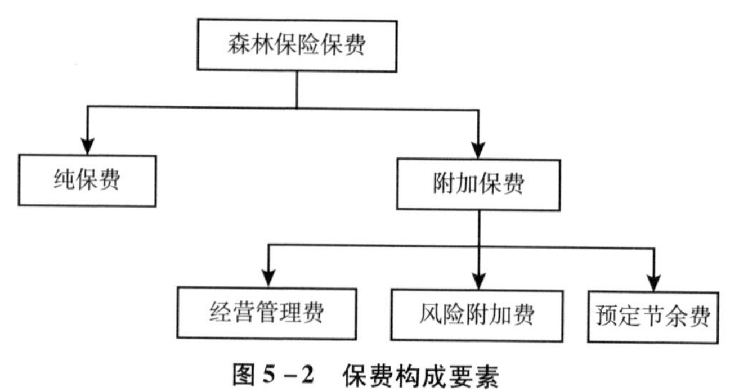


**图 5－2　保费构成要素**

纯保费是指按纯费率收取的保险费，用于保险事故发生后对被保险人进行赔偿。纯保费是保险公司的期望赔付成本，等于对应风险损失分布的数学期望，是保险费的主要组成部分。纯费率是指纯保费占保险金额的比率，确定纯费率需要研究有效索赔的概率分布，也就是未来保额损失的可能性，即保额损失概率。实务中，森林保险的纯费率是以长时期单位保额的平均损失率为基础确定的。由于森林保险风险多为自然灾害，具有风险单位大、发生频率高、损失规模大等特点，导致森林保险的损失率高，因而森林保险的纯费率很高。

附加保费是指与经营管理费、风险附加费以及预定节余费等相关的支出与保险金额的比例。其一，经营管理费，这是保险公司经营管理活动过程中的必要支出，林业生产的特点导致森林保险业务具有分散性，决定了其经营管理难度大，运营成本费用高。实务中森林保险的经营管理费用通常按照纯保费的一定比例确定，经营管理费用率通常等于过去几年平均费用占纯保费的比重。我国林业规模化经营程度较低，大部分地区仍然是小规模林农经营，单个林农保费少，承保、理赔分散，因此，森林保险的营业管理费更高。在开展森林保险过程中，基层保险公司均面临展业宣传难、保费收取难、调查成本高、交通费用高、核损和理赔成本高等诸多问题。其二，风险附加保费，林业风险的特殊性导致实际损失与期望损失之间存在较大差异，当实际损失超出期望损失时，纯保费就不足以赔付损失，为避免这种情况的发生，森林保险保费中必须包含风险附加保费，实务中通常设定一定比例的纯保费作为风险附加系数（或安全系数）来确定。其三，预定节余费，这是为使森林保险业务能够收支平衡、略有节余，在开发森林保险的险种和厘定费率时事先设定的节余，通常设定为纯费率的一个比例。

由于缺乏森林保险经营管理费、风险附加费以及利润等相关数据，本节主要探讨纯保费率。

**（二）森林保险费率厘定的主要方法**

保费率由纯保费率和附加保费率两部分构成，依据纯保费率厘定原理，纯保费期望收入等于期望赔付支出。纯保费率厘定最精确的方法是保险公司赔付支出占保险金额的比例，但由于我国森林保险发展年数较少，数据量较小且对于学术研究来说，数据较难获取等因素的制约，目前，学术上普遍采用森林损失率近似等于纯保费率的算法。

$$\text{纯费率} = \frac{\text{实际受损面积} \times \dfrac{\text{被保林密度}}{\text{国家森林标准密度}} \times \dfrac{\text{烧毁株数}}{\text{被保地区总株数}}}{\text{投保面积}} \tag{5-13}$$

我国财政补贴型森林保险在多数省份采用的是全省统保的方式，森林火灾保险从属于森林保险，同时借鉴有关农业火灾保险的研究，火灾保险实施强制保险应该成为我国火灾保险制度的必然选择。因此，式（5－13）中的分母应该是全省统保后的森林投保面积，即各省的林地面积。相似地，式（5－13）中分子应该是森林火灾受灾总面积来代替。因此，式（5－13）的右边可解释为林业火灾的期望受灾率，即纯费率等于林业火灾期望受灾率。

在现有的文献中，求解森林火灾期望受灾率可以分为两步：一是判断当年是否会有森林火灾发生；二是求出火灾发生的条件概率期望值。在第一步中，求当年的受灾率是否大于某一阈值，通过二项分布求火灾发生概率；在第二步中，对受灾率进行概率密度分布拟合，在受灾率大于阈值的前提下，求受灾率的条件概率期望值。通过上述分析，可以得到纯费率的计算公式为

$$\text{纯费率} = \text{林业火灾发生概率} \times \text{条件概率期望值} \tag{5-14}$$

实务中，在当前的保险合同规定下，历年赔付额度的期望值与历年平均保额的比值即为纯费率。对于保险公司来说，由于保险有较为充足的保

险赔付支出数据，因此，森林保险的纯费率是以长时期单位保额的平均损失率为基础确定的。因此，对于保险公司来说：

$$纯保费率 = \frac{历年赔付支出期望值}{历年平均保险金额} \tag{5-15}$$

在实践中，当前保险公司与再保险公司在制定保险费率时遵守的法则主要有实效原理和安全第一法则。在实效原理中，附加费率可直接等于纯费率的一个倍数，该倍数往往被称为安全系数。在更精确的模型中，往往需要考虑随机损失的波动性，因此附加费率可以是期望损失成本率的方差或标准差的倍数。安全第一法则认为，一旦保险公司的赔付（损失）超过了其拥有的流动性资产就将面临破产危险，因此，该法则认为保费是实际损失超过保费收入与准备金之和的最大可接受概率所对应的最小保费。该法则是目前国际上各大保险公司与再保险公司评估、控制风险的主流手段。

在具体的费率厘定方面，还应根据实际情况，如森林相关数据获取的难易程度、预防成本的多少、地形地貌、社会对森林的影响等方面对风险进行综合衡量。由于历史赔付支出数据较少，一般根据历年森林火灾损失率计算。

从国内外对灾害风险的保费率研究中可以发现，国外在森林火灾费率厘定方面较多地考虑多种风险情况下费率的厘定问题，通过分析不同风险之间的相互关系、时间是否延续等其他问题对灾害风险的保费率进行分析厘定，且普遍认为树种和树龄对森林火灾损失率有较大影响；国内在森林火灾险费率厘定方面，一般仅考虑森林火灾单一损失率。虽然在进行不同风险情况下的保费率厘定时考虑的因素不一，但在总保费率构成方面国内外认识较为一致，一般认为总保费率由纯保费率和附加保费率两部分组成，纯保险费率根据期望赔付支出与期望保费收入相等的原理计算，而附加保费率则涉及保险公司经营成本、利润以及超赔风险。

确定了保险费率以后，保险公司需要估计损失/赔偿额来确定最后的保险费用。森林保险金额的确定原则主要有“保成本”“保收入”“保价值”三种。保成本补偿灾害后林木的再植成本，保收入补偿林农因灾害造成的收入减少，保价值补偿灾害对林木经济价值乃至生态价值造成的损失。目前我国的森林保险遵循“保成本、广覆盖”原则，按照林木损失后的再植成本（包括郁闭前的整地、苗木、栽植、施肥、管护费、抚育费）确定。由于“保成本”提供的保额过低，强大的市场需求正推动保额向“保收入”“保价值”发展，相应的研究和试点正在逐步推进。国家林业局在2015年发布的《森林资源资产评估技术规范》中给出了常规林木资产评估的方法，适用于计算保险费用的评估方法主要包括“重置成本法”“历史成本法”“计息成本法”“市场价倒算法”等。

（1）重置成本法：按重新种植该片森林所需投入的成本计算。

（2）历史成本法：把森林经营每年发生的实际费用（物化劳动与活劳动消耗之和）累加起来构成反映实际支出的成本价格。

（3）计息成本法：在历史成本法的基础上，将资金长期占用与时间价值等因素考虑进来，计算出的计息成本。

（4）市场价倒算法：根据该片森林的市场价格来设定保额。

显然，分别根据这四种方法计算保额，投保人需要支付的保费会依次提高，相应地，在发生损失时得到的赔偿也依次提高。前三种成本法计算时的主要困难在于不同投保人的经营能力有差异，实际发生的成本也会有高低之分，实践中可以考虑采用平均成本计量。此外在计息成本法与市场法下，利率与木材的市场价格都会随时间变化，而保额的测算不可能频繁进行，这些都会造成保额与真实成本或真实价值间的差额，也会使实际损失与保险赔偿金之间存在差额。

虽然目前国内外均对风险区划进行了较多的研究，但普遍存在一个缺点，就是将森林火灾风险区划与费率厘定割裂开来。具体来说，有的研究只进行森林火灾风险区划，指出各区域有风险差异，该类研究结果多用于防灾减灾方面；有的研究在进行风险区划之后也进行费率厘定，但该类费率厘定没有利用风险区划的结果，而是对每个地区单独进行费率厘定，根据厘定结果再进行费率分区，显然这种费率厘定也不够科学。怎样在理论模型层面将二者结合起来，使得费率既能反映传统的损失分布信息，又能根据风险区划结果进行调整，是非常具有挑战性的科学问题。

另外，现有的森林保险费率测算通常给出的是静态结论，而风险是实时变化的，现实中自然条件和政策的变化均会影响费率测算的结果。因此，有必要根据环境的变化动态调整区划结果与费率。而在什么样的条件下需要调整，如何进行调整，现有研究鲜有涉及。

### （三）森林保险费率厘定方法展望

目前国内外关于森林火灾风险评估、风险区划和费率厘定等方面的研究得到快速的发展，研究方法和模型相对成熟。但是，现有研究在森林火灾风险识别指标体系建立、最优风险区划方案设计，尤其是基于风险区划的费率测算模型设定等方面尚存在不足，包括缺乏全面系统的风险评估指标体系，最佳风险区划方案和最优分类数不够科学，风险区划未能兼顾自然地理联系，未能将风险区划与费率厘定紧密结合，等等。为了解决以上关键问题，需要沿着“风险评估→风险区划→费率厘定→动态调整→实际应用”的技术路线（见图5－3）展开，以此来服务于我国森林火灾险的差异化费率厘定和产品设计。未来森林火灾风险区划与保险费率厘定需要重点关注以下问题。

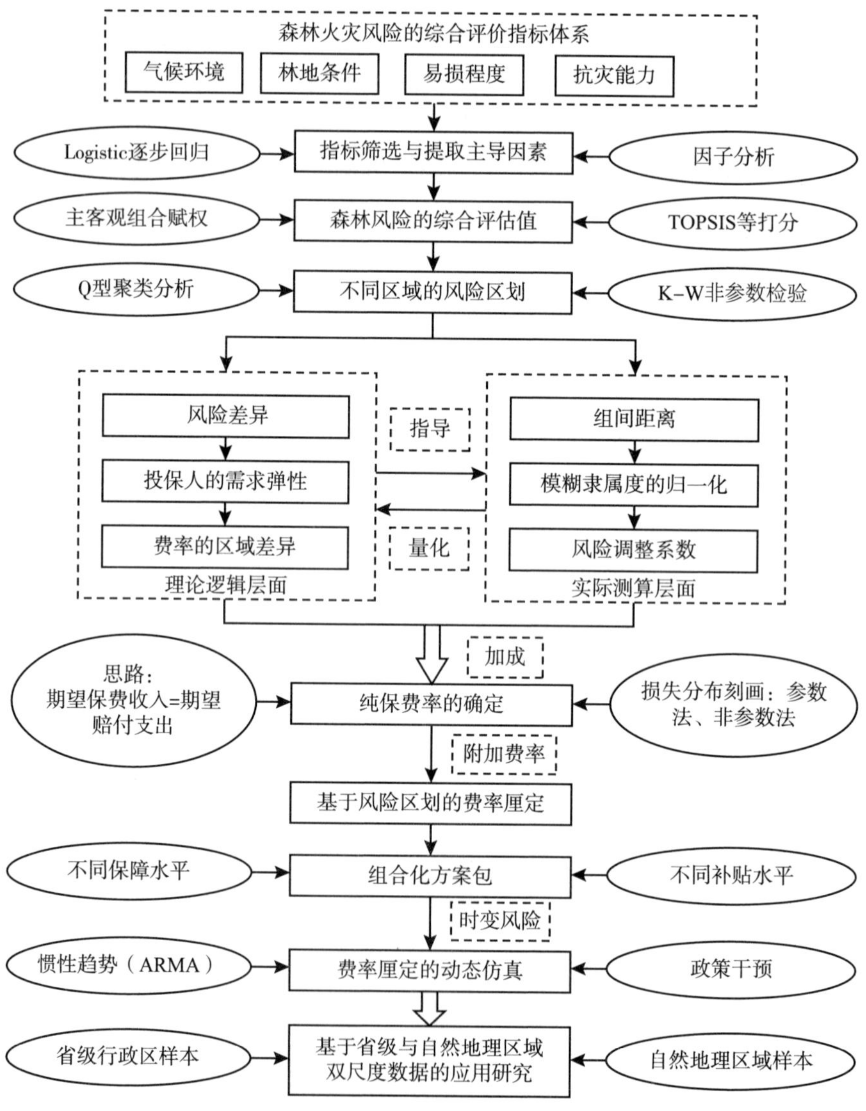


**图5－3 基于风险区划的森林火灾险费率厘定研究技术路线**

1. 森林火灾风险评估

（1）风险评价指标体系的建立。挖掘可能影响森林火灾发生及其损失的因素，建立反映气候环境、林地条件、易损程度、抗灾能力等信息的区域森林火灾风险评价指标体系。

（2）风险主导因素的提取。通过基于 Logistic 逐步回归、主成分分析等方法筛选出显著指标，通过因子分析剔除反映信息重复而且信息含量低的指标，用尽可能简化且有效的指标体系识别风险。

（3）不同评价指标权重的确定。通过主客观两种方法对筛选后的指标进行赋权，例如 AHP、G1 等主观赋权法反映了专家的知识和经验，熵值、变异系数等客观赋权法反映了数据离散程度对评价结果的影响，通过融合两种赋权法的优点使得赋权兼具历史经验和数据本身的特征。

2. 森林火灾风险区划

（1）森林火灾风险评估指标的合成。利用逼近理想值法（TOPSIS）、灰色关联分析等方法对单个指标打分，以消除不同指标量纲和数量级的影响，之后进行加权平均得到综合评价得分。

（2）风险区划分类依据与方法。以林业风险综合评估指标值为依据，用不同的聚类方法进行分类，对不同方法得到的结果进行比较，结合区域间的自然地理联系得到最佳分类方案。

（3）分类数目的确定。基本原则是在组内样本没有显著差异的前提下，分类数目越少越好，这样有利于简化费率测算问题。

（4）组间差异的度量。通过分析比较不同的距离定义，测算不同类别之间的距离，反映区域风险差异，通过模糊隶属度将差异进行归一化处理，得到费率调整系数。

（5）行政与地理的双尺度结合。以行政区划（特别是省级行政区）设置样本有利于获取数据，但森林的分布是由自然地理特征决定的，不一定与行政区划一致，同一行政区内部也可能存在地域上的风险差别。因此，基于风险区划的森林火灾险费率厘定原理应用于我国，需要通过行政区划与自然地理区域的双尺度数据对差异化的森林火灾险费率进行实际测算和分析。

3. 森林火灾险费率厘定

（1）纯保费率的确定。森林火灾受害率的概率密度函数可以采用参数法和非参数法两种方法进行拟合，进而得到期望赔付支出。

（2）基于风险区划的费率调整。根据风险区划的结果，通过“调整

后的费率 = 纯费率×(1 + 风险调整系数)”得到风险区划调整后各区域差别化的费率。

（3）费率厘定组合化方案包的构建。森林火灾险的保障水平和补贴水平会影响保险人的赔付支出和保费收入，进而影响费率测算。在不同的保障水平和政策补贴水平下分别厘定费率，得到不同情景下费率厘定的组合化方案包。

（4）费率的动态调整。利用 ARMA、VAR 等时间序列分析方法拟合森林火灾损失率以及风险综合评估值的历史变化趋势，结合政策性等因素对未来可能发生的变化进行情景分析，探讨风险变化的方向。分析不同情景下费率测算的稳健性，探讨风险区划以及费率测算的结果是否会偏离由历史惯性得到的稳定值。对损失率与风险评估值的未来变化进行模拟仿真，以 ARMA 及 VAR 等确定的趋势值为基准，根据 $3\sigma$ 原则确定费率调整的上下两个临界值。

## 二、我国森林火灾险的费率厘定举例：基于风险区划

森林资源是我国的一大战略资源，在贯彻可持续发展战略中具有重要地位。然而，森林经营是一个复杂的生产过程，面临的自然灾害风险比一般行业更为显著。在所有森林灾害中，森林火灾突发性强、发生面广、破坏性大，被联合国粮农组织列为世界八大自然灾害之一（唐伟，2012）。为降低森林火灾损失，除了建立灾前预防机制外，完善森林火灾保险机制成为很多国家健全森林灾害风险管理的重要方式（冷慧卿和王珺，2011）。目前，我国森林火灾发生频率较高，然而我国森林火灾保险的覆盖率依然较低，森林火灾保险并未在林业生产中充分发挥其应有的保障作用。根据我国特殊的人文因素与地理现况，森林火灾保险的研究应更多地侧重于森林火灾风险区划以及保险费率厘定。一方面，从灾害风险管理的角度来看，我国不同地区间的自然要素与人文因素差距较大，同时森林火灾发生机制不尽相同，故需要采取区划手段对具有同质风险的区域进行统一管理，并减少逆向选择问题的出现。另一方面，从森林火灾保险费率厘定的角度看，我国疆域辽阔的现状导致不存在适用于全部地区的统一费率，厘定具有差异性的保险费率需要风险划分提供更为准确的参考，从而提高费率厘定精度。

由此，森林火灾风险区划是费率厘定的前提和基础，本节是在进行森林火灾风险分区的基础上，利用区划结果对森林火灾险纯费率进行厘定研

究。本章的第一节第四小节完成了对我国森林火灾的风险区划，本小节是在其基于二次熵权法的森林火灾风险区划基础上，将我国森林火灾风险划分为五个区域，并对五个风险区进行描述性统计分析以及纯费率厘定研究。

### （一）描述性统计分析

时间序列数据趋势检测的核心是去除数据的中心趋势，剥离数据的随机波动值，并将该值折算到一个可以比较的、统一的标度上。时间序列数据趋势检测在其他领域已经有较为成熟的运用，尤其是在经济学领域，此外，在农作物保费率厘定的模型中也有较为广泛的运用。因此，在森林火灾保费率的厘定中，为了保证数据不存在显著的趋势以及保证数据之间不存在自相关问题，需要先进行趋势检测，如果发现数据有趋势，则应首先进行去趋势处理。

利用 SPSS 提供的专家建模器，对五个风险区森林火灾损失率进行趋势检测。在趋势检测的过程中，分别利用简单、霍尔特、布朗、衰减指数平滑法以及 Arima 进行分析。当平稳 $R^2$ 接近 1，且 sigma 接近 0 时，则表明趋势明显，通过分布拟合发现，五个森林火灾风险区域均不存在明显趋势特征，该结果也从侧面印证了我国自然天气的随机性，具体见表 5 - 11。

**表 5 - 11　　各风险区域趋势检测值**

| 风险区 | 平稳 $R^2$ | Ljung - Box Q 的 sigma 值 |
|---|---|---|
| 高风险 | 1. 11E - 16 | 0. 955 |
| 较高风险 | 8. 13E - 01 | 0. 925 |
| 中风险 | 1. 11E - 15 | 0. 678 |
| 较低风险 | 2. 22E - 16 | 0. 694 |
| 低风险 | 8. 30E - 01 | 0. 797 |

注：平稳 $R^2$ 接近 1，且 sigma 接近 0 表明趋势明显。

### （二）受灾率分布拟合

森林火灾受灾率历史数据的分布拟合过程可以分为两个步骤：一是判断当年该区域是否有森林火灾发生；二是对森林火灾历史受灾率进行概率密度分布拟合。

在第一步判断的过程中，将我国森林火灾受灾率的历史数据记录为（0，1）的二项分布。有损失的年份记为 1，无损失的年份记为 0，通过拟合二项分布，可以很明显地看出，指定风险区域历年是否发生森林火灾的情况。

在第二步进行概率密度分布拟合的过程中，采用最优参数估计的方法，并采用最大似然法进行参数估计。在拟合过程中，利用伽马、贝塔分布、正态分布、对数正态分布、韦伯分布5种参数模型进行概率密度分布拟合，将各分区年森林火灾受灾率与各种分布分别进行拟合，并进行拟合优度检验从而得到最优的拟合分布。拟合优度检验的根本思想是将样本分布曲线和拟合后得到的理论分布曲线之间的差距大小进行比较，进而判断拟合后得到的理论分布是否能够对样本分布达到很好的拟合效果。常用的拟合优度检验方法有卡方拟合优度检验和K－S检验。本节采用K－S检验方法。将没有通过K－S检验的模型直接否决，将通过K－S检验的模型进行互相比较，选择检验参数较高的模型作为概率密度最优分布模型，各风险区的分布检测结果见表5－12，其中$p$值表示当原假设为真时所得到的样本观察结果出现的概率。

**表5－12　各风险区分布检验结果**

| 风险区 | 分布 | $h$值 | $p$值 |
|---|---|---|---|
| 高风险区 | 贝塔分布 | 1 | — |
| | 伽马分布 | 1 | — |
| | 正态分布 | 1 | — |
| | 韦伯分布 | 0 | 0.175 |
| | 对数正态分布 | 0 | 0.450 |
| 较高风险区 | 贝塔分布 | 0 | 0.579 |
| | 伽马分布 | 0 | 0.578 |
| | 正态分布 | 0 | 0.329 |
| | 韦伯分布 | 0 | 0.637 |
| | 对数正态分布 | 0 | 0.638 |
| 中风险区 | 贝塔分布 | 0 | 0.948 |
| | 伽马分布 | 0 | 0.948 |
| | 正态分布 | 0 | 0.639 |
| | 韦伯分布 | 0 | 0.903 |
| | 对数正态分布 | 0 | 0.993 |

续表

| 风险区 | 分布 | $h$ 值 | $p$ 值 |
|---|---|---|---|
| 较低风险区 | 贝塔分布 | 0 | 0.541 |
| | 伽马分布 | 0 | 0.541 |
| | 正态分布 | 0 | 0.888 |
| | 韦伯分布 | 0 | 0.808 |
| | 对数正态分布 | 0 | 0.368 |
| 低风险区 | 贝塔分布 | 0 | 0.147 |
| | 伽马分布 | 0 | 0.147 |
| | 正态分布 | 1 | — |
| | 韦伯分布 | 0 | 0.101 |
| | 对数正态分布 | 0 | 0.358 |

注：$h=1$，表示在5%的置信水平上拒绝零假设，零假设是指符合检验的某分布；$h=0$，表示在5%的置信水平上接受零假设，$p$ 值越接近于1表示越符合该分布。

通过 K－S 检验得到最优分布拟合，拟合结果表明高风险区、较高风险区、中风险区以及低风险区的最优分布是对数正态分布，较低风险区的最优分布是正态分布。利用 Matlab 软件求得各风险区最优分布相应的参数（见表5－13），其中参数1表示该分布的均值，参数2表示该分布的方差。

**表5－13　　各风险区参数值**

| 风险区 | 最优分布 | $p$ 值 | 参数1 | 参数2 |
|---|---|---|---|---|
| 高风险区 | 对数正态 | 0.4500 | －7.3335 | 1.4876 |
| 较高风险区 | 对数正态 | 0.6384 | －8.7785 | 0.5961 |
| 中风险区 | 对数正态 | 0.9931 | －8.7978 | 0.6517 |
| 较低风险区 | 正态 | 0.8882 | 0.000148 | 6.92E－05 |
| 低风险区 | 对数正态 | 0.3580 | －9.5581 | 0.6266 |

### （三）森林火灾险费率厘定

森林火灾受多种因素的影响，且同一风险区内往往包含多个省份，不同省份之间由于自然、社会、经济等因素的差异性，风险也往往有差别。因此，本小节仅厘定各风险区的区间费率，为各风险区具体费率厘定提供参考。具体计算方面，在对各风险区进行分布拟合求得概率密度分布的基础上，首先计算各风险区发生火灾的概率，由数据可知，各风险区发生火灾的概率均为100%，其次计算在95%置信度下，各风险区的受灾率区间，根据期望损失率等于期望纯保费率的基本原理以及纯保险费率等于森林火灾发生率乘以损失率的计算公式，最终求得各风险区的纯保费率区间（见表5-14）。

**表5-14　　各风险区纯保费率区间**

| 风险区 | 森林火灾发生率（%） | 均值（‰） | 95%置信度纯保费率区间 |
|---|---|---|---|
| 高风险 | 100 | 1.3158 | [0.001800，0.002700] |
| 较高风险 | 100 | 0.1848 | [0.000141，0.000257] |
| 中风险 | 100 | 0.1834 | [0.000140，0.000230] |
| 较低风险 | 100 | 0.1484 | [0.000100，0.000200] |
| 低风险 | 100 | 0.0871 | [0.000084，0.000098] |

从表5-14可以看出，不同风险区域之间有较明显的风险差别，高风险区域的保险费率为1.8‰~2.7‰，而低风险区域的费率水平还不到0.1‰，另外，由于有的区域标准差较大，在纯保费率厘定方面，不同区域之间在具体费率方面有交叉，比如在中风险区域费率区间中，不仅与较高风险之间有费率交叉，而且与较低风险之间也有费率交叉。

保费率由纯保费率和附加保费率两部分构成。纯保费率作为本小节的主要研究内容，在上述的研究中已经完成厘定，而附加保费率方面，与保险公司的经营成本、风险附加费以及利润等部分相关。在附加费率的研究中，虽然大多研究者表示附加费率应该是纯保费率的一个倍数，但却没有研究者给出一个具体的数字。张德成等（2016）通过给出保费率具体模型以及通过具体举例的形式对保费率进行了厘定研究，因此，本小节在该部分利用张德成等（2016）的费率厘定模型进行毛费率的厘定研究：

$$t = \frac{F + v_1 + (\alpha - n\alpha)v_2}{(1 - Q)c} + \frac{\alpha - N\alpha}{1 - Q} \tag{5-16}$$

式中，$t$ 为毛费率，$F$ 为固定成本费用，$v_1$ 为与行政相关的费用，$v_2$ 为理赔费用，$\alpha$ 为森林火灾概率，$n$ 为免赔比例，$Q$ 为利润率，$c$ 为单位面积保额。

由于缺乏保险公司在承保、行政管理以及理赔等方面的相关费用数据，而不同地区由于承保、理赔等难易程度不同，相关费用也有所差异。因此，本小节不再对全国森林火灾毛费率进行厘定，而仅以北京地区为例进行毛费率的厘定，鉴于森林火灾是森林各种灾害中较为严重的灾害，因此假设北京市森林火灾保险额度为综合保险的一半，对于其他无法获取的数据根据张德成等（2016）的研究作了适当性假设。综上，北京地区假设的相关数据见表 5 - 15。

**表 5 - 15　　火灾毛保费率模型相关假设数据**

| 指标 | 指标值 |
|---|---|
| 森林面积 $S$（亩） | 11000000 |
| 单位面积固定费用 $F$（元/亩） | 0.1 |
| 总固定费用（元） | 22000000 |
| 流动费用 $v_1$（元/亩） | 0.1 |
| 流动费用 $v_2$（元/亩） | 65 |
| 利润率 $Q$（%） | 10 |
| 免赔率 $n$（%） | 50 |
| 单位面积保额 $c$（元/亩） | 1200 |

根据本小节的森林火灾纯费率厘定结果，北京属于较低风险区，纯费率区间处于 0.1‰ ~ 0.2‰，即发生森林火灾面积区间为 1100 ~ 2200 亩，在假设赔付率为 50% 的情况下，赔付面积为 550 ~ 1100 亩，虽然纯费率是区间费率，由于在模型计算中，分母较大，最终的毛费率厘定结果约等于一个单一数值，经计算，最终得到北京地区森林火灾毛费率为 2‰。实际情况中，北京地区森林保险综合保费率为 2‰，森林火灾作为森林各种灾害中危害较大的灾害品种，其费率在综合险中占较大部分，与本小节对北京地区森林火灾保险毛费率厘定结果较为接近。

## 三、我国森林火灾险的费率厘定举例：基于省域尺度

### （一）Holecy 模型介绍

霍乐赛和汉文克尔（Holecy & Hanewinkel，2006）构建了含有林业风险发生概率、树龄、参保面积为参数的保费模型。Holecy 保费模型的基本表达式为

$$G_m(t) = N(t) + R_m(t) \tag{5-17}$$

式中，$G_m(t)$ 为树龄为 $t$ 年树木，参保面积为 $m$ 公顷的每公顷每年的单位总保费（单位为欧元/公顷乘年，即 €$ha^{-1}year^{-1}$）；$N(t)$ 为树龄为 $t$ 年树木，每公顷的单位纯风险损失（单位为欧元/公顷乘年，即 €$ha^{-1}year^{-1}$）；$R_m(t)$ 为树龄为 $t$ 年树木，参保面积为 $m$ 公顷的每公顷每年的单位风险附加费用（单位为欧元/公顷乘年，即 €$ha^{-1}year^{-1}$）。该模型为理论模型，并未考虑保险人的经营成本费用。

单位纯风险损失 $N(t)$ 是与投保面积 $m$ 无关的函数，是林龄为 $t$ 年的森林单位面积期望价格（保险额度）$H(t)$ 与林龄为 $t$ 年的林业风险发生概率 $p(t)$ 的乘积。计算公式为

$$N(t) = H(t)p(t) \tag{5-18}$$

式中，$N(t)$ 为树龄为 $t$ 年的保险金额；$p(t)$ 为树龄为 $t$ 年的林业风险损失概率。$p(t)$ 的计算公式为

$$p(t) = u\Delta F(t)\hat{p} \tag{5-19}$$

式中，$\Delta F(t)$ 为树龄为 $t$ 年的林业风险发生概率的函数分布，$u$ 为每十年树龄为一组的组数；$\hat{p}$ 为包含全体树龄的期望林业风险损失率，即多年林业风险灾害发生总面积与多年观察的森林总面积的商。

单位风险附加费用 $R_m(t)$ 计算公式为

$$R_m(t) = H(t)u\Delta F(t)S_m Z_{\frac{\alpha}{2}} \tag{5-20}$$

式中，$S_m$ 为参保面积为 $m$ 时的包含全体树龄的期望林业风险损失率 $\hat{p}$ 的标准误差；$Z_{\frac{\alpha}{2}}$ 为分布函数的临界值。由统计学知识可知，标准误差与约定置信水平下的临界值的乘积，即为允许误差，是可承受的最大风险。

霍乐赛等（2003）将 $S_m$ 作为投保面积 $m$ 和风险发生概率 $\hat{p}$ 的函数，其近似值的计算公式为

$$S_m = \sqrt{\frac{\hat{p}(1-\hat{p})}{m}} \tag{5-21}$$

从式（5－21）的实际意义来看，投保森林面积 $m$ 越小，标准误差 $S_m$ 越大，单位风险附加费用 $R_m(t)$ 就越大。霍乐赛等（2003）对德国南部 20 年生针叶林的研究表明，如果森林参保面积为 140000 公顷，则单位风险附加费用 $R_m(t)$ 为 €8. 85ha$^{-1}$year$^{-1}$。如果森林参保面积降至 1400 公顷，单位风险附加费用 $R_m(t)$ 增加到 €52. 38ha$^{-1}$year$^{-1}$。

Holecy 模型的完整表达式为

$$G_m(t)=H(t)u\Delta F(t)\hat{p}+H(t)u\Delta F(t)S_mZ_{\frac{\alpha}{2}} \tag{5-22}$$

该模型考虑了树龄以及参保面积的因素，并假设林业风险发生概率服从韦伯分布。

**（二）Holecy 模型的改进**

由于 Holecy 模型假设林业风险发生概率服从韦伯分布，该假设与我国林业风险发生状况存在一定差异，需要对 Holecy 模型进行改进。张德成等（2016）对 Holecy 模型作出了以下改进。

1. 简化树龄参数

原有的 Holecy 模型考虑了树龄的因素，然而我国实行的是不区分树龄的费率厘定机制，对于不同树龄的树木所收取的保费也依旧相同。所以首先消去树龄（$t$）参数的影响，即令 $u\Delta F(t)=1$，意味着不同树龄的树木面临同样的林业风险。

另外，Holecy 模型认为不同树龄的树木标的所对应的保险金额为 $H(t)$。然而我国的现状是，即便是不同树龄的树木，所对应的保险金额依旧相同。为消除树龄参数的影响，令 $H(t)=h$，其中 $h$ 为常数，代表所有的树木都对应着同一个保险金额 $h$。

第一步简化后的模型为

$$G_m(t)=h\hat{p}+hS_mZ_{\frac{\alpha}{2}} \tag{5-23}$$

2. 转换费率单位

原有的 Holecy 模型是以实际货币币种为单位的保费模型，然而我国采用的是以千分率为费率单位的计价方式。这里引入以千分率为单位的总费率、纯风险损失率、风险附加费率，其符号分别为：$P_m$、$EP_m$、$RP_m$。利用它们之间的内在关系建立方程式，消除以实际币种为单位的保费模型。其中，千分率与保额的乘积等于实际货币量的费率，所以得出

$$G_m(t)=P_mh \tag{5-24}$$

$$N(t)=EP_mh \tag{5-25}$$

$$R_m(t)=RP_mh \tag{5-26}$$

将式（5－24）代入式（5－23）可得

$$hP_m = h\hat{p} + hS_m Z_{\frac{\alpha}{2}} \tag{5-27}$$

联立式（5－27）、式（5－24）、式（5－25）、式（5－26）可知：

$$\begin{aligned} EP_m &= \hat{p} \\ RP_m &= S_m Z_{\frac{\alpha}{2}} \\ P_m &= \hat{p} + S_m Z_{\frac{\alpha}{2}} \end{aligned} \tag{5-28}$$

3. 参保面积转换为参保率参数

现将式（5－21）参保面积 $m$ 转换成参保率。令 $M$ 为总森林面积，$\mu$ 为参保率。故 $m=\mu M$，且

$$S_m = S_{\mu M} = \sqrt{\frac{\hat{p}(1-\hat{p})}{\mu M}} = \sqrt{\frac{1}{\mu}}\sqrt{\frac{\hat{p}(1-\hat{p})}{M}} = \frac{S_M}{\sqrt{\mu}} \tag{5-29}$$

式中，$S_M$ 为面积为 $M$ 公顷的全部森林参保情况下的林业风险发生概率的标准误差。

4. 确定临界值

原有的 Holecy 模型假定林业风险发生概率服从韦伯分布，然而我国各省的现实情况表明并非每个省的林业风险发生概率都服从韦伯分布，所以需要在确定每个省林业风险发生概率的最优分布，以及设定置信水平之后，确定各省的 $Z_{\frac{\alpha}{2}}$ 临界值。

5. 确定期望林业风险损失概率

林业风险损失概率是以林业风险发生为条件的概率，所以期望林业风险受灾率 $\hat{p}=p_1 \times p_2$，$p_1$ 是指该省当年是否发生林业风险，$p_2$ 为以发生林业风险为条件的损失率。

综上所述，总费率、纯风险损失率、风险附加费率的表达式为

$$p_m = p_1 p_2 + \frac{S_M}{\sqrt{\mu}} Z_{\frac{\alpha}{2}} \tag{5-30}$$

$$EP_m = p_1 p_2 \tag{5-31}$$

$$RP_m = \frac{S_M}{\sqrt{\mu}} Z_{\frac{\alpha}{2}} \tag{5-32}$$

**（三）数据来源及处理**

本小节数据来源于中国林业数据库网站，包括《第一次到第八次森林资源连续调查数据》《2003—2014 年各地区森林火灾情况》《2003—2014 年全国森林资源情况》《林业系统各地区按事业分的营林基本建设投资完成额》《各地区三北及长江流域等重点防护林体系工程建设情况》，部分

年份的数据来源于中国林业数据库网站的文字数据库。

根据所选取数据库的特征与实证分析的需要，具体的数据选择、处理与精算假设如下。

（1）选取1991—2014年总计24年各省（区、市）的森林受灾面积和森林面积数据。

（2）通过线性差值法获得缺失的1998年、2003年和2009年的森林面积数据。

（3）用基数化处理后的受灾面积来计算森林火灾受灾率，以反映各地区单位森林面积的受灾情况，并作为费率厘定的基础。

（4）假定森林火灾发生事件服从（0，1）的二项式分布，一个地区当年森林火灾发生面积 >0 时，则认为当年该地区发生了火灾。

（5）假定保险人用于森林火灾保险赔付的资金全部来源于保费收入。

**（四）森林火灾险费率厘定**

1. 各地区受灾情况最优分布的确定

针对各地区历年受灾率时间序列数据，在进行统计分析以及分布拟合之前，需要进行平稳性检验。本小节对受灾率时间序列数据作去趋势处理，去除时间序列的中心趋势。借鉴冷慧卿和王珺（2011）去趋势处理方法，即运用较为普遍的相对折算法以避免序列的异方差性：

$$\delta_{it}=\frac{\tilde{\delta}_{it}}{\hat{\delta}_{it}}\hat{\delta}_{i2002} \qquad (5-33)$$

式中，$\delta_{it}$为第 $i$ 地区第 $t$ 年去趋势并折算到2002年水平上的森林火灾受损率；$\tilde{\delta}_{it}$为第 $i$ 地区第 $t$ 年的实际森林火灾受损率；$\hat{\delta}_{it}$为第 $i$ 地区第 $t$ 年由趋势模型预测的森林火灾受损率；$\frac{\tilde{\delta}_{it}}{\hat{\delta}_{it}}$为第 $t$ 年的实际受损率对应于当年预测受损率的相对波动程度。为将1991—2014年的实际受损率调整到以2002年为基准的受损率，本小节采取将$\frac{\tilde{\delta}_{it}}{\hat{\delta}_{it}}$（历年相对波动程度）与 $\hat{\delta}_{i2002}$（第 $i$ 地区2002年由趋势模型预测的森林火灾受损率）相乘的方式，获得去趋势后的无趋势森林火灾受损率序列。各地区趋势检测结果见表5－16。

表 5 - 16　　各地区趋势检测结果

| 地区 | 趋势模型 | 地区 | 趋势模型 |
| --- | --- | --- | --- |
| 北京 | 趋势平稳 | 湖北 | Simple |
| 天津 | 趋势平稳 | 湖南 | ARIMA (1, 0, 0) |
| 河北 | 趋势平稳 | 广东 | Simple |
| 山西 | 趋势平稳 | 广西 | Holt |
| 内蒙古 | Simple | 海南 | Simple |
| 辽宁 | Holt | 重庆 | Simple |
| 吉林 | Simple | 四川 | Simple |
| 黑龙江 | Brown | 贵州 | Holt |
| 江苏 | Holt | 云南 | Simple |
| 浙江 | ARIMA (1, 0, 0) | 西藏 | 趋势平稳 |
| 安徽 | Simple | 陕西 | Simple |
| 福建 | 趋势平稳 | 甘肃 | Simple |
| 江西 | ARIMA (0, 0, 1) | 青海 | Simple |
| 山东 | Simple | 宁夏 | 趋势平稳 |
| 河南 | Simple | 新疆 | Simple |

结果表明，除了北京、天津、河北、山西、福建、西藏、宁夏等之外，其他地区均存在不同程度的趋势。对于存在趋势的时间序列，分离出附着在趋势上的随机波动值，并利用相对折算法得到无趋势时间序列。

2. 各地区无趋势受灾率时间序列的分布拟合

选取 Beta 分布、Exponential 分布和 Gamma 分布等 6 种参数模型对各地区无趋势受灾率序列进行拟合，采用最大似然法进行参数估计，并通过 K - S 拟合优度检验确定最优分布模型。拟合结果见表 5 - 17。

由表 5 - 17 可知，绝大多数的模型拟合效果良好，$p$ 值普遍大于 0.35，且广西和江西的拟合效果最好（$p$ 值接近 1）。其中，受灾率的最优拟合分布为 Lognormal 分布的地区最多，包括北京、天津、内蒙古、吉林、江苏、浙江、福建、江西、山东、广西、海南、贵州、西藏、甘肃和新疆；受灾率的最优拟合分布为 Beta 分布的地区包括山西、安徽、河南、湖北、湖南和青海；受灾率的最优拟合分布为 Gamma 分布的地区包括河

表 5－17　**备选参数模型检验值与最优分布参数结果**

| 地区 | p 值 | | | | | | 参数一 | 参数二 | 均值（×10⁻⁶） | 方差（×10⁻⁹） |
|---|---|---|---|---|---|---|---|---|---|---|
| | Beta | Exponential | Gamma | Lognormal | Normal | Weibull | | | | |
| 北京 | 0.08 | 0.00 | 0.08 | 0.44** | 0.00 | 0.00 | -13.50 | 1.98 | 9.45 | 4.37 |
| 天津 | 0.18 | 0.00 | 0.18 | 0.25** | 0.01 | 0.25 | -12.10 | 2.40 | 97.50 | 2970.00 |
| 河北 | 0.61 | 0.00 | 0.61** | 0.15 | 0.00 | 0.29 | 0.29 | 0.00 | 66.10 | 15.30 |
| 山西 | 0.54** | 0.03 | 0.54 | 0.12 | 0.06 | 0.40 | 0.32 | 0.00 | 284.00 | 254.00 |
| 内蒙古 | 0.70 | 0.69 | 0.70 | 0.86** | 0.14 | 0.83 | -7.19 | 1.13 | 1420.00 | 5200.00 |
| 辽宁 | 0.99 | 0.34 | 0.99** | 0.93 | 0.48 | 0.98 | 2.01 | 0.00 | 23.50 | 0.27 |
| 吉林 | 0.70 | 0.62 | 0.70 | 0.93** | 0.09 | 0.78 | -12.90 | 1.22 | 5.40 | 0.10 |
| 黑龙江 | 0.38 | 0.00 | 0.37 | 0.38 | 0.00 | 0.45** | 0.00 | 0.45 | 2440.00 | 41500.00 |
| 江苏 | 0.67 | 0.60 | 0.67 | 0.77** | 0.08 | 0.69 | -11.20 | 1.23 | 30.30 | 3.27 |
| 浙江 | 0.65 | 0.34 | 0.65 | 0.66** | 0.11 | 0.65 | -7.90 | 0.82 | 519.00 | 256.00 |
| 安徽 | 0.94** | 0.46 | 0.94 | 0.46 | 0.17 | 0.89 | 0.65 | 4320.00 | 150.00 | 34.60 |
| 福建 | 0.00 | 0.00 | 0.00 | 0.58** | 0.00 | 0.14 | -7.88 | 1.83 | 2010.00 | 110000.00 |
| 江西 | 0.81 | 0.42 | 0.81 | 0.99** | 0.20 | 0.78 | -8.29 | 0.82 | 353.00 | 121.00 |
| 山东 | 0.64 | 0.52 | 0.64 | 0.95** | 0.05 | 0.73 | -11.80 | 1.28 | 17.30 | 1.23 |
| 河南 | 0.26** | 0.04 | 0.26 | 0.04 | 0.16 | 0.17 | 0.40 | 1780.00 | 222.00 | 125.00 |
| 湖北 | 0.83** | 0.09 | 0.83 | 0.43 | 0.08 | 0.70 | 0.51 | 1060.00 | 480.00 | 453.00 |

续表

| 地区 | $p$ 值 | | | | | | 参数一 | 参数二 | 均值（$\times10^{-6}$） | 方差（$\times10^{-9}$） |
|---|---|---|---|---|---|---|---|---|---|---|
| | Beta | Exponential | Gamma | Lognormal | Normal | Weibull | | | | |
| 湖南 | 0.86** | 0.21 | 0.86 | 0.80 | 0.32 | 0.78 | 2.36 | 5630.00 | 419.00 | 74.30 |
| 广东 | 0.95 | 0.44 | 0.95** | 0.60 | 0.19 | 0.92 | 0.61 | 0.00 | 457.00 | 340.00 |
| 广西 | 0.72 | 0.29 | 0.72 | 1.00** | 0.01 | 0.93 | -10.10 | 1.30 | 93.40 | 38.80 |
| 海南 | 0.47 | 0.19 | 0.47 | 0.84** | 0.01 | 0.73 | -10.10 | 1.48 | 119.00 | 112.00 |
| 四川 | 0.13 | 0.00 | 0.1328 | 0.13 | 0.18 | 0.29** | 0.00 | 7.20 | 16.40 | 0.01 |
| 贵州 | 0.43 | 0.37 | 0.43 | 0.96** | 0.02 | 0.57 | -8.44 | 1.17 | 427.00 | 533.00 |
| 云南 | 0.71 | 0.46 | 0.71 | 0.30 | 0.28 | 0.77** | 0.00 | 1.20 | 52.70 | 1.94 |
| 西藏 | 0.01 | 0.00 | 0.01 | 0.40** | 0.00 | 0.12 | -12.10 | 2.61 | 168.00 | 168000.00 |
| 陕西 | 0.99 | 0.88 | 0.99** | 0.86 | 0.36 | 0.00 | 0.82 | 0.00 | 9.85 | 0.12 |
| 甘肃 | 0.55 | 0.20 | 0.55 | 0.87** | 0.10 | 0.71 | -10.80 | 1.44 | 56.60 | 22.30 |
| 青海 | 0.71** | 0.04 | 0.71 | 0.26 | 0.04 | 0.61 | 0.35 | 3270.00 | 108.00 | 33.10 |
| 宁夏 | 0.30 | 0.35** | 0.30 | 0.11 | 0.13 | 0.23 | 0.00 | — | 8.68 | 0.08 |
| 新疆 | 0.05 | 0.00 | 0.05 | 0.63** | 0.00 | 0.34 | -11.50 | 1.87 | 59.00 | 110.00 |

注：①重庆市包含在四川省内；②**表明该分布是该省受灾率的最优拟合分布；③参数一、参数二为对应分布的参数值。

北、辽宁、广东和陕西；受灾率的最优拟合分布为 Weibull 分布的地区包括黑龙江、云南和四川；受灾率的最优拟合分布为 Exponential 分布的地区仅有宁夏；无任何地区的受灾率的最优拟合分布为 Normal 分布。

3. 费率厘定

（1）各地区森林火灾发生率的确定。森林火灾损失概率是以森林火灾发生为条件的损失概率，令期望森林火灾受灾率为 $\hat{p}$，$\hat{p}=p_1p_2$，其中 $p_1$ 是指该地区当年是否发生森林火灾的概率，$p_2$ 为以发生火灾为条件的森林损失率。为计算 $\hat{p}$，除了要获得损失率 $p_2$ 外，还应求得森林火灾发生率 $p_1$。根据精算假设，森林火灾发生事件服从（0，1）的二项式分布，一个地区当年森林火灾发生面积 >0 时，则认为当年该地区发生了火灾，记为 $p_1=1$，则

$$p_1=\frac{\text{该省发生火灾的总年数}}{2014-1991+1} \tag{5-34}$$

（2）纯风险损失率与风险附加费率的确定。根据 $\hat{p}=p_1\times p_2$ 计算纯风险损失率。对于风险附加费率的确定，根据精算假设，保险人用于森林火灾保险赔付的资金全部来源于保费收入，则计算风险附加费率应基于最大可能损失原则。设定保险人可承受的超赔风险 $\alpha=0.01$（右侧），并设定参保率为 $\mu=100\%$，90%，…，10%。纯风险损失率结果如图 5-4 所示。

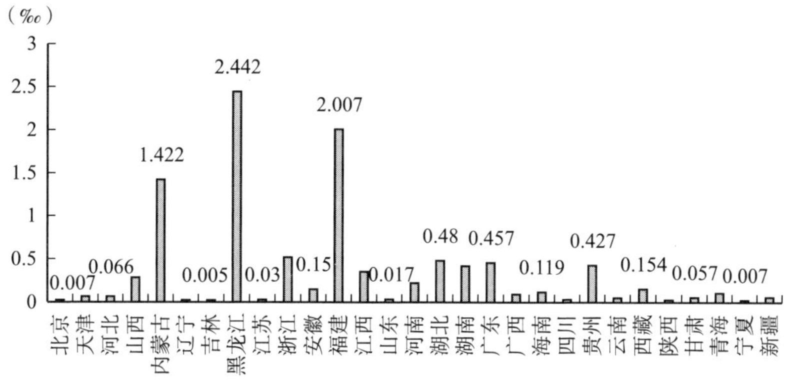


**图 5-4　各地区纯风险损失率**

由图 5-4 可知，黑龙江、福建、内蒙古的纯风险损失率在各地区中最高（分别为 2.442‰、2.007‰和 1.422‰），北京、宁夏、吉林的纯风险损失率在各地区中最低（分别为 0.007‰、0.007‰和 0.005‰）。各地

区不同参保率下的风险附加费率（以参保率为10%条件下按从大到小排列）见表5-18。

**表5-18 各地区不同参保率下森林火灾风险附加费率（以参保率为10%条件下按从大到小排列）** 单位：‰

| 地区 | 参保率 | | | | | | | | | |
|---|---|---|---|---|---|---|---|---|---|---|
| | 100% | 90% | 80% | 70% | 60% | 50% | 40% | 30% | 20% | 10% |
| 福建 | 3.625 | 3.821 | 4.053 | 4.333 | 4.68 | 5.127 | 5.732 | 6.619 | 8.106 | 11.464 |
| 黑龙江 | 0.922 | 0.972 | 1.031 | 1.102 | 1.19 | 1.304 | 1.457 | 1.683 | 2.061 | 2.915 |
| 西藏 | 0.274 | 0.289 | 0.307 | 0.328 | 0.354 | 0.388 | 0.434 | 0.501 | 0.614 | 0.868 |
| 内蒙古 | 0.116 | 0.123 | 0.13 | 0.139 | 0.15 | 0.165 | 0.184 | 0.213 | 0.26 | 0.368 |
| 天津 | 0.072 | 0.076 | 0.081 | 0.086 | 0.093 | 0.102 | 0.114 | 0.132 | 0.161 | 0.228 |
| 贵州 | 0.013 | 0.013 | 0.014 | 0.015 | 0.016 | 0.018 | 0.02 | 0.023 | 0.028 | 0.039 |
| 湖北 | 0.005 | 0.005 | 0.006 | 0.006 | 0.006 | 0.007 | 0.008 | 0.009 | 0.011 | 0.016 |
| 浙江 | 0.004 | 0.004 | 0.004 | 0.004 | 0.005 | 0.005 | 0.006 | 0.007 | 0.008 | 0.012 |
| 新疆 | 0.004 | 0.004 | 0.004 | 0.004 | 0.005 | 0.005 | 0.006 | 0.007 | 0.008 | 0.012 |
| 广东 | 0.004 | 0.004 | 0.004 | 0.004 | 0.005 | 0.005 | 0.006 | 0.006 | 0.008 | 0.011 |
| 海南 | 0.003 | 0.004 | 0.004 | 0.004 | 0.004 | 0.005 | 0.005 | 0.006 | 0.007 | 0.011 |
| 山西 | 0.003 | 0.003 | 0.004 | 0.004 | 0.004 | 0.004 | 0.005 | 0.006 | 0.007 | 0.01 |
| 江西 | 0.002 | 0.002 | 0.002 | 0.002 | 0.003 | 0.003 | 0.003 | 0.004 | 0.004 | 0.006 |
| 河南 | 0.002 | 0.002 | 0.002 | 0.002 | 0.002 | 0.002 | 0.002 | 0.003 | 0.003 | 0.005 |
| 北京 | 0.001 | 0.002 | 0.002 | 0.002 | 0.002 | 0.002 | 0.002 | 0.003 | 0.003 | 0.005 |
| 广西 | 0.001 | 0.001 | 0.001 | 0.001 | 0.001 | 0.002 | 0.002 | 0.002 | 0.002 | 0.003 |
| 甘肃 | 0.001 | 0.001 | 0.001 | 0.001 | 0.001 | 0.001 | 0.001 | 0.001 | 0.002 | 0.002 |
| 湖南 | 0.001 | 0.001 | 0.001 | 0.001 | 0.001 | 0.001 | 0.001 | 0.001 | 0.001 | 0.002 |
| 青海 | 0 | 0.001 | 0.001 | 0.001 | 0.001 | 0.001 | 0.001 | 0.001 | 0.001 | 0.001 |
| 安徽 | 0 | 0 | 0 | 0 | 0.001 | 0.001 | 0.001 | 0.001 | 0.001 | 0.001 |
| 河北 | 0 | 0 | 0 | 0 | 0 | 0 | 0 | 0 | 0 | 0.001 |
| 辽宁 | 0 | 0 | 0 | 0 | 0 | 0 | 0 | 0 | 0 | 0 |
| 吉林 | 0 | 0 | 0 | 0 | 0 | 0 | 0 | 0 | 0 | 0 |
| 江苏 | 0 | 0 | 0 | 0 | 0 | 0 | 0 | 0 | 0 | 0 |
| 山东 | 0 | 0 | 0 | 0 | 0 | 0 | 0 | 0 | 0 | 0 |
| 四川 | 0 | 0 | 0 | 0 | 0 | 0 | 0 | 0 | 0 | 0 |

续表

| 地区 | 参保率 | | | | | | | | | |
|---|---|---|---|---|---|---|---|---|---|---|
| | 100% | 90% | 80% | 70% | 60% | 50% | 40% | 30% | 20% | 10% |
| 云南 | 0 | 0 | 0 | 0 | 0 | 0 | 0 | 0 | 0 | 0 |
| 陕西 | 0 | 0 | 0 | 0 | 0 | 0 | 0 | 0 | 0 | 0 |
| 宁夏 | 0 | 0 | 0 | 0 | 0 | 0 | 0 | 0 | 0 | 0 |

辽宁、吉林、江苏、山东、四川、云南、陕西和宁夏等地区的风险附加费率较低，而西藏、内蒙古、黑龙江和福建等地区的风险附加费率偏高。表5－18按照参保率为10%条件下从大到小排列，同时若按其他参保率条件进行排列会得到相同的排列结果。此外，风险附加费率随着参保率的下降而上升；各地区风险附加费率的上升幅度有明显差异。对于福建、黑龙江、内蒙古等高风险等级的地区，在相同参保率下，风险附加费率高于其他风险等级地区；风险附加费率受参保率的影响较大，当参保率下降时，风险附加费率大幅上升。因此，对于高风险等级地区，在费率厘定时需要密切关注参保率变动情况，若参保率降低，需要及时调整风险附加费率。基于本小节Holecy模型式（5－9）、式（5－10）和式（5－24）可知，参保率越高则期望森林火灾损失率越低。因此不同地区在不同参保率条件下的费率变化的根源来自风险分散效率。

此外，根据纯风险损失率与风险附加费率结果，可以得到我国各地区在不同参保率下的总费率，结果见表5－19。

**表5－19　各地区在不同参保率下森林火灾保险总费率（以参保率为10%条件下按从大到小排列）**　单位：‰

| 地区 | 参保率 | | | | | | | | | |
|---|---|---|---|---|---|---|---|---|---|---|
| | 100% | 90% | 80% | 70% | 60% | 50% | 40% | 30% | 20% | 10% |
| 福建 | 5.632 | 5.828 | 6.06 | 6.34 | 6.687 | 7.134 | 7.739 | 8.626 | 10.113 | 13.471 |
| 黑龙江 | 3.364 | 3.414 | 3.473 | 3.544 | 3.632 | 3.746 | 3.899 | 4.125 | 4.503 | 5.357 |
| 内蒙古 | 1.538 | 1.545 | 1.552 | 1.561 | 1.572 | 1.587 | 1.606 | 1.635 | 1.682 | 1.79 |
| 西藏 | 0.428 | 0.443 | 0.461 | 0.482 | 0.508 | 0.542 | 0.588 | 0.655 | 0.768 | 1.022 |
| 浙江 | 0.523 | 0.523 | 0.523 | 0.523 | 0.524 | 0.524 | 0.525 | 0.526 | 0.527 | 0.531 |
| 湖北 | 0.485 | 0.485 | 0.486 | 0.486 | 0.486 | 0.487 | 0.488 | 0.489 | 0.491 | 0.496 |

续表

| 地区 | 参保率 | | | | | | | | | |
|---|---|---|---|---|---|---|---|---|---|---|
| | 100% | 90% | 80% | 70% | 60% | 50% | 40% | 30% | 20% | 10% |
| 广东 | 0.461 | 0.461 | 0.461 | 0.461 | 0.462 | 0.462 | 0.463 | 0.463 | 0.465 | 0.468 |
| 贵州 | 0.44 | 0.44 | 0.441 | 0.442 | 0.443 | 0.445 | 0.447 | 0.45 | 0.455 | 0.466 |
| 湖南 | 0.42 | 0.42 | 0.42 | 0.42 | 0.42 | 0.42 | 0.42 | 0.42 | 0.42 | 0.421 |
| 江西 | 0.355 | 0.355 | 0.355 | 0.355 | 0.356 | 0.356 | 0.356 | 0.357 | 0.357 | 0.359 |
| 山西 | 0.287 | 0.287 | 0.288 | 0.288 | 0.288 | 0.288 | 0.289 | 0.29 | 0.291 | 0.294 |
| 天津 | 0.137 | 0.141 | 0.146 | 0.151 | 0.158 | 0.167 | 0.179 | 0.197 | 0.226 | 0.293 |
| 河南 | 0.224 | 0.224 | 0.224 | 0.224 | 0.224 | 0.224 | 0.224 | 0.225 | 0.225 | 0.227 |
| 安徽 | 0.15 | 0.15 | 0.15 | 0.15 | 0.151 | 0.151 | 0.151 | 0.151 | 0.151 | 0.151 |
| 海南 | 0.122 | 0.123 | 0.123 | 0.123 | 0.123 | 0.124 | 0.124 | 0.125 | 0.126 | 0.13 |
| 青海 | 0.108 | 0.109 | 0.109 | 0.109 | 0.109 | 0.109 | 0.109 | 0.109 | 0.109 | 0.109 |
| 广西 | 0.094 | 0.094 | 0.094 | 0.094 | 0.094 | 0.095 | 0.095 | 0.095 | 0.095 | 0.096 |
| 新疆 | 0.063 | 0.063 | 0.063 | 0.063 | 0.064 | 0.064 | 0.065 | 0.066 | 0.067 | 0.071 |
| 河北 | 0.066 | 0.066 | 0.066 | 0.066 | 0.066 | 0.066 | 0.066 | 0.066 | 0.066 | 0.067 |
| 甘肃 | 0.058 | 0.058 | 0.058 | 0.058 | 0.058 | 0.058 | 0.058 | 0.058 | 0.059 | 0.059 |
| 云南 | 0.053 | 0.053 | 0.053 | 0.053 | 0.053 | 0.053 | 0.053 | 0.053 | 0.053 | 0.053 |
| 江苏 | 0.03 | 0.03 | 0.03 | 0.03 | 0.03 | 0.03 | 0.03 | 0.03 | 0.03 | 0.03 |
| 辽宁 | 0.023 | 0.023 | 0.023 | 0.023 | 0.023 | 0.023 | 0.023 | 0.023 | 0.023 | 0.023 |
| 山东 | 0.017 | 0.017 | 0.017 | 0.017 | 0.017 | 0.017 | 0.017 | 0.017 | 0.017 | 0.017 |
| 四川 | 0.016 | 0.016 | 0.016 | 0.016 | 0.016 | 0.016 | 0.016 | 0.016 | 0.016 | 0.016 |
| 北京 | 0.008 | 0.009 | 0.009 | 0.009 | 0.009 | 0.009 | 0.009 | 0.01 | 0.01 | 0.012 |
| 陕西 | 0.01 | 0.01 | 0.01 | 0.01 | 0.01 | 0.01 | 0.01 | 0.01 | 0.01 | 0.01 |
| 宁夏 | 0.007 | 0.007 | 0.007 | 0.007 | 0.007 | 0.007 | 0.007 | 0.007 | 0.007 | 0.007 |
| 吉林 | 0.005 | 0.005 | 0.005 | 0.005 | 0.005 | 0.005 | 0.005 | 0.005 | 0.005 | 0.005 |

由表5－19可知，全国各地区森林火灾保险保费随着参保率的不同而变化，全国各地区的总费率在0.005‰到13.471‰不等。各地区随着参保率的增加，总费率相应下降。

对比表5－18和表5－19可知，福建、黑龙江、西藏、内蒙古四个地区在风险附加费率和总费率两方面都高，山东、四川、陕西、宁夏四个地区在风险附加费率和总费率两方面都处于低水平。其余各地区在风险附加费率和总费率二者的排名有明显差异。这说明各地区纯风险损失率对其他地区的影响较大。

将表5-19中计算的森林火灾保险费率与实际存在的森林保险费率比较后得知，实际的保险费率普遍大于本小节计算的森林火灾保险费率。产生差异的原因主要包括：一是实际存在的森林保险大多是综合险，其保障范围比森林火险要广，从而导致费率较高；二是我国森林保险参保率一般都低于100%，由前文讨论可知，森林火险纯费率随着参保率的下降而提高，故实际保险费率应大于参保率为100%下的理论纯费率；三是实际保险费率一般都包括行政费用等费用，Holecy模型为理论模型，并未将保险人的行政费用纳入模型中，因此模型计算的总费率结果小于实际保险费率。

## 第三节　研究结论与政策启示

### 一、研究结论

第一，基于聚类分析法将我国各省（区、市）按森林火灾风险的大小分为六个风险不同的区域，风险较高的地区是东北林区、西南林区，风险一般的地区为东南林区以及北部地区，风险较低的区域为华北及华中平原地区。同时，火灾风险区划的结果与实际统计情况相符。黑龙江和江苏两地发生森林火灾的风险最大，这两个地区的森林资源丰富，有较大的潜在风险；其次是吉林省和西南林区，这些地区森林资源相对丰富，但气象和地理条件使这些地区发生森林火灾的风险增加；辽宁省和东南林区也有发生森林火灾的风险；风险较小的地区为西北地区；中部地区和华北地区森林火灾风险最小，这是我国森林资源较少的地区，发生森林火灾的风险也小。

第二，基于二次熵权法将我国各地区按森林火灾风险的大小将森林火灾风险分为五类，分别为：高风险、中高风险、中风险、中低风险、低风险，其中风险较大的地区有福建、黑龙江、湖南、内蒙古等，而风险较小的地区有青海、湖北、天津以及河北等。风险区划的结果与实际统计情况相符。

第三，基于风险区划的我国森林火灾险费率厘定结果表明，不同风险区域之间有较明显的风险差别，高风险区域的保险费率为1.8‰~2.7‰，而低风险区域的费率水平还不到0.1‰。同时，以北京地区为例的毛费率厘定结果表明，北京属于较低风险区，纯费率区间处于0.1‰~0.2‰，毛费率为2‰。

第四，基于省域尺度 Holecy 模型的我国森林火灾险费率厘定结果表明，全国各地区森林火灾保险保费随着参保率的不同而变化，全国各地的总费率在0.005‰~13.471‰不等。各地区随着参保率的增加，总费率相应下降。且实际的保险费率普遍大于本小节计算的森林火灾保险费率，这与多地实际实施森林综合保险、参保率一般都低于100%、未考虑行政费用等有关。

## 二、政策启示

第一，各地区森林火灾风险有显著差异，这就要求森林火灾保险的费率厘定应考虑风险差异的因素，进行费率分区。

第二，我国不同地区森林火灾风险存在明显的不同。火灾风险是火灾费率测算的基础，火灾风险的大小除所述的因素外，在具体的小区域内受诸多因素的影响，如同一地区防火投资额分配是否均衡、交通的便利性、是否是潜在野营地等，这些因素都会在不同程度上影响森林火灾的发生以及风险大小。因此，森林火灾风险区划及费率厘定时，要充分将这些因素纳入考虑范围。

第三，本小节结果为保险人厘定森林火灾保险的第一步，保险人在此结果的基础上可以加上经营费用以制定实际保费。同时保险人在实际指定保费率过程中还需要考虑免赔额、被保险人的支付意愿等因素综合厘定实际保险费率。同时，在林业经济发达的国家或地区，森林保险对于不同树种差异化地计算保额的同时对于不同树龄的树木厘定不同的费率。随着我国林业的发展和市场化需求，我国森林保险制度的限制条件会不断减少，保险市场应逐步细化为基于不同树龄、不同树种进行差异化定价。

# 第六章　森林保险保费补贴政策评价

## 第一节　基于DEA模型的森林保险保费补贴效率分析

### 一、问题的提出

如何对我国森林保险补贴效率进行评价，进而寻求提高财政资金使用效率的现实途径，成为当前森林保险领域亟须解决的问题，也是本节要探讨的问题。目前我国学者对森林保险补贴效率的研究偏定性，缺乏全面性、客观性。本节拟运用数据包络分析（DEA）方法，以2011—2014年辽宁、浙江、福建、江西、湖南、云南六省森林保险实施情况为依据，构建纵向评价模型分析近几年森林保险保费补贴效率变化情况及影响效率变化的主要因素；利用2014年我国12个省份的面板数据构建横向评价模型反映各省之间补贴效率的差异，通过对各省的纯技术效率和规模效率进行比较，并分析纯技术效率无效省份的投入冗余、产出不足情况，以期得出各省森林保险保费补贴工作中存在的问题，并针对评价结果提出优化补贴政策的建议。

### 二、数据来源与模型构建

#### （一）DEA模型介绍

DEA是美国运筹学家查恩斯和库伯（Charnes & Cooper）于1978年提出的，在进行政策评价时具有以下优势：一是能处理多投入、多产出问题，可以根据评价对象和评价目标选取多指标对政策效率进行全面评价；

二是以投入、产出的实际数据确定最优权重，不需要人为设定权重，较其他方法而言排除了很多主观因素，具有很强客观性；三是不需要对数据进行无量纲化，从而可以简化算法，降低误差；四是通过投入冗余、产出不足分析能够找到DEA无效决策单元存在的问题。使用DEA方法能够全面客观地评价当前森林保险保费补贴效率，并为政策评价时制定提升效率的对策，提供有效、客观的决策依据。

**（二）指标选取**

运用DEA分析森林保险补贴效率，关键在于投入产出指标的选取。在农业保险相关文献中，投入指标的选择大致相同，主要是保费收入，中央、省、市三级财政补贴以及林农自缴保费，也有学者将补贴比例作为投入指标。产出指标有赔付金额、承保面积、人均农业产值、农民人均纯收入、参保林农数、农业保险密度、农业保险深度等。决策单元依研究对象而定，研究范围为全国的文献多采用开展农业保险的各个省份作为决策单元。由于森林保险较农业保险开展较晚，并且上述指标的统计数据也不及农业保险全面，本节在结合森林保险开展的实际情况下，考虑数据的可获得性和统计口径的一致性，选取决策单元和投入产出指标。

1. 纵向评价模型与指标选取

纵向评价模型是为了反映森林保险补贴效率的变化情况，选取中央、省、市三级财政补贴以及林农自缴保费4个指标作为投入指标；依据森林保险补贴政策实施的目的选取承保面积、赔付金额和人均林业产值作为产出指标（见表6－1）。承保面积反映了补贴对林农投保的激励效果，赔付金额反映了对林业风险的保障水平，人均林业产值反映了补贴对林业生产的促进作用。

**表6－1　　纵向评价模型指标类型**

| 决策单元 | 指标类型 | 指标名称 |
|---|---|---|
| 2011—2014年辽宁省、浙江省、福建省、江西省、湖南省、云南省 | 投入指标 | 中央财政补贴 |
| | | 省级财政补贴 |
| | | 市县财政补贴 |
| | | 林农自缴保费 |
| | 产出指标 | 承保面积 |
| | | 赔付金额 |
| | | 人均林业产值 |

在决策单元的选取上，戈拉尼和罗尔（Golany & Roll，1989）认为有效运用 DEA 方法须使决策单元数量至少在投入与产出指标数量之和的两倍以上。而中央财政森林保险保费补贴试点工作从 2009 年才开始，使用我国 2009—2014 年的时间序列数据无法满足该要求，并且各年份的试点范围变化很大，数据不具有一致性。本节选取 2011—2014 年第一批和第二批试点的六省的面板数据作为纵向评价模型的决策单元。一是这些省份开展森林保险时间相对较早，数据比较充足，能够满足 DEA 方法的数据要求；二是这些省份是我国森林保险工作开展的主要省份，具有代表性。

2. 横向评价模型与指标选取

截至 2014 年底，我国开展森林保险的省级单位共 24 个。受数据搜集限制，选取 12 个省、直辖市作为横向评价模型的决策单元（见表 6 －2）。这些省份包括了我国主要的林业大省，能够反映我国各地区森林保险补贴情况的差异。由于决策单元较少，将投入指标中的中央、省、市三级财政补贴额三个指标合并为一个指标——各级财政补贴总额，以满足 DEA 对决策单元的数量要求。

**表 6 －2　　横向评价模型指标类型**

| 决策单元 | 指标类型 | 指标名称 |
|---|---|---|
| 辽宁省、浙江省、福建省、江西省、湖南省、云南省、安徽省、湖北省、广东省、海南省、重庆市、青海省 | 投入指标 | 各级财政补贴总额 |
| | | 林农自缴保费 |
| | 产出指标 | 承保面积 |
| | | 赔付金额 |
| | | 人均林业产值 |

## （三）数据来源

由于森林保险中公益林与商品林补贴情况差别很大，且公益林的主要作用是发挥生态效益，其产出的衡量在学术界尚存在争议，本节的研究对象只包括商品林保险。中央、省、市三级财政补贴、林农自缴保费、承保面积和赔付金额来源于 2011—2014 年各省林业厅工作总结。人均林业产值用林业总产值/年末常住人口表示，各省林业总产值来源于 2011—2014 年林业统计年鉴，各省年末常住人口来源于 2014 年各省统计年鉴。具体各年的投入、产出指标数据见表 6 －3 至表 6 －7。

表 6 - 3　　2011 年 6 省投入、产出指标数据

| 地区 | 中央补贴（万元） | 省级补贴（万元） | 市县补贴（万元） | 林农保费（万元） | 人均林业产值（元/人） | 赔付金额（万元） | 承保面积（万亩） |
|---|---|---|---|---|---|---|---|
| 辽宁 | 112.00 | 94.00 | 75.00 | 93.00 | 2910.45 | 12.40 | 234.00 |
| 浙江 | 295.79 | 253.22 | 205.65 | 231.30 | 5110.72 | 319.81 | 1319.41 |
| 福建 | 723.00 | 1100.70 | 575.63 | 1058.31 | 6880.10 | 1986.57 | 5816.00 |
| 江西 | 3595.00 | 2995.00 | 599.17 | 4793.33 | 2935.87 | 6378.76 | 8231.80 |
| 湖南 | 1125.06 | 937.55 | 0.00 | 2235.00 | 2026.02 | 799.53 | 2350.53 |
| 云南 | 2335.00 | 2780.05 | 947.92 | 1016.72 | 1488.64 | 307.56 | 16945.34 |

表 6 - 4　　2012 年 6 省投入、产出指标数据

| 地区 | 中央补贴（万元） | 省级补贴（万元） | 市县补贴（万元） | 林农保费（万元） | 人均林业产值（元/人） | 赔付金额（万元） | 承保面积（万亩） |
|---|---|---|---|---|---|---|---|
| 辽宁 | 234.05 | 197.00 | 154.70 | 194.43 | 3645.77 | 170.00 | 487.61 |
| 浙江 | 639.75 | 527.58 | 533.47 | 431.70 | 5763.90 | 825.44 | 1655.10 |
| 福建 | 2357.18 | 2357.18 | 132.92 | 2217.66 | 8212.46 | 2158.56 | 6285.81 |
| 江西 | 4150.53 | 3458.78 | 691.76 | 5534.05 | 3615.06 | 8316.08 | 8015.10 |
| 湖南 | 2091.16 | 1742.63 | 0.00 | 3246.17 | 2623.21 | 3140.00 | 4070.30 |
| 云南 | 2033.44 | 2780.05 | 947.92 | 1016.72 | 1900.74 | 1705.10 | 16945.34 |

表 6 - 5　　2013 年 6 省投入、产出指标数据

| 地区 | 中央补贴（万元） | 省级补贴（万元） | 市县补贴（万元） | 林农保费（万元） | 人均林业产值（元/人） | 赔付金额（万元） | 承保面积（万亩） |
|---|---|---|---|---|---|---|---|
| 辽宁 | 295.35 | 251.00 | 193.16 | 245.00 | 4100.00 | 852.00 | 615.32 |
| 浙江 | 844.84 | 702.97 | 745.84 | 522.47 | 6146.39 | 1169.61 | 2020.77 |
| 福建 | 2307.14 | 2307.14 | 125.31 | 2950.88 | 9564.21 | 2328.36 | 6152.38 |
| 江西 | 3830.21 | 3191.84 | 638.37 | 5141.96 | 4478.02 | 11032.03 | 6682.15 |
| 湖南 | 2017.59 | 1681.33 | 0.00 | 3381.04 | 3329.94 | 4748.12 | 4207.32 |
| 云南 | 2237.77 | 2519.61 | 1582.97 | 1118.89 | 2497.40 | 977.65 | 18648.12 |

表 6－6　　2014 年 6 省投入、产出指标数据

| 地区 | 中央补贴（万元） | 省级补贴（万元） | 市县补贴（万元） | 林农保费（万元） | 人均林业产值（元/人） | 赔付金额（万元） | 承保面积（万亩） |
|---|---|---|---|---|---|---|---|
| 辽宁 | 322.00 | 325.30 | 158.60 | 267.89 | 4321.00 | 286.12 | 716.17 |
| 浙江 | 1081.69 | 866.59 | 950.94 | 706.41 | 6455.31 | 535.82 | 2362.78 |
| 福建 | 2902.92 | 2902.92 | 424.47 | 3446.09 | 10434.33 | 2282.78 | 7055.26 |
| 江西 | 3909.12 | 3257.60 | 651.52 | 5311.49 | 5844.33 | 8793.37 | 6288.47 |
| 湖南 | 2237.95 | 1862.38 | 1105.04 | 2306.97 | 3886.41 | 3747.33 | 4679.19 |
| 云南 | 2237.78 | 3108.27 | 994.32 | 1118.89 | 2820.68 | 996.77 | 12978.50 |

表 6－7　　2014 年 12 省投入、产出指标数据

| 地区 | 各级财政补贴总额（万元） | 林农自缴保费（万元） | 人均林业产值（元/人） | 赔付金额（万元） | 承保面积（万亩） |
|---|---|---|---|---|---|
| 辽宁 | 805.90 | 267.89 | 4321.00 | 286.12 | 716.17 |
| 浙江 | 2899.22 | 706.41 | 6455.31 | 535.82 | 2362.78 |
| 福建 | 6230.31 | 3446.09 | 10434.33 | 2282.78 | 7055.26 |
| 江西 | 7818.24 | 5311.49 | 5844.33 | 8793.37 | 6288.47 |
| 湖南 | 5205.38 | 2306.97 | 3886.41 | 3747.33 | 4679.19 |
| 云南 | 11259.68 | 1118.89 | 2820.68 | 996.77 | 12978.50 |
| 安徽 | 3117.00 | 780.00 | 3619.98 | 217.37 | 1771.28 |
| 湖北 | 303.70 | 202.47 | 2818.73 | 478.30 | 337.53 |
| 广东 | 789.63 | 338.41 | 7314.53 | 2112.84 | 564.02 |
| 海南 | 56.73 | 30.54 | 4892.58 | 230.93 | 19.51 |
| 重庆 | 402.78 | 173.12 | 1546.30 | 418.45 | 198.77 |
| 青海 | 537.23 | 219.69 | 736.12 | 109.00 | 21.60 |

## 三、DEA 模型下我国森林保险保费补贴效率的实证研究

本部分分析的目的主要是对未来森林保险补贴政策、规模、结构等提出相应的建议，希望得到更多的投入变量的信息，因此采用投入导向型。使用软件 DEAP 2.1 进行测算，结果如表 6－8 所示，并对其中各年份 6 省效率平均值进行整理得到表 6－9。

**表 6－8　　2011—2014 年 6 省森林保险补贴效率纵向评价结果**

| 地区 | 综合效率 | | | | 纯技术效率 | | | | 规模效率 | | | | 规模报酬 | | | |
|---|---|---|---|---|---|---|---|---|---|---|---|---|---|---|---|---|
| | 2011 年 | 2012 年 | 2013 年 | 2014 年 | 2011 年 | 2012 年 | 2013 年 | 2014 年 | 2011 年 | 2012 年 | 2013 年 | 2014 年 | 2011 年 | 2012 年 | 2013 年 | 2014 年 |
| 辽宁 | 1.000 | 0.755 | 1.000 | 0.859 | 1.000 | 0.787 | 1.000 | 0.948 | 1.000 | 0.959 | 1.000 | 0.907 | — | drs | — | drs |
| 浙江 | 1.000 | 0.764 | 0.768 | 0.496 | 1.000 | 1.000 | 1.000 | 1.000 | 1.000 | 0.764 | 0.768 | 0.496 | — | drs | drs | drs |
| 福建 | 1.000 | 1.000 | 1.000 | 0.740 | 1.000 | 1.000 | 1.000 | 1.000 | 1.000 | 1.000 | 1.000 | 0.740 | — | — | — | drs |
| 江西 | 0.823 | 0.818 | 1.000 | 0.827 | 0.834 | 0.837 | 1.000 | 0.923 | 0.986 | 0.977 | 1.000 | 0.896 | drs | drs | — | drs |
| 湖南 | 1.000 | 1.000 | 1.000 | 0.720 | 1.000 | 1.000 | 1.000 | 0.748 | 1.000 | 1.000 | 1.000 | 0.963 | — | — | — | drs |
| 云南 | 1.000 | 1.000 | 1.000 | 0.753 | 1.000 | 1.000 | 1.000 | 0.762 | 1.000 | 1.000 | 1.000 | 0.989 | — | — | — | drs |
| 均值 | 0.971 | 0.890 | 0.961 | 0.733 | 0.972 | 0.937 | 1.000 | 0.897 | 0.998 | 0.950 | 0.961 | 0.832 | | | | |

表 6－9　　2011—2014 年森林保险保费补贴效率比较

| 年份 | 综合效率 | 纯技术效率 | 规模效率 | 规模报酬递减省份数量 |
|---|---|---|---|---|
| 2011 | 0.971 | 0.972 | 0.998 | 1 |
| 2012 | 0.890 | 0.937 | 0.950 | 3 |
| 2013 | 0.961 | 1.000 | 0.961 | 1 |
| 2014 | 0.733 | 0.897 | 0.832 | 6 |

## （一）纵向评价结果分析

1. 纯技术效率分析

纯技术效率即补贴的制度效率，可以反映用于森林保险保费补贴的财政资金是否有效促进了政策目标的实现。由表 6－8 和表 6－9 可知，6 省在 2011—2013 年的纯技术效率都较高，在 2014 年明显下降。结合各决策单元的投入冗余、产出不足情况，说明纯技术效率下降的原因主要在于财政资金投入冗余和赔付金额产出不足。财政资金投入冗余说明存量资金未得到充分利用，赔付金额产出不足说明森林保险定损理赔环节存在问题。

2. 规模效率分析

规模效率反映在森林保险补贴制度既定时，对应的补贴投入规模是否有效。规模效率达到 1 时表明在财政投入力度和补贴标准既定的情况下，保费补贴处于规模报酬不变的最佳状况，既不浪费也不紧缺；规模效率小于 1 则表明此时保费补贴的规模不够合理，存在规模报酬递增或者递减的趋势，即存在投入不足和投入过剩的现象。效率值越低说明距离最优规模越远。由表 6－9 可知，2011—2014 年规模效率下降明显，规模报酬递减的省份数量从 1 个上升至 6 个。说明在近几年财政持续加大森林保险补贴力度的情况下，保费补贴已经呈现出规模报酬递减。

3. 综合效率分析

综合效率等于纯技术效率与规模效率的乘积，主要用于反映森林保险财政补贴政策在既定投入下的产出最大化的能力或者是在既定产出下的投入最小化的能力。如果综合效率值为 1，则称该决策单元为确定性的 DEA 有效，即在 24 个决策单元组成的经济系统中，基于投入量可得到的产出已达到了最优配置效果。由表 6－10 可知，云南、湖北、广东、海南在 2011—2013 年综合效率均为 1，在 2014 年明显下降，而辽宁、浙江、江西则呈现先降后升再降的变化规律。整体而言综合效率呈现下降趋势。

表 6 - 10　　2014 年 12 省森林保险补贴效率横向评价结果

| 地区 | 综合效率 | 纯技术效率 | 规模效率 | 规模报酬 |
|---|---|---|---|---|
| 1. 辽宁 | 0.801 | 0.810 | 0.990 | drs |
| 2. 浙江 | 0.717 | 0.776 | 0.923 | drs |
| 3. 福建 | 0.989 | 1.000 | 0.989 | drs |
| 4. 江西 | 0.723 | 1.000 | 0.723 | drs |
| 5. 湖南 | 0.796 | 0.930 | 0.855 | drs |
| 6. 云南 | 1.000 | 1.000 | 1.000 | — |
| 7. 安徽 | 0.497 | 0.500 | 0.995 | drs |
| 8. 湖北 | 1.000 | 1.000 | 1.000 | — |
| 9. 广东 | 1.000 | 1.000 | 1.000 | — |
| 10. 海南 | 1.000 | 1.000 | 1.000 | — |
| 11. 重庆 | 0.547 | 0.554 | 0.987 | irs |
| 12. 青海 | 0.070 | 0.140 | 0.500 | irs |
| 平均值 | 0.762 | 0.809 | 0.914 | |

注：irs、—、drs 分别表示规模报酬递增、不变、递减。

### （二）横向评价结果分析

12 个省份纯技术效率平均值低于规模效率，说明制约我国各省森林保险保费补贴效率的主要原因是纯技术效率较低。规模报酬递减省份数量有 6 个，均在东部、中部地区，西部两个省份重庆、青海为规模报酬递增，东部、中部地区综合效率明显高于西部地区，且各地区之间效率差异很大。根据各省的综合效率、纯技术效率、规模效率，使用 SPSS 20.0 软件进行聚类分析将 12 个省份分为五类（见图 6 - 1）。

第一类是综合效率、纯技术效率和规模效率均达到或十分接近 1 的省份，包括云南、湖北、广东、海南、福建。这些省份财政补贴规模适度，财政补贴机制完善，云南、湖北、广东、海南的规模收益不变，意味着其在森林保险补贴领域的有效生产前沿进行运作。福建呈现规模报酬递减，但是规模效率十分接近 1，不需要对补贴规模进行大幅度的调整。

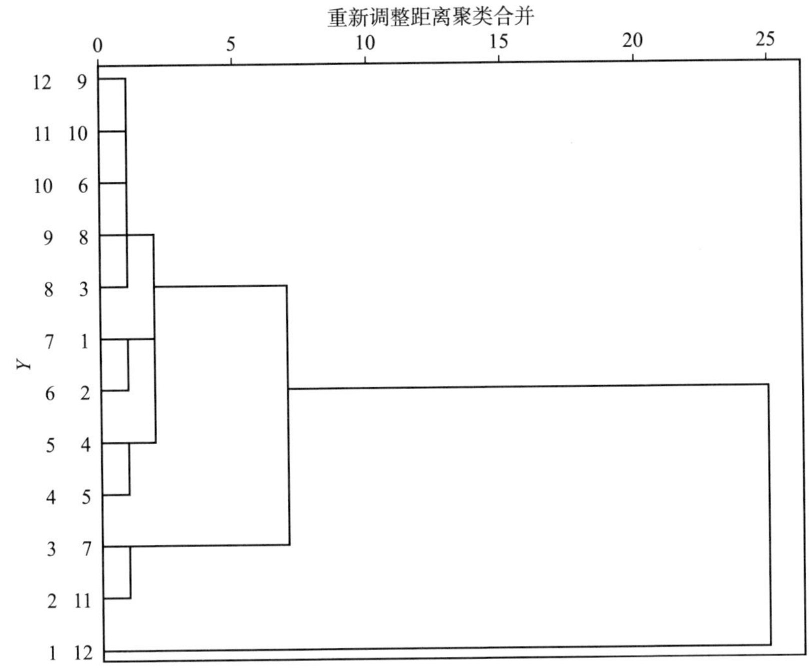


**图 6－1　12 省补贴效率聚类分析树状图**

注：1～12 各标号对应的具体省份见表 6－10（纵轴第一列为组间间距，第二列为各省标号）。

第二类是辽宁、浙江，规模效率很高（大于 0.9），纯技术效率相对较低。其综合效率 DEA 无效的主要原因是补贴制度的不完善导致了财政资金的浪费，存在投入冗余和产出不足。由表 6－11 和表 6－12 可知，辽宁和浙江存在各级财政补贴和林农自缴保费上均存在投入冗余，在赔付金额上均存在产出不足。主要改进方向是完善财政补贴措施和森林保险工作的具体实施细节，不妨借鉴第一类省份在保险方案、投保模式、定损理赔等方面的先进经验，结合地区特点制定完善的森林保险工作方案，提高纯技术效率。

**表 6－11　　　　辽宁省投入冗余、产出不足情况**

| 变量 | 原始值 | 投入冗余值 | 产出不足值 | 目标值 |
|---|---|---|---|---|
| 人均林业产值（元） | 4321 | 0 | 0 | 4321 |
| 承保面积（万亩） | 716.17 | 0 | 0 | 716.17 |
| 赔付金额（万元） | 286.12 | 0 | 106.584 | 392.704 |

续表

| 变量 | 原始值 | 投入冗余值 | 产出不足值 | 目标值 |
|---|---|---|---|---|
| 各级财政补贴总额（万元） | 805.9 | -153.297 | 0 | 652.603 |
| 林农自缴保费（万元） | 267.89 | -50.958 | 0 | 216.932 |

**表6-12　　浙江省投入冗余、产出不足情况**

| 变量 | 原始值 | 投入冗余值 | 产出不足值 | 目标值 |
|---|---|---|---|---|
| 人均林业产值（元） | 6455.31 | 0 | 0 | 6455.31 |
| 承保面积（万亩） | 2362.78 | 0 | 0 | 2362.78 |
| 赔付金额（万元） | 535.82 | 0 | 1078.941 | 1614.761 |
| 各级财政补贴总额（万元） | 2899.22 | -648.085 | 0 | 2251.135 |
| 林农自缴保费（万元） | 706.41 | -157.909 | 0 | 548.501 |

第三类是江西、湖南，综合效率DEA无效的主要原因来自规模无效率，并且都显示规模报酬递减。这两个省份是2009年和2010年的试点省份，在森林保险工作实施过程中积累了经验，提高了补贴的纯技术效率，但是随着补贴规模的不断扩大已经出现规模报酬递减。改进应从控制保费补贴规模入手，开辟其他补贴方式。适当减少对保费补贴的投入，增加对基层林业工作人员的业务补贴和对保险公司的补贴，激励森林保险的其他参与主体，提高财政资金使用效率。

第四类是安徽、重庆（见表6-13和表6-14），与第二类省份相似，规模效率很高（高于0.9），但纯技术效率很低（低于0.6）。从投入冗余、产出不足的情况来看，安徽各级财政补贴和林农自缴保费的投入冗余值均超过了原始值的50%，即要达到纯技术效率有效，其财政补贴资金和林农自缴保费应减少一半以上，赔付金额产出不足值则应达到原始值的1.5倍。建议安徽省着力加强对保险公司定损理赔方面的监管，并将其与森林保险业务的经营资格相挂钩；重庆各级财政补贴和林农自缴保费的投入冗余值均超过了原始值的40%。人均林业产值产出不足值约为原始值的2倍，重庆应设法提高林业产值，不妨对林业产业采取一些扶持措施。两省在补贴资金的使用上应做到分账管理，专款专用。

表 6-13　安徽省投入冗余、产出不足情况

| 变量 | 原始值 | 投入冗余值 | 产出不足值 | 目标值 |
|---|---|---|---|---|
| 人均林业产值（元） | 3619.98 | 0 | 0 | 3619.98 |
| 承保面积（万亩） | 1771.28 | 0 | 0 | 1771.28 |
| 赔付金额（万元） | 217.37 | 0 | 331.078 | 548.448 |
| 各级财政补贴总额（万元） | 3117 | -1559.63 | 0 | 1557.37 |
| 林农自缴保费（万元） | 780 | -390.283 | 0 | 389.717 |

表 6-14　重庆市投入冗余、产出不足情况

| 变量 | 原始值 | 投入冗余值 | 产出不足值 | 目标值 |
|---|---|---|---|---|
| 人均林业产值（元） | 1546.3 | 0 | 3034.724 | 4581.024 |
| 承保面积（万亩） | 198.77 | 0 | 0 | 198.77 |
| 赔付金额（万元） | 418.45 | 0 | 0 | 418.45 |
| 各级财政补贴总额（万元） | 402.78 | -179.53 | 0 | 223.25 |
| 林农自缴保费（万元） | 173.12 | -77.164 | 0 | 95.956 |

第五类是青海，其综合效率、纯技术效率和规模效率都很低。规模效率为0.5，且存在规模报酬递增，应该扩大补贴规模。纯技术效率为0.14，由表6-15可知，青海在各级财政补贴总额和林农自缴保费均存在投入冗余，人均林业产值和赔付金额存在产出不足，并且初始值与目标值差距悬殊。一方面，青海需要得到更多的保费补贴资金支持；另一方面，在扩大补贴规模的同时，更要重视补贴资金的使用效率。

表 6-15　青海省投入冗余、产出不足情况

| 变量 | 原始值 | 投入冗余值 | 产出不足值 | 目标值 |
|---|---|---|---|---|
| 人均林业产值（元） | 736.12 | 0 | 4156.126 | 4892.246 |
| 承保面积（万亩） | 21.6 | 0 | 0 | 21.6 |
| 赔付金额（万元） | 109 | 0 | 122.054 | 231.054 |
| 各级财政补贴总额（万元） | 537.23 | -462.118 | -16.575 | 58.537 |
| 林农自缴保费（万元） | 219.69 | -188.974 | 0 | 30.716 |

## 第二节　基于 Bootstrap－DEA 模型森林保险保费补贴效率分析

### 一、研究方法与模型构建

#### （一）研究方法：四阶段 Bootstrap－DEA

DEA 是测算投入产出效率最常用的方法，且不依赖于模型设定；但传统的 DEA 方法不能区分外界干扰因素包括环境因素、随机变量等。三阶段 DEA 方法通过第二阶段援引 SFA 回归模型将外部环境因素对效率的影响进行过滤，但未能对随机扰动因素进行过滤，仍存在一定的缺陷。为此，本部分使用四阶段 Bootstrap－DEA 模型，其第二阶段采用 Tobit 模型来解决原有三阶段 DEA 中因使用 SFA 法产生的因变量截断问题，以保留各决策单元运行过程中所面临的真实环境因素；且第四阶段基于 Bootstrap 的迭代模拟，有助于降低 DEA 模型因样本限制导致的结果偏误，适用于解决林业小样本的问题，有助于得出更加贴近准确的结论。

1. 第一阶段：传统 DEA 模型

本节旨在考察森林保险保费补贴效率，并探寻提高补贴效率的有效路径。为此，选取投入导向 DEA－BCC 模型进行效率测度。设有 $q$ 个决策变量，$m$ 个投入变量，$n$ 个产出变量，投入变量 $x_j=(x_{1j},\ x_{2j},\ \cdots,\ x_{mj})^T>0$；产出变量 $y_j=(y_{1j},\ y_{2j},\ \cdots,\ y_{nj})^T>0$；利用传统 DEA 方法计算出原始样本下各决策单元的效率得分 $\theta$。则投入导向的 DEA－BCC 模型为

$$\min\theta = \left[\theta - \varepsilon\left(\sum_{j=1}^{n} s^{+} + \sum_{j=1}^{n} s^{-}\right)\right] \tag{6-1}$$

$$\text{s. t.} \sum_{j=1}^{q} x_j\lambda_j + s^{-} = \theta x_{j0}$$

$$\sum_{j=1}^{q} y_j\lambda_j + s^{+} = \theta y_{j0}$$

$$\sum_{j=1}^{n} \lambda_j = 1$$

$$s^{-}\geqslant 0,\ s^{+}\geqslant 0,\ \lambda_j\geqslant 0,\ j=1,\ 2,\ \cdots,\ q$$

式中，$x_j$，$y_j$ 分别为第 $j$ 个省份的投入、产出变量；$\lambda$ 为组合比例；$\theta$ 为效率值，$\theta=\{\theta_j|j=1,\ 2,\ \cdots,\ q\}$；$\varepsilon$ 为无穷小量；$s^{+}$ 和 $s^{-}$ 为松弛变量。当

$\theta=1$，决策单元为 DEA 有效；当 $\theta<1$，则为 DEA 无效。

2. 第二阶段：Tobit 模型测算环境因素的影响

Tobit 回归模型为

$$S_j^* = f_j(Z_k,\ \beta_j) + \zeta_j$$
$$S_j = \begin{cases} S_j^*, & S_j > 0 \\ 0, & S_j \leqslant 0 \end{cases} \tag{6-2}$$

式中，$S_j^*$ 为截断被解释变量，即各决策单元的投入变量松弛量，$S_j^* = (1-\theta_j)x_j + S^-$；$Z_k$ 为外部环境变量，$Z_k = (Z_{1k},\ Z_{2k},\ \cdots,\ Z_{lk})$；$\beta_j$ 为回归系数，$\zeta_j$ 为随机扰动项。在此基础上，基于最有效决策单元预期投入变量，运用回归结果调整其他决策单元的初始投入量，使得各决策单元处于相同的环境之中：

$$x_j^* = x_j + [\max{}^*\{\bar{z}_j^* \beta_j^*\} - \bar{z}_j^* \beta_j^*] \tag{6-3}$$

式中，$x_j^*$ 为调整后投入量；$\max{}^*\{\bar{z}_j^* \beta_j^*\}$ 为最差外生环境集合；当 $\max{}^*\{\bar{z}_j^* \beta_j^*\} - \bar{z}_j^* \beta_j^* = 0$ 时，初始投入量不需调整；当 $\max{}^*\{\bar{z}_j^* \beta_j^*\} - \bar{z}_j^* \beta_j^* < 0$ 时，增加初始投入量。

3. 第三阶段：调整后 DEA 模型

基于调整后的投入变量 $x_j^*$ 和初始产出变量 $y_j$，重新运用投入导向 DEA - BCC 模型对我国森林保险保费补贴效率进行测度，得到过滤外部环境因素后的效率值 $\theta' = (\theta_1',\ \theta_2',\ \cdots,\ \theta_q')$。

4. 第四阶段：Bootstrap - DEA 模型

将调整后效率值 $\theta'$ 作为 Bootstrap - DEA 模型的初始样本，基于有放回重复抽样方法，从 $\theta'$ 中抽取规模相同的 Bootstrap 样本 $\theta^*$，并对抽取样本 $\theta^*$ 进行平滑处理，得到平滑样本 $\theta_b^* = \{\theta_{bi}^* \mid i = 1,\ 2,\ \cdots,\ n\}$，$b = 1,\ 2,\ \cdots,\ B$。在此基础上，基于平滑样本 $\theta_b^*$ 对初始样本 $\theta'$ 的投入指标数据进行调整，可得到调整后的投入要素值 $X_{bi}^*$：

$$X_{bi}^* = \frac{\theta_i}{\theta_{bi}^*} X_i \tag{6-4}$$

再次使用投入导向 DEA - BCC 模型，利用调整后的投入要素值和初始样本的产出要素值重新测算各个决策单元的效率值 $\tilde{\theta}_b^*$：

$$\{\tilde{\theta}_b^* = \tilde{\theta}_{bi}^* \mid i = 1,\ 2,\ \cdots,\ n\} \tag{6-5}$$

重复上述步骤 $T$ 次（$T \geqslant 2000$），可获得每个决策单元的效率偏差值、效率偏差修正值及其置信区间：

$$\widehat{b_{lasi}} = T^{-1}\sum_{b=1}^{B}\bar{\theta}_b^* - \theta_i \qquad (6-6)$$
$$\hat{\theta}_i^{adj} = \hat{\theta}_i - \widehat{b_{lasi}}$$

### （二）森林保险保费补贴效率评价指标体系构建

1. 投入指标

我国森林保险保费补贴政策采取的是中央财政、省级财政和地市县级财政三级联动补贴方式，各级财政补贴额可作为森林保险保费补贴效率研究的投入变量。因此，选取“中央财政补贴额”“省级财政补贴额”“市县级财政补贴额”三个指标来反映政府财政对森林保险的补贴投入情况。

2. 产出指标

任何财政政策的制定与实施能否达到预期效果，必须要充分把握政策实施对象的经济行为。同样，对于森林保险保费补贴政策来讲，其直接受益者是营林主体，补贴政策的间接受益者是保险公司，补贴行为实施主体是政府部门。因此，基于森林保险保费补贴政策相关利益主体的分析，分别从营林主体、保险公司、政府部门三方面选取产出指标。

就营林主体看，这一层面的森林保险保费补贴效率评价体现在林农的参保积极性和参保收益上。林农参保积极性由参保率直观反映，林农参保收益由保障水平和赔付补偿率直观反映。其中，赔付补偿率是各年度森林保险赔款与林农自缴保费的比值，以此来度量林农平均每缴纳1元保费所获得的经济补偿，赔付补偿率越高，则遇灾时林农所得赔付就越多，越有利于灾后及时恢复再生产。

就保险公司看，补贴政策对其承保激励作用可通过保费收入得以体现，对其供给促进情况可通过保险密度与赔付支出得以体现。若保险公司保费收入逐年增长，则说明保险公司承保积极性高；若保险密度增大，赔付支出上升，则说明保险公司的森林保险供给水平得到了提升。其中，保险密度是衡量森林保险发展程度的综合性指标，森林保险密度越高，森林保险市场越发达，由此也就说明补贴资金发挥了有效激励作用。

就政府部门看，政府提供森林保险财政补贴的基本动机是通过向林农提供保费补贴，增加其有效需求，动员更多资金参与林业灾损补偿。因此，政府层面的效率评价表现为补贴所引致的对林业风险与林业生产的保障情况，可由补贴带动率和赔付补贴比来反映。其中，补贴带动率即财政补贴对林农参保的带动情况，这是财政投入最直接的绩效体现，该比值越大，则说明财政补贴发挥了参保激励作用，林农的投保意愿提升，市场活力增强；赔付补贴比指单位补贴资金对参与灾损补偿资金的杠杆作用，这是保费补贴引致的收入再分配资金。

3. 环境变量

外部环境变量的选取是基于对森林保险保费补贴效率产生客观影响且不受研究样本主观控制的原则。我国各地区社会与经济发展水平、林业风险状况等均存在较大差异，导致森林保险保障效应也存在地区差异性。为此，在充分考虑以上因素对补贴效率产生影响的同时，参考补贴效率已有文献，选取农村人均可支配收入、成灾面积、受教育程度三个指标作为外部环境因素。森林保险保费补贴效率评价指标体系见表 6－16。

**表 6－16　　　　森林保险保费补贴效率评价指标体系**

| 变量 | | 指标 | 计算方法 |
|---|---|---|---|
| 投入变量 | | 中央财政补贴额 | |
| | | 省级财政补贴额 | |
| | | 市县级财政补贴额 | |
| 产出变量 | 林农 | 参保率 | 投保面积/总可承保面积 |
| | | 保障水平 | 保险金额 |
| | | 赔付补偿率 | 赔付金额/林农所缴保费 |
| | 保险公司 | 保费收入 | 保费总收入/总人口数 |
| | | 保险密度 | |
| | | 赔付支出 | |
| | 政府部门 | 补贴带动率 | 保费收入额/保费补贴额 |
| | | 赔付额占补贴额比 | 保险赔款/保费补贴额 |
| 环境变量 | | 农村人均可支配收入 | |
| | | 成灾面积 | 森林火灾与病虫灾害成灾面积和 |
| | | 受教育程度 | |

## （三）数据来源

为使 DEA 方法有效，决策单元的选取数量须至少为投入产出变量数量和的两倍，但由于我国森林保险保费补贴工作开展较晚，部分地区时间序列数据无法满足该要求；且各年份的试点范围变化很大，数据的统计范围不一致。为此，选取 2013—2018 年 22 个省（区、市）（福建、江西、湖南、辽宁、浙江、云南、四川、广东、广西、河北、安徽、河南、湖北、海南、重庆、贵州、陕西、山西、内蒙古、吉林、甘肃、青海）为决策单元。其原因是这些地区是我国森林保险主要开展地区，可一定程度地反映我国森林保险保费补贴效率总体情况，同时这些地区是补贴政策早期试点地区，开展时间相对较早，数据较为充足。指标数据来源于2013—2018年《中国劳动统计年鉴》《中国统计年鉴》《中国林业和草原统计年鉴》以及2016—2018年《中国森林保险发展报告》等。

## 二、四阶段 Bootstrap - DEA 模型下森林保险保费补贴效率分析

### （一）第一、第二阶段：传统 DEA 估计与 Tobit 模型测算分析

首先，进行第一阶段传统 DEA 估计结果分析。运用投入导向 BCC 模型对2013—2018年22个地区数据进行计算，得到在不考虑外部环境变量和随机因素下的效率值（考虑篇幅因素未列出）。其次，在此基础上，进行第二阶段 Tobit 模型测算分析。为过滤外部环境对效率评价产生的影响，以第一阶段效率测度中得到的各地投入要素总松弛变量为被解释变量，即中央财政补贴冗余 $Y_{1t}$、省级财政补贴冗余 $Y_{2t}$、市县级财政补贴冗余 $Y_{3t}$；以农村人均可支配收入 $Inc_{it}$、成灾面积 $Dis_{it}$、受教育程度 $Edu_{it}$ 为解释变量，建立以下 Tobit 模型，并运用 Stata 15.0 进行 Tobit 随机面板模型分析，从而使各决策单元处于相同外生环境。估计结果见表 6 - 17。

$$Y_{jt} = \alpha_0 + \alpha_1\, Inc_{it} + \alpha_2\, Dis_{it} + \alpha_3\, Edu_{it} + \varepsilon_{it} \tag{6-7}$$

式中，$j=1, 2, 3$；$i=1, 2, \cdots, 22$；$t=2013, 2014, \cdots, 2018$。

**表 6 - 17　　第二阶段 Tobit 随机面板估计结果**

| 变量 | 中央财政补贴冗余 | 省级财政补贴冗余 | 市县级财政补贴冗余 |
|---|---|---|---|
| 农村人均可支配收入 | 0.037<br>(0.608) | 0.016<br>(0.819) | 0.048**<br>(0.049) |
| 成灾面积 | 0.034***<br>(0.000) | 0.030***<br>(0.000) | 0.005**<br>(0.026) |
| 受教育程度 | -0.118**<br>(0.028) | -0.083**<br>(0.042) | -0.043***<br>(0.002) |
| Constant | 0.101**<br>(0.032) | 0.674*<br>(0.052) | 0.346***<br>(0.007) |
| sigma_u | 0.033***<br>(0.000) | 0.197***<br>(0.000) | 0.136***<br>(0.000) |

续表

| 变量 | 中央财政补贴冗余 | 省级财政补贴冗余 | 市县级财政补贴冗余 |
|---|---|---|---|
| sigma_e | 0.405*** (0.000) | 0.340*** (0.000) | 0.091*** (0.000) |
| Wald chi2（3） | 28.490*** (0.000) | 43.970*** (0.000) | 17.700*** (0.000) |

注：***、**、*分别表示1%、5%、10%的显著性水平。

由估计结果可知，各方程 Prob > chi2 均为0，均通过了1%显著性检验，即农村人均可支配收入、成灾面积、受教育程度与中央财政补贴、省级财政补贴及市县级财政补贴总冗余量均显著相关，这表明所选取的外部环境变量对投入要素松弛量的影响显著。同时，除中央财政补贴冗余与省级财政补贴冗余下的农村人均可支配收入系数不显著外，其余各变量系数均不同程度的显著，这也反映出模型拟合度较好，估计结果总体可接受。此外，由于上述模型是环境变量对各投入要素冗余的回归，因此，环境变量系数为正，则表明该环境变量的增加会加大投入要素冗余，进一步造成了投入要素的低效浪费；而环境变量系数为负，则表明该环境变量的增加会降低投入要素冗余，提高投入效率。因此，基于本阶段 Tobit 模型回归结果，运用公式（6－3）对初始各投入要素进行调整，排除外部环境因素影响，使得所有决策变量尽可能处在相同外部环境中，从而得到更客观真实的效率值。

### （二）第三阶段：调整投入 DEA 估计结果分析

基于2013—2018年22个地区调整后投入变量与初始产出变量，再次运用 DEAP 2.1 软件进行投入导向 BCC 模型分析，调整后运行结果见表6－18。

**表6－18　第三阶段森林保险保费补贴效率得分**

| 地区 | 2013年 | | | 2014年 | | | 2015年 | | |
|---|---|---|---|---|---|---|---|---|---|
| | TE | PTE | SE | TE | PTE | SE | TE | PTE | SE |
| 河北 | 0.745 | 0.774 | 0.963 | 0.885 | 0.977 | 0.906 | 0.894 | 0.936 | 0.956 |
| 山西 | 0.471 | 0.724 | 0.650 | 0.946 | 1 | 0.946 | 0.976 | 1 | 0.976 |
| 内蒙古 | 1 | 1 | 1 | 1 | 1 | 1 | 1 | 1 | 1 |
| 辽宁 | 0.811 | 0.838 | 0.967 | 1 | 1 | 1 | 0.914 | 0.914 | 1 |

续表

| 地区 | 2013 年 | | | 2014 年 | | | 2015 年 | | |
|---|---|---|---|---|---|---|---|---|---|
| | TE | PTE | SE | TE | PTE | SE | TE | PTE | SE |
| 吉林 | 0. 567 | 0. 594 | 0. 955 | 0. 784 | 0. 910 | 0. 862 | 0. 729 | 0. 762 | 0. 957 |
| 浙江 | 0. 981 | 1 | 0. 981 | 1 | 1 | 1 | 1 | 1 | 1 |
| 安徽 | 0. 890 | 0. 903 | 0. 986 | 1 | 1 | 1 | 1 | 1 | 1 |
| 福建 | 0. 992 | 1 | 0. 992 | 1 | 1 | 1 | 1 | 1 | 1 |
| 江西 | 1 | 1 | 1 | 1 | 1 | 1 | 1 | 1 | 1 |
| 河南 | 1 | 1 | 1 | 1 | 1 | 1 | 1 | 1 | 1 |
| 湖北 | 0. 769 | 0. 840 | 0. 915 | 0. 985 | 1 | 0. 985 | 1 | 1 | 1 |
| 湖南 | 0. 884 | 0. 884 | 1 | 0. 762 | 0. 763 | 0. 999 | 0. 807 | 0. 814 | 0. 992 |
| 广东 | 0. 864 | 1 | 0. 864 | 1 | 1 | 1 | 1 | 1 | 1 |
| 广西 | 1 | 1 | 1 | 1 | 1 | 1 | 1 | 1 | 1 |
| 海南 | 0. 739 | 0. 748 | 0. 988 | 0. 911 | 1 | 0. 911 | 0. 737 | 0. 753 | 0. 979 |
| 重庆 | 1 | 1 | 1 | 0. 951 | 0. 978 | 0. 973 | 1 | 1 | 1 |
| 四川 | 1 | 1 | 1 | 1 | 1 | 1 | 1 | 1 | 1 |
| 贵州 | 0. 729 | 1 | 0. 729 | 0. 898 | 1 | 0. 898 | 0. 987 | 1 | 0. 987 |
| 云南 | 1 | 1 | 1 | 1 | 1 | 1 | 1 | 1 | 1 |
| 陕西 | 0. 688 | 0. 710 | 0. 970 | 0. 751 | 0. 791 | 0. 949 | 0. 885 | 0. 794 | 0. 995 |
| 甘肃 | 1 | 1 | 1 | 0. 939 | 0. 981 | 0. 957 | 1 | 1 | 1 |
| 青海 | 0. 862 | 0. 971 | 0. 888 | 1 | 1 | 1 | 1 | 1 | 1 |

| 地区 | 2016 年 | | | 2017 年 | | | 2018 年 | | |
|---|---|---|---|---|---|---|---|---|---|
| | TE | PTE | SE | TE | PTE | SE | TE | PTE | SE |
| 河北 | 0. 802 | 0. 849 | 0. 945 | 0. 801 | 0. 838 | 0. 956 | 0. 727 | 0. 749 | 0. 971 |
| 山西 | 0. 875 | 1 | 0. 875 | 1 | 1 | 1 | 1 | 1 | 1 |
| 内蒙古 | 1 | 1 | 1 | 1 | 1 | 1 | 1 | 1 | 1 |
| 辽宁 | 0. 892 | 0. 893 | 0. 999 | 0. 899 | 0. 899 | 1 | 0. 844 | 0. 856 | 0. 986 |
| 吉林 | 0. 691 | 0. 758 | 0. 912 | 0. 714 | 0. 767 | 0. 932 | 0. 671 | 0. 726 | 0. 925 |
| 浙江 | 1 | 1 | 1 | 1 | 1 | 1 | 1 | 1 | 1 |
| 安徽 | 0. 959 | 0. 979 | 0. 979 | 1 | 1 | 1 | 1 | 1 | 1 |

续表

| 地区 | 2016 年 | | | 2017 年 | | | 2018 年 | | |
|---|---|---|---|---|---|---|---|---|---|
| | TE | PTE | SE | TE | PTE | SE | TE | PTE | SE |
| 福建 | 1 | 1 | 1 | 1 | 1 | 1 | 1 | 1 | 1 |
| 江西 | 1 | 1 | 1 | 1 | 1 | 1 | 1 | 1 | 1 |
| 河南 | 1 | 1 | 1 | 1 | 1 | 1 | 0. 830 | 0. 852 | 0. 974 |
| 湖北 | 1 | 1 | 1 | 0. 896 | 0. 938 | 0. 955 | 1 | 1 | 1 |
| 湖南 | 0. 922 | 1 | 0. 922 | 0. 942 | 0. 957 | 0. 985 | 0. 940 | 0. 941 | 0. 999 |
| 广东 | 1 | 1 | 1 | 1 | 1 | 1 | 1 | 1 | 1 |
| 广西 | 1 | 1 | 1 | 1 | 1 | 1 | 1 | 1 | 1 |
| 海南 | 0. 703 | 0. 746 | 0. 943 | 0. 782 | 0. 785 | 0. 996 | 0. 725 | 0. 727 | 0. 997 |
| 重庆 | 1 | 1 | 1 | 1 | 1 | 1 | 1 | 1 | 1 |
| 四川 | 1 | 1 | 1 | 1 | 1 | 1 | 1 | 1 | 1 |
| 贵州 | 0. 837 | 1 | 0. 837 | 0. 905 | 1 | 0. 905 | 0. 945 | 1 | 0. 945 |
| 云南 | 0. 985 | 1 | 0. 985 | 0. 936 | 1 | 0. 936 | 0. 880 | 1 | 0. 880 |
| 陕西 | 0. 790 | 0. 908 | 0. 975 | 0. 895 | 0. 895 | 1 | 0. 907 | 0. 912 | 0. 994 |
| 甘肃 | 0. 968 | 0. 998 | 0. 970 | 0. 910 | 1 | 0. 910 | 1 | 1 | 1 |
| 青海 | 1 | 1 | 1 | 1 | 1 | 1 | 1 | 1 | 1 |

第一，就第三阶段各年整体均值看，2013—2018 年综合技术效率均值波动上升，综合技术效率均值、纯技术效率均值、规模效率均值均在 2016 年出现一定幅度的下降（见图 6 -2），这与第一阶段相同。结合 2016 年森林保险运行实际看，可能是由于 2016 年我国森林保险参保增长率出现大幅下滑导致的，参保增长乏力，尤其商品林并未形成真正有效的参保意愿；2016 年商品林投保 3. 45 亿亩，相较 2015 年下降 34. 91%，这严重影响了森林保险保费补贴效率水平。

第二，就调整前后效率值看，在剔除外部环境因素影响后，第一、第三阶段评价结果存在一定差异，调整后的森林保险保费补贴综合效率水平与纯技术效率水平略低于调整前，而规模效率水平较第一阶段有所上升。这表明外部环境变量显著影响了森林保险保费补贴的真实效率水平，拉低了规模效率值，且导致综合效率与纯技术效率水平虚高，也反映了目前仍有较多地区未达技术有效前沿面，未实现资源最优配置。

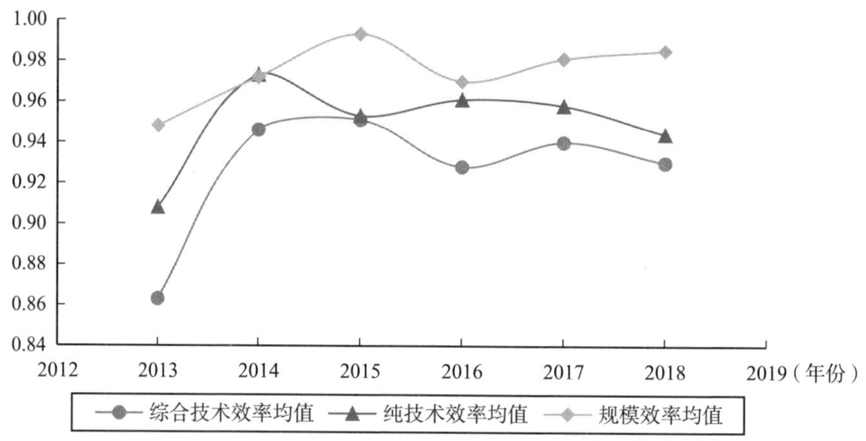


**图 6-2　第三阶段 2013—2018 年森林保险保费补贴效率年均水平变化趋势**

第三，就东、中、西部区域看，剔除外部环境因素后，加大了东、中、西部区域间综合效率与纯技术效率水平的差异。其中，西部地区平均综合效率最高，为 0.956，其次为东部，中部最低；西部地区平均纯技术效率水平最高，为 0.980，其次为中部，东部最低，为 0.924。此外，区域间规模效率水平相较于第一阶段普遍提升且差距有所缩小，东部地区平均规模效率水平最高，为 0.981，其次为西部，中部相对较低，为 0.969。

第四，就效率分解看，与第一阶段结果完全相反，第三阶段规模效率值高于纯技术效率值，即各地补贴政策 DEA 低效主要受限于纯技术效率。究其原因主要是由于我国森林保险保费补贴在政策设定、制度运行及补贴模式等顶层设计方面存在较多问题，如保险运行模式阻抑了森林保险协同推进的效果、补贴政策差异性有限、补贴标准不利于激励作用的有效发挥等，导致补贴资金精准性和指向性弱，补贴未能“花在裉节上”，影响了补贴效率。

第五，就规模报酬递增与递减省份数量看，第三阶段规模报酬递减地区数量较第一阶段有所下降，规模报酬递增状态地区有所增加，这表明在剔除外部环境因素后，小部分地区存在财政补贴投入过剩，但大部分地区仍处于投入不足的状态。这也反映了现有财政补贴规模与各地实际需求不匹配，部分地区的财政补贴已超过最优补贴规模，而另一部分地区财政补贴规模仍不能弥补供需支付缺口。

第六，就投入产出冗余看，部分地区在中央财政补贴上存在投入不足的情况，这表明中央政府的森林保险保费补贴规模与部分地区实际需求不匹配，中央财政应继续提高对这些地区的补贴力度。同时，部分地区也存在产出不足情况，产出不足主要集中在保险金额和赔付补偿率两项，这表明森林保险运行中的保障水平与定损理赔环节存在问题。结合我国森林保险运行实际看，我国森林保险目前存在的最大问题在于保险产品设计不合理，由此导致的低保障、低赔付等已严重影响了补贴效率。因此，应在现有基础上进一步提高森林保险的保障水平，合理设置并提高定损理赔服务水平，使投入及产出要素相匹配。

**（三）第四阶段：基于 Bootstrap - DEA 估计结果分析**

第三阶段效率测度虽剥离了外部环境因素的影响，但并未考虑误差或遗漏等的随机原因对效率测度的影响。为此，为过滤随机误差因素对效率测度的影响，进一步运用 MAXDEA Ultra 7 软件对第三阶段效率测算值进行纠偏，以期得到更真实、客观的森林保险保费补贴效率值。Bootstrap - DEA 模型设定仍为投入导向性，抽样放回次数为 2000 次。结果见表 6 - 19。

由结果可知，Bootstrap - DEA 修正后的综合效率值、纯技术效率值、规模效率值均在 95% 置信区间内，即所得各效率值可信度较高。

第一，就综合效率看，剥离随机误差因素影响后，各地各年综合效率值均较第三阶段测算值有所下降，这表明随机因素对各地综合效率水平有明显影响，且 2013—2018 年没有任何地区的综合效率水平为 1，这也符合实际。同时，相较于第一阶段，在第三阶段过滤外部环境因素与第四阶段排除随机因素影响后，综合效率水平出现了较大幅度的下降，这表明排除外部环境与随机误差后，各地综合效率明显被高估。此外，从综合效率测算结果对比可知（见图 6 - 3），在不控制外部环境因素和随机误差冲击影响下直接使用传统 DEA 模型测度森林保险保费补贴效率是存在偏差的。

第二，就纯技术效率看，剥离外部环境因素与随机误差因素影响后，各地各年纯技术效率水平均较第一、第三阶段有较大幅度的下降，这说明各地纯技术效率水平被严重高估，且各年纯技术效率水平整体相对较低，是影响综合效率水平较低的主要因素。可能的原因是：随着补贴试点工作的推进，受限于政策设计存在缺陷等多重因素的影响，在补贴政策实施中一些潜在问题正逐步暴露出来，如森林保险保费补贴政策体系不完善、补贴规模不合理、补贴标准缺乏科学理论依据等，均影响了补贴政策的实施效果与效率，进而导致保险公司森林保险产品创新动力不足，地方政府受财力所限工作积极性不高，森林保险实际运行中存在“政府机构累、承保机构畏、投保主体无所谓”的现象，保费补贴政策激励作用有限。

表 6－19　　基于 Bootstrap 法的 2013—2018 年各效率水平及均值

| 地区 | 2013 年 | | | | | 2014 年 | | | | | 2015 年 | | |
|---|---|---|---|---|---|---|---|---|---|---|---|---|---|
| | BTE | 95%置信区间 | | PTE | SE | BTE | 95%置信区间 | | PTE | SE | BTE | PTE | SE |
| 河北 | 0. 698 | 0. 636 | 0. 739 | 0. 723 | 0. 966 | 0. 715 | 0. 691 | 0. 732 | 0. 721 | 0. 992 | 0. 725 | 0. 717 | 0. 998 |
| 山西 | 0. 419 | 0. 334 | 0. 467 | 0. 684 | 0. 613 | 0. 780 | 0. 761 | 0. 805 | 0. 927 | 0. 842 | 0. 845 | 0. 846 | 0. 999 |
| 内蒙古 | 0. 803 | 0. 459 | 0. 990 | 0. 829 | 0. 969 | 0. 798 | 0. 478 | 0. 990 | 0. 843 | 0. 947 | 0. 799 | 0. 838 | 0. 941 |
| 辽宁 | 0. 742 | 0. 711 | 0. 768 | 0. 762 | 0. 973 | 0. 849 | 0. 826 | 0. 870 | 0. 853 | 0. 996 | 0. 773 | 0. 776 | 0. 983 |
| 吉林 | 0. 537 | 0. 495 | 0. 563 | 0. 565 | 0. 951 | 0. 613 | 0. 584 | 0. 630 | 0. 630 | 0. 973 | 0. 585 | 0. 577 | 0. 998 |
| 浙江 | 0. 834 | 0. 758 | 0. 900 | 0. 85 | 0. 981 | 0. 808 | 0. 753 | 0. 843 | 0. 841 | 0. 961 | 0. 868 | 0. 886 | 0. 968 |
| 安徽 | 0. 827 | 0. 761 | 0. 882 | 0. 848 | 0. 975 | 0. 808 | 0. 764 | 0. 835 | 0. 830 | 0. 974 | 0. 800 | 0. 828 | 0. 954 |
| 福建 | 0. 900 | 0. 828 | 0. 957 | 0. 935 | 0. 963 | 0. 848 | 0. 784 | 0. 905 | 0. 926 | 0. 916 | 0. 852 | 0. 912 | 0. 923 |
| 江西 | 0. 840 | 0. 651 | 0. 992 | 0. 841 | 0. 999 | 0. 898 | 0. 752 | 0. 991 | 0. 923 | 0. 974 | 0. 895 | 0. 933 | 0. 949 |
| 河南 | 0. 818 | 0. 760 | 0. 859 | 0. 906 | 0. 903 | 0. 843 | 0. 800 | 0. 872 | 0. 849 | 0. 993 | 0. 850 | 0. 894 | 0. 939 |
| 湖北 | 0. 710 | 0. 629 | 0. 76 | 0. 763 | 0. 930 | 0. 767 | 0. 711 | 0. 796 | 0. 794 | 0. 967 | 0. 760 | 0. 781 | 0. 960 |
| 湖南 | 0. 774 | 0. 662 | 0. 848 | 0. 818 | 0. 947 | 0. 638 | 0. 597 | 0. 676 | 0. 654 | 0. 976 | 0. 712 | 0. 719 | 0. 978 |
| 广东 | 0. 818 | 0. 762 | 0. 854 | 0. 890 | 0. 919 | 0. 854 | 0. 831 | 0. 871 | 0. 902 | 0. 946 | 0. 834 | 0. 890 | 0. 938 |
| 广西 | 0. 846 | 0. 669 | 0. 991 | 0. 863 | 0. 980 | 0. 888 | 0. 735 | 0. 990 | 0. 908 | 0. 978 | 0. 872 | 0. 888 | 0. 959 |
| 海南 | 0. 655 | 0. 605 | 0. 697 | 0. 665 | 0. 985 | 0. 694 | 0. 664 | 0. 721 | 0. 755 | 0. 919 | 0. 593 | 0. 610 | 0. 972 |
| 重庆 | 0. 854 | 0. 718 | 0. 992 | 0. 877 | 0. 974 | 0. 790 | 0. 772 | 0. 806 | 0. 811 | 0. 974 | 0. 798 | 0. 801 | 0. 972 |

续表

| 地区 | 2013年 | | | | | 2014年 | | | | | 2015年 | | |
|---|---|---|---|---|---|---|---|---|---|---|---|---|---|
| | BTE | 95%置信区间 | | PTE | SE | BTE | 95%置信区间 | | PTE | SE | BTE | PTE | SE |
| 四川 | 0.787 | 0.320 | 0.990 | 0.834 | 0.944 | 0.852 | 0.719 | 0.936 | 0.853 | 0.999 | 0.899 | 0.903 | 0.985 |
| 贵州 | 0.641 | 0.561 | 0.690 | 0.762 | 0.842 | 0.715 | 0.685 | 0.742 | 0.867 | 0.824 | 0.632 | 0.667 | 0.932 |
| 云南 | 0.912 | 0.850 | 0.985 | 0.913 | 0.999 | 0.831 | 0.730 | 0.883 | 0.916 | 0.908 | 0.835 | 0.882 | 0.935 |
| 陕西 | 0.593 | 0.526 | 0.646 | 0.612 | 0.970 | 0.624 | 0.601 | 0.641 | 0.632 | 0.988 | 0.706 | 0.700 | 0.995 |
| 甘肃 | 0.772 | 0.266 | 0.989 | 0.827 | 0.934 | 0.763 | 0.738 | 0.785 | 0.797 | 0.957 | 0.787 | 0.783 | 0.992 |
| 青海 | 0.725 | 0.664 | 0.776 | 0.776 | 0.934 | 0.870 | 0.757 | 0.945 | 0.902 | 0.965 | 0.861 | 0.863 | 0.986 |
| 均值 | 0.750 | 0.619 | 0.833 | 0.797 | 0.939 | 0.784 | 0.715 | 0.830 | 0.824 | 0.953 | 0.786 | 0.804 | 0.966 |

| 地区 | 2016年 | | | 2017年 | | | | | 2018年 | | | | |
|---|---|---|---|---|---|---|---|---|---|---|---|---|---|
| | BTE | PTE | SE | BTE | 95%置信区间 | | PTE | SE | BTE | 95%置信区间 | | PTE | SE |
| 河北 | 0.642 | 0.657 | 0.977 | 0.647 | 0.628 | 0.668 | 0.656 | 0.987 | 0.657 | 0.634 | 0.680 | 0.672 | 0.978 |
| 山西 | 0.734 | 0.913 | 0.804 | 0.735 | 0.696 | 0.760 | 0.929 | 0.791 | 0.761 | 0.672 | 0.814 | 0.901 | 0.845 |
| 内蒙古 | 0.810 | 0.844 | 0.960 | 0.828 | 0.614 | 0.991 | 0.835 | 0.991 | 0.850 | 0.644 | 0.991 | 0.857 | 0.992 |
| 辽宁 | 0.766 | 0.783 | 0.977 | 0.747 | 0.717 | 0.770 | 0.757 | 0.986 | 0.764 | 0.727 | 0.796 | 0.782 | 0.978 |
| 吉林 | 0.541 | 0.546 | 0.991 | 0.550 | 0.533 | 0.565 | 0.557 | 0.989 | 0.597 | 0.575 | 0.617 | 0.601 | 0.993 |
| 浙江 | 0.904 | 0.925 | 0.977 | 0.910 | 0.772 | 0.987 | 0.936 | 0.971 | 0.901 | 0.758 | 0.991 | 0.906 | 0.994 |
| 安徽 | 0.917 | 0.930 | 0.987 | 0.800 | 0.736 | 0.845 | 0.835 | 0.957 | 0.881 | 0.812 | 0.923 | 0.882 | 0.999 |

续表

| 地区 | 2016 年 | | | 2017 年 | | | | | 2018 年 | | | | |
|---|---|---|---|---|---|---|---|---|---|---|---|---|---|
| | BTE | PTE | SE | BTE | 95% 置信区间 | | PTE | SE | BTE | 95% 置信区间 | | PTE | SE |
| 福建 | 0. 800 | 0. 832 | 0. 961 | 0. 908 | 0. 804 | 0. 968 | 0. 909 | 0. 999 | 0. 843 | 0. 793 | 0. 884 | 0. 865 | 0. 975 |
| 江西 | 0. 646 | 0. 794 | 0. 814 | 0. 796 | 0. 681 | 0. 863 | 0. 861 | 0. 925 | 0. 824 | 0. 599 | 0. 992 | 0. 830 | 0. 993 |
| 河南 | 0. 849 | 0. 939 | 0. 903 | 0. 849 | 0. 799 | 0. 883 | 0. 918 | 0. 925 | 0. 751 | 0. 719 | 0. 773 | 0. 753 | 0. 997 |
| 湖北 | 0. 747 | 0. 859 | 0. 870 | 0. 686 | 0. 640 | 0. 707 | 0. 743 | 0. 923 | 0. 841 | 0. 670 | 0. 991 | 0. 858 | 0. 980 |
| 湖南 | 0. 752 | 0. 771 | 0. 974 | 0. 798 | 0. 748 | 0. 837 | 0. 810 | 0. 985 | 0. 797 | 0. 759 | 0. 829 | 0. 810 | 0. 984 |
| 广东 | 0. 818 | 0. 892 | 0. 917 | 0. 821 | 0. 749 | 0. 858 | 0. 867 | 0. 947 | 0. 838 | 0. 775 | 0. 876 | 0. 882 | 0. 950 |
| 广西 | 0. 877 | 0. 904 | 0. 970 | 0. 882 | 0. 777 | 0. 954 | 0. 910 | 0. 970 | 0. 818 | 0. 551 | 0. 991 | 0. 848 | 0. 964 |
| 海南 | 0. 633 | 0. 637 | 0. 993 | 0. 639 | 0. 620 | 0. 656 | 0. 649 | 0. 985 | 0. 651 | 0. 630 | 0. 669 | 0. 653 | 0. 998 |
| 重庆 | 0. 868 | 0. 869 | 0. 999 | 0. 822 | 0. 755 | 0. 867 | 0. 835 | 0. 984 | 0. 936 | 0. 874 | 0. 975 | 0. 937 | 0. 999 |
| 四川 | 0. 859 | 0. 861 | 0. 998 | 0. 876 | 0. 713 | 0. 990 | 0. 888 | 0. 987 | 0. 867 | 0. 728 | 0. 991 | 0. 896 | 0. 968 |
| 贵州 | 0. 629 | 0. 836 | 0. 752 | 0. 595 | 0. 542 | 0. 631 | 0. 758 | 0. 785 | 0. 600 | 0. 515 | 0. 654 | 0. 840 | 0. 714 |
| 云南 | 0. 813 | 0. 882 | 0. 922 | 0. 803 | 0. 749 | 0. 836 | 0. 892 | 0. 900 | 0. 794 | 0. 739 | 0. 831 | 0. 879 | 0. 903 |
| 陕西 | 0. 723 | 0. 736 | 0. 983 | 0. 734 | 0. 701 | 0. 765 | 0. 757 | 0. 970 | 0. 82 | 0. 785 | 0. 853 | 0. 841 | 0. 974 |
| 甘肃 | 0. 774 | 0. 791 | 0. 978 | 0. 770 | 0. 728 | 0. 807 | 0. 774 | 0. 995 | 0. 912 | 0. 836 | 0. 990 | 0. 914 | 0. 998 |
| 青海 | 0. 916 | 0. 941 | 0. 974 | 0. 871 | 0. 723 | 0. 949 | 0. 897 | 0. 970 | 0. 848 | 0. 653 | 0. 992 | 0. 887 | 0. 955 |
| 均值 | 0. 774 | 0. 825 | 0. 940 | 0. 776 | 0. 701 | 0. 825 | 0. 817 | 0. 951 | 0. 798 | 0. 702 | 0. 868 | 0. 832 | 0. 961 |

注：因篇幅限制，2015 年与 2016 年综合效率 95% 置信区间未列出。

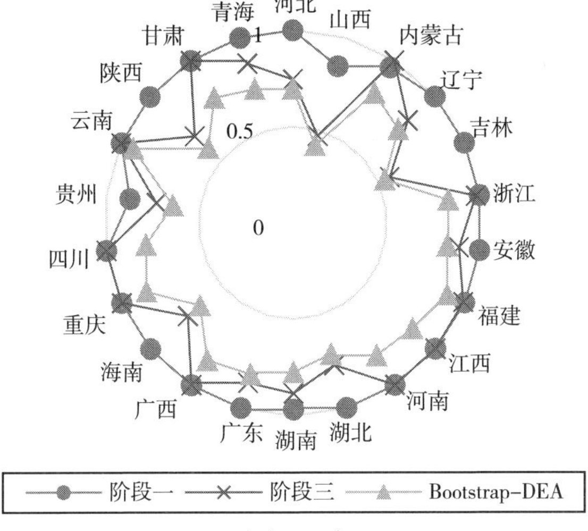


（a）2013年

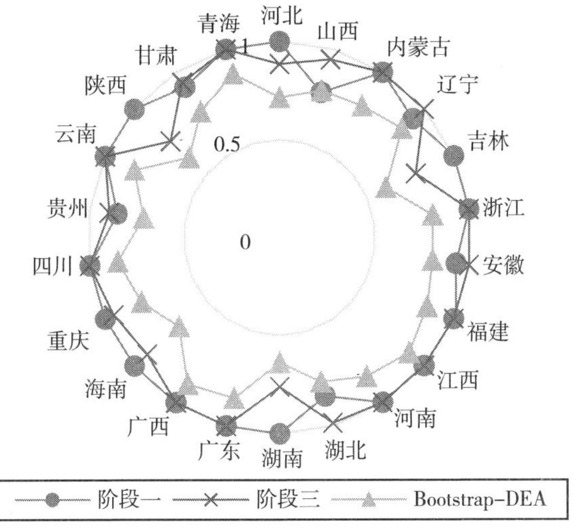


（b）2014年

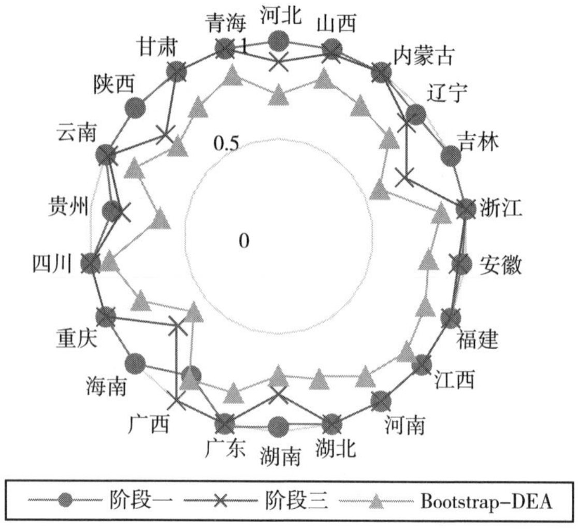


（c）2015年

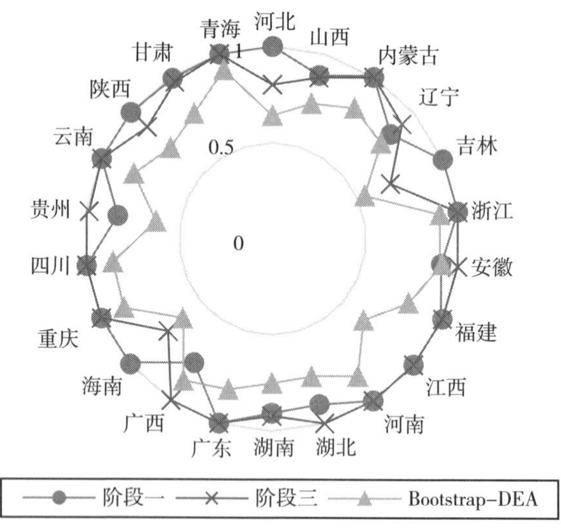


（d）2016年

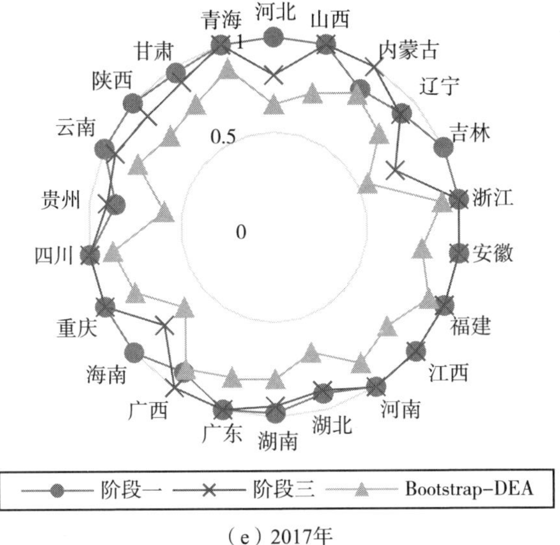


（e）2017年

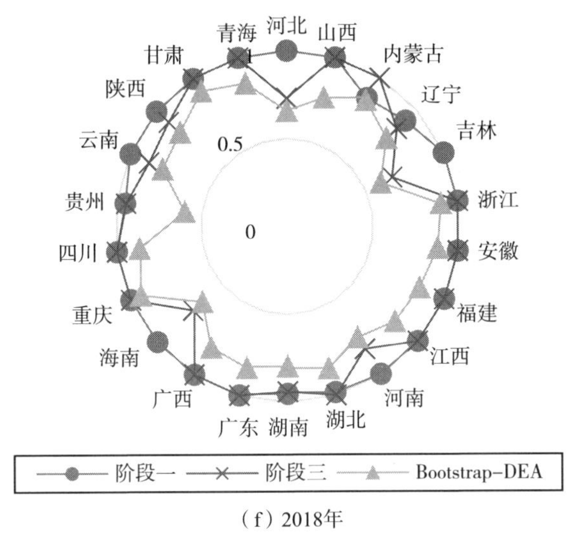


（f）2018年

**图6－3　2013—2018年调整前后及Bootstrap－DEA森林保险保费补贴效率结果对比雷达图**

第三，就规模效率看，剥离随机误差因素影响后，不同地区规模效率水平有不同方向的变化，但变化幅度相对较小。相较于第三阶段测算值，2013—2018年各年分别有6个、5个、3个、7个、3个、5个地区规模效率水平有所上升，其余地区有所下降。这表明随机误差因素对不同地区规模效率水平影响存在差异。同时，第一阶段与第三阶段测算规模效率值差距较小，而第三阶段与 Bootstrap 法测算值差距较大，这表明随机误差因素对规模效率的影响较外部环境因素影响更大。此外，相较于第三阶段规模效率平均值，2016 年下降幅度最大，2013 年下降幅度最小。

第四，就东、中、西部区域看（见表 6－20），三大区域的各效率值存在明显差距。首先，就综合效率看，2013—2014 年，东部地区综合效率水平最高，中部最低；2015—2018 年，西部地区综合效率水平最高，东部与中部地区综合效率水平差异缩小。其次，就纯技术效率看，各年西部地区技术效率水平最高，东部与中部地区纯技术效率水平差异逐年缩小，这说明西部地区森林保险保费补贴政策制度体系、运行机制以及补贴资金管理与利用水平较高。再次，就规模效率水平看，除 2014 年与 2015 年中部地区规模效率水平最高外，其余各年份均是东部地区规模效率水平最高，这与东部地区地方政府财政实力与经济发展水平相对较高有关。同时，各区域规模效率水平呈现逐年提升的趋势，这表明虽然保费补贴规模仍存在不合理现象，但近几年逐步开始有所改善。最后，相较于第三阶段，2013—2018 年东、中、西部地区各效率值均有所下降，且纯技术效率水平下降幅度最大，这表明在过滤掉随机误差因素后，各区域纯技术效率与规模效率水平均被高估，进而导致综合效率水平也被高估，即随机因素对各区域补贴效率水平均存在影响，同时主要是通过对各区域纯技术效率来影响的，其中，东部地区各效率水平较第三阶段下降幅度最小，中部与西部地区下降幅度相对较大，这表明随机误差因素对东部地区的影响较小，对中西部地区的影响显著。

**表 6－20　　　基于 Bootstrap 法的各区域效率水平**

| 年份 | 效率值 | 东部 | 中部 | 西部 | 年份 | 效率值 | 东部 | 中部 | 西部 |
|---|---|---|---|---|---|---|---|---|---|
| 2013 | TE | 0.775 | 0.704 | 0.770 | 2016 | TE | 0.761 | 0.741 | 0.808 |
| | PTE | 0.804 | 0.775 | 0.810 | | PTE | 0.788 | 0.822 | 0.852 |
| | SE | 0.965 | 0.903 | 0.950 | | SE | 0.967 | 0.906 | 0.948 |
| 2014 | TE | 0.795 | 0.764 | 0.792 | 2017 | TE | 0.779 | 0.745 | 0.798 |
| | PTE | 0.833 | 0.801 | 0.837 | | PTE | 0.796 | 0.808 | 0.838 |
| | SE | 0.955 | 0.957 | 0.949 | | SE | 0.979 | 0.928 | 0.950 |
| 2015 | TE | 0.774 | 0.778 | 0.799 | 2018 | TE | 0.776 | 0.779 | 0.827 |
| | PTE | 0.799 | 0.797 | 0.814 | | PTE | 0.793 | 0.805 | 0.878 |
| | SE | 0.964 | 0.968 | 0.966 | | SE | 0.979 | 0.970 | 0.941 |

基于四阶段效率分析可知，第一阶段森林保险保费补贴效率值较高，且综合效率均值呈现逐年稳中有升的趋势。其中，纯技术效率保持较高水平，DEA 低效主要受限于规模效率。第三阶段过滤外部环境因素影响后效率值发生了较为明显的变化，综合效率水平与纯技术效率水平较第一阶段有所下降，而规模效率水平较第一阶段有所上升，DEA 低效主要受限于纯技术效率。由此，外部环境因素可显著影响保费补贴效率，导致补贴效率结果存在偏差。第四阶段剥离随机误差与外部环境因素影响后，较第一、第三阶段而言，各地综合效率水平与纯技术效率水平明显被高估，规模效率存在小幅度不同方向的变化，且纯技术效率水平偏低是各地补贴政策低效的主要原因，这表明森林保险保费补贴政策顶层设计存在不足，补贴政策体系不完善、补贴规模不合理、补贴标准缺乏科学理论依据等，影响了补贴资金使用效率。

**（四）森林保险财政补贴效率影响因素分析**

基于四阶段 Bootstrap - DEA 法对外部环境因素与随机偏误的剔除与过滤，得到了更为准确的森林保险保费补贴效率评估结果。在此基础上，进一步就我国森林保险财政补贴效率的影响因素及其影响方向进行分析，以期为进一步提高补贴效率与优化补贴政策提供参考与依据。

1. 指标选择

从宏观经济水平、林业产业发展状况、林业资源状况、林业灾害情况以及投保主体自身因素五方面出发，选取我国森林保险保费补贴效率的影响因素（见表 6 - 21）。其一，就宏观经济水平而言，地区生产总值与一般预算收入指标可衡量地区经济与财政实力，地区经济水平和财政实力相对较高的地区，对补贴政策的响应度相对较高，地方政府有足够的财政资金参与补贴，补贴效率可能相对高些。其二，就林业资源状况而言，选取森林覆盖率与林业发展程度两个指标反映地区林业资源状况。森林覆盖率越高，表明该地区林业资源越丰富，对森林保险的需求越高，则可能会越重视森林保险的发展，但同时，所需的配套补贴资金也越多，地方政府配套补贴压力也越大；林业发展程度由林业总产值占地方生产总值的比重反映，占比越高，林业产业对地区经济的贡献度越高，地区经济对林业产业的依赖度越强，地方政府就越重视森林保险的发展，补贴效率可能相对高些。其三，就林业灾害情况而言，选取成灾面积反映地区林业灾害情况，包括森林火灾与病虫害成灾面积之和。地区林业风险水平越高，越有利于增强林农的风险意识，进而提高其参保需求，但同时，该地区保费水平也相对较高，对地方政府财政补贴的需求也越大。其四，就投保主体自身因素而言，农村居民人均可支配收入越高，对森林保险的购买力越强，对财政补贴的需求越低，可能越有利于地方森林保险的发展；同时，受教育程度越高，林农的风险与保险意识及其对森林保险的认知度就越高，可能越有利于补贴效率的提升。各指标数据来源于2013—2018年《中国统计年鉴》《中国农村统计年鉴》《中国林业和草原统计年鉴》等。

**表6－21　　　　我国森林保险保费补贴效率影响因素指标**

| 一级指标 | 二级指标 | 测量方法 |
| --- | --- | --- |
| 宏观经济水平 | 经济发展水平 | 地区 GDP |
| | 财政实力 | 财政税收收入 |
| 林业资源状况 | 森林覆盖率 | |
| | 林业发展程度 | 林业产值占地方生产总值比重 |
| 林业灾害情况 | 成灾面积 | 火及病虫害受灾面积之和 |
| 投保主体自身因素 | 农民收入水平 | 农村居民人均可支配收入 |
| | 受教育程度 | |

2. 实证结果分析

以第四阶段测算出的补贴综合效率值为因变量，上述7个指标为自变量进行回归分析，考察各因素对森林保险保费补贴效率的影响。由于前文基于Bootstrap－DEA测算的补贴综合效率值为0－1的截断数据，用OLS得到的估计结果是有偏且不一致的，且补贴综合效率值为面板数据，因此，选取面板随机效应Tobit模型进行参数估计。模型构建为

$$Y_i = \begin{cases} \beta^T X_i + \varepsilon_i & \text{当 } Y_i > 0 \text{ 时} \\ 0 & \text{当 } Y_i \leqslant 0 \text{ 时} \end{cases} \tag{6-8}$$

式中，$Y_i$为22个省（市）保费补贴综合效率值（$i = 1, 2, \cdots, 22$）；$X_i$为补贴效率影响因素，分别为地区生产总值、地区财政税收收入、森林覆盖率、林业发展程度、成灾面积、农村居民人均可支配收入和受教育程度；$\beta^T$是待估参数，$\varepsilon_i \sim N(0, \sigma^2)$。当$Y_i > 0$时，被解释变量取实际观测值；当$Y_i \leqslant 0$时，被解释变量截取为0。回归结果见表6－22。

表 6-22　　补贴效率影响因素回归结果

| 解释变量 | 系数 | 标准误差 | $T$ 值 | $p$ 值 |
|---|---|---|---|---|
| 地区生产总值 | 0.000 | 0.000 | 0.27 | 0.787 |
| 财政税收收入 | 0.000 | 0.000 | -0.11 | 0.912 |
| 森林覆盖率 | 0.001 | 0.001 | 0.50 | 0.616 |
| 林业发展程度 | -0.119 | 0.273 | -0.43 | 0.663 |
| 成灾面积 | 0.000 | 0.000 | 2.81 | 0.005*** |
| 农村居民人均可支配收入 | 0.000 | 0.000 | 2.06 | 0.040** |
| 受教育程度 | 0.008 | 0.005 | 1.79 | 0.073* |
| Constant | 0.594 | 0.063 | 9.44 | 0.000*** |
| sigma_u | 0.066 | 0.012 | 5.58 | 0.000*** |
| sigma_e | 0.056 | 0.004 | 14.65 | 0.000*** |

注：***、**、*分别表示1%、5%、10%的显著性水平。

由回归结果可知，Prob > chi2 = 0.000，模型整体拟合效果好。其中，成灾面积、农村居民人均可支配收入及受教育程度 3 个变量通过了显著性检验，对森林保险保费补贴效率的影响显著。

成灾面积在1%的置信水平下显著正向影响森林保险保费补贴效率。成灾面积可反映林业风险水平，成灾面积越大，越有利于增强林农的风险与保险意识，进而提高保险有效需求，提升补贴效率。但成灾面积对补贴效率的弹性系数较小，这可能与现有保障水平与赔付水平偏低有关。目前我国森林保险保障水平是基于物化成本制定的，仅就风险管理基本需求也无法满足，遭遇灾损时森林保险风险保障功能发挥十分有限。同时，我国森林保险平均简单赔付率远不及森林保险发达国家赔付水平，遇灾时所获得的赔付资金少，影响了补贴资金利用效率。

农村人均可支配收入在5%的置信水平下显著正向影响森林保险保费补贴效率。农村人均可支配收入反映了林农的保险支付能力，其值越高，越有利于将保险潜在需求转化为实际有效需求，进而提高补贴效率。但农村人均可支配收入的弹性系数较小，其原因可能是，在城镇化与农村劳动力转移加速的背景下，林业收入在农村居民家庭收入中所占的比重逐渐变小，其对林业生产的重视度也逐渐降低。因此，即使具有较高的收入水平与支付购买力，也并不愿意为林业生产与林业风险管理支付过多的成本。

受教育程度在10%的置信水平下显著正向影响森林保险保费补贴效

率。受教育程度越高，林农的风险与保险意识也越高，对森林保险及相关政策的接受度与认知度也较高，且其采取风险管理措施主动性与自身维权意识也相对较强。同时，受教育程度高也有利于通过林业技术的提升与新技术的创新与应用来提升林业生产效率，进而提高补贴效率。

## 第三节　我国森林保险保费补贴政策产出激励效应分析

### 一、问题的提出

森林保险作为保障林业稳定发展的重要风险管理制度与工具之一，可实现林业风险的有效转移和分散，提高林农灾后恢复生产能力，稳定林业生产。自 2009 年中央财政保费补贴试点开始，我国森林保险发展已有 10 余年。随着补贴范围的不断扩大与补贴力度的持续加大，森林保险市场逐渐壮大，政策效果日益明显，但仍有待完善。一方面，保费补贴政策对提高森林保险覆盖面、推动森林保险市场发展起到了积极作用。2019 年 31 个地区和单位参保森林面积达 1.55 亿 $hm^2$，总保费达 34.76 亿元，尤其是公益林已基本全部纳入森林保险；另一方面，随着森林保险保费补贴力度逐年增加，相对于全额补贴的公益林，商品林参保率却增长缓慢，甚至出现下滑趋势，商品林并未形成真正有效的参保意愿。因此，我国森林保险保费补贴政策实施效果究竟如何亟待深入探讨。

已有对森林保险保费补贴政策评价的研究主要集中在短期效应上，主要研究思路为通过构建福利经济学和博弈模型来定性论证补贴政策符合帕累托改进的原则，从保费补贴前后林农参保意愿与支付意愿视角评价补贴效果，运用传统 DEA 模型测算森林保险保费补贴效率；而基于林业产出视角的森林保险保费补贴政策效果评估甚少，仅有顾雪松等（2016）一篇，但因开展于政策实施前期而受限于研究时间与样本量；森林保险保费补贴政策对促进林业产出的效果究竟如何、是否具有产出激励效应的问题尚未有定论。已有关于农业保险补贴政策对农业产出激励效果评价的研究较为丰富，且所得结论不一致。部分学者持积极态度，认为农业保险补贴可有效促进农业产出，也有部分学者认为农业保险补贴并不能促进甚至会降低农业产出。然而，森林保险在运行模式、补贴政策制定与实施及实际生产经营等方面均与农业保险有着显著区别。鉴于此，本节旨在从理论与实证两方面探讨我国森林保险保费补贴政策对林业产出的影响，以期检验现行森林保险保费补贴政策产出激励效果，也为补贴政策的进一步完善提供依据与参考。

## 二、理论分析

森林保险保费补贴政策通过推动森林保险参与环节进而影响林业生产经营环节。对森林保险参与环节的影响体现在通过促进有效供需的增加进而推动森林保险市场的发展；对林业生产经营环节的影响集中在林业风险环境、保险意识、可支配收入、道德风险及灾后赔付等方面，既有对林业产出的正向激励效应，也有负向抑制效应，如图 6－4 所示。

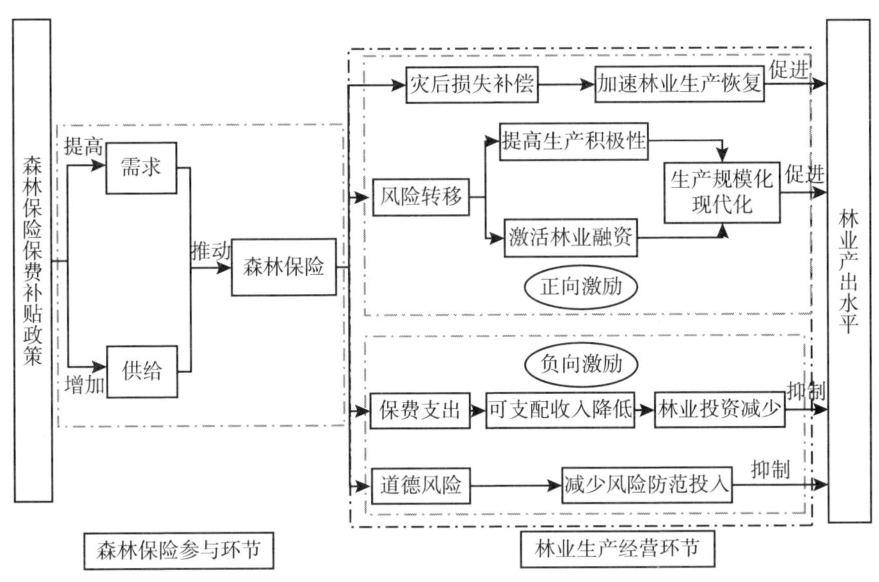


**图 6－4　森林保险保费补贴政策产出激励效应理论模型**

就森林保险保费补贴政策正向产出激励效应而言，首先，保费补贴政策支持下森林保险市场迅速发展，且政府与保险公司对森林保险进行大力宣传与推广，使得林农风险与保险意识加强。加之保险公司对防灾减损的前期投入，均可一定程度地降低林业风险水平，减少灾害损失，从而有助于保障林业生产的稳定性。其次，林农参与森林保险后，当遭遇灾损时，保险公司的赔付资金为林农提供了更稳定的灾害补偿机制，增强了林农抵御风险与恢复再生产能力，进而保障林农持续从事林业生产，甚至扩大生产规模，促进林业产出。最后，林农在保费补贴政策激励下参与森林保险，使得林业风险实现有效转移与分散，改变了林业生产风险环境，同时也补充了林业贷款抵押物，进而增加了林业信贷可得性，有助于解决林业生产资金难题，提高林农获贷能力，从而提高林业产出水平。

H1：森林保险保费补贴政策可促进林业产出水平。

就森林保险保费补贴政策负向产出抑制效应而言，首先，在财政高比例补贴下（89.63%），林农仅需缴付少量保费即可参保，这使得林农参保后道德风险问题加重，林农会减少在防灾减损方面的投入，抑或疏于管理，增加了风险与受灾概率，进而影响林业生产。其次，当前我国小规模森林经营格局下，林农收入水平普遍较低，即使较小比例的保费缴付也使得林农经济负担加重，尤其是中西部经济相对落后的地区。同时也使得林农可支配收入减少，导致对林业生产投入的减少，进而抑制林业生产。由此可知，森林保险保费补贴政策受地区经济水平、农民可支配收入等多种因素的影响，使得同一补贴政策下不同区域实施效果存在一定差异。

H2：森林保险保费补贴政策的产出激励效应存在区域差异。

林业风险主要指在林业生产经营活动中所面临的各种自然环境及人为的不利因素对林业生产的危害与损失，且风险水平越大，对林业生产经营与产出波动的影响越大，越不利于林业生产的稳定性与可持续性。在保费补贴政策支持下，森林保险市场发展迅速，通过风险分散与转移保障了林业产出的稳定。但其风险分散与转移功能的有效发挥取决于所提供的保障水平，若保障水平可覆盖灾损，当发生林业风险时，政府保费补贴下的森林保险转移与分散风险功能发挥越充分，对林业生产的保障更有力。而我国森林保险保障水平远低于保险标的实际价值，也不抵其再植成本，致使其风险分散与转移功能无法充分发挥，导致林业风险水平越高，越不利于森林保险保费补贴政策对林业产出的激励作用。

H3：在我国现行低保障水平下，林业风险水平越高，森林保险保费补贴政策对促进林业产出的作用效果越小。

## 三、数据来源与模型构建

### （一）数据来源

参与森林保险保费补贴政策的有 24 个省（区、市），包括福建、江西、湖南、辽宁、浙江、云南、四川、广东、广西、河北、安徽、河南、湖北、海南、重庆、贵州、陕西、山西、内蒙古、吉林、甘肃、青海、北京、山东。其中，山东于2015年才正式开展森林保险，剔除山东。因此，选取开展森林保险保费补贴政策的23个省（区、市）2014—2018年5年的面板数据。各地区森林保险保费补贴数据来自各年《中国森林保险发展报告》；林业第一产业涉林产业产值、风险成灾面积、每年造林面积、林业投资、林业系统从业人数及其受教育程度相关数据均来自《中国林业统计年鉴》；第一产业人数与其受教育程度相关数据来自《中国农村统计年鉴》与各省市统计年鉴中农村家庭劳动力文化状况或农村住户受教育程度一项；农村人均可支配收入、城镇常住人口、地区总人口相关数据来自《中国统计年鉴》。部分数据需经计算得到具体指标数据；海南2016年林业投资完成额缺失，采用线性插值法予以弥补。此外，运用各变量自然对数值以平滑数据并减少其波动性。

**（二）变量选取**

以林业产出水平作为衡量森林保险保费补贴政策效应评估的目标。从现有森林保险标的物看，主要是以生态公益林、用材林及小部分的经济林和花卉苗木为主，因此，选取林业统计年鉴林业产业总产值中第一产业涉林产业产值作为被解释变量，衡量森林保险保费补贴政策效应的林业产出水平。

选取财政保费补贴（*Sub*）为模型的核心解释变量，用各省四级森林保险财政补贴之和即中央财政补贴额、省级财政补贴额、市级及县级财政补贴额之和表示；模型引入财政保费补贴（*Sub*）与其1期滞后项（$Sub_{t-1}$）进行估计。同时，加入了林业风险（*Ris*）与保费补贴的交乘项（$Sub \times Ris$）来探究森林保险保费补贴对林业生产的影响作用是否依赖于林业风险水平。

控制变量从劳动力资源、土地资源、林业投资、林业风险和地区经济发展水平这五方面选取。劳动力资源选取林业劳动力数量（*Lab*）与人力资本（*Edu*）两项，劳动力数量代表了林业生产中的劳动力要素投入，基于数据可得性，林业劳动力数量用林业生产从事人数与林业系统从业人数之和衡量；人力资本用林业生产从事人员和林业系统就业人员平均教育水平表示，且因人力资本转化为实际生产力是需要较长时间的转化过程，其主要是会对未来的产出产生影响，因此，模型选取人力资本的滞后项（$Edu_{t-1}$）作为控制变量进行估计。林业风险（*Ris*）主要包括森林火灾和林业有害生物，由森林火灾受害率与森林有害生物受害率（包括病害、虫害、鼠害和有害生物）之和来衡量。地区经济发展水平由农村人均可支配收入（*Inc*）和城镇化率（*Urb*）两项来反映。土地资源（*Lan*）由每年造林面积表示。林业投资（*Finv*）由林业固定投资额表示。

**（三）模型构建**

柯布—道格拉斯生产函数是关于生产要素投入与产出间关系的生产函数。该模型表明产出水平主要取决于技术水平、投入的劳动力水平及资本。基本形式为

$$Y = AL^{\alpha}K^{\beta}\varepsilon \tag{6-9}$$

式中，$Y$、$A$、$L$、$K$ 分别为总产值、技术水平、劳动力水平、资本；$\alpha$、$\beta$ 分别为劳动力的产出弹性系数与资本的产出弹性系数；$\varepsilon$ 为随机扰动项。

为衡量森林保险保费补贴政策对林业发展的影响情况，需在柯布—道格拉斯生产函数的基础上进行拓展。林业生产过程包括了自然再生产和经济再生产，林业生产要素主要包括劳动力、土地资源、林业投资、林业风险、地区经济发展水平及森林保险保费补贴等。同时，考虑到林业风险可能会影响森林保险保费补贴对林业产出的影响，需在模型中增加林业风险与森林保险保费补贴的交互项。此外，为获取更精确的参数估计结果，需同时对等式两边取对数，将其变为线性与参数的面板数据模型：

$$\begin{aligned}\ln Y = {} & \ln A + \alpha_1 \ln Sub + \alpha_2 \ln Sub_{t-1} + \alpha_3 \ln Sub \times Ris + \beta_1 \ln Lab + \beta_2 \ln Edu_{t-1} \\ & + \beta_3 \ln Lan + \beta_4 \ln Finv + \beta_5 \ln Ris + \beta_6 \ln Inc + \beta_7 \ln Urb + \varepsilon \end{aligned} \tag{6-10}$$

式中，*Sub* 为各级森林保险保费补贴投入；*Lab* 为劳动力数量，*Edu* 为人力资本，这两项属于劳动力资源；*Lan* 为土地资源投入；*Finv* 为林业投资投入；*Ris* 为林业风险，包括森林火灾受灾率和病虫鼠害受灾率；*Inc* 为农村地区人均可支配收入，*Urb* 为城镇化率，这两项代表了地区经济发展水平。$\alpha_i$、$\beta_j$ 分别是各生产投入要素的产出弹性系数，$i = 1$，2，3；$j = 1$，2，3，…，7；$\varepsilon$ 为随机扰动项。

**（四）数据处理方法**

首先，因模型中存在着遗漏变量可能导致遗漏变量偏误问题，如难以精确衡量的土地质量、其他物理条件如地形等，这些变量可能会影响林业生产环节的决策进而影响林业产出，从而导致模型估计产生偏误，因此拟采用面板数据模型进行估计。面板数据模型主要包括固定效应模型（FE）和随机效应模型（RE）两种，固定效应模型认为包含个体影响效果的变量是内生的，而随机效应模型中个体不可观测效应与自变量无关。具体选择哪种模型为最优估计方法需通过 Hausman 检验，当 Hausman 检验 $p$ 值 <

0.05，即拒绝不可观测效应与解释变量无关的假设，此时，固定效应估计最优；反之，则随机效应估计最优。其次，为验证含有时间序列面板数据变量平稳性，需对变量进行单位根检验，以此来避免因变量不平稳而产生虚假回归问题；运用 Stata 15.0 对 $\ln Y$、$\ln Sub$、$\ln Sub \times Ris$、$\ln Lab$、$\ln Edu_{t-1}$、$\ln Lan$、$\ln Finv$、$\ln Ris$、$\ln Inc$、$\ln Urb$ 进行 HT 检验和 Fisher - PP 检验，HT 检验和 Fisher - PP 检验的原假设 H0 均为所有的个体都含有单位根过程。最后，依据经济水平、财政实力、森林资源禀赋及林业生产经营比较优势，将全国参与森林保险的 23 个地区划分为东部地区和中西部地区两个区域，分别对其进行面板数据模型估计，且对东部和中西部两个子样本的实证估计也可进一步检验本模型的稳健性，若总体与子样本实证结果相仿，则表明模型具有一定稳健性，实证结果可靠。

## 四、森林保险保费补贴政策产出激励效应的实证研究

面板单位根检验结果表明，所有变量均不含有单位根，即所有变量均为平稳变量。因此，可继续进行面板数据模型分析。同时，全国层面即全样本的 Hausman 检验结果显示 $p<0.05$，即拒绝两种模型估计结果无差异的假设。因此，固定效应模型的估计结果应优于随机效应模型。此外，东部地区和中西部地区的检验结果均显示 $p>0.05$，说明随机效应模型的估计结果更优，应选择随机效应模型分别进行东部地区和中西部地区的回归估计。

### （一）描述性分析

就林业产值（$Y$）看，其标准差统计量表明林业产值波动较大，即中国各地区林业产业发展情况存在明显差别（见表 6 - 23）。广东省的林业产值是青海省的 416 倍多，是甘肃省的近 47 倍，且东部地区包括广东、北京、福建、浙江等地区的林业产值普遍较高，而中西部地区如青海、甘肃、内蒙古、山西等地区的林业产值则普遍偏低（考虑篇幅因素，各地变量具体值未列出）。就保费补贴（$Sub$）看，保费补贴额标准差反映了各地政府对森林保险的保费补贴额也存在较大差异。其中，内蒙古各年平均补贴额最多，超吉林省 10 倍多，这也表明了各地森林保险参保密度差异较大。就林业风险（$Ris$）看，各地成灾面积也存在巨大差异，且由森林火灾造成的成灾面积最高。其中，青海、北京、重庆和辽宁这 4 个地区的成灾率偏高；而福建、云南这两个省的成灾率较低。2014—2018 年青海省年均成灾面积超福建省 5 倍多。同时，劳动力数量（$Lab$）、人力资本

($Edu_{t-1}$)、造林面积（$Lan$）、经济发展水平包括农村人均可支配收入（$Inc$）和城镇化率（$Urb$）等各控制变量的地区差异性也较为明显。此外，林业产值、保费补贴、总受害率、劳动力数量、人力资本、造林面积和经济发展水平等各变量取值均未出现明显异常值。

**表 6－23　变量汇总与描述性统计**

| 变量类型 | 一级变量 | 二级变量 | 变量符号 | 平均值 | 标准差 | 样本量 |
|---|---|---|---|---|---|---|
| 被解释变量 | 林业产出 | 涉林产值 | $Y$ | 15.48 | 0.81 | 115 |
| 解释变量 | 保费补贴 | 保费补贴总额 | $Sub$ | 8.88 | 0.80 | 115 |
| | | 一期滞后 | $Sub_{t-1}$ | 0.59 | 0.69 | 115 |
| | 交互项 | 林业风险×保费补贴 | $Sub \times Ris$ | 3.19 | 0.88 | 115 |
| 控制变量 | 林业风险 | 总受害率 | $Ris$ | 9.47 | 0.98 | 115 |
| | 劳动力 | 劳动力数量 | $Lab$ | 2.64 | 0.05 | 115 |
| | | 人力资本 | $Edu_{t-1}$ | 11.52 | 1.16 | 115 |
| | 土地资源 | 每年造林面积 | $Lan$ | 13.91 | 0.78 | 115 |
| | 林业投资 | 林业投资额 | $Finv$ | 9.33 | 0.28 | 115 |
| | 地区经济发展水平 | 人均可支配收入 | $Inc$ | 4.01 | 0.17 | 115 |
| | | 城镇化率 | $Urb$ | 9.47 | 0.982 | 115 |

## （二）全国层面森林保险保费补贴政策产出激励效应实证分析

为了检验森林保险保费补贴政策是否具有林业产出激励效应，研究以林业产出水平（$\ln Y$）为被解释变量，以森林保险保费补贴（$\ln Sub$）与其滞后 1 期（$\ln Sub_{t-1}$）、林业风险与保费补贴的交乘项（$\ln Sub \times Ris$）作为解释变量，从全国层面进行实证评估，结果见表 6－24，固定效应模型估计结果见第（1）列，随机效应模型估计结果见第（2）列。

**表 6－24　全国层面的面板数据模型估计结果**

| 变量 | （1）FE | | | （2）RE | | |
|---|---|---|---|---|---|---|
| | coef | $t$ | $p$ | coef | $t$ | $p$ |
| $\ln Sub_{t-1}$ | 0.070 | 1.75 | 0.094* | 0.043 | 1.26 | 0.208 |
| $\ln Sub$ | 0.061 | 1.58 | 0.129 | 0.060 | 1.52 | 0.128 |
| $\ln$Lab | 0.191 | 0.74 | 0.469 | 0.775 | 8.85 | 0.000*** |

续表

| 变量 | (1) FE | | | (2) RE | | |
|---|---|---|---|---|---|---|
| | coef | $t$ | $p$ | coef | $t$ | $p$ |
| $\ln Edu_{t-1}$ | 0.456 | 4.33 | 0.000*** | 0.251 | 0.73 | 0.465 |
| $\ln Lan$ | 0.001 | 0.02 | 0.985 | -0.013 | -0.44 | 0.662 |
| $\ln Finv$ | 0.206 | 2.61 | 0.016** | 0.158 | 3.28 | 0.001*** |
| $\ln Ris$ | -0.008 | -0.34 | 0.734 | -0.018 | -0.55 | 0.580 |
| $\ln Inc$ | 0.111 | 0.29 | 0.776 | 0.213 | 0.84 | 0.401 |
| $\ln Urb$ | 1.801 | 1.86 | 0.077* | 0.658 | 1.11 | 0.265 |
| $\ln Sub \times Ris$ | -0.004 | -2.40 | 0.025** | -0.003 | -0.99 | 0.323 |
| _cons | 2.376 | 1.37 | 0.186 | 0.043 | 3.94 | 0.000*** |

注：***、**、*分别表示1%、5%、10%的显著性水平。

1. 森林保险保费补贴可正向促进林业产出

依据Hausman检验，全国层面森林保险保费补贴政策产出激励效应的估计结果为表6-24。就森林保险保费补贴对林业产出的影响效果看，森林保险保费补贴一期滞后项的系数为0.07>0，在10%水平上显著正向影响林业产出，即保费补贴每提高1个百分点，林业产出会增加0.07个百分点；这说明森林保险保费补贴政策具有林业产出正向激励效应，也反映了政府的森林保险保费补贴并未造成福利的耗散，验证了H1。原因可能是：自2009年中央财政森林保险保费补贴政策开展以来，随着保费补贴范围与补贴力度的加大，有效提高了林农的森林保险需求，也激励了保险公司对森林保险产品的供给动力，进而有效推动了森林保险市场的发展。在此基础上，林业生产经营环境逐渐改善，通过前期防灾减损投入的增加、经营中资金投入与资源投入的增加，以及灾后损失的补偿等，改善了林业经营规模与生产技术，使得森林保险保费补贴政策对林业产出的正向激励效应超过负向抑制效应，从而稳定并提高了林业产出水平。但同时，森林保险保费补贴政策的林业产出激励效应强度较弱，原因可能是：森林保险保费补贴政策效果可概括为“短期效果”和“长期效果”，短期效果主要是林农参保激励效应，长期效果主要有林农增收效应和林业增产效应。就稳定林业产出看，由于林业生产周期较长，其产出激励效应需通过激励其参保进而激活森林保险市场的短期效果实现后，逐步通过改变生产行为实现促使林业生产长期稳定甚至产出增加的效果，这使得森林保险保费补贴政策的产出激励效应显现所需时间周期较长，可能导致其产出激励效果不是很强烈。同时，我国森林保险保费补贴政策开展时间较短，现有补贴政策仍存在进一步改进空间，如森林保险产品单一，费率未依照实际风险进行区划与精细化厘定，“低保障、广覆盖”基础下补贴额度偏低，统一补贴标准缺乏差异化等。正是由于现行森林保险保费补贴政策存在诸多问题，导致其对促进林业产出的作用效果较为有限，产出激励效应的加强还需基于森林保险经营实际进一步对保费补贴政策进行优化与完善。

2. 林业风险负向作用于森林保险保费补贴的产出激励效应

就林业风险与保费补贴交乘项看，林业风险与保费补贴交乘项的系数为 $-0.004<0$，林业风险与保费补贴交乘项对林业产出在5%水平上具有显著负向影响作用，说明森林保险保费补贴政策对林业产出的激励效果受林业风险的负向影响，即林业风险会弱化森林保险保费补贴政策对林业产出的促进作用，林业风险水平越大，保费补贴对林业产出的促进作用越弱，验证了H3。原因可能是：现行我国森林保险的保障水平是以物化成本甚至低于物化成本为标准的，这抑制了林农购买森林保险的积极性。2019年我国森林保险保障水平基本为1.2万元/$hm^2$，抵不上普通立地条件的林木再植成本1.5万元/$hm^2$～11.5万元/$hm^2$，更不抵“三难地”以及个别特殊地带的再植成本，仅以保障林农灾后恢复造林为主要目标的保障水平不能满足林农灾害管理的需求，更无法满足新型林业经营主体保产值、保产量、保收入的需求。在现行森林保险运行体系下，政府保费补贴政策的支持并未能使森林保险的风险分散与转移功能得到充分发挥，也无法有效起到预期的保障作用。当风险发生时，林农所获赔偿并不能完全弥补其所遭受的损失，不能及时实现灾后恢复再生产，出现“不解渴”与“获得感差”等现象，严重影响了森林保险对林业生产经营活动的有效保障，导致风险越大，森林保险保费补贴政策对林业产出的激励效应越弱。

3. 人力资本、林业投资、城镇化率对林业产出具有正向影响

人力资本的系数为0.456，人力资本对林业产出在1%水平上具有显著正向影响作用，说明人力资本可有效促进林业产出。原因可能是：人力资本可一定程度地反映技术对生产的作用，林业人力资本水平越高，越易通过影响林业技术的提升与应用及新技术的创新促进林业生产效率的提升与林业生产成本的降低，进而提升林业产出水平，推动林业经济的发展。

同时，人力资本转化为实际生产力需要较长时间的转化过程，会影响未来的林业产出，因此，人力资本对林业产出的影响存在滞后。

林业投资的系数为0.206，林业投资对林业产出在5%水平上具有显著正向影响作用，说明林业投资有助于提升林业产出水平。原因可能是：林业投资代表了政府对林业产业的资金投入情况，其可通过对林业生产经营活动的资金支持进而增强林业生产经营的基础设施，改善并提升林业生产技术与效率，促进林业产出水平。

城镇化率的系数为1.801，城镇化率对林业产出在10%水平上具有显著正向影响作用，说明城镇化率可有效促进林业产出水平的提高。原因可能是：城镇化水平越高，地区基础设施建设包括交通、商业和通信等的发展越好，可降低林业生产与交易成本，从而增加林业产出水平。同时，随着城镇化的加速，大量农村人口涌入城市，农村地区人口减少，增加了林农的人均林业生产资源。此外，林地流转的加速使得林业生产规模扩大，社会投资增加，提升了林业生产效率，从而有助于促进林业产出。

### （三）东部和中西部地区森林保险保费补贴政策产出激励效应实证分析

为检验森林保险保费补贴政策产出激励效应是否存在区域差异性，以林业产出水平 $\ln Y$ 为被解释变量，以森林保险保费补贴 $\ln Sub$ 与其滞后1期 $\ln Sub_{t-1}$、林业风险与保费补贴的交乘项 $\ln Sub \times Ris$ 作为解释变量，将全样本划分为东部地区与中西部地区进行实证评估（见表6－25）。

**表6－25　　东部和中西部地区随机效应模型估计结果**

| 变量 | 东部地区 | | | 中西部地区 | | |
|---|---|---|---|---|---|---|
| | coef | $t$ | $p$ | coef | $t$ | $p$ |
| $\ln Sub_{t-1}$ | 0.267 | 1.53 | 0.126 | 0.053 | 1.74 | 0.082* |
| $\ln Sub$ | 0.069 | 1.52 | 0.142 | 0.071 | 1.59 | 0.111 |
| $\ln Lab$ | 1.235 | 11.37 | 0.000*** | 0.791 | 11.70 | 0.000*** |
| $\ln Edu_{t-1}$ | 0.069 | 0.16 | 0.876 | 0.264 | 0.33 | 0.744 |
| $\ln Lan$ | 0.180 | 5.30 | 0.000*** | 0.011 | 0.35 | 0.726 |
| $\ln Finv$ | 0.038 | 0.74 | 0.459 | 0.160 | 3.70 | 0.000*** |
| $\ln Ris$ | -0.030 | -0.66 | 0.508 | -0.121 | -2.54 | 0.011** |
| $\ln Inc$ | -0.246 | -0.98 | 0.329 | 0.407 | 1.43 | 0.154 |

续表

| 变量 | 东部地区 | | | 中西部地区 | | |
|---|---|---|---|---|---|---|
| | coef | $t$ | $p$ | coef | $t$ | $p$ |
| ln*Urb* | -0.355 | -1.06 | 0.287 | 0.676 | 1.06 | 0.290 |
| ln*Sub* × *Ris* | 0.001 | 0.15 | 0.883 | -0.005 | -2.17 | 0.030 ** |
| _cons | 18.355 | 14.57 | 0.000 *** | 3.712 | 1.63 | 0.102 |

注：***、**、* 分别表示1%、5%、10%的显著性水平。

1. 中西部地区森林保险保费补贴正向影响林业产出

就中西部地区估计结果看，森林保险保费补贴一期滞后项的系数为0.053 >0，森林保险保费补贴一期滞后对林业产出在10%水平上具有显著正向影响作用，说明中西部地区森林保险保费补贴政策具有林业产出正向激励效应，结果与全国层面相一致。就东部地区估计结果看，森林保险保费补贴一期滞后项的系数为0.267 >0，但影响作用不显著，说明东部地区森林保险保费补贴政策的林业产出激励效应不显著。这反映了森林保险保费补贴政策在中西部地区的产出激励效果要好于东部地区，福利效应也相应高于东部地区，也表明中国森林保险保费补贴政策的产出激励效果存在区域差异，验证了H2。原因可能是：相较于中西部地区，东部地区经济发展水平与地方政府财政实力均较高，政府对林业的投资支持也相应要高于中西部地区，林业生产基础设施、生产技术与生产方式要普遍优于西部地区，林业风险抵御能力以及林业生产效率等也相对较高；而在现行低保障水平下，有限的森林保险保障作用对东部地区原本较为完善的林业生产经营与生产效率影响较为有限。同时，东部地区农民家庭人均收入水平远超于中西部地区，政府支持下的保费补贴政策对东部地区林农参与森林保险的激励效果远不如其对中西部地区林农；中西部地区经济发展水平与地方财政实力普遍偏低，森林保险市场的发展推动急需中央与地方政府的保费补贴支持，且中西部地区林农家庭人均收入水平也偏低，参保所需的保费支出占其收入比较高，由此造成的财政负担要高于东部地区林农，这使得保费补贴政策对其参与森林保险与林业生产的激励效果相对较高。此外，东部地区森林保险保费补贴政策产出激励效应较差的可能原因还包括补贴政策所带来的负向抑制效应如道德风险问题等超过了正向激励效应，即东部地区的森林保险保费补贴存在一定的福利耗散。由此，我国各地经济水平、政府财政实力、林业资源状况和投保主体保费负担能力均存在巨大差异，且各地受灾特点不同，基于政府财政水平所确定的低保费与一刀切统一补贴模式下的我国森林保险运行机制与中国实际情况不符，现行未能充分考虑地区经济水平差异与各级政府财政水平差异的财政补贴模式存在较多弊端，使得森林保险保费补贴政策激励效应较弱，且区域间存在较大差异。

2. 中西部地区林业风险负向影响森林保险保费补贴产出激励效应

就林业风险与保费补贴交乘项看，中西部地区的系数为 $-0.005<0$，林业风险与保费补贴交乘项对林业产出在5%水平上具有显著负向影响作用，说明中西部地区森林保险保费补贴政策对林业产出的激励效果受林业风险的负向影响，即林业风险会弱化中西部地区森林保险保费补贴政策对林业产出的促进作用；东部地区的系数为 $0.001>0$，但影响作用不显著，说明东部地区森林保险保费补贴政策对林业产出的激励效果受林业风险的影响很弱。这反映了林业风险对森林保险保费补贴政策产出激励效应的影响存在区域差异。原因可能是：中国地域宽广，不同地区林业生产所面临的自然灾害种类、风险水平、致损程度等均不同，导致其对林业生产的影响程度也存在差异。同时，北京、河北、海南、福建等东部地区的森林保险保障水平普遍较高，而云南、吉林、山东等中西部地区森林保险的保障水平普遍较低。在发生林业风险时，在森林保险保费补贴政策的支持下，东部地区可更有效地通过促进森林保险市场的发展、林业风险分散与转移功能的发挥以及灾后较高额的赔付水平来保障灾后迅速恢复再生产，保障林业生产的稳定。因此，就东部地区而言，森林保险保费补贴政策对林业风险的分散与转移作用更大，进而对林业产出的保障激励效果更强；而就中西部地区而言，受限于低保障水平，保费补贴政策支持下的森林保险对林业风险的保障作用较为有限，导致林业风险负向影响了保费补贴政策对林业产出的激励效果。此外，这也意味着提升森林保险保障水平有助于促进保费补贴政策的产出激励效果。我国现有按“亩”确定的保险金额使得森林保险风险保障功能受限，也无法有效发挥森林资源经济价值在保险运行中的杠杆作用，即使目前各级财政的保费补贴比例已近90%，但由于这种低保障水平使得财政补贴激励效应已趋近极限，继续加大财政补贴水平已难以实现市场规模的扩张，更无法实现其对林业产出的保障与激励作用。因此，需继续提高森林保险的保障水平来增强保费补贴政策产出激励效应，当保障水平可以覆盖其完全成本甚至实际价值时，森林保险保费补贴政策可通过对林业生产经营风险的分散与转移作用进而有效实现其对林业产出的保障功能。

## 第四节　研究结论与政策启示

### 一、研究结论

（1）纵向来看，随着我国森林保险保费补贴规模不断扩大，森林保险补贴效率已呈现规模报酬递减。同时，制约各地区综合效率的主要原因是纯技术效率较低，补贴资金未能发挥应有的作用。此外，各地区之间发展不平衡。

（2）首先，从总体效率看，我国森林保险保费补贴效率整体不高。在四阶段效率分析中过滤掉外部环境因素和随机误差因素后，效率值发生了明显变化，综合效率、纯技术效率及规模效率均不同幅度地被高估。其中，纯技术效率水平低下是保费补贴低效的主要原因，追溯其根源则是由于我国森林保险财政补贴模式与补贴政策等的顶层设计存在一定缺陷，如补贴政策体系不完善、补贴规模不合理、补贴标准缺乏科学理论依据等，导致补贴精准性和指向性弱，补贴资金未能“花在裉节上”，影响了补贴资金使用效率。其次，进一步分析发现，产出不足主要集中在保险金额和赔付补偿率两项，这反映了产品设计中尤其是保障水平与定损理赔环节存在问题，即基于物化成本甚至低于物化成本的保障水平设置过低，无法满足风险规避的多重需求；定损理赔规程设定不合理，导致赔付率处于较低水平。同时，部分地区在中央与市县级财政补贴存在投入不足的情况，说明目前森林保险保费补贴规模与当地实际补贴需求不相符，无法起到激励作用。最后，从区域看，近几年，虽然东、中、西部区域效率水平差异有所缩小，但仍存在明显差距。东部地区综合效率水平最高，西部次之，东部最低。其中，西部地区纯技术效率水平整体较高，东部地区规模效率水平整体较高。我国东、中、西部区域，甚至各省市间在经济与财政水平、林业资源与林业风险状况等方面均存在较大差距，现有未考虑诸多差异化因素的“一刀切”财政补贴标准与我国林业经营实际不匹配，导致了区域发展的不平衡。此外，成灾面积、农村居民人均可支配收入及受教育程度显著正向影响我国森林保险保费补贴效率水平，但受限于现有补贴政策下的低保障水平与统一补贴标准等多重因素影响，其对补贴效率的影响作用较弱。

（3）首先，森林保险保费补贴政策具有林业产出激励效应，且存在1期滞后，政府的森林保险保费补贴政策并未造成福利的耗散。其次，森林保险保费补贴政策的林业产出激励效应受影响于林业风险，风险水平的上升会降低森林保险保费补贴对林业产出的正向促进作用，这是由于我国森林保险保费补贴政策是基于低保障水平运行的，森林保险的风险保障作用受限，导致无法充分实现其对林业产出的保障与激励。最后，从东部与中西部地区效果对比可知，森林保险保费补贴政策的产出激励效应存在区域差异，且林业风险对森林保险保费补贴产出激励效应的影响也存在区域差异，原因可能是各地区经济发展水平、地方财政实力不均衡，林业资源状况、投保主体情况、森林保险保障水平及发展程度等均存在差别。

## 二、政策启示

（1）首先，整体上要控制保费补贴规模。从研究结果来看，近年来不断提高保费补贴比例已经出现了规模报酬递减，继续提高会降低财政资金的使用效率。建议增加其他财政支持方式，如税收优惠、保险公司业务费用补贴、林业基层工作人员协办费用补贴等方式，激励森林保险各方参与主体，而非一味提高保费补贴比例。其次，提高补贴的制度效率。一是构建承保机构有序竞争机制，建立森林保险业务的保险公司偿付能力评测体系，监测森林保险业务的综合赔付率，并将其与森林保险业务的经营资格相挂钩。二是对于赔付金额产出不足的省份如辽宁、浙江、安徽、青海，要加强对定损理赔等环节的监管。建议制定全国统一的森林保险灾害定损标准，各省再可根据自身实际情况，以该标准为基础制定森林保险定损标准。基层保险公司应按照森林保险条款及时进行灾后赔付，不能随意更改理赔标准。三是承包机构每年从盈余的保费收入中按比例计提内部巨灾风险准备金和减灾防灾基金，实现在公司内部的风险分散和风险的“事前管理”。最后，实施差异化补贴，补贴标准与比例因地制宜。对于规模报酬递减的地区，其保费补贴规模已达到饱和，继续增加补贴会降低单位投入效率，而对于规模报酬递增的地区，增强保费补贴力度则可以扩大单位产出。目前我国森林保险的发展存在较为严重的不均衡问题，主要原因就是现有的补贴方式不合理。我国森林保险补贴采取的是财政补贴联动的方式，财政部、各级地方政府财政部门、林农共同负担保费，只有在各级地方政府财政部门和林农分别承担一定比例保费的前提下，中央才给予相应的保费补贴。然而在我国往往越是森林资源丰富的地方财政实力和林农支付能力越弱，难以负担相应比例的保费，这就造成了最需要补贴的地区无法得到中央财政补贴的现状。因此，中央财政补贴比例不应“一刀切”，补贴标准与比例要因地制宜，对于西部地区如青海省和森林资源丰富地区，应给予更多的财政支持。

（2）首先，设定多重保障水平，优化森林保险产品设计。目前，依据“保成本”原则设计的保险金额低于实际亩均成本，保险金额过低起不到风险规避与保障作用已经成为影响林农购买森林保险的最主要因素。因此，应当根据各地实际情况，设定多重保障水平，逐步从保林业生产成本的保险金额提高到保林木价值的保险金额，从而满足不同林农的多样化与差异化的风险保障需求。其次，科学测算补贴规模，设计动态补贴比例。现有补贴规模与各地实际补贴需求不相符，起不到激励作用。因此，避免盲目地提高补贴比例，应结合森林保险产品设计，在多保障水平与费率精细化测算基础上，从保险公司设定的保费水平与各地林农实际支付水平间缺口测算相应补贴规模，并按照保障水平设置差异化补贴比例，从而实现财政补贴与产品体系和定价机制的有效联结，提高森林保险保费补贴政策激励效果。再次，实施差异化补贴标准，完善财政补贴模式。统一补贴标准无法体现区域差异，导致补贴政策难以发挥激励作用，也影响了地方政府协同工作动力。建议中央政府在充分考虑各区域差异基础上进行财政补贴，根据不同地区受灾特点、林农的收入水平、补贴满意度等因素合理调整补贴模式与补贴水平，实施差异化补贴方式，促进各地区森林保险均衡发展。最后，制定合理定损理赔标准，提高定损理赔服务水平。各地根据林业经营实际设定合理的定损理赔规程，对于赔付偏低的地区，要加强对定损理赔等环节的监管，建议制定全国统一的森林保险灾害定损标准，在此基础上再根据当地实际情况制定因地制宜的定损赔付标准。

（3）首先，推行差异化补贴机制。森林保险财政补贴政策应综合考虑地方经济与财政水平以及投保主体情况，有选择有重点地进行差别化财政补贴，逐步完善森林保险财政补贴体系。重点考虑以下两个方面：一是根据各地自然条件和风险水平确定差异化补贴水平；二是考虑地方各级政府财政情况合理调整各级政府的补贴水平，以期逐步实现补贴规模与补贴标准的差异化，从而平衡各地区森林保险的发展，提升森林保险财政补贴政策实施效果与补贴资金效率。其次，提升森林保险保障水平。依据我国实际国情，要求保障水平在物化成本全覆盖的基础上，以完全成本覆盖的保障水平为现阶段首要目标，以此来确保林农在受害后能获得恢复再生产的保障。同时，合理设置多层级的保障水平，以满足不同林农的差异化投保需求，等保成本模式发展成熟后，逐步试行保价值模式。再次，科学测算补贴规模。避免一味提高保费补贴比例，应在市场化原则下，结合森林保险产品设计，在科学确定差异化保险费率、保障水平等的基础上，基于供给方保费水平与需求方间支付水平间缺口科学测算补贴规模。在此基础上，按照保障金额与费率水平设计差异化保费补贴比例，即补贴比例随着保障水平的提升逐渐降低，以避免林农低效率生产。最后，调整“倒补贴”联动机制。具体建议如下：一是提高对重点林区和经济落后地区的补贴比例，尤其加大对中西部地区林业大省、大县中央补贴的支持力度；二是降低或取消县级政府财政补贴责任份额，避免基层政府承担过大的支出负担；三是调整保费补贴差异化顺序，建议在中央财政差异化补贴的基础上，地方级政府再予以补贴，以保证重点帮扶地区森林保险保费补贴资金及时到位，提高重点帮扶地区林农的参保意愿。

# 第七章　森林保险保费补贴政策优化

## 第一节　保费构成与补贴方式的内在逻辑关系

正是由于森林保险的特殊性，使其定价机制不同于一般的财产保险和农业保险，这就要求森林保险保费构成要充分考虑其高风险、高损失和高成本的特征，同时补贴方式的设计也要与其保费构成形式相适应。

### 一、森林保险定价机制与保费构成要素

根据财产保险精算的基本原理，森林保险也应采用“纯费率+附加费率”的模式进行产品定价。但由于林业风险具有高风险、高损失和高成本的特征，因此，森林保险的保费不仅包括纯保费，还应该包含一定的经营管理费用、风险附加保费和预定节余保费。纯费率是指纯保费占保险金额的比率，纯费率的厘定按照期望赔付支出与期望保费收入相等的原理来厘定。因此，纯费率的大小与林业风险的高低直接相关，林业风险越高，相应的赔付支出会越大。与纯费率相对应，纯保费是保险公司的期望赔付成本。在缺乏赔付支出数据的情况下，近似等于森林灾害损失分布的数学期望。附加保费率是指与经营管理费、风险附加费以及利润等相关的支出与保险金额的占比，其中，经营管理费用是保险公司经营管理活动过程中的必要支出；风险附加费与林业风险的波动性有关，为降低极端风险对保险公司的冲击，一般采取从风险保费中提取一定比例保费的原则建立风险基金，或是进行再保险的措施；利润在保险市场化经营的状态下是必不可少的，是保险公司扩大再生产的重要组成部分（具体含义见第五章第五节）。

## 二、森林保险的财政补贴效应分析

我国森林保险保费补贴政策实施的根本动因是解决森林保险市场供需难以均衡的问题。政府的干预对于森林保险供给和需求的双重正外部性情况的改观是十分必要的。政府可以通过补贴来优化资源的配置以达到社会的帕累托最优状态。依据福利经济学原理，政府应补贴产生正外部性的生产者或消费者，实现正的外部效应的内在化，使社会产出水平达到最优。

基于对森林保险保费构成的分析可知，财政补贴方式主要有两种，一种是对投保方保费与承保方业务经营费用同时进行补贴（见图 7－1）；另一种是仅对林业经营主体的保费进行补贴（见图 7－2）。而具体采用哪种财政补贴方式，则由保费定价机制决定。就第一种的财政补贴方式看，森林保险保费的最终市场定价为 $P_1$，保费定价过程中并未考虑保险公司的经营管理费用及附加风险等，导致所确定的保费并非市场公平保费。因此，政府对森林保险进行财政补贴时不仅要考虑降低投保主体的保费支出来提升其需求，也要对供给方进行适当补贴，即为实现 $Q_0$ 的有效需求，政府通过保费补贴支出 $T_1$，使得林业经营主体对森林保险的需求曲线从 $D_0$ 上升至 $D_1$，通过业务经营补贴支出 $T_2$，使得承保方的供给曲线从 $S_0$ 下降至 $S_1$，最终使得供需相交于点 $E$。就第二种的财政补贴方式看，森林保险保费的最终市场定价为 $P'_2$，保费定价过程中充分地考虑了保险公司的经营管理费用及附加风险等，因此所确定的保费为市场公平保费，政府仅需对林业经营主体进行保费补贴 $T$，使得其需求曲线从 $D'_0$上升至 $D'_1$，最终供需同样相交于点 $E$，实现 $Q_0$ 的有效需求。

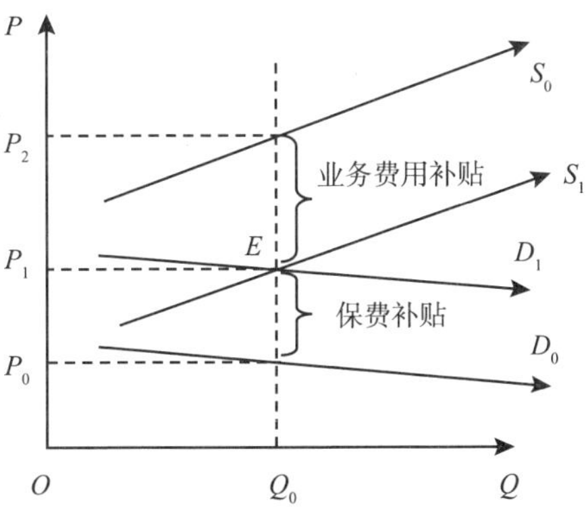


**图 7－1　针对供需双方的财政补贴方式**

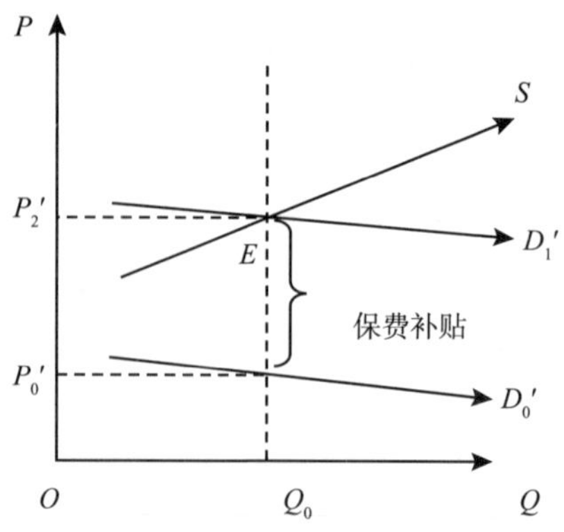


**图7－2　针对投保主体的财政补贴方式**

由此可知，政府通过对森林保险市场进行财政干预，使市场失灵现象得以改善，对资源配置进行优化，实现了森林保险有效供求量的增加。这说明财政补贴规模是影响森林保险广度和深度的关键因素。同时，政府对森林保险进行财政补贴，无论是采取针对投保主体林农给予保费补贴的方式，还是针对承保主体保险公司给予经营管理费用和再保险补贴的方式，抑或实行供需双重补贴的方式，实质均为对公平精算保费的补贴，区别只是在于构成保费的部分成本的承担主体不同而已。

## 三、森林保险的财政补贴方式确定

（1）对林农进行保费补贴。理论上如果森林保险费率厘定充分考虑了森林保险保费构成的所有要素，充分反映了森林保险经营成本、附加风险和盈利状况，即森林保险的实际费率等于其公平精算费率，那么，政府只需要对投保林农提供适度的保费补贴即可，因为保险公司的经营管理费用和利润都包含在保费中，因而无须对保险公司提供任何形式的财政补贴。

（2）对供需双方提供财政补贴。由于林业风险具有风险单位与保险单位的非一致性、广泛的伴生性和弱可保性等特点，导致林业风险的识别、度量和评估存在难以克服的困难，森林保险的公平精算费率难以准确厘定。而我国森林保险经营技术水平较低，科学的保费厘定机制尚未建立，再加上林业风险灾害种类多、发生频率高、损失规模大等特点，使森林保险的纯保费率和附加费率都很高，导致森林保险的公平精算费率要比普通财产保险高出数十倍。目前，我国森林保险的实际保费率（商品林综合险费率为2‰～5‰，公益林综合险费率为2‰～4‰）远低于其公平精算费率，由于现行的保费定价机制并没有涵盖森林保险保费成本的所有影响因素，如果采取单一的针对林农的保费补贴方式根本无法解决森林保险市场的供需矛盾问题。因此，根据我国林业风险和森林保险特点，森林保险财政补贴方式应进行适当的调整，政府除了向林农提供保费补贴以外，还应该对保险公司提供管理费用和再保险补贴等（见图 7-3）。

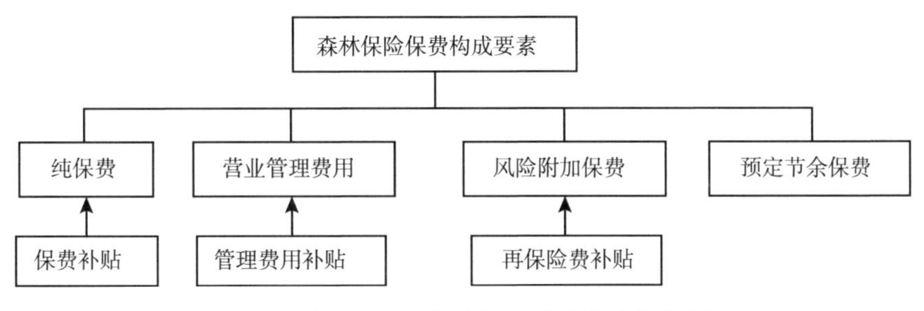


**图 7-3　森林保险保费分解与财政补贴方式选择**

根据以上对森林保险保费的分解，无论是实行单一的保费补贴，还是同时实行保费补贴、经营管理费用补贴和再保险补贴，其实质都是对公平精算保费的补贴，两种情况本质上是一致的。在市场公平费率即费率精细化厘定下，费率测算充分考虑了保费构成所有要素，反映了森林保险经营成本及附加风险，政府只需对投保主体提供适度的保费补贴即可，即在森林保险费率精算下，将森林保险财政补贴方式确定为对投保方林业经营主体的直接保费补贴。

## 第二节　基于不同保障水平的森林保险最优保费补贴规模测度

### 一、问题的提出

如何科学合理地设置保费补贴水平，才能使补贴政策更为有效？这已成为保费补贴政策必须解决的问题。然而，我国现行的保费补贴政策中关于补贴规模和补贴水平如何确定，并没有足够的理论依据与实践研究支撑其合理性。因此，加强保费补贴规模的研究，对于科学制定和优化保费补贴政策，提高补贴资金的使用效率，具有非常重要的理论与现实意义。实际上，确定一个合理、有效的保费补贴标准的前提是要弄清影响林农森林保险支付意愿的主要因素以及实际支付水平。只有在理清林农森林保险的实际支付意愿基础上，利用合理的方法得出的补贴水平才能有效地刺激其参保与支付意愿，才能达到预期政策目标。现有文献尚未综合运用 CVM 模型、Cox 比例风险模型和概率单位分析等数量方法对林农森林保险实际支付能力进行测度，无法为确定最优补贴规模提供可靠数据支撑。本节基于浙江省临安县林农调查数据，利用 Logistic 模型和 CVM 分析影响林农森林保险支付意愿的主要因素，以及现行补贴水平对林农支付意愿的影响，并分别测算出不同保额水平下林农对森林保险的支付水平与相应的期望补贴水平，通过双边极大似然估计森林保险最优保费补贴规模区间。在此基础上，与现有单一保额水平下的补贴比率进行比较，并针对现行保费补贴政策存在的问题提出相关政策建议。

## 二、理论分析

### （一）期望效用与林农参保收益

期望值原理常被用于不确定事件决策中，而林业生产面临自然灾害等原因造成损失的风险，是一个不确定事件。假定林农造林在正常情况下获得林业收入为 $W_0$，可能损失为随机变量 $x(0 \leqslant x \leqslant W_0)$，损失发生的概率为 $p(x)$，则其随机林业收入为

$$W = W_0 - x \tag{7-1}$$

$$E(W) = W_0 - E(x) \tag{7-2}$$

假设林农生产投入为常数 $c$，在没有投保森林保险时，该林农的期望利润为

$$E(R_0) = E(W) - c = W_0 - xp(x) - c \tag{7-3}$$

式中，随着 $x$ 和 $p(x)$ 的增大，林农的期望利润减少，当期望利润小于等于0时，林农将会选择不造林。这一结果能够解释在一些林业收入水平较低、自然灾害频发地区出现的抛荒现象。

假定林农投保了森林保险，费率为 $h$，保费补贴比例为 $s(0 < s \leqslant 1)$。该保险的保障水平为 $\beta(0 < \beta \leqslant 1)$，即当 $W \geqslant W_0\beta$ 时，林农不会获得保险赔偿；当 $W < W_0\beta$，即当损失 $x > (1-\beta)W_0$ 时，林农获得赔偿数额为

$$I = W_0\beta - W = W_0\beta - (W_0 - x) = x - (1-\beta)W_0 \tag{7-4}$$

期望利润为

$$E(R_1) = (1-p(x))W_0 + p(x)W_0\beta - (1-s)hW_0 - c \tag{7-5}$$

与没有投保时相比，期望利润的增量为

$$\Delta E(R)=E(R_1)-E(R_0)=W_0[p(x)(\beta-1)+h(s-1)]+xp(x) \tag{7-6}$$

$\Delta E(R)$ 与保障水平 $\beta$、保费补贴比例 $s$、损失数额 $x$ 及损失概率 $p(x)$ 正相关。以上分析可以得出三点结论：第一，当森林保险保障水平过低时，林农即使购买森林保险也得不到足够的损失赔偿，自身还要承担一部分保费，此时林农不愿意参保，因此，现行的森林保险保障水平过低是造成林农参保积极性不高的重要原因；第二，保障水平和保费补贴比例越大，林农参保的期望利润增量越大，政府对林农进行保费补贴，实际上提高了林农的收入水平，直接影响林农的保险购买决策；第三，损失风险越大，林农参保获得的收益越多，因此，对于风险厌恶型林农而言购买森林保险能够增加预期收益。

**（二）效用函数与林农风险态度**

依据期望效用函数原理，林农在作出投保决策时，不是简单地追求期望利润的最大化，而是追求财富的期望效用最大。如果不购买森林保险，林农从事林业所产生的财富为随机变量 $W_0-x-c$，其效用也是一个随机变量，即 $u(W_0-x-c)$；若购买森林保险，当损失 $x>(1-\beta)W_0$ 时，林农付出保费 $H$，确定土地拥有价值为 $W_0\beta-c-H$ 的财富，其效用为 $u(W_0\beta-c-H)$。根据期望效用原理，对林农而言，保费 $H$ 应该满足 $u(W_0\beta-c-H)\geqslant E[u(W_0-x-c)]$。其中，$H$ 越大，投保的效用越小。当 $H$ 高到使等号成立时，保与不保的期望效用相等，此时森林保险对林农没有吸引力，因此，林农愿意支付的最高保费为 $H^*$，其满足条件 $u(W_0\beta-c-H^*)=E[u(W_0-x-c)]$。林农的风险态度和收入水平决定了 $H^*$ 的大小。因此，可以得出林农购买森林保险的金额与林农收入水平有关。

林农总是基于自身效用最大化作出决策，林农的风险倾向由其收入水平决定，从而影响其对森林保险的购买决策。当林农的收入水平处于不同的阶段时，林农有不同的风险偏好，对森林保险的购买决策也不相同。根据马斯洛需求层次理论，当林农收入处于较低水平时，林农追求其第一层次的生理需求的满足，对于风险的规避意识较低，林农的风险倾向为风险偏好型；当林农收入有所提高时，林农开始关注其安全需求，对风险的规避意识有所加强，林农的风险倾向为风险厌恶型；当林农收入达到较高水平时，林农承担林业风险的能力增加，可以依靠自身财富来应对自然灾害所带来的损失，在这种情况下，林农会关注更高层次的需求，其风险倾向为风险中立型。风险偏好型的林农认为，用等于期望损失的保费投保后的效用比不投保的期望效用小，因此，他们只愿意支付低于期望损失的保费去投保；风险厌恶型的林农认为，用等于期望损失的保费投保后的效用比不投保的期望效用大，因此，他们愿意支付不低于期望损失的保费去投保；风险中立型的林农则认为支付等于期望损失的保费进行投保与不投保没有本质区别，期望效用相等。

根据以上分析，可以作出林农的消费效用随收入变化的曲线（见图7－4），它刻画了在有风险选择的情况下林农消费的效用变化特征。在图7－4中，横轴表示林农的收入水平 $x$，纵轴表示收入给该林农带来的效用水平 $U(x)$，效用曲线表示林农在没有风险的情况下每一单位确定的收入所获得的效用水平，可以将该效用曲线按横轴的收入水平划分为三个阶段。

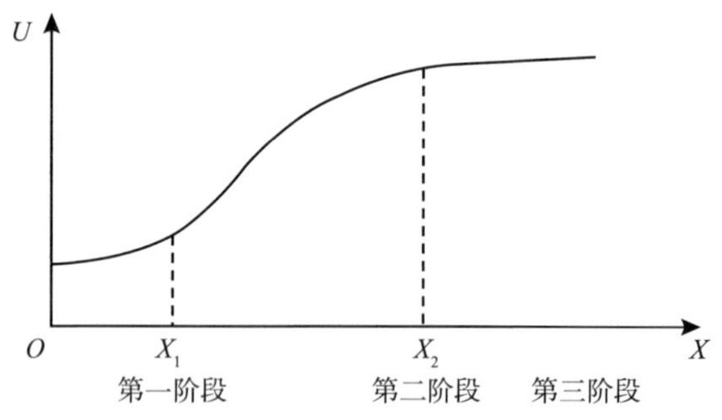


**图7－4　林农消费效用随收入变化曲线**

第一阶段：林农收入处于较低水平时，即 $X \leqslant X_1$ 时，林农的风险倾向为风险偏好型，效用曲线是下凹的，$U'(X)>0$，$U''(X)>0$。在这一收入阶段，林农不具备购买森林保险的经济能力。

第二阶段：林农收入处于中等水平，即 $X_1 \leqslant X \leqslant X_2$ 时，林农的风险倾向为风险厌恶型，效用曲线是上凸的，$U'(X)>0$，$U''(X)<0$。在这一收入阶段，林农会考虑购买森林保险。

第三阶段：林农收入水平进一步提高，即 $X \geqslant X_2$ 时，林农的风险倾向转变为风险中立型，效用曲线逐渐呈现为近似一条水平的直线，这时林农对自然灾害等因素所带来的风险可以承受，对是否购买森林保险并不是很在意。

政府对森林保险进行保费补贴，直接关系到林农森林保险的支付能力，从另一个方面来说，政府对林农进行保费补贴，相当于提高了林农的收入水平，提高了林农的支付能力。进一步分析可以得出以下结论：第一，当林农的收入层次较低，或者是森林保险保障水平较低时，林农是风险偏好型，保费补贴水平必须达到一定下限才能使林农有参保积极性；第二，林农选择的保障水平越高，表明其厌恶风险的程度越大，保费支付意愿越强。保费补贴的理论数额由精算公平保费与林农支付意愿之间的差额决定。因此，保费补贴比例应随着保障水平的变化而进行相应的调整。

## 三、数据来源与模型构建

森林保险保费补贴的规模要建立在对林农支付意愿（WTP）充分掌握的基础上，因此，本节采用条件价值法（CVM）利用双边界二分式获取林农在不同保费比率和补贴规模下的支付意愿，并利用 Logistic 回归模型实证分析保险费率以及补贴规模对于林农支付意愿的影响，同时利用方差协方差矩阵模拟法估计法得出不同保障水平下基于林农支付意愿的最优补贴规模。

### （一）数据来源

本节数据来源于对浙江省临安县林农的调查问卷。2013 年 7 月，课题组选取浙江省临安县天目村、交口村、九狮村和白鹤村等 11 个村作为调查点，采取随机分层抽样的方法直接向林农发放调查问卷，发放问卷 200 份，回收问卷 195 份，其中经过筛选的有效问卷为 165 份，有效问卷率为 82.5%。

### （二）研究方法

1. 条件价值法

由于我国森林保险市场存在险种单一、保费过高等问题，抑制了林农的支付意愿，所以保险交易量并不能反映林农真实的参保意愿。所以本节利用 CVM（条件价值法）获取林农在不同补贴水平下对于森林保险支付意愿（WTP）数据。同时，开放式问卷能够直接获得林农的最大支付意愿，但同时对于被询问者的要求较高，容易发生不回答、胡乱回答或者对自身意愿估计不准的问题，所以选择封闭式问卷，并采用双边二分式模型来更准确地获取林农意愿数据（见图 3－1）。假设初始补贴规模的投标值为 20%，若林农在此补贴水平下愿意购买森林保险，表明这位林农可接受的补贴规模小于等于 20%，随后就询问林农能否接受 15% 的补贴水平，若回答仍是愿意，则说明林农能接受的补贴规模小于等于 15%。相反地，要是在第二次询问中，林农的回答是否定的则说明其可接受的补贴水平在15%～20%。如果第一次询问时，林农就表示不愿意接受20%的补贴规模，说明林农想要的补贴水平大于20%，此时再询问林农是否能接受25%的补贴率，若回答愿意，说明林农需要的补贴规模在20%～25%，若回答不愿意则表示林农能接受的补贴规模大于25%。本节共设置了6组投标值，其原理如上所述。

2. 双边界二分式CVM模型

双边界二分式CVM模型为林农提供初始投标值，根据林农自己的意愿回答在该投标值水平下是否愿意购买森林保险。随后根据林农的回答进行下一轮的询问，从而确定最优补贴规模。按照以上陈述，在统计数据时，会出现四种情况：愿意—愿意，愿意—不愿意，不愿意—愿意，不愿意—不愿意。四种结果出现的概率可以相应的用Logistic模型表示：

$$P(Y, Y) = 1 - \frac{1}{1 + e^{(\alpha + \beta B + \sum_K \lambda_K X_K)}} \tag{7-7}$$

$$P(Y, N) = \frac{1}{1 + e^{(\alpha + \beta BID_U + \sum_K \gamma_K X_K)}} - \frac{1}{1 + e^{(\alpha + \beta BID_I + \sum_K \gamma_K X_K)}} \tag{7-8}$$

$$P(N, Y) = \frac{1}{1 + e^{(\alpha + \beta BID_U + \sum_K \gamma_K X_K)}} - \frac{1}{1 + e^{(\alpha + \beta BID_L + \sum_K \gamma_K X_K)}} \tag{7-9}$$

$$P(N, N) = \frac{1}{1 + e^{(\alpha + \beta BID_L + \sum_K \gamma_K X_K)}} \tag{7-10}$$

式中，$\alpha$、$\beta$、$\gamma_K$为待估计参数，$X_K$为被调查者的社会经济特征；$BID_I$为初始投标值，$BID_L$为被调查者拒绝出示投标值时给出的较低投标值，$BID_U$为继续给出的较高投标值。在此基础上，定义当被调查者的回答为“愿意，愿意”时$P(Y, Y)=1$，否则其为0。$P(Y, N)$、$P(N, Y)$、$P(N, N)$的定义一致。据此，以上公式的对数似然方程可以表示为

$$L^{DB} = \sum_{i=1}^{N} \ln[I_{YY}P(Y, N) + I_{YN}P(Y, N) + I_{NY}P(N, Y) + I_{NN}P(N, N)] \tag{7-11}$$

依据以上方程，各参数$\alpha$、$\beta$、$\gamma_K$可以通过Logistic模型估计求得，被调查林农的平均支付意愿为

$$WTP = \frac{\ln[1 + e^{(\alpha + \sum X_K \gamma_K)}]}{-\beta} \tag{7-12}$$

**（三）变量选择**

在估计森林保险最优财政补贴规模之前，首先需要利用Logistic模型

进行林农保险支付意愿影响因素分析。此次调查问卷从多个层面涵盖了被调查者的社会经济特征，以便更好地了解林农基本情况以及这些变量对于林农保险支付意愿的影响程度。模型因变量是林农保险支付意愿（WTP），自变量主要分为林农保险认知水平、林地经营情况、森林保险政策变量三类，具体情况见表7－1。

表7－1 变量描述

| 变量 | | 符号 | 定义 | 预期方向 |
|---|---|---|---|---|
| 林农支付意愿 | 森林保险需求 | $Y$ | 愿意购买＝1；不愿意购买＝0 | / |
| 保险认知水平 | 森林保险了解程度 | $X_1$ | 非常了解＝3；一般＝2；不了解＝1 | + |
| | 森林保险的重要性 | $X_2$ | 非常重要＝3；比较重要＝2；不重要＝1 | + |
| 林业经营情况 | 林业收入占总收入比重 | $X_3$ | ≥50%＝4；30%～50%＝3；10%～30%＝2；≤10%＝1 | + |
| | 林地规模 | $X_4$ | 连续变量 | + |
| | 灾害发生频率 | $X_5$ | 1年内灾害次数 | + |
| | 灾害损失程度 | $X_6$ | 轻微损失＝1；损失较重＝2；损失严重＝3 | + |
| 保险政策变量 | 保险责任范围 | $X_7$ | 非常满足＝4；比较满足＝3；一般满足＝2；不能满足＝1 | + |
| | 保险费率 | $X_8$ | 最高能接受的保险费率水平：≥6.4元＝5；4.8～6.4元＝4；1.2～4.8元＝3；0.3～1.2元＝2；≤0.3元＝1 | － |
| | 补贴水平 | $X_9$ | ＞70%＝5；50%～70%＝4；30%～50%＝3；25%～30%＝2；＜25%＝1 | + |

## 四、不同保障水平下森林保险最优保费补贴规模测度的实证研究

### （一）不同保障水平下的林农保险支付意愿

理论上保障水平的不同会对林农的支付意愿产生较明显的影响，所以在不同的保额水平下，林农会期望不同的保费补贴比例。为了验证这一假设，同时也为不同保额水平下制定最优补贴规模提供信息支持，分别进行测算不同保障水平下林农的支付意愿，具体见表7－2至表7－4。

表 7－2 财政补贴比率的样本分布及支付意愿（500 元/亩）

| 保障水平 | 1 | 2 | 3 | 4 | 5 | 6 |
| --- | --- | --- | --- | --- | --- | --- |
| 初始投标值 | 70 | 60 | 50 | 40 | 30 | 20 |
| 较高投标值 | 75 | 65 | 55 | 45 | 35 | 25 |
| 较低投标值 | 65 | 55 | 45 | 35 | 25 | 15 |
| 愿意—愿意 | 92.2% | 14.1% | 12.6% | 8.8% | 6.9% | 2.5% |
| 愿意—不愿意 | 2.0% | 44.9% | 43% | 18.7% | 7.4% | 7.1% |
| 不愿意—愿意 | 1.0% | 40.2% | 40.8% | 39.6% | 4.2% | 1.1% |
| 不愿意—不愿意 | 4.8% | 0.8% | 3.6% | 32.9% | 81.5% | 89.3% |

表 7－3 财政补贴比率的样本分布及支付意愿（1000 元/亩）

| 保障水平 | 1 | 2 | 3 | 4 | 5 | 6 |
| --- | --- | --- | --- | --- | --- | --- |
| 初始投标值 | 70 | 60 | 50 | 40 | 30 | 20 |
| 较高投标值 | 75 | 65 | 55 | 45 | 35 | 25 |
| 较低投标值 | 65 | 55 | 45 | 35 | 25 | 15 |
| 愿意—愿意 | 93.4% | 13.5% | 13.6% | 9.8% | 6.7% | 1.3% |
| 愿意—不愿意 | 4.1% | 43.9% | 45% | 18.3% | 6.4% | 5.2% |
| 不愿意—愿意 | 0.6% | 42.2% | 39.7% | 37.1% | 4.4% | 0.9% |
| 不愿意—不愿意 | 1.9% | 0.4% | 1.7% | 34.8% | 82.5% | 92.6% |

表 7－4 财政补贴比率的样本分布及支付意愿（1500 元/亩）

| 保障水平 | 1 | 2 | 3 | 4 | 5 | 6 |
| --- | --- | --- | --- | --- | --- | --- |
| 初始投标值 | 70 | 60 | 50 | 40 | 30 | 20 |
| 较高投标值 | 75 | 65 | 55 | 45 | 35 | 25 |
| 较低投标值 | 65 | 55 | 45 | 35 | 25 | 15 |
| 愿意—愿意 | 94.2% | 14.3% | 14.2% | 9.3% | 6.3% | 1.5% |
| 愿意—不愿意 | 4.8% | 44.2% | 46.3% | 15.1% | 5.2% | 5.1% |
| 不愿意—愿意 | 0.8% | 40.3% | 38.7% | 38.8% | 4.8% | 2.9% |
| 不愿意—不愿意 | 0.2% | 1.2% | 0.8% | 36.8% | 83.7% | 90.5% |

### （二）不同保障水平下的最优补贴规模确定

本节通过 Logistic 模型估计浙江省临安县林农支付意愿与其他影响变

量的关系，同时采用帕克（Park，1991）提出的基于方差协方差矩阵模拟法，该方法是对于克林斯基和罗布（Krinsky & Robb，1986）的激励方法的改进及进一步应用。对于多维随机变量，针对估计模型中的各个解释变量的系数估计量的分布，构建各个估计量之间的方差－协方差矩阵以与 *WTP* 的分布相符合，进而估计森林保险财政补贴规模平均最优水平的 95% 置信区间。通过利用 SPSS 18.0 对调查结果进行分析，纳入变量包括森林保险了解程度 $X_1$、森林保险重要性 $X_2$、林地收入/总收入 $X_3$、林地规模 $X_4$、灾害发生频率 $X_5$、灾害损失程度 $X_6$、保险责任范围 $X_7$、保费费率 $X_8$、补贴水平 $X_9$。

表 7－5 显示了在不同保额水平情况下的统计结果。多保额水平下对数似然模型的 $p$ 值较小。其中，保额为 500 元/亩时，双边界模型的卡方检验能在 95% 的水平下成立；保额为 1000 元/亩和 1500 元/亩时，双边界模型的卡方检验能在 98% 的水平下成立，说明模型整体置信水平较高，模拟结果显著。从模型系数的显著性来看，保费率在三种保额水平上均是在 99% 的水平上显著；保费补贴水平在保障水平 500 元/亩时在 95% 的水平上显著，1000 元/亩和 1500 元/亩时在 99% 的显著水平上显著；林业收入占总收入比率在保障水平为 500 元/亩和 1000 元/亩时在 95% 的水平上显著，在 1500 元/亩时在 90% 的水平上显著；灾害损失程度在 500 元/亩的保障水平下在 95% 的水平上显著，在 1000 元/亩以及 1500 元/亩时在 99% 的水平上显著；灾害发生频率在保障水平为 500 元/亩以及 1000 元/亩时在 99% 的水平上显著，1500 元/亩时在 95% 的水平上显著；对保险的了解程度在各保额水平下均在 5% 的水平上显著；林地规模在保额水平为 1000 元/亩时在 90% 的水平上显著，在保额水平位为 1500 元/亩时在 99% 的水平上显著；林农对保险的了解程度和重要性判别在三种保障水平下分别在不同的显著性水平显著。

**表 7－5　　统计结果**

| 解释变量 | 500 元/亩 | | 1000 元/亩 | | 1500 元/亩 | |
|---|---|---|---|---|---|---|
| | 回归系数 | 显著水平 | 回归系数 | 显著水平 | 回归系数 | 显著水平 |
| 森林保险了解程度 $X_1$ | 0.024 | 0.527 | 0.048* | 0.076 | 0.207* | 0.087 |
| 保险重要性 $X_2$ | 2.536** | 0.043 | 2.111*** | 0.006 | 1.856** | 0.020 |
| 林地收入占比 $X_3$ | 1.256** | 0.035 | 0.957** | 0.011 | 1.877* | 0.076 |
| 林地规模 $X_4$ | 0.589 | 0.144 | 1.005* | 0.068 | 1.110*** | 0.000 |

续表

| 解释变量 | 500 元/亩 | | 1000 元/亩 | | 1500 元/亩 | |
|---|---|---|---|---|---|---|
| | 回归系数 | 显著水平 | 回归系数 | 显著水平 | 回归系数 | 显著水平 |
| 灾害发生频率 $X_5$ | 0.233*** | 0.008 | 0.501*** | 0.000 | 0.775** | 0.032 |
| 灾害损失程度 $X_6$ | 2.355** | 0.044 | 3.155*** | 0.003 | 1.889*** | 0.006 |
| 保险责任范围 $X_7$ | 0.558* | 0.074 | 0.125 | 0.277 | 1.040* | 0.062 |
| 保费费率 $X_8$ | -1.025*** | 0.004 | -2.021*** | 0.007 | -1.885*** | 0.000 |
| 补贴水平 $X_9$ | 2.227** | 0.042 | 1.987*** | 0.007 | 1.784*** | 0.005 |
| 常数项 | -6.840*** | 0.001 | -6.777*** | 0.000 | -7.035*** | 0.001 |
| 对数似然比 | 379.650 | / | 333.412 | / | 422.058 | / |
| 概率 $p$ | 0.036 | / | 0.020 | / | 0.014 | / |
| 点估计平均值 | 61.29% | / | 63.66% | / | 64.58% | / |
| 95%置信区间 | 60.88%~62.46% | | 62.98%~64.84% | | 63.33%~65.27% | |

注：***、**、*分别表示1%、5%、10%的显著性水平。

根据检验统计结果，林农对森林保险了解程度和重视程度的系数均大于零，说明提高林农对保险认知水平有助于提高林农保险支付意愿。保险费率的系数为负数，说明保费率与林农保险支付意愿反方向变动，保费率越高林农的支付意愿就越低。林地规模、林业收入占比和灾害情况与保险支付意愿呈正向变化。补贴水平与林农支付意愿呈正相关关系，且模型中的系数均较大，说明随着补贴规模的增加会对林农支付意愿产生较大的提升。当保额为 500 元/亩，补贴规模平均最优水平的 95% 置信区间为 60.88%~62.46%；保额为 1000 元/亩，补贴规模平均最优水平的 95% 置信区间为 62.98%~64.84%；保额为 1500 元/亩，补贴规模平均最优水平的 95% 置信区间为 63.33%~65.27%。

## 第三节　基于保险费率精算的森林保险最优保费补贴规模测算

### 一、问题的提出

目前我国尚没有相关文献研究如何确定森林保险最优保费补贴规模的

方法或是一套依据不同情况制定最优补贴规模的机制。因此，如何根据我国林业经营特点和风险特性来科学合理地确定森林保险保费补贴水平成为当前亟须解决的问题。本节将基于效用函数理论，以森林保险保费的测算为基础，对森林保险最优财政补贴区间的上下限进行推导，从而确定森林保险的财政补贴最优规模和水平，并对优化森林保险财政补贴政策提供一些合理建议。本节的主要贡献是建立了森林保险最优保费补贴规模决定的理论模型，旨在为政府科学制定最优保费补贴水平提供理论依据和决策参考。

## 二、理论分析

### （一）森林保险的财政补贴效应分析

从理论上看，林农购买森林保险不仅能减少不确定风险带来的损失，稳定自身收入，而且对于林业再生产的顺利进行具有良好的促进作用。从我国森林保险的运行特征来看，由于林业的弱质性以及高风险性，如果政府不加以干预和支持，市场机制的自我调节难以使森林保险市场达到帕累托最优状态，就会出现森林保险市场失灵的现象。具体来说，政府可以通过财政补贴来优化资源的配置，改善森林保险供给和需求的双重正外部性情况，有效解决市场失灵的问题，以达到社会的帕累托最优状态。图7－5为森林保险财政补贴效应分析图，森林保险需求曲线为$D$，由于森林保险具有高风险性，保险公司追求利润最大化，供给数量较少，供给曲线为$S$，在自愿投保条件下，由于没有政府的财政补贴，森林保险市场的需求曲线$D$和供给曲线$S$不会相交或相交于很小的均衡数量水平上。为了实现森林保险市场均衡的目标，政府可以通过向投保林农和保险公司提供财政补贴的方式，使需求曲线和供给曲线发生移动。当政府向保险公司提供补贴额度为$T_1$单位时，供给曲线向左下方平移至$S+T_1$，与需求曲线$D$相交于均衡点$Q_1$。当政府对投保林农提供的保费补贴额度为$T_2$时，提高了林农的保费支付能力，需求曲线向右上方平移至$D+T_2$，与供给曲线$S$相交于均衡点$Q_2$。当政府同时对林农和保险公司提供补贴时，需求曲线和供给曲线同时移动，达到新的市场均衡$Q_3$。从图7－6可以看出，政府通过对森林保险市场进行财政干预，使市场失灵现象得以改善，对资源配置进行优化，实现了森林保险市场有效供求量的增加，达到了市场均衡的目标。

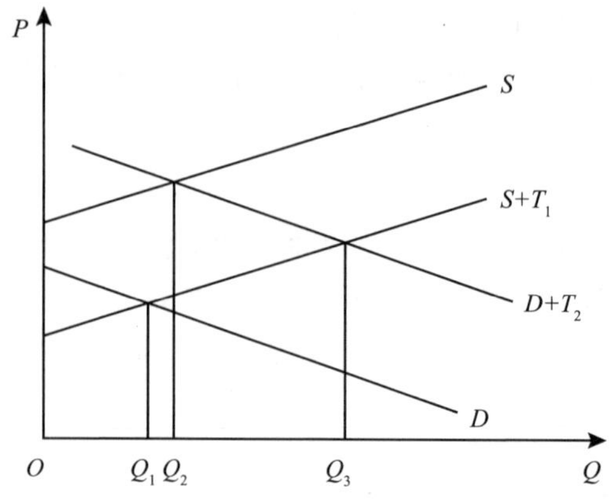


图7-5 森林保险的财政补贴效应分析

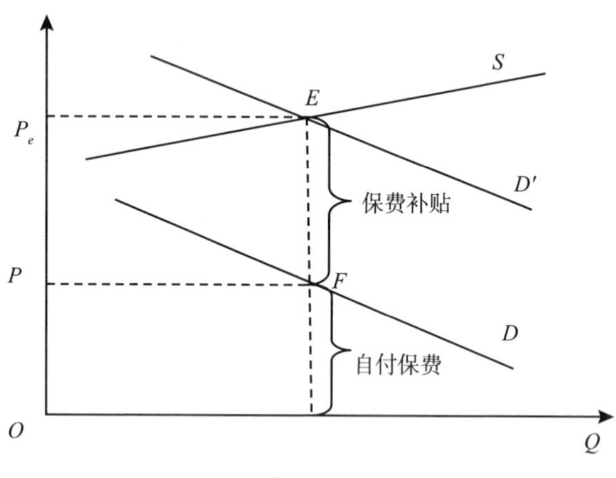


图7-6 森林保险补贴比例

通过以上分析可以发现，政府对森林保险的财政补贴方式因补贴对象不同，可以分为针对投保主体（林农）的保费补贴和针对承保主体（保险公司）的经营费用补贴。目前，我国森林保险的财政补贴方式主要是针对投保主体林农给予保费补贴，即通过提高林农的保费支付能力，使需求曲线向右上方平移，与供给曲线 $S$ 相交于均衡点 $E$，因此，对森林保险财政补贴最优规模的研究可以归结为适度保费补贴比例的确定。实际上，适度保费补贴比例的确定应该以一个国家或地区开办森林保险所要达到的政策目标为前提。假定根据我国森林保险政策目标所要求达到的投保率水平为 $L$。设森林可保风险总额为 $Q$，要使投保率水平达到 $L$，就要使森林保险有效需求量 $Q_e$ 等于 $LQ$，在这个需求量上林农愿意支付的最高保费价格

为 $P$，而供给量要达到 $Q_e$，保险公司所要求的最低保费价格为 $P_e$。因此，投保率要达到 $L$，就必须使森林保险需求曲线 $D$ 向右上方移动至 $D'$ 与供给曲线 $S$ 相交于 $E$ 点。政府财政对森林保险保费的补贴必须达到 $P_e-P$，林农自付保费为 $P$，保费补贴比率为（$P_e-P$）/$P_e$，林农自付保费比率为 $P/P_e$。根据以上分析，确定保费补贴比例，首先通过准确厘定森林保险精算费率以此来确定 $P_e$；其次要通过市场调查，准确了解林农的森林保险购买意愿和支付能力，确定森林保险需求曲线 $D$，以及林农自付保费水平 $P$。同时，由于我国各地区林业风险水平和林业收入水平差异较大，确定保费补贴比例必然要考虑区域差异的问题，实行差异化的森林保险保费补贴政策。

### （二）森林保险保费估算模型与公式推导

根据我国现行森林保险财政补贴政策，保费补贴是以森林保险的保费为基础，因此，确定保费补贴规模和比例首先需要对森林保险的保费水平进行测算，通过厘定森林保险精算费率以此来确定保费价格 $P_e$。森林保险的保费厘定需要基于森林灾害风险的特殊性，主要有两种思路：一是厘清对森林产生影响的所有灾害，并假设灾害的发生是独立的，在该假设条件下，则可延续加德纳等（Gardiner et al.，2000）以及加德纳和奎因（Gardiner & Quine，2000）的研究，运用数学模型（如 GALES 模型和 HWIND 模型）对不同风险给森林带来的危害进行测定，并根据历史数据计算灾害发生的概率，以此来求出所有灾害（如风灾、雪灾、霜冻、火灾、干旱、滑坡、洪灾、火山爆发等）给森林带来的期望损失。二是假设灾害发生是独立同分布的（i. i. d.），并且灾害对森林的影响存在一定的周期性（如一年），在这个假设条件下，则可以根据周期内灾害影响下森林产值的历史数据，测算出灾害影响下森林产值的分布，并预估出下一周期在灾害影响下的森林产值，根据这些数据则可算出均衡保费。第一种思路假设条件较为“宽松”，并且计算出来的森林保险保费在反映林业风险的精确程度上具有明显的优势，具有较高的研究价值。但是第一种思路实现的成本非常高，并且外部性非常强，一般保险公司不愿意也不可能去按照该思路厘定保费。第二种思路假设条件比较“严格”，对特质性风险无法测度。但是，由于其不需要对每一个具体风险的形式及其影响进行测度，只需要对森林产值的历史数据进行记录，执行成本非常低，操作性、应用性较强。本节采用第二种思路对森林保险的均衡保费与补贴规模进行测算。林业受灾风险只由林地遭受自然灾害的频率与损失程度决定，即林地年损失大小由自然灾害发生频率及受灾后的损失程度决定。林业生产的风险大小表现为林农遭受到自然灾害的频率与损失的程度，自然灾害造成的林业生产的损失额越大，保险公司对森林保险的风险预期越高，相应森林保险的保费定价水平也就越高。

假设在一个经济体系中，林农的所有收入都来源于林业，林业在不同时期内会遭遇各种各样的风险，使得林农的收入很不稳定，设单位面积林地给林农带来的实际收入为 $y$。林农会根据收入的波动情况作出是否购买保险的决策。当不存在森林保险或者林农不购买保险时，拥有单位面积林地的林农的预期收益为

$$E^n(y) = \int_0^\infty yf(y)\,\mathrm{d}y \tag{7-13}$$

式中，$E^n(y)$ 表示不买保险时的期望收益。当存在森林保险时，假设保障水平为 $\gamma$ 的森林保险的保费为 $\pi$，当 $\gamma=1$ 时为全额保险，保险公司会根据历史数据测算下一年单位面积林地的预期产出，并结合保障水平来确定下一年单位面积森林产出的保障额度。如果拥有单位面积林地的林农购买保险，不妨设其根据历史数据得出的单位面积预期产出为 $y^e$，则单位面积林地产出的保障额度（保险金额）为 $\gamma y^e$。当林农的实际收入 $y$ 高于 $\gamma y^e$ 时，保险公司不会赔付，林农损失保费；当林农的实际收入 $y$ 低于 $\gamma y^e$ 时，保险公司赔付额度为 $\gamma y^e - y$。因此，林农的收入为

$$E^b(y) = \begin{cases} \int_{\gamma y^e}^\infty (y-\pi)f(y)\,\mathrm{d}y & \text{当 } y > \gamma y^e \text{ 时} \\ \int_0^{\gamma y^e} [(y-\pi)+(\gamma y^e - y)]f(y)\,\mathrm{d}y & \text{当 } y < \gamma y^e \text{ 时} \end{cases} \tag{7-14}$$

化简得

$$\begin{aligned} E^b(y) &= \int_{\gamma y^e}^\infty (y-\pi)f(y)\,\mathrm{d}y + \int_0^{\gamma y^e} (\gamma y^e - \pi)f(y)\,\mathrm{d}y \\ &= \int_{\gamma y^e}^\infty yf(y)\,\mathrm{d}y + \int_0^{\gamma y^e} \gamma y^e f(y)\,\mathrm{d}y - \pi \end{aligned} \tag{7-15}$$

当林农参加森林保险的收入与不参加保险时的收入相等时，即 $E^b(y) = E^n(y)$ 时（这里假设保险的交易费用和运行费用为零，否则就应该加入一个常数），森林保险市场实现均衡。又因为

$$E^n(y) = \int_0^\infty yf(y)\,\mathrm{d}y = \int_{\gamma y^e}^\infty yf(y)\,\mathrm{d}y + \int_0^{\gamma y^e} yf(y)\,\mathrm{d}y \tag{7-16}$$

所以可以求出均衡时保费水平为

$$\pi^* = \int_0^{\gamma y^e} (\gamma y^e - y) f(y) \mathrm{d}y \qquad (7-17)$$

式中，$\gamma y^e - y$ 则为由于灾害给单位面积林地带来的损失。根据均衡保费水平，可以得出均衡保费水平为灾害给林地带来的损失 $\gamma y^e - y$ 的期望，另 $S = \gamma y^e - y$。

首先，针对一块林地的保费情况进行分析讨论。设在这一地域单位面积林地每年受到灾害影响的次数为 $N$，每次灾害给单位面积林地带来的损失为 $Y_i$。因此，每单位面积林地每年的受灾损失 $S$ 为

$$S = \begin{cases} Y_1 + Y_2 + \cdots + Y_N = \sum_{i=1}^{N} Y_i & N > 0 \\ 0 & N = 0 \end{cases} \qquad (7-18)$$

式中，$N$ 取值为非负整数，而且 $P\{N=0\} > 0$，$Y_i$ 取值于正数（连续或者离散）且为测量每次独立损失大小的随机变量，而且有 $P\{Y_i = 0\} = 0$。为了使模型在理论上具有可操作性，对模型建立以下假设。

假设1：随机变量 $N$，$Y_1$，$Y_2$……相互独立。

假设2：$Y_1$，$Y_2$……具有相同的分布，即 $Y_1$ 都具有同质风险，它们共同的概率分布函数为 $P(x)$、概率密度为 $p(x)$，用 $Y$ 表示服从该分布的随机变量。

假设3：林农森林保险保费的支出依据纯保费来确定，保险公司的保费水平根据受到自然灾害的损失程度确定。

关于损失同分布的假设只适用于具有同质风险的险种。在上述模型中，$N$ 和 $Y$ 的数学期望和方差都存在，则有

$$E(S) = E[E(S|N)] = E[NE(Y_i)] = E(N)E(Y) \qquad (7-19)$$

$$\begin{aligned} Var(S) &= Var[E(S|N)] + E[Var(S|N)] \\ &= Var[NE(Y_i)] + E[NVar(Y_i)] \\ &= E^2(Y)Var(N) + E(N)Var(Y) \end{aligned} \qquad (7-20)$$

式（7－19）表明森林灾害损失总量的期望值等于平均灾害次数与灾害平均损失额的乘积，式（7－20）为森林灾害损失总量的方差，主要由两部分组成：一部分是灾害损失量本身的方差；另一部分是灾害发生次数的方差。因此，对于一块指定的单位面积林地，其保费可以表示为

$$P = E(S) = E(N)E(Y) \qquad (7-21)$$

下面讨论对于 $m$ 块相互独立的不同林地的保费情况。假设第 $j$ 块林地的单位面积的保费为 $P_j$，每块林地每年遭受灾害的次数为 $N_j$，根据上述的推导可以得出

$$P_j = E(S) = E(N_j)E(Y) \tag{7-22}$$

所以，对于 $m$ 块单位面积的林地，其保费总和的期望为

$$E(P) = E[\sum_{j=1}^{m} P_j] = \sum_{j=1}^{m} E(P_j) = \sum_{j=1}^{m} E(N_j)E(Y) \tag{7-23}$$

$$\begin{aligned} Var(P) &= Var(\sum_{j=1}^{m} P_j) = \sum_{j=1}^{m} Var(P_j) \\ &= \sum_{j=1}^{m} [E^2(Y)Var(N_j) + E(N_j)Var(Y)] \end{aligned} \tag{7-24}$$

因此，单位面积林地的年保费可以表示为

$$P_0 = \frac{1}{m}E(P) = \frac{1}{m}\sum_{j=1}^{m} E(N_j)E(Y) \tag{7-25}$$

其方差可以表示为

$$Var(P_0) = Var\left(\frac{1}{m}\sum_{j=1}^{m} P_j\right) = \frac{1}{m^2}\sum_{j=1}^{m} [E^2(Y)Var(N_j) + E(N_j)Var(Y)] \tag{7-26}$$

当 $m$ 足够大时，该保费总额 $P$ 的分布可以看成是正态分布，则有

$$P_0 \sim N\left(\frac{1}{m}\sum_{j=1}^{m} E(N_j)E(Y), \frac{1}{m^2}\sum_{j=1}^{m} [E^2(Y)Var(N_j) + E(N_j)Var(Y)]\right) \tag{7-27}$$

图 7-7 所示既是 $m$ 块林地发生灾害时的损失分布图，也是保险公司保费水平的确定图。因为保险公司在对森林保险产品进行定价时，需要考虑到相关的经营费用以及利润问题，所以，如果总保费确定为正态分布的（$\mu+3\sigma$）处，则有 99% 的置信度保证保费收入大于赔款额，即保险公司实现盈利。此时的实际保费为

$$P = \sum_{j=1}^{m} E(N_j)E(Y) + 3\sqrt{\sum_{j=1}^{m} [E^2(Y)Var(N_j) + E(N_j)Var(Y)]} \tag{7-28}$$

而单位面积最终保费为

$$P_e = \frac{1}{m}\sum_{j=1}^{m} E(N_j)E(Y) + \frac{3}{m}\sqrt{\sum_{j=1}^{m} [E^2(Y)Var(N_j) + E(N_j)Var(Y)]} \tag{7-29}$$

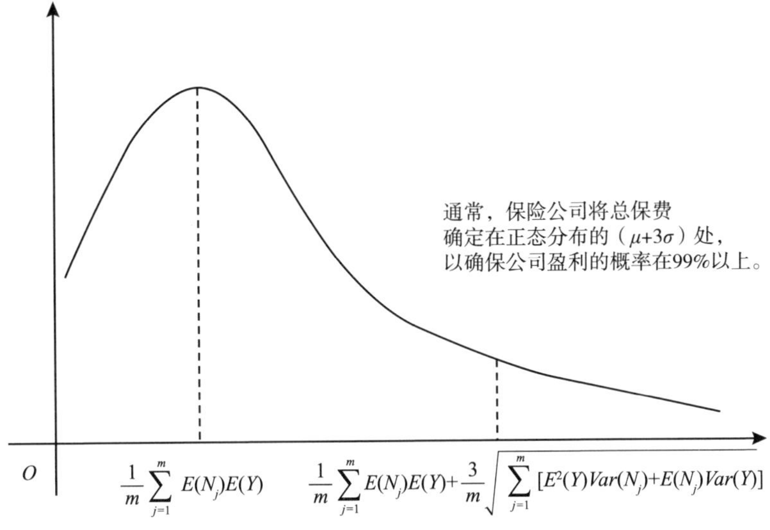


**图 7-7　m 块林地发生灾害损失分布**

因此有：当 $m$ 足够大时，为保证保险公司在 99% 的置信水平上盈利以确保森林保险的供给，需要在均衡保费的基础上加上 3 倍方差。因此，保费补贴政策可以允许保险公司将保费设置到这个水平，并补贴给参保林农 $\frac{3}{m}\sqrt{\sum_{j=1}^{m}[E^2(Y)Var(N_j)+E(N_j)Var(Y)}$。

为了更详细具体地对以上推导进行说明，假设有 $m$ 块每块面积均为 1 的林地，其中第 $i$ 块林地每年发生灾害的次数为 $N_i$，假设灾害发生次数 $N_i$ 是服从参数为 $\lambda_i$ 泊松分布的随机变量，而对于每次发生的灾害，假设灾害导致的损失强度 $Y$ 服从参数为$\frac{1}{\beta}$的指数分布，且 $N_i$ 与 $Y$ 是独立的。因此，可以对单位面积的保费进行计算。

利用公式（7-25），有

$$P_0=\frac{1}{m}\sum_{j=1}^{m}E(N_j)E(Y)=\frac{\beta\sum_{j=1}^{m}\lambda_i}{m} \tag{7-30}$$

利用公式（7-26），有

$$Var(P_0)=\frac{1}{m^2}\sum_{j=1}^{m}[E^2(Y)Var(N_j)+E(N_j)Var(Y)]$$

$$=\frac{1}{m^2}[E^2(Y)\sum_{j=1}^{m}Var(N_j)+Var(Y)\sum_{j=1}^{m}E(N_j)]$$

$$= \frac{1}{m^2}[\beta^2 \sum_{j=1}^{m} \lambda_i + \beta^2 \sum_{j=1}^{m} \lambda_i]$$

$$= \frac{2\beta^2 \sum_{j=1}^{m} \lambda_i}{m^2} \tag{7-31}$$

令 $\sum_{j=1}^{m} \lambda_i = \lambda$，那么式（7－30）和式（7－31）可以化简为

$$P_0 = \frac{\beta\lambda}{m} \tag{7-32}$$

$$Var(P_0) = \frac{2\lambda\beta^2}{m^2} \tag{7-33}$$

因此，可以得到不完全保险市场上，风险发生次数服从参数为 $\lambda$ 的泊松分布，风险给林业带来的损失服从参数为$\frac{1}{\beta}$的指数分布时，可以计算出单位面积森林保险的保费为

$$P_e = \frac{\beta\lambda}{m} + \frac{3\beta}{m}\sqrt{2\lambda} \tag{7-34}$$

根据式（7－34），可以得出森林保险的实际保费高于均衡保费，因此，在森林保险市场上会出现林农投保积极性不高的情形。布鲁奈特等（Brunette et al.，2015）研究也发现，林地所有者参与森林保险十分有限，主要是由于他们认为森林保险的保费水平相对于有限的林业收益仍然太高。因此，森林保险作为准公共物品，为鼓励林农参与森林保险，需要政府对森林保险的保费给予相应的财政补贴。

## 三、保险费率精算下森林保险最优保费补贴规模测度的实证研究

由于森林保险市场的实际保费高于均衡保费，为了提高林农投保的积极性，需要政府财政对保费进行补贴，那么，补贴规模和比例如何确定，就成为保费补贴的关键，因此，对最优保费补贴规模的测度就显得十分必要。

### （一）期望效用理论与林农参保决策分析

由上一节林农的消费效用随收入变化的分析可以发现，林农购买森林保险的金额与林农收入水平有关，政府对森林保险进行补贴，关系到林农森林保险的支付能力，从另一个方面来说，政府对林农进行保费补贴，相当于提高了林农的收入水平，提高了林农的支付能力，从而影响林农森林保险的购买决策。

在没有购买森林保险的情况下，林农的收入水平可以看作林业纯收入水平；在购买保险并有政府保费补贴的情况下，林农的收入水平由林业纯收入水平、林农需支付的保费水平、政府的保费补贴三者决定。当林农的收入水平为较低收入水平时，把这时的政府补贴水平定义为政府保费补贴的下限；当林农的总收入水平达到较高收入水平时，把这时的政府补贴水平定义为政府保费补贴的上限。

**（二）森林保险最优保费补贴区间下限的推导**

为了刺激林农购买森林保险，在林农收入水平较低的风险偏好阶段，政府必须通过一定程度的补贴使林农对森林保险的支付能力提高，才能使林农的风险倾向由风险偏好型转变为风险规避型。林农风险倾向转变的这一拐点处的补贴水平为政府补贴的下限，记为 $T_1$。即当林农的收入水平处于图 7－8 中的第一阶段时，林农无力购买森林保险，林农为风险偏好者。根据假设此时林农的效用函数为 $U_1(X)$，效用曲线呈凹状；当林农的收入水平（$X$）处于图 7－8 中的第二阶段时，林农购买森林保险的能力有所提高，为风险规避者，假设此阶段的效用水平函数为 $U_2(X)$，效用曲线呈凸状。令

$$U_1(X) = U_2(X) \tag{7-35}$$

对式（7－35）求解，即得到拐点处的收入水平 $X_1$。根据上述内容，林农的最终收入水平由自身收入水平、保费水平和政府的保费补贴三者组成，即 $X = R - C + T$。在拐点处，$X_1 = R_1 - C_1 + T_1$。则有

$$T_1 = X_1 - R_1 + C_1 \tag{7-36}$$

式中，$T_1$ 即为政府补贴规模的下限。在这个补贴水平上，政府通过补贴使林农从风险偏好者转变为风险规避者，提高了林农购买森林保险的经济能力。

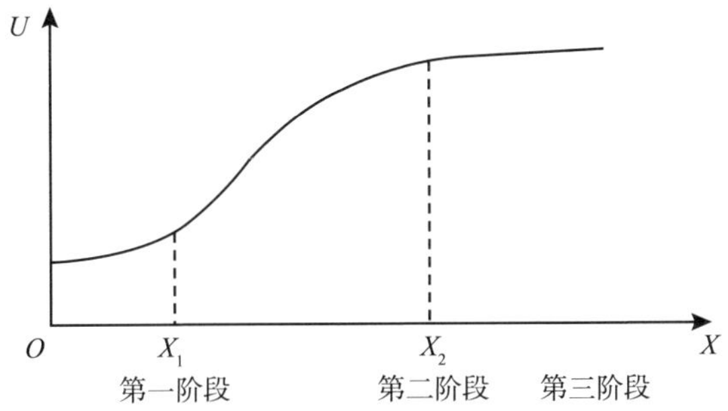


**图 7－8　林农消费效用随收入水平变化曲线**

### （三）森林保险最优保费补贴区间上限的推导

当林农收入水平提高时其规避风险的意识会逐步增强，购买森林保险的需求会更加强烈。在图 7-8 中，当林农收入处于第二阶段时，林农收入处于中等水平，林农风险倾向为风险规避型。当林农收入水平进一步提高，处于图 7-8 中的第三阶段时，林农的收入水平可以承担自然灾害等因素带来的风险损失，此时林农购买森林保险的意愿相对稳定。所以，政府补贴规模必须要有一个限制，使财政补贴效率达到最优，$X_2$ 时的补贴水平即政府保费补贴的上限 $T_2$，超过此补贴水平的财政补贴效率开始下降。

当林农的收入水平达到第二阶段时，林农的风险倾向为风险规避型，此时效用函数为 $U_2(X)$，并且 $U_2'(X)$ 不为 0。如果对于某一确定林农林业纯收入 $X_0$，当政府补贴的额度趋于无穷大时，即林农收入趋于无穷大时，效用函数的一阶导数会趋近于 0，在这种情况下，就不可能利用函数的一阶导数为 0 来求得效用最大化时的 $X_2$，也就是说，对于政府补贴规模的求解就不能用效用函数一阶导数为 0 的方法。随着政府补贴规模的增加，林农的效用水平一定会达到一个理想的满意水平，若再增加补贴，林农效用水平也不会大幅增加。在此效用水平下的补贴规模为政府补贴的上限，即 $T_2$。如果政府补贴规模超过这一水平，则会导致财政资金利用效率降低。

假设林农效用水平的理想值为 $U_0$，在有政府补贴时，农民的收入水平 $X=R-C+T$，相应的效用函数值为 $U_2(R-C+T)$。求解

$$U_2(R-C+T)=U_0 \tag{7-37}$$

即可求得 $T_2$，即政府保费补贴规模的上限值。此时财政资金使用效率达到最大化，林农的效用水平也达到了理想的满意值。

### （四）森林保险最优保费补贴规模的数理模型

根据保费测算的情况和林农风险倾向的假设及其效用曲线的形状，林农的效用随收入变化的效用函数为

$$U(X)=\begin{cases} ae^{bX} & X\leqslant X_0 \\ cX^d & X\geqslant X_0 \end{cases} \tag{7-38}$$

式中，$a$，$b$，$c$，$d$ 满足 $a>0$，$b>0$，$c>0$，$0<d<1$。

这是林农在没有投保的情况下自身效用随收入变化的效用函数。由于政府对林农的保费补贴相当于增加林农的收入，所以，这一效用函数在林

农投保的情况下并有政府保费补贴时仍然是适用的。如果林农的单位面积林地的纯收入为 $R_0$，那么由公式（7－36），可以得到单位面积林地的政府补贴的下限为

$$T_1 = X_0 - R_0 + P_e = X_0 - R_0 + \frac{\beta\lambda}{m} + \frac{3\beta}{m}\sqrt{2\lambda} \qquad (7-39)$$

如果假设林农满意的效用水平 $U_0$，那么利用公式（7－37），可以得到单位面积林地的政府补贴上限为

$$U_0 = U_2(R - C + T) = c(R_0 - P_e + T_2)^d \qquad (7-40)$$

从而有

$$T_2 = \left(\frac{U_0}{c}\right)^{\frac{1}{d}} - R_0 + P_e = \left(\frac{U_0}{c}\right)^{\frac{1}{d}} - R_0 + \frac{\beta\lambda}{m} + \frac{3\beta}{m}\sqrt{2\lambda} \qquad (7-41)$$

根据对森林保险最优保费补贴区间上下限的测算和公式推导，从而可以得出政府对森林保险保费补贴的最优规模区间和水平，政府在推行森林保险过程可以依据此理论模型，结合各地区的实际情况制定差异化的保费补贴政策。

## 第四节　森林保险补贴标准优化

### 一、问题的提出

森林保险保费补贴制度极大地降低了林农的经济负担，对于提高林农参保的积极性有很重要的作用。但是从央地各级政府间责任划分上看，现行的补贴政策在横向区域间存在不合理性。在现行的补贴机制下，省、市县级政府的补贴责任和中央的转移支付责任均未考虑各地区经济发展水平、财政实力、森林资源状况的差异性，仅简单地对所有地区实行“一刀切”的补贴比例。现有政策表面上看似对各地区实行平等对待，但实际却增加了区域间财政补贴责任划分的不公平性，即某些经济实力弱的地区需要承担较大的补贴责任，而一些经济实力强的地区却承担较轻的补贴责任。在我国森林保险正逐步扩大补贴范围和补贴规模的大趋势下，这种未能充分考虑地方间差异性的补贴政策不仅不能达到推广森林保险的效果，反而会严重打击地方政府对于推进森林保险的积极性，进而加大地区间森

林保险的发展差距，降低财政资金的使用效率，影响中央政府宏观政策的实施。

为此，本节将重点着眼于森林保险保费补贴机制的优化和央地各级政府补贴责任划分的区域间差异化处理。首先，构建出反映各地区政府补贴负担、中央财政转移支付支持程度的指标，结合现实数据对现行森林保险保费补贴政策的央地补贴责任划分的区域间公平性进行测度，以实测结果说明对央地责任划分比例进行差异化处理的必要性；其次，综合考虑不同地区的林业资源、林业产业发展情况、风险水平和财政实力，以现实数据为基础对不同地区的转移支付需求情况进行量化打分，并建立可以衡量不同地区地方政府补贴责任和中央政府转移支付责任的指标体系；再次通过因素法对实际数据进行应用，测算出各地区对中央转移支付的需求排名以及中央对不同地区转移支付的权重，结合聚类分析法对同类地区进行分类；最后，得出研究结论并提出政策建议，希望可以得出更加公平且较具有可操作性的森林保险保费补贴央地责任划分机制，以降低区域间的不公平性，推进森林保险的良性发展。

## 二、理论分析

### （一）财政支出公平评价理论

由于林业发展的正外部性，森林保险补贴政策实质具有社会保障制度的部分属性，而公平作为其产生、存在、发展的最根本理由，必然成为核心建制理念和重要评价标准。目前的财政支出公平理论，提出了公平的三种方式：起点公平、过程公平和结果公平，由于森林保险具有准公共物品性质，且森林保险财政补贴属于政策性补贴，因此，可以认为森林保险财政支出起点和过程是公平的，而需要研究的财政支出公平指的是财政支出的结果公平。森林保险保费补贴政策的构建和实施应力求财政支出的公平性，而实现公平的核心在于建立合理的调整机制，比如考虑各地市县的保费补贴额度与其经济状况是否匹配，以及如何根据各地区的不同财政负担构建差异化的补贴比例等，即根据实际需求合理调整财政收入的再分配机制，保证在更大空间内社会资源能进行更合理的配置。

### （二）财政支出偏好理论

不同地区经济差距和财政实力差距较大，导致各地区政府财政支出力度及偏好存在差异，且中央与地方的财政支出偏好也存在一定差异。

我国体制因素的激励使得存在着地方政府单纯追求经济增长的行为倾向，地方政府决策主要以追求生产总值最大化为目标，较为明显地反映在财政支出结构上的偏好。无论是发达地区还是落后地区的地方政府，在一定程度上都存在财政支出结构偏好现象，主要体现在政府偏向于基本建设、市政建设等绩效较为明显的生产性领域，而对于农业和农村发展等方面的投资支出，其绩效和收益效果往往表现较不明显，政府对其财政支出的偏好较弱。森林保险属于外溢性较差的软公共物品，在经济发展水平不同的各个地区，各地方政府必然会存在不同的偏好程度。发达地区政府较落后地区政府更有能力对森林保险提供补贴，从而财政支出偏好更强，进而产生了地区之间的财政支出差异。

我国森林保险财政补贴主要是由中央和地方政府综合提供财政补贴。地方政府将收入保障纳入森林保险财政补贴的目标，而中央政府对森林保险财政补贴的保障目标主要是保成本。基于此背景下，经济发达地区森林保险可以得到高补贴和高保障，经济落后地区的林农在低保障条件下也可以由中央政府提供高补贴，但仍然会存在某些重点帮扶地区中央政府财政补贴难以覆盖。

## 三、我国森林保险保费补贴政策的区域公平性测度

### （一）测度指标体系构建

中央财政除对 4 个计划单列市和 4 个森工集团实行差异化补贴比例外，其余各地区均实行统一的转移支付比例。然而，这种平均化的补贴模式缺乏对各地区财政实力、林业资源状况、灾害发生情况的考虑，忽略各地方政府对中央转移支付需求的差异性，导致中央政府在转移支付上存在区域间的不公平性。为展示现行央地责任划分模式对省级区域间公平性的影响，本节构建了各省保费补贴负担率、中央财政对各省保费补贴的支持力度两项基本指标，在每个指标下分别对公益林和商品林进行计算，结合 2018 年森林保险相关数据和当地财政情况进行区域公平性测度。

1. 地方补贴负担率

各地区政府森林保险保费补贴负担率为各省市县级财政的保费补贴支出占当地一般公共预算支出的比重，用来衡量由于补贴支出给当地政府带来的财政压力。该数值越大，表示该地区财政承担的保费补贴压力越大；

该数值越小，表示该地区财政承担的保费补贴压力越小。

2. 中央补贴支持力度

中央财政对各地区保费补贴的支持力度为该地区从中央转移支付中获得的保费补贴数额占该地区林业总产值的比重，用来衡量中央政府的转移支付对当地林业产业发展的支持力度。该数值越大，表明中央对该地区林业产业的支持力度越大；数值越小，表明中央对该地区林业产业的支持力度越小。

本节将用上述两项指标与地方一般公共预算收入进行对比，用地方补贴负担率反映森林保险保费支出给当地政府带来的经济压力，用中央补贴支持力度反映中央转移支付对当地林业产业的保护程度，用地方一般公共预算收入反映该地区的财政实力。通过三项指标的对比分析，可以测度出不同地区的补贴压力，进而反映出区域间森林保险保费补贴政策的公平程度。如果各地区补贴负担率与财政实力呈负相关关系，则说明当前地方政府承担的补贴责任与地方财政实力不匹配。如果中央补贴支持力度与财政实力呈现正相关关系，则说明中央转移支付时没有起到平滑各地区的财政差距的作用。

### （二）测度结果与分析

我国开展森林保险保费补贴的地区共有 32 个，其中包括 4 个计划单列市（大连、宁波、厦门、青岛）、4 个森工集团（大兴安岭森工集团、内蒙古森工集团、吉林森工集团、长白山森工集团）以及 24 个省（区、市）级地区。由于中央对 4 个森工集团实行特殊的补贴比例划分，且暂无可获取的指标数据来衡量此类地区的经济实力，故本节仅针对 24 个省（区、市）和 4 个计划单列市进行横向政策公平性分析。天津、黑龙江、上海、江苏、西藏、宁夏、新疆未开展省级森林保险保费补贴工作；北京、山西、青岛、陕西仅开展了公益林保险，故在进行数据对比时仅对开展同一项目的地区进行横向比较，未开展森林保险的地区不在考虑范围之内。另外在对辽宁省、浙江省、福建省、山东省进行数据分析时，扣除大连市、宁波市、厦门市、青岛市四个计划单列市的相应数据，以避免重复计算影响公平性测度结果。地方财政补贴额为省级财政补贴与县级财政补贴之和。数据主要来源于《中国统计年鉴 2019》《中国林业和草原统计年鉴 2019》《森林保险发展报告 2019》。

1. 地方政府间公平性测度

根据表 7 - 6 和表 7 - 7 可以看出，无论是公益林还是商品林，各地方政府间的补贴负担率都有较大的差距，其中公益林的极差大于商品林的极差。启动公益林保险的28个地区中，仅有7个地区的补贴负担率在全国平均值以上，最大值与最低值相差0.0409%。在开展商品林的24个地区中，也仅有8个地区在全国平均值之上，最大值与最低值相差0.0160%。说明由于少数几个地区极高的补贴负担率拉高了全国整体的补贴负担水平，各地区间存在着较为严重的财政负担不公平现象。其原因可能是由于自然原因导致某些地区森林资源丰富，地方政府在相同的补贴比例下要承担更大规模的保费补贴支出。通常情况下，森林资源并不能给当地的经济贡献较大的价值，因此一般来讲森林覆盖率大的地区较森林覆盖率小、重点发展工商业的地区经济发展水平更低。

**表7-6　　各地区公益林补贴负担率**

| 地区 | 补贴负担率（%） | 地区 | 补贴负担率（%） |
|---|---|---|---|
| 内蒙古 | 0.0413 | 重庆 | 0.0049 |
| 贵州 | 0.0252 | 河北 | 0.0046 |
| 青海 | 0.0139 | 江西 | 0.0045 |
| 山西 | 0.0122 | 广东 | 0.0035 |
| 广西 | 0.0113 | 安徽 | 0.0029 |
| 甘肃 | 0.0096 | 山东（除青岛） | 0.0026 |
| 陕西 | 0.0078 | 宁波 | 0.0025 |
| 全国平均值 | 0.0071 | 湖北 | 0.0022 |
| 湖南 | 0.0069 | 北京 | 0.0018 |
| 辽宁（除大连） | 0.0068 | 浙江（除宁波） | 0.0014 |
| 福建（除厦门） | 0.0065 | 大连 | 0.0012 |
| 海南 | 0.0063 | 青岛 | 0.0008 |
| 云南 | 0.0061 | 河南 | 0.0006 |
| 吉林 | 0.0055 | 厦门 | 0.0004 |
| 四川 | 0.0054 | | |

表 7-7　　各地区商品林补贴负担率

| 地区 | 补贴负担率（%） | 地区 | 补贴负担率（%） |
|---|---|---|---|
| 广西 | 0.0160 | 吉林 | 0.0010 |
| 江西 | 0.0112 | 重庆 | 0.0006 |
| 福建（除厦门） | 0.0109 | 海南 | 0.0005 |
| 贵州 | 0.0082 | 青海 | 0.0005 |
| 湖南 | 0.0048 | 广东 | 0.0004 |
| 安徽 | 0.0046 | 内蒙古 | 0.0003 |
| 河北 | 0.0037 | 河南 | 0.0002 |
| 云南 | 0.0033 | 湖北 | 0.0001 |
| 全国平均值 | 0.0030 | 厦门 | 0.0001 |
| 四川 | 0.0024 | 甘肃 | 0.0000 |
| 辽宁（除大连） | 0.0014 | 大连 | 0.0000 |
| 浙江（除宁波） | 0.0011 | 宁波 | 0.0000 |
| 山东（除青岛） | 0.0010 | | |

通过将各地区的补贴负担率与地方一般公共预算收入进行回归分析后发现，当前各地区补贴负担率与财政水平呈现负相关关系。公益林的补贴负担率与财政收入相关系数为 -0.2293，商品林的补贴负担率与财政收入的相关系数为 -0.1216，进一步证明当前的补贴政策在区域间财政公平性上存在较大不合理性。根据图 7-9 可知，内蒙古、贵州、青海三地，在地方政府财政收入本就较低的情况下还要承担巨大的公益林保费补贴责任，加剧地方财政的窘困。图 7-10 中广西、福建、贵州三地的财政实力与商品林补贴负担率也严重不相匹配，相同的补贴比例给这三个地区带来了更加大的财政负担。

2. 中央转移支付公平性测度

从总体上看，中央对公益林的转移支付力度要大于对商品林的转移支付力度，这与总体投保面积和相关政策规定有关。根据表 7-8 和表 7-9 可以看出，中央对不同地区的补贴支持力度差距较大。通过对地方补贴负担率和中央补贴支持力度两项指标数据进行回归分析发现二者有极强的正相关性（0.6~0.7）。这是由于目前央地补贴责任主要是以保费总额为基础进行计算，保费总额与投保面积和保费水平有关，故当该地区森林资源丰富、灾害发生概率大时，总体的保费支出额就会增加，中央和地方的补贴数额会同比增加。

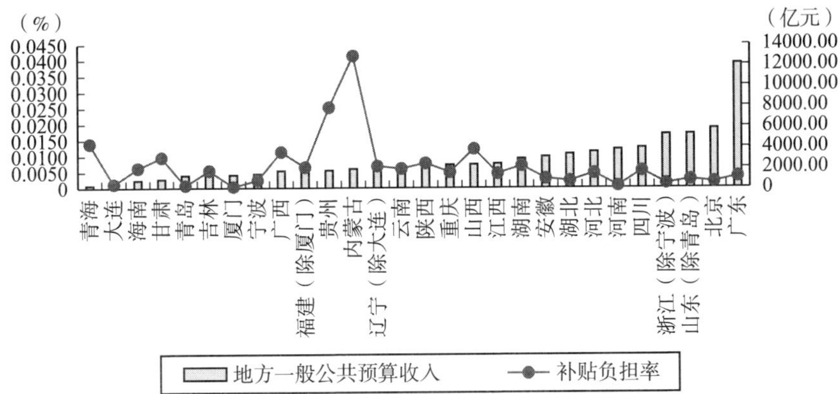

图7－9　各地区公益林补贴负担率与财政实力对比

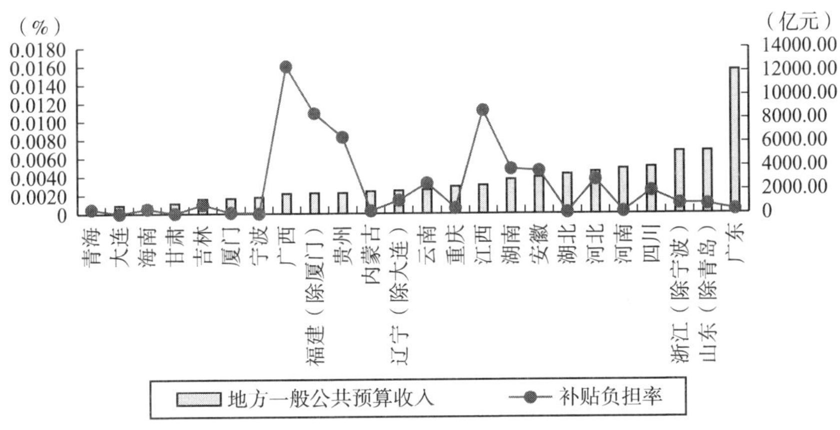

图7－10　各地区商品林补贴负担率与财政实力对比

表7－8　中央对各地区公益林的补贴支持力度

| 地区 | 中央补贴支付力度（%） | 地区 | 中央补贴支付力度（%） |
|---|---|---|---|
| 青海 | 2.4501 | 陕西 | 0.4920 |
| 内蒙古 | 1.9890 | 全国平均值 | 0.4100 |
| 厦门 | 1.2313 | 吉林 | 0.3526 |
| 甘肃 | 1.2178 | 宁波 | 0.2572 |
| 山西 | 0.5234 | 河北 | 0.2398 |
| 贵州 | 0.5002 | 辽宁（除大连） | 0.2309 |

续表

| 地区 | 中央补贴支付力度（%） | 地区 | 中央补贴支付力度（%） |
| --- | --- | --- | --- |
| 大连 | 0.2226 | 云南 | 0.0927 |
| 重庆 | 0.2208 | 福建（除厦门） | 0.0824 |
| 四川 | 0.1828 | 江西 | 0.0798 |
| 广西 | 0.1580 | 湖北 | 0.0681 |
| 湖南 | 0.1521 | 浙江（除宁波） | 0.0600 |
| 北京 | 0.1452 | 安徽 | 0.0581 |
| 广东 | 0.1413 | 青岛 | 0.0544 |
| 山东（除青岛） | 0.1385 | 河南 | 0.0436 |
| 海南 | 0.0959 | | |

**表7－9　　　　中央对各地区商品林的补贴支持力度**

| 地区 | 中央补贴支付力度（%） | 地区 | 中央补贴支付力度（%） |
| --- | --- | --- | --- |
| 江西 | 0.1984 | 辽宁（除大连） | 0.0283 |
| 厦门 | 0.1357 | 云南 | 0.0271 |
| 广西 | 0.1233 | 浙江（除宁波） | 0.0262 |
| 河北 | 0.0911 | 重庆 | 0.0192 |
| 贵州 | 0.0862 | 广东 | 0.0128 |
| 福建（除厦门） | 0.0734 | 内蒙古 | 0.0127 |
| 湖南 | 0.0656 | 河南 | 0.0116 |
| 安徽 | 0.0546 | 海南 | 0.0095 |
| 青海 | 0.0523 | 湖北 | 0.0036 |
| 全国平均值 | 0.0478 | 甘肃 | 0.0016 |
| 四川 | 0.0441 | 大连 | 0.0010 |
| 山东（除青岛） | 0.0348 | 宁波 | 0.0000 |
| 吉林 | 0.0330 | | |

但在结合地方财政收入进行分析后发现，中央转移支付对于当地的财政水平考虑得不够到位。通过计算发现中央转移支付力度与地方财政收入呈现负相关关系（公益林系数为－0.33，商品林系数为－0.13），说明中央对财政强的地区会相应减少转移支付，这个数据在总体方向上是正确的。但是根据图7－11和图7－12可以看出，某些地区还是存在地方财政

弱，中央转移支付不到位的情况。图 7－11 中的大连、海南、青岛，图 7－12 中的大连、甘肃、海南，均出现了中央转移支付力度与地方财政收入不匹配的情况。说明中央转移支付在平滑各地区财政水平、降低地方政府间财政差距方面还有待改进。

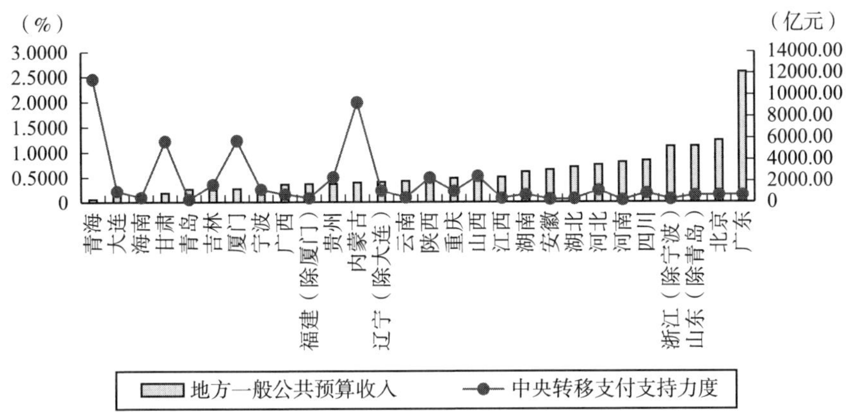


**图 7－11　中央对各地区公益林补贴支持力度与当地财政实力对比**

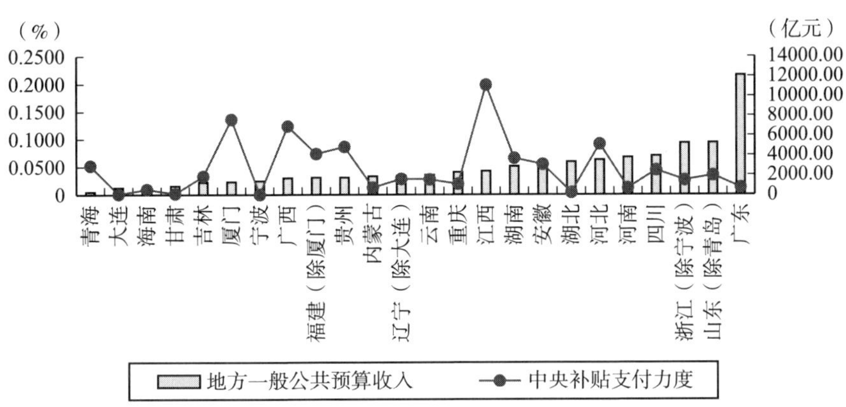


**图 7－12　中央对各地区商品林补贴支持力度与当地财政实力对比**

综合以上测算结果可以看出，当前各地区政府对森林保险的补贴负担率有明显差异，存在林业资源丰富而财政实力较弱的地区，承担着较大的补贴负担率；财政实力强的地区承担着较低的补贴负担率。同时中央转移支付在缩小各地区财政差距上的作用不明显，各地区间财政差距显著。因此非常有必要对各地区实施差异化的补贴政策。

## 四、森林保险财政补贴央地责任划分

### （一）森林保险财政补贴央地责任划分依据

财政事权是各级政府应当承担的使用财政资金提供基本公共服务的任务和责任，即“政府需要做什么”，以及对财政资金的支配、使用和管理权力；支出责任是政府各级履行财政事权的支出义务和保障，也就是“政府需支出资金”。财权属于各级政府增加财政收入的权利，包括税权、费权和债权，而自筹财政资金加上上级转移支付就形成了一级政府的总财力，即“政府可获得资金”。政府间财政事权和支出责任划分的理论框架表现为“政府需要做什么—政府需支出资金—政府可获得资金”的关系链，这个关系链将财政事权、支出责任、财力和财权四项链接在一起。

财政事权划分的前提是界定政府与市场之间的边界，定义政府和市场各自的职能，如公共服务由于非营利性，市场缺乏自动力，所以提供者只能是政府。在此基础上，按公众不同的服务需求，各级政府根据公共服务属性来界定、划分财政事权的范围，这是支出责任的前提，各级政府承担多大的财政事权，则需承担多大的支出责任；同时，支出责任也是财政事权顺利实施的保障，因此，有必要确保财政事权与支出责任相协调。接下来便是按照政府支出责任的规模决定筹集资金的数量，体现为财力、财权与支出责任的匹配。我国不宜采用西方联邦制度下的财政分权体制，中央政府适当地集中财权以统筹安排，同时政府将利用转移支付来调整地方财政差距、促进基础公共服务均等化更符合我国国情，此时中央政府财权大于财力需求。另外，地方政府财权小于财力需求，地方政府需要依靠自筹资金和上级转移支付，来确保财力与支出责任相匹配，以满足公众服务资金需求的目标。在理论上，结合我国的实际情况，提出了本部分的研究思路，中央和地方财权划分应遵循五项原则。根据受益范围，政府是基本公共服务的提供者；根据公共物品理论，公共物品按其外部性进行区域划分；根据其外部性，公共产品和国家公共产品分为不同的层次，因此，地方政府提供地方基本公共服务，中央政府提供国家基本公共服务；根据“经济人”假设，因政府本身具有“经济人”的特征，其会选择作出有利于政府官员的决定，这将以一种平衡的方式使财政权力与支出责任相匹配；根据“分权定理”，如果在全国范围内，一些公共物品在圈地内平均分配，由中央政府和地方政府提供，而在商品成本相同的情况下，让地方政府作出帕累托最优，向当地居民提供产出总是比中央政府更有效，因为地方政府更了解辖区内居民的效用和需求。

1. 森林保险保费补贴中的央地政府事权划分特征

在现行管理办法下，森林保险保费补贴责任是由多方共同承担的。不同的政府部门、不同层级的政府都对森林保险保费补贴承担着相应的事权责任。本节主要讨论在不同层级政府间保费补贴的事权划分特征。

（1）央地政府共同担负补贴责任。森林保险保费补贴是中央和地方政府共同的事权。2016 年财政部下发的《中央财政农业保险保费补贴管理办法》明确，地方政府自愿对于已基本完成林权制度改革、产权明晰、生产和管理正常的公益林和商品林开展保费补贴工作。在地方自愿开展补贴工作，并且地区情况符合条件的基础上，财政部按照森林性质给予相应的补贴支持。2021 年财政部修订印发《中央财政农业保险保费补贴管理办法》指出，中央财政对公益林和商品林提供保费补贴工作，省级财政按照保费的一定比例提供补贴。省级财政平均补贴比例表示为（$25\% + a\%$），以保费规模为权重加权平均计算。对于大兴安岭林业集团公司等中央单位，中央政府承担比例表示为（$10\% + b\%$），以保费规模为权重加权平均计算。

（2）中央主导地方参与的补贴模式。森林保险保费补贴政策是中央为保障森林资源的可持续发展而建立的政策，体现了中央对于加强生态环境建设的战略布局。在对补贴政策进行起草和发布的过程中，中央都处于主导地位，由中央规定保险标的认定标准和央地间补贴责任划分比例。地方政府除参与保费补贴政策的实施外，中央还鼓励地方政府结合本地区的情况，对险种、保费、费率进行合理调整，以制定更加适应当地发展的补贴模式。

（3）实行各级财政联动的倒补贴机制。在现行保费补贴机制下，中央财政的转移支付是在地方各级财政按时缴纳最低比例补贴的前提下进行的。只有当下一级政府完成补贴责任的支付后，上一级政府才会开始履行补贴责任。当下级政府无法按时支付补贴金额时，上一级政府也不会启动补贴流程，最终导致中央政府不会对该地区的森林保险进行补贴支持。

2. 森林保险保费补贴中的央地政府责任划分依据

在央地共同承担森林保险保费补贴事权的前提下，如何科学地划分央地责任比例成为一项需要深入研究的课题。现行的补贴机制采取的是各地区“一刀切”的补贴比例，中央对除计划单列市和森工集团有特殊政策外，其余地区均采取统一的央地补贴比例。此方法有明显的平均化倾向，区域间不公平性显著，拉大各地区森林保险发展水平上的差距。在进行央地责任分配时应明确责任划分依据，综合考虑自然条件、灾害水平、经济实力等因素，针对不同因素的重要程度，确定合理的权重水平。结合地方实际情况制定出央地政府转移支付的差异化比例政策。

（1）各地区森林资源状况。各地区森林资源状况是对总体保费补贴规模影响最大的基础指标。由于自然、历史原因，我国各地区森林资源分布情况有很大的差异。我国东北、西南地区，森林资源分布相对集中；华北、中原及长江、黄河中下游经济发达地区，森林资源分布较少。森林面积是决定保费总额的主要数据，该地区森林面积越大，投保面积越大，进而保费总额就会越大，导致地方政府对该地的保费补贴支出负担也会越大。所以在考虑央地责任划分依据时，最重要的指标就是当地森林面积。

（2）各地区林业产业发展情况。林业总产值是反映当地森林质量的重要指标。林业总产值占当地 GDP 的比重越高，说明林业经济对当地的经济发展越重要。对于林业经济贡献率高的地区，森林保险保额的设定应适当提高，以保证在发生灾害的情况下当地经济发展不受到重大的影响。各级政府应加大对该地区森林保险的补贴支持力度，提高对当地森林资源的保护程度。在进行央地责任划分时，对森林资源丰富的地区，中央财政应适当加大转移支付力度，减轻地方政府的财政负担压力，保证林业大省森林保险的稳步推进。

（3）各地区风险水平。各地区风险水平主要指当地森林发生灾害的概率，风险水平的高低会影响当地保险费率的高低。目前我国森林灾害主要以火灾和有害生物灾害为主。各地区由于地理位置、环境气候条件以及监管水平的差异导致灾害发生的概率不同。在年平均气温高、湿度低且风力大的地区，森林火灾发生的概率和总体受灾面积要远远大于其他地区。对于出险次数多的地区，往往保费水平也会相应提高，地方财政的补贴责任也会增加。中央政府应对灾害高发地区提高转移支付比例，替地方政府承担更多的补贴责任。

（4）各地区经济实力。各地区的经济实力是影响地方政府顺利推行森林保险的重要因素。由于我国实行的倒补贴机制，地方政府能否按时按额缴纳保费补贴责任影响着中央政府能否按时进行转移支付。当地方财政实力较弱、经济发展水平过低导致地方政府和林农无法足额缴纳基础保费时，将导致该地区无法开展森林保险业务。因此在进行央地责任划分时，中央政府应在考虑地区经济实力基础上，设置差异化的转移支付比例，增加中央财政的资金使用效率，降低区域间财政不公平现象，提高地方政府推进森林保险的积极性，以保证各地区森林保险共同发展。

### （二）因素法在森林保险保费补贴央地责任划分中的应用

1. 指标体系构建

各地区的投保面积、保险金额、保险费率共同决定当地森林保险保费支出规模，保费总体规模影响林业相关主体整体的支出水平；各地区经济水平影响各林业相关主体间保费支出责任比例的划分，尤其是地方与中央补贴责任的划分。在进行指标体系构建时要综合考虑上述因素，具体指标选择见表7－10。

**表7－10　细分指标体系**

| 一级指标 | 二级指标 | 指标代码 | 单位 |
|---|---|---|---|
| 森林资源情况 | 森林面积 | $X_1$ | 万公顷 |
| 林业产业发展情况 | 林业总产值 | $X_2$ | 亿元 |
| | 林业经济贡献率 | $X_3$ | % |
| 风险水平 | 森林火灾次数 | $X_4$ | 次 |
| | 森林火灾受损率 | $X_5$ | % |
| | 病虫鼠害受损率 | $X_6$ | % |
| 地方财力水平 | 地区 GDP | $X_7$ | 亿元 |
| | 财政收入 | $X_8$ | 亿元 |
| | 农村居民人均可支配收入 | $X_9$ | 元 |

（1）森林资源情况。投保面积主要由当地森林面积以及“林农”的投保意愿共同决定。本部分假设在修正后的保费补贴机制下，“林农”的投保意愿对最终结果不产生影响，当地森林面积即投保面积。因此选用当地森林面积（$X_1$）来衡量当地森林资源丰富程度。

（2）林业产业发展情况。当地林业总产值（$X_2$）反映当地林业产业的总体发展情况，该数值越大，林农对保额的需求越高，保费水平就越高；林业经济贡献率（$X_3$）即林业产值占当地 GDP 比重，反映当地经济对林业经济的依赖程度，该数值越大，说明林业经济对当地经济发展的重要性越高，越应加大保护力度，增加保费支出。

（3）林业灾害状况。林业灾害状况是影响保险费率的一个重要因素。

常见的森林灾害有火灾、病虫鼠害灾、水灾、旱灾、冰雹等自然灾害以及由于人为砍伐带来的灾害，其中以火灾和病虫鼠害灾最为普遍。出于数据可获取性的考虑，主要通过对火灾和病虫鼠害灾的分析来估计各地区的风险水平。本节主要用森林火灾次数（$X_4$）、森林火灾受损率（$X_5$）、病虫鼠害受损率（$X_6$）来衡量当地风险水平，对于风险水平高的地区，中央应加大补贴力度。

（4）地方财力水平。在进行补贴机制设计时应充分考虑地方经济发展水平的差异性，对于地方经济实力弱的地区，中央应增加转移支付比例，减轻地方补贴压力；对于地方经济实力强的地区，中央应减少转移支付比例。本节选取地区 GDP（$X_7$）衡量当地经济发展水平，选取地方财政收入（$X_8$）反映地方政府对于保费补贴的承受能力，选取农村居民人均可支配收入（$X_9$）反映当地林农对保费的支付能力。

2. 数据处理

聚类分析是从样本出发，对数据进行分类，将同质性强的样本划分为同一类，使类内的样本相关性高，各类之间的样本差异性高。使用聚类分析方法对各地区进行分类可以减少研究对象的数量，适当降低政策制定的复杂程度。

本节将在森林资源情况、林业产业发展情况、风险水平、地方财力水平四个一级指标下分别对 31 个省（区、市）进行分类，每个一级指标下分为 5 类（Ⅰ、Ⅱ、Ⅲ、Ⅳ、Ⅴ）。对各类地区设置不同的权重水平，在正向指标（森林资源情况、林业产业发展情况、风险水平）中，对 5 类地区的权重设定为 1.4、1.2、1.0、0.8、0.6，表示等级越高的地区对中央转移支付的需求程度就越高；在逆向指标（地方财力水平）中，对 5 类地区的权重设定为 0.6、0.8、1.0、1.2、1.4，表示财力水平越高的地区对中央转移支付的需求程度越低。综合四个一级指标的权重，对各地区转移支付需求程度进行打分，最终得出各地区政府转移支付需求排名以及中央转移支付比重排名，成为制定区域间差异化补贴政策的参考数据。$X_1$ 至 $X_9$ 指标数据均来自《中国统计年鉴 2019》，具体见表 7 - 11。

**表 7 - 11　　指标数据**

| 地区 | $X_1$ | $X_2$ | $X_3$ | $X_4$ | $X_5$ | $X_6$ | $X_7$ | $X_8$ | $X_9$ |
|---|---|---|---|---|---|---|---|---|---|
| 北京 | 71.82 | 95.1 | 0.31 | 1 | 0.00 | 4.05 | 30319.98 | 5785.92 | 26490.3 |
| 天津 | 13.64 | 12.7 | 0.07 | 1 | 22.95 | 37.43 | 18809.64 | 2106.24 | 23065.2 |

续表

| 地区 | $X_1$ | $X_2$ | $X_3$ | $X_4$ | $X_5$ | $X_6$ | $X_7$ | $X_8$ | $X_9$ |
|---|---|---|---|---|---|---|---|---|---|
| 河北 | 502.69 | 186.6 | 0.52 | 25 | 13.30 | 9.32 | 36010.27 | 3513.86 | 14030.9 |
| 山西 | 321.09 | 99.9 | 0.59 | 12 | 62.62 | 7.45 | 16818.11 | 2292.70 | 11750.0 |
| 内蒙古 | 2614.85 | 100.3 | 0.58 | 105 | 234.05 | 3.90 | 17289.22 | 1857.65 | 13802.6 |
| 辽宁 | 571.83 | 149.5 | 0.59 | 40 | 64.79 | 9.79 | 25315.35 | 2616.08 | 14656.3 |
| 吉林 | 784.87 | 73.3 | 0.49 | 83 | 10.82 | 2.95 | 15074.62 | 1240.89 | 13748.2 |
| 黑龙江 | 1990.46 | 186.4 | 1.14 | 44 | 120.92 | 2.77 | 16361.62 | 1282.60 | 13803.7 |
| 上海 | 8.90 | 15.8 | 0.05 | 0 | 0.00 | 14.21 | 32679.87 | 7108.15 | 30374.7 |
| 江苏 | 155.99 | 147.3 | 0.16 | 16 | 2.12 | 9.68 | 92595.40 | 8630.16 | 20845.1 |
| 浙江 | 604.99 | 177.0 | 0.31 | 45 | 19.37 | 3.49 | 56197.15 | 6598.21 | 27302.4 |
| 安徽 | 395.85 | 332.9 | 1.11 | 42 | 4.35 | 10.60 | 30006.82 | 3048.67 | 13996.0 |
| 福建 | 811.58 | 389.0 | 1.09 | 89 | 71.16 | 2.18 | 35804.04 | 3007.41 | 17821.2 |
| 江西 | 1021.02 | 319.6 | 1.45 | 58 | 46.88 | 3.04 | 21984.78 | 2373.01 | 14459.9 |
| 山东 | 266.51 | 181.6 | 0.24 | 20 | 53.01 | 18.20 | 76469.67 | 6485.40 | 16297.0 |
| 河南 | 403.18 | 129.0 | 0.27 | 41 | 1.22 | 14.16 | 48055.86 | 3766.02 | 13830.7 |
| 湖北 | 736.27 | 235.2 | 0.60 | 153 | 26.37 | 7.27 | 39366.55 | 3307.08 | 14977.8 |
| 湖南 | 1052.58 | 387.1 | 1.06 | 290 | 61.66 | 4.02 | 36425.78 | 2860.84 | 14092.5 |
| 广东 | 945.98 | 390.6 | 0.40 | 266 | 102.48 | 3.66 | 97277.77 | 12105.25 | 17167.7 |
| 广西 | 1429.65 | 379.9 | 1.87 | 574 | 86.21 | 2.42 | 20352.51 | 1681.45 | 12434.8 |
| 海南 | 194.49 | 110.4 | 2.29 | 29 | 19.88 | 1.17 | 4832.05 | 752.67 | 13988.9 |
| 重庆 | 354.97 | 101.1 | 0.50 | 13 | 10.04 | 11.65 | 20363.19 | 2265.54 | 13781.2 |
| 四川 | 1839.77 | 358.7 | 0.88 | 229 | 83.71 | 3.76 | 40678.13 | 3911.01 | 13331.4 |
| 贵州 | 771.03 | 253.3 | 1.71 | 29 | 9.71 | 2.66 | 14806.45 | 1726.85 | 9716.1 |
| 云南 | 2106.16 | 396.9 | 2.22 | 60 | 26.71 | 2.15 | 17881.12 | 1994.35 | 10767.9 |
| 西藏 | 1490.99 | 3.2 | 0.22 | 1 | 0.00 | 2.52 | 1477.63 | 230.35 | 11449.8 |
| 陕西 | 886.84 | 104.6 | 0.43 | 125 | 31.66 | 4.64 | 24438.32 | 2243.14 | 11212.8 |
| 甘肃 | 509.73 | 33.1 | 0.40 | 9 | 3.82 | 7.73 | 8246.07 | 871.05 | 8804.1 |
| 青海 | 419.75 | 10.4 | 0.36 | 21 | 23.14 | 6.38 | 2865.23 | 272.89 | 10393.3 |
| 宁夏 | 65.60 | 9.2 | 0.25 | 15 | 12.26 | 46.23 | 3705.18 | 436.52 | 11707.6 |
| 新疆 | 802.23 | 62.7 | 0.51 | 42 | 1.65 | 18.91 | 12199.08 | 1531.42 | 11974.5 |

本节首先使用SPSS Statistics 25内置的Z标准化方法对数据进行标准

化处理，将每一变量值与其平均值之差除以该变量的标准差。标准化后各变量的平均值为0，标准差为1，把数据变换为范围在0～1的数据，从而消除量纲和数量级的影响。

$$\sigma = \sqrt{\frac{1}{N}\sum_{i=1}^{N}(x_i - \mu)^2} \tag{7-42}$$

$$z = \frac{x - \mu}{\sigma} \tag{7-43}$$

然后在四个一级指标下分别进行 $K$ – 均值聚类分析。在森林资源情况指标下，根据各地区森林面积（$X_1$）数据进行分类，将31个省（区、市）根据森林面积的大小分为5类（见表7－12）。森林面积最多的地区为内蒙古；森林面积较多的地区为广西、西藏、四川、黑龙江、云南；森林面积中等的地区为湖北、贵州、吉林、新疆、福建、陕西、广东、江西、湖南；森林面积较少的地区为山西、重庆、安徽、河南、青海、河北、甘肃、辽宁、浙江；森林面积相对最少的地区为上海、天津、宁夏、北京、江苏、海南、山东。森林面积越大的地区，对森林保险保费补贴的需求越高。

**表7－12　　森林资源情况指标下 *K* – 均值聚类分析**

| 分类 | 地区 |
|---|---|
| Ⅰ | 内蒙古 |
| Ⅱ | 广西、西藏、四川、黑龙江、云南 |
| Ⅲ | 湖北、贵州、吉林、新疆、福建、陕西、广东、江西、湖南 |
| Ⅳ | 山西、重庆、安徽、河南、青海、河北、甘肃、辽宁、浙江 |
| Ⅴ | 上海、天津、宁夏、北京、江苏、海南、山东 |

在林业产业发展情况指标下，根据各地区林业总产值（$X_2$）、林业经济贡献率（$X_3$），将31个省（区、市）分为5类（见表7－13）。林业产业发展水平最高的地区为广西、云南；林业产业发展水平较高的地区为安徽、福建、湖南、广东、四川；林业产业发展水平中等的地区为黑龙江、江西、湖北、贵州；林业产业发展水平较低的地区为海南；林业产业发展水平相对最低的地区为北京、天津、河北、山西、内蒙古、辽宁、吉林、上海、江苏、浙江、山东、河南、重庆、西藏、陕西、甘肃、青海、宁夏、新疆。林业产业发展水平越高，对森林保险保费补贴的需求越高。

表 7－13　　林业产业发展情况指标 $K$－均值聚类分析

| 分类 | 地区 |
| --- | --- |
| Ⅰ | 广西、云南 |
| Ⅱ | 安徽、福建、湖南、广东、四川 |
| Ⅲ | 黑龙江、江西、湖北、贵州 |
| Ⅳ | 海南 |
| Ⅴ | 北京、天津、河北、山西、内蒙古、辽宁、吉林、上海、江苏、浙江、山东、河南、重庆、西藏、陕西、甘肃、青海、宁夏、新疆 |

在风险水平指标下，根据各地区森林火灾次数（$X_4$）、森林火灾受损率（$X_5$）、病虫鼠害受损率（$X_6$）将31个省（区、市）的风险水平分为5类（见表7－14）。风险水平最高的地区为广西；风险水平较高的地区为内蒙古；风险水平中等的地区为黑龙江、福建、湖北、湖南、广东、四川、陕西；风险水平较低的地区为北京、河北、山西、辽宁、吉林、上海、江苏、浙江、安徽、江西、山东、河南、海南、重庆、贵州、云南、西藏、甘肃、青海、新疆；风险水平相对最低的地区为天津、宁夏。风险水平越高的地区，对森林保险保费补贴的需求越高。

表 7－14　　风险水平指标 $K$－均值聚类分析

| 分类 | 地区 |
| --- | --- |
| Ⅰ | 广西 |
| Ⅱ | 内蒙古 |
| Ⅲ | 黑龙江、福建、湖北、湖南、广东、四川、陕西 |
| Ⅳ | 北京、河北、山西、辽宁、吉林、上海、江苏、浙江、安徽、江西、山东、河南、海南、重庆、贵州、云南、西藏、甘肃、青海、新疆 |
| Ⅴ | 天津、宁夏 |

在地方财力水平指标下，根据各地区 GDP（$X_7$）、地方财政收入（$X_8$）、农村居民人均可支配收入（$X_9$），将31个省（区、市）的风险水平分为5类（见表7－15）。地方财力水平最高的地区为江苏、广东；地方财力水平较高的地区为山东；地方财力水平中等的地区为北京、上海、浙江；地方财力水平较低的地区为天津、河北、辽宁、安徽、福建、江西、河南、湖北、湖南、四川；地方财力水平相对最低的地区为山西、内蒙古、吉林、黑龙江、广西、海南、重庆、贵州、云南、西藏、陕西、

甘肃、青海、宁夏、新疆。地方财力水平越高的地区，对森林保险保费补贴的需求越低。

**表 7－15　　地方财力水平指标 K－均值聚类分析**

| 分类 | 地区 |
| --- | --- |
| Ⅰ | 江苏、广东 |
| Ⅱ | 山东 |
| Ⅲ | 北京、上海、浙江 |
| Ⅳ | 天津、河北、辽宁、安徽、福建、江西、河南、湖北、湖南、四川 |
| Ⅴ | 山西、内蒙古、吉林、黑龙江、广西、海南、重庆、贵州、云南、西藏、陕西、甘肃、青海、宁夏、新疆 |

对各一级指标下的地区进行权重分配（见表 7－16），通过综合各地区森林资源情况、林业产业发展情况、风险水平、地方财力水平，计算各地区对中央转移支付需求程度的得分（见表 7－17）和中央转移支付比重（见表 7－18）。

**表 7－16　　各地区权重结果**

| 地区 | 森林资源情况 | 林业产业发展情况 | 风险水平 | 地方财力水平 |
| --- | --- | --- | --- | --- |
| 北京 | 0.6 | 0.6 | 0.8 | 1.0 |
| 天津 | 0.6 | 0.6 | 0.6 | 1.2 |
| 河北 | 0.8 | 0.6 | 0.8 | 1.2 |
| 山西 | 0.8 | 0.6 | 0.8 | 1.4 |
| 内蒙古 | 1.4 | 0.6 | 1.2 | 1.4 |
| 辽宁 | 0.8 | 0.6 | 0.8 | 1.2 |
| 吉林 | 1.0 | 0.6 | 0.8 | 1.4 |
| 黑龙江 | 1.2 | 1.0 | 1.0 | 1.4 |
| 上海 | 0.6 | 0.6 | 0.8 | 1.0 |
| 江苏 | 0.6 | 0.6 | 0.8 | 0.6 |
| 浙江 | 0.8 | 0.6 | 0.8 | 1.0 |
| 安徽 | 0.8 | 1.2 | 0.8 | 1.2 |
| 福建 | 1.0 | 1.2 | 1.0 | 1.2 |
| 江西 | 1.0 | 1.0 | 0.8 | 1.2 |

续表

| 地区 | 森林资源情况 | 林业产业发展情况 | 风险水平 | 地方财力水平 |
|---|---|---|---|---|
| 山东 | 0.6 | 0.6 | 0.8 | 0.8 |
| 河南 | 0.8 | 0.6 | 0.8 | 1.2 |
| 湖北 | 1.0 | 1.0 | 1.0 | 1.2 |
| 湖南 | 1.0 | 1.2 | 1.0 | 1.2 |
| 广东 | 1.0 | 1.2 | 1.0 | 0.6 |
| 广西 | 1.2 | 1.4 | 1.4 | 1.4 |
| 海南 | 0.6 | 0.8 | 0.8 | 1.4 |
| 重庆 | 0.8 | 0.6 | 0.8 | 1.4 |
| 四川 | 1.2 | 1.2 | 1.0 | 1.2 |
| 贵州 | 1.0 | 1.0 | 0.8 | 1.4 |
| 云南 | 1.2 | 1.4 | 0.8 | 1.4 |
| 西藏 | 1.2 | 0.6 | 0.8 | 1.4 |
| 陕西 | 1.0 | 0.6 | 1.0 | 1.4 |
| 甘肃 | 0.8 | 0.6 | 0.8 | 1.4 |
| 青海 | 0.8 | 0.6 | 0.8 | 1.4 |
| 宁夏 | 0.6 | 0.6 | 0.6 | 1.4 |
| 新疆 | 1.0 | 0.6 | 0.8 | 1.4 |

**表 7－17　　各地区转移支付需求得分**

| 地区 | 得分 | 地区 | 得分 | 地区 | 得分 |
|---|---|---|---|---|---|
| 广西 | 329 | 安徽 | 92 | 青海 | 54 |
| 云南 | 188 | 陕西 | 84 | 河北 | 46 |
| 四川 | 173 | 西藏 | 81 | 辽宁 | 46 |
| 黑龙江 | 168 | 广东 | 72 | 河南 | 46 |
| 福建 | 144 | 吉林 | 67 | 浙江 | 38 |
| 湖南 | 144 | 新疆 | 67 | 宁夏 | 30 |
| 内蒙古 | 141 | 山西 | 54 | 北京 | 29 |
| 湖北 | 120 | 海南 | 54 | 上海 | 29 |
| 贵州 | 112 | 重庆 | 54 | 天津 | 26 |
| 江西 | 96 | 甘肃 | 54 | 山东 | 23 |
|  |  |  |  | 江苏 | 17 |

表 7－18　中央对各地区转移支付权重

| 地区 | 权重（%） | 地区 | 权重（%） | 地区 | 权重（%） |
|---|---|---|---|---|---|
| 广西 | 12.30 | 安徽 | 3.44 | 青海 | 2.01 |
| 云南 | 7.03 | 陕西 | 3.14 | 河北 | 1.72 |
| 四川 | 6.45 | 西藏 | 3.01 | 辽宁 | 1.72 |
| 黑龙江 | 6.27 | 广东 | 2.69 | 河南 | 1.72 |
| 福建 | 5.38 | 吉林 | 2.51 | 浙江 | 1.43 |
| 湖南 | 5.38 | 新疆 | 2.51 | 宁夏 | 1.13 |
| 内蒙古 | 5.27 | 山西 | 2.01 | 北京 | 1.08 |
| 湖北 | 4.48 | 海南 | 2.01 | 上海 | 1.08 |
| 贵州 | 4.18 | 重庆 | 2.01 | 天津 | 0.97 |
| 江西 | 3.58 | 甘肃 | 2.01 | 山东 | 0.86 |
|  |  |  |  | 江苏 | 0.65 |

3. 数据分析

根据各地区得分情况，将 31 个地区分为 5 类。150 分以上为第一类地区；100～150 分为第二类地区；50～100 分为第三类地区；30～50 分为第四类地区；30 分以下为第五类地区。具体分类情况见表 7－19。

表 7－19　地区得分分类

| 分类 | 得分区间 | 地区 |
|---|---|---|
| 一类 | [150，350) | 广西、云南、四川、黑龙江 |
| 二类 | [100，150) | 福建、湖南、内蒙古、湖北、贵州 |
| 三类 | [50，100) | 江西、安徽、陕西、西藏、广东、吉林、新疆、山西、海南、重庆、甘肃、青海 |
| 四类 | [30，50) | 河北、辽宁、河南、浙江、宁夏 |
| 五类 | [0，30) | 北京、上海、天津、山东、江苏 |

第一类地区（广西、云南、四川、黑龙江）对中央转移支付的需求最高。此类地区森林资源情况普遍处于Ⅳ级水平，森林资源较为丰富；林业产业发展情况大部分处于Ⅳ级、Ⅴ级水平，说明林业产业对当地经济非常重要；风险水平略有差异，整体处于中上等水平；财政实力为Ⅰ级、Ⅱ级水平，地方经济实力在全国范围内处于中下等水平，地方财力最弱。此类

地区对森林保险的需求极大，但是地方的经济实力无法支撑地方有效推进森林保险的普及。对于第一类地区，中央应加大对地方的转移支付，降低地方政府森林保险补贴责任比例。在保证当地森林保险可以正常运行的同时，减轻地方政府财政压力。

第二类地区对中央的转移支付需求得分较高。此类地区森林资源情况大部分处于中等水平，森林面积处于全国平均水平；林业产业发展水平和风险水平均处于中上等水平，说明该地区森林灾害发生的较为频繁，且灾害后对地区经济有较大冲击；地方财力水平均处于Ⅰ级、Ⅱ级水平，地方财政实力较弱。此类地区对于森林保险的需求高于全国平均水平，但低于第一类地区的需求水平。同时，与第一类地区相似的是财力水平，第二类地区的经济实力也较难维持当地森林保险的持续发展。中央财政应适当增加对此类地区的转移支付比例，降低地方政府财政负担。

第三类地区对中央转移支付需求得分处于中等水平。此类地区的森林资源情况、林业产业水平和风险水平都处于中下水平，同时地方财力水平不高，处于Ⅰ级、Ⅱ级水平的地区居多。此类地区虽然地方经济实力不强，但对森林保险的需求程度也不高，总体来说地方财政还是可以勉强负担起一定程度的森林保险保费补贴责任，中央财政对此类地区可以保持现有的责任划分比例。

第四类地区对中央转移支付的需求得分较低。此类地区的森林资源情况、林业产业水平和风险水平都处于中下水平，财力水平较第三类地区略强。地方财力水平可以覆盖当地对于森林保险的需求，中央可适当降低对此类地区的转移支付水平，提高地方政府的补贴责任比例。

第五类地区对中央转移支付的需求得分最低。此类地区除部分地区风险水平处于Ⅱ级水平外，大多数地区的森林资源情况、林业产业水平和风险水平都处于Ⅰ级水平，地方对森林保险的需求较低。同时此类地区的地方财力水平在全国范围内均处于较高水平，地方财政完全可以承担当地森林保险保费补贴的支出责任。中央财政可以不对此类地区进行转移支付，将所有的补贴责任转移到地方。

## 第五节　研究结论与政策启示

### 一、研究结论

（1）首先，森林保险的保障水平和补贴比例会对林农支付意愿产生重大影响。保障水平越高，林农的参保积极性越高，当前森林保险保障水平偏低是造成林农投保意愿不高的最主要原因。其次，在不同的保障水平下林农所期望的补贴比例是不一样的，当保障水平上升时，林农会要求更高的保费补贴比例。最后，在三种不同保障水平下森林保险财政补贴的平均最优规模应该为60.88%～65.27%，而现行的保费补贴水平是中央财政补贴比例为30%，省级财政补贴比例为25%，市县补贴比例约为25%，各级财政保费补贴比例合计已超过80%，大大超出全球农业保险保费补贴比例平均为44%的水平，也超过本节所测算的最优补贴规模，但由于保费补贴政策以较低的保费作为补贴基数，整体的补贴水平较低，仍然无法有效激发林农参保积极性，而且继续提高补贴比例必然产生边际效用递减，影响补贴资金的使用效率，且提升空间已越来越小。

（2）首先，改善森林保险“供需双冷”的市场僵局，并非是要一味地提高保费补贴比例，通过提高森林保险的补贴比例的确能够在一定程度上提高林农的参保积极性，但同时也会带来财政补贴效率的降低、社会整体福利下降等问题。从我国森林保险保费补贴的实际情况来看，我国林农的收入水平还处于收入随效用变化曲线图的第一阶段（见图7－4），即林农的收入水平相对较低，参保积极性不高，国内许多学者给出的建议大多是提高保费补贴比例。但从本节的分析来看，单纯通过提高补贴比例并不能达到最优效果，并没有使林农的收入水平提升到曲线图的第二阶段。目前，我国公益林保险的各级财政补贴比例达到90%以上，商品林保险各级财政补贴比例平均也达到了80%的水平，补贴比例提升的空间已经十分有限。而根据目前的森林保险条款，每亩林地的保险金额平均仅为500～800元，不但没有体现保价值的原则，甚至没有达到实际的再植成本。由于保障水平的基数过低，即使继续提高补贴比例，保费补贴额度仍难以得到有效提升。这样看来，由于受保险金额水平的限制，通过单纯地提高补贴比例已经无法有效提高整体补贴水平，难以显著提高林农实际收入水平，因此，提高林农收入效用的关键是提高森林保险的保障水平，通过设置科学合理的保险金额，在最优补贴区间内提高总体补贴额度。一方面，保险金额的增加可以提高林农的支付意愿；另一方面，在相同的补贴比例下，补贴额度的增加可以进一步提升林农的支付能力。其次，政府在进行森林保险保费补贴时，不仅要关注林农的收入水平，还要充分考虑林地的受灾频率和平均受灾强度以及林农的理想效用水平，从而使政府对森林保险的财政补贴达到最优效果。此外，政府还应考虑各地区林业生产经营和林农收入水平的实际情况，进行财政补贴时应因地制宜，根据不同地区的实际情况确定不同财政补贴比例和规模，采取差异化的保费补贴政策。本章所提出的补贴区间确定方法，在一定程度上为最优补贴规模的确定提供了良好的参照标准。

（3）当前我国的补贴责任划分机制在横向区域间的财政公平性上仍还有很大的改进空间。目前我国森林保险保费补贴责任划分是“一刀切”的补贴模式，中央财政对31个省（市、区）实行统一的补贴比例。这种补贴政策平均化倾向显著，但是区域间不公平性日益加剧。中央转移支付在平滑各地区财政水平上起到的作用不够明显，统一的补贴划分比例无法使财政资金达到最佳的使用效率，反而会拉大各地区的经济差距。

## 二、政策启示

（1）首先，建立科学的森林保险定价机制，合理设置保险金额和费率。由于森林保险财政补贴的实质是森林保险价格的补贴，因此，要确定适度合理的保费补贴比例和规模，首先要对森林保险进行准确定价，使森林保险价格准确反映保险标的的真实风险水平。当前我国森林保险的保障水平偏低，保险金额不能真实反映林地价值。为此，保险公司应根据不同林地的生长特征和林农收入水平的差异设置不同水平的保险金额，实行等级费率。将森林保险的费率按照保障水平的不同分成若干个档次，与高保障水平相对应的是覆盖高风险的高费率；对收入水平低且经营规模小的兼业林农，可提供低保障、低费率的险种，以提高他们的参保率；对收入水平中等且经营规模小的兼业林农，可尝试采用打折的方式吸引投保。同时，政府根据不同的保险金额来确定保费补贴比例，使林农具有多样化选择，以满足不同类型林农的差异化需求。其次，实施差异化保费补贴政策，根据区域特点确定补贴水平。我国林业分布广泛，不同地区之间风险水平差异较大，现行森林保险政策没有按照风险区划进行费率厘定，而且中央财政在全国范围采取统一的保费补贴比率，这会加剧林农保费负担的不对等性，进一步激化逆向选择的行为。因此，为了提高补贴资金的运用效率，应该采取差别化的补贴标准，根据不同区域林业风险水平和损失程度科学厘定保险费率，并结合当地林农的实际收入水平，确定合理的补贴比例，以此来减少投保人的逆选择行为，避免政府补贴资金运作效率的损失。

（2）设置合理的最优保费补贴区间，根据区域特点确定补贴水平。我国林业分布广泛，区域风险差异较大，各地受灾特点不同，若按照统一的保费补贴水平进行补贴，会加剧林农的逆向选择行为。为了提高政府的财政补贴效率，需科学计算出各地区补贴最优规模，既可以增强林农对森林保险的支付意愿，又能提高政府财政资金的使用效率。因此，建议在对森林保险进行财政补贴时要充分考虑区域特点，根据不同区域林农的收入水平、受灾特点、补贴满意度等因素对补贴比例和水平进行合理调整，避免财政补贴资金运作效率的损失。

（3）首先，中央在制定补贴责任划分比例时应全面考虑地方的综合因素，制定差异化的补贴比例。在确定补贴比例时，不应仅局限于是当地森林面积，还应结合地方对森林保险的需求程度和地方政府的可承受能力，加强补贴比例制定的理论支撑，根据各地区的实际情况制定区域间差异化的补贴比例。可参考第四节得出了五类地区进行补贴政策倾斜，对森林保险需求大且地方财力水平低的地区，提高中央补贴责任比例；对于森林保险需求小且地方财力水平高的地区，降低中央补贴责任比例。同时第四节主要提及了四项一级指标和九项二级指标，政策制定者可在此基础上进行扩充完善，争取建立一套更加完善的综合指标体系，对中央责任划分作出更加细致的政策建议。其次，在衡量政策效果的同时关注区域间公平性指标。政策的制定除要考虑政策的可实现程度外，更主要的是对政策所产生的效果进行预测分析。当前统一的划分比例确实有利于实际操作，但却会产生区域间的财政不公平性，影响地方推进森林保险的积极性，降低财政资金使用效率。在政策制定时应加强对地方政府补贴负担率等此类公平性指标的测度，加强政策的区域间公平性。最后，将目前四级联动的倒补贴模式转换为预先支付模式。当前补贴政策下，中央对地方进行转移支付是以地方按时支付足额的补贴责任为前提。这会导致某些财政实力弱的地区，即使有大量的森林保险需求，也无法实施森林保险项目。中央可根据往年森林保险需求情况和指标分析结论，提前对财政困难地区进行预算拨付，减轻初期地方政府的财政压力，确保森林保险项目的顺利开展。

# 第八章　森林保险与林业信贷合作模式创新

2018年，国家林业局联合中国银监会、国土资源部联合印发《关于推进林权抵押贷款有关工作的通知》，明确指出推广“林权抵押+林权收储+森林保险”贷款等林权抵押贷款模式。但从实践层面来看，目前我国林业信贷与森林保险合作仍处于起步阶段。本章在分析森林保险与林业信贷耦合机制的基础上，进一步对其助农增收方面进行理论推导，此外分别通过耦合协调度模型和交互模型解释森林保险与林业信贷之间的关联关系，利用各年《林业统计年鉴》与福建、浙江两省林农信贷与森林保险方面的调查数据，对森林保险与林业信贷协同关联、林农信贷可得性（信贷约束）与参与森林保险意愿之间的关联关系进行分析，论证“林业信贷+森林保险”的理论依据和现实基础，并参考现有典型案例为促进林业信贷和森林保险的互动发展以及完善我国林业金融服务体系提供参考。

## 第一节　森林保险与林业信贷耦合机制

### 一、森林保险与林业信贷耦合的经济学机理

首先，从林业信贷收益情况看，假定林业信贷总额、利率、期限及其他经济条件不变的情况下，林业信贷收益为$I$，林业信贷总额为$Cr$，林业信贷风险损失为$R_L$，林业信贷成本为$C$，贷款利率为$r$，信贷期限为$t$，理论上存在以下等式：

$$I = Cr \times r \times t - C - R_L \tag{8-1}$$

林业信贷与森林保险互动机制建立后，由于森林保险的介入，林业信

贷风险损失降低为 $R_L^1$，此时，$R_L^1 < R_L$；又由于保险机构依托信贷机构的营销渠道进入林业领域，使得林业信贷机构能够通过代理森林保险业务直接获得与林业信贷风险相关的信息，这将信贷管理成本降低为 $C^1$，此时，$C^1 < C$。如果以 $I^1$ 表示森林保险的介入后的林业信贷收益，因为，$R_L^1 < R_L$，且 $C^1 < C$，所以，最终合理的结果应该是 $I^1 > I$。由此，证明林业信贷与森林保险互动机制建立后，将会促进林业信贷收益的增加。另外，由于贷款安全性的增加，还会使林业信贷总额增加，林业信贷总额的增加同样能够导致林业信贷机构总收益的增加。

其次，从森林保险收益情况看，假定森林保险品种、保费率、森林灾害发生概率及其他经济条件不变的情况下，保险公司森林保险的总收益为 $W$，保费总收入为 $U$，营销及管理成本为 $P$，森林保险理赔损失为 $L$，理论上存在以下等式：

$$W = U - P - L \tag{8-2}$$

林业信贷与森林保险互动机制建立后，保险机构依托信贷机构的营销渠道进入林业领域，由信贷机构代理森林保险业务，可以降低森林保险的营销成本，此时，$P^1 < P$；同时还可以扩大森林保险的业务量，增加保费总收入，此时，$U^1 > U$；最终合理的结果应该是 $W^1 > W$，说明保险公司与信贷机构合作可以明显增加森林保险业务的收益。

最后，从林农预期收益看，建立林业信贷与森林保险合作机制后，森林保险通过锁定林农生产经营活动的风险，降低其收入来源的不确定性，可在一定程度上替代抵押品，提高其进入信贷市场的能力，增强金融机构发放林业贷款的意愿，从而扩大林业信贷的投放总量，缓解林农贷款难的问题，提高其经营规模和收益水平。同时林业信贷本身亦可成为林农化解风险的一种手段，假如林农面临的信贷约束程度小，获取信贷较为容易，那么，林农就可及时利用信贷资金恢复生产，减轻由于自然灾害造成的持久影响。

通过以上分析，森林保险作为增强林业风险抵御能力的重要机制，不仅有利于林业生产经营者在灾后迅速恢复生产，增强林农抗风险能力，促进林业稳定发展，而且通过保险可减少林业信贷风险和信息不对称问题，使得信贷资金投放更为安全，从而增加信贷机构对林业的信贷供给总量。而林业信贷规模扩大可以有效解决林农发展资金不足的问题，提高林业生产经营规模和收益水平，有助于增强林农参保意愿和能力。同时保险机构可依托信贷机构的营销渠道进入林业领域，利用银行及农村信用社机构分支网点和金融人才的优势，向林业企业和广大林农宣传森林保险的意义，甚至与其合作代理森林保险业务，以此降低森林保险的销售成本，提高森林保险的收益水平，扩大森林保险的覆盖面。所以林业信贷和森林保险之间是一个互动关系，两者在业务经营上相互弥补、互相合作，可以将各自的交易成本尽量降到最低，也可使双方谋求大于“单兵作战”收获的“超额收益”。二者的健康发展可以促进林业发展。根据乘数加速模型理论，投资的增加带来收入成倍性的增加，而收入的增加又会促使投资的增加和更加注重风险的保障，这个良性经济过程循环的实质就是要充分体现营林主体、林业信贷和森林保险三者之间的良性互动关系，如图 8－1 所示。

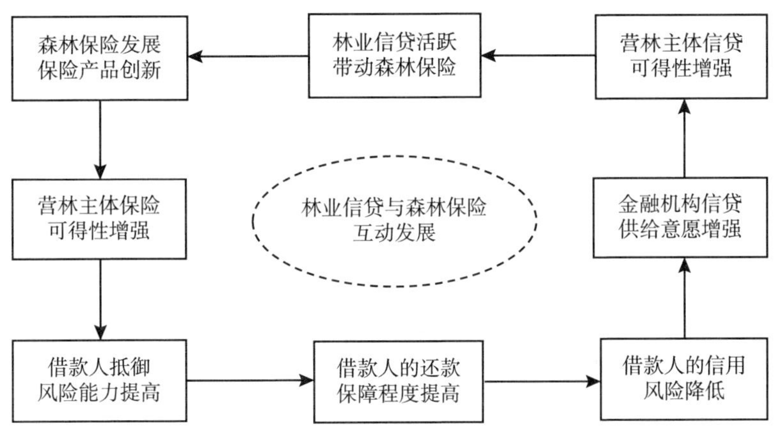


**图 8－1　森林保险与林业信贷供给之间的良性互动关系**

## 二、森林保险与林业信贷耦合机制的优势分析

通过建立林业信贷与森林保险耦合机制，有利于林农规避风险，通过对贷款项目进行相应的保险，不但能提升林农的还款能力，也是解决林农贷款抵押物不足的问题，为信贷机构提供信贷资金的安全保障。同时保险公司可以按有关政策获得一定利润，实现林农、保险公司和信贷机构的共赢局面。林业信贷与森林保险耦合机制相对于独立机制有以下优势。

### （一）降低林业贷款难度，有利于满足融资需求

由银保互动产生的基础可知，银保互动通过发挥抵押担保替代作用来缓解信贷配给。从需求方来说，当银保产生有效互动时，银保市场中

的金融机构首先可以将林农锁定在同一范围内，在此基础上森林保险作为一种风险分担方式，扩充了金融机构原有的防控风险手段，分散林农面临的生产经营风险，提高林农在贷款情况下获得期望收益的概率，降低其失去抵押担保物的可能，从而在一定程度上发挥抵押担保的替代作用，缓解林农自身的风险配给。对于银行而言，森林保险的介入改变了金融机构和林农之间的信息结构，综合利用银保之间的不同信息，使得金融机构更为了解林农的特征和风险状况，降低了金融机构的甄别和监督成本，减少对抵押担保机制的依赖。如果保险的第一赔付人为银行，即在发生灾害的情况下，保险公司直接将保险赔偿给予银行，可以在一定程度上减小林农的生产风险带来的违约概率，也可以避免林农将赔付款用于其他事项的道德风险，进一步降低林农的违约概率；反之，则会影响银保互动的作用。综上，风险和成本的降低提高了银行林业信贷组合的整体收益，有助于提高银行的放贷意愿，从而从供给端缓解林农的数量配给。

**（二）优化金融资源配置，有利于降低信贷风险**

林业信贷与森林保险协同机制相对原来存在的旧的信贷和保险机制而言，存在帕累托改进。帕累托改进的最大的表现是在不影响信贷机构和保险公司的利润水平的情况下，规避了林农的风险，增强了林农的抗风险能力，提高了林农盈利能力。另外，通过发展森林保险，可以发挥保险的抵押品替代功能，既提高营林主体的禀赋，又能增强信贷机构对林业信贷的偏好，实现一方或双方主体效用不受损害的前提下提高效用水平，从而实现林业信贷资源配置的“帕累托改进”。在协同机制下，即使出现风险，信贷机构可从保险公司的赔偿中优先获得林农的还款，降低了回收贷款的风险。

**（三）提高信息利用效率，有利于降低交易成本**

在信贷、保险互为独立的机制下，由于业务发展各自为政，要分别对林农信息进行采集和调查，建立各自的信息档案，银行和保险公司的经营费用为二者费用的加和。而相对于原有机制而言，建立协同机制则实现了林农的风险状况信息、信用信息及经营信息的共享，提高了信息利用效率。信息利用效率提高的直接经济效果是节省了交易费用。由于业务的类似性，银行的经营费用约等于保险公司的经营费用，理论上经营费用可以降低一半左右。对林农而言，只需要与一个联办机构办理手续，节省了人工和费用。总之，由于机制改进，在不降低金融机构利润水平基础上，降低了经营费用，增加了剩余。对增加值的分配，主要是由信贷机构、保险公司与林农三家的博弈决定，在支持林权改革的大背景下，当信贷机构和保险公司在享受国家有关优惠政策后，增加值有可能被让渡给林农，以促进林业生产力的发展。

**（四）符合激励与约束相容原则，有利于防范道德风险**

建立信贷与保险协同机制，增加了对林农的激励和约束能力，较高的稳定收益是对林农的激励；而违约后的信贷和保险的双重惩罚，特别是今后信贷的惩罚，是对林农道德风险的强有力的约束。在传统独立的机制情况下，保险公司对林农的道德风险没有足够的约束力；在协同机制下，保险公司可以通过对今后信贷业务的影响来约束林农的道德风险，从而降低风险。同时，协同机制也增加了对信贷机构和保险公司的激励，一是为信贷机构破解“担保难带来的贷款难”、化解林业贷款风险提供了可行之道，同时保险公司也有望借助农业银行、农村信用社等基层金融机构迅速拓展相关森林保险业务规模。

## 三、森林保险与林农信贷的业务耦合流程

基于信贷机构和保险公司在开展金融业务上的类似性，将信贷对林农的风险评估、业务办理以及保险公司对林农的风险评估、业务办理建立高度的相互关联度，实现信息共享、业务耦合，降低交易费用，进一步改善机制的运行质量。尽管目前我国森林保险处于“供需双冷”状态，即商业性森林保险市场表现为供给和需求都不旺盛，但集体林权制度改革为发展森林保险奠定了基础，由于森林保险具有广覆盖的特性，与林业信贷在服务对象、服务目的、标的风险等方面具有共同的利益交点，这就使得他们在林业项目产品的设计上奠定了更为广泛的合作基础。

森林保险和林业信贷的业务耦合在具体流程上可以通过下述方式运行：银行等林业信贷机构与森林保险经营机构协商签订合作协议，明确合作模式以及双方的权利和义务；林业信贷机构和森林保险经营机构联合对贷款申请人（营林主体）进行资信调查；符合条件的申请人与林业信贷机构签订贷款合同，与保险公司签订贷款保证保险等相关组合保险合同；林业信贷机构在相关手续完备后发放贷款，而一旦发生保险合同中约定的无法按时偿还等违约事件，则根据合同约定触发理赔。具体流程如图 8 – 2 所示。

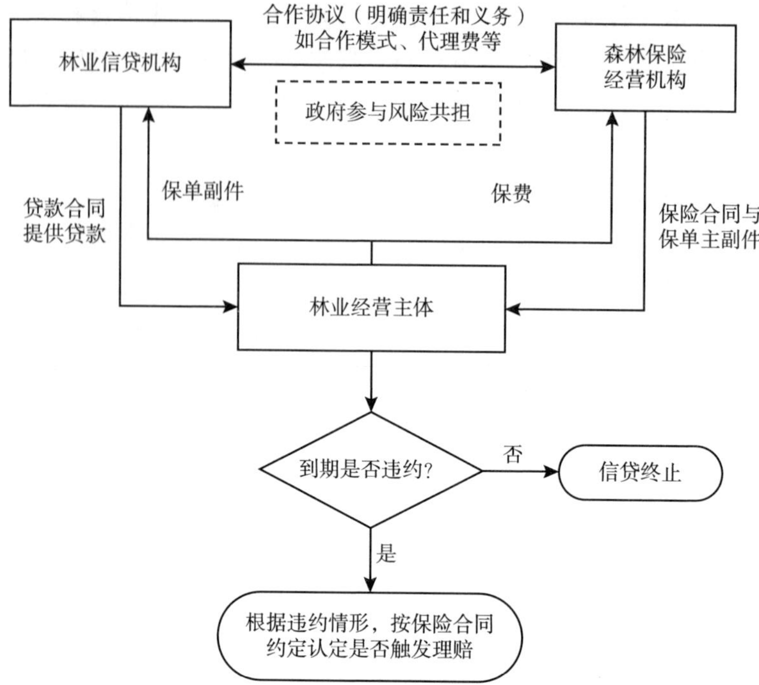


**图 8-2　森林保险与林农信贷的业务耦合流程**

## 第二节　森林保险与林业信贷助农增收的理论解释

银保互动业务的主要目标是解决林农的增收减贫问题，在此之前我国多数地区仅考虑“森林保险扶贫”或“林业信贷扶贫”的独立扶贫模式，虽然取得一定成绩，但从实际扶贫效果而言仍未达到理想的预期效果。究其原因，林业信贷虽然可以提高林农的收入上限，但在没有森林保险的风险保障下，自然灾害将会大幅降低林农的收入下限，加剧林农的贫困脆弱性，甚至出现“因灾返贫”现象的发生。此外，部分林农可能由于抵押物替代性不足面临信贷配给问题，从而导致无法通过正规林业信贷扩大生产规模，获取更多销售收益。从森林保险的角度而言，虽然森林保险可以有效保障自然灾害下林农的资金损失问题，但林农需要为森林保险支付一定成本，在没有自然灾害的情况下，保费成本将会降低林农的收入上限。

基于上述内容，在没有自然灾害的情况下，银保互动虽然可能由于保费支出问题降低林农的收入上限，但当自然灾害发生时，银保互动不仅可有效提高林农最低收入水平线，还可保障林农获得林业信贷的同时稳定林农收入，增强林农的“内生性”增收能力，且参考我国目前现有森林保险的保费费率可知，其保费费率仅有百分之几，多数地区还会为林农提供近50%以上的保费补贴，因此从理论角度而言真正由林农承担的保费成本在总收入中占比几乎很少，整体来看林农可以通过银保互动提高自身收入水平，最终实现脱贫防贫目标。为了更直观地说明银保互动对林农的增收减贫效果，本节参考已有研究，在构建林农收入模型的基础上分别从森林保险、林业信贷和“林业信贷 + 森林保险”这三者对林农收入的影响方面进行理论推导。

首先，假定地区林农家庭的耕地面积为 $\alpha$ 亩，林产品产量为 $\beta$kg/亩，林产品上一年度的市场价格为 $p$ 元。由于林业是一种弱质性产业，且从《中国贫困监测年鉴》的统计情况来看，我国每年有将近 60% ~70% 的重点帮扶地区发生自然灾害，林农净收入水平很容易受到由自然灾害所带来的资金损失。因此，假设自然灾害发生概率为 $\delta(0\leqslant\delta\leqslant1)$，因自然灾害所造成的林产品损失率为 $\xi(0\leqslant\xi\leqslant1)$。除林农总收入外，还应考虑到林产品生产成本对林农净收入的影响。在实际生产过程中，物化成本是贫困家庭林农支出成本的主要构成部分，理想情况下物化成本是一个固定的常数，本节假定物化成本占林农总收入比例为 $\lambda(0<\lambda<1)$。

基于上述假设条件，此时林农净收入的表达式为

$$\begin{aligned} R_0 &= [\alpha\beta P(1-\delta)+\alpha\beta P(1-\xi)]-\alpha\beta P\lambda \\ &= \alpha\beta P(1-\xi\delta-\lambda) \end{aligned} \tag{8-3}$$

由式（8 -3）可知，$\frac{\mathrm{d}R}{\mathrm{d}\delta}<0$，$\frac{\mathrm{d}R}{\mathrm{d}\zeta}<0$，即自然灾害发生风险概率或自然灾害损失率越大，林农的净收入越低。当确定发生自然灾害时（$\delta=1$），林农净收入则完全取决于其抗风险能力，当 $\xi=1$ 时，林农的净收入水平达到最低值 $-\alpha\beta P\lambda$；当 $\xi=0$ 时，即使发生自然灾害，但也对林农净收入水平没有造成影响，此时林农净收入水平达到最高值 $\alpha\beta P(1-\lambda)$。说明在无林业信贷和森林保险的情况下，林农净收入区间为 $[-\alpha\beta P\lambda, \alpha\beta P(1-\lambda)]$，其净收入曲线如图 8 -3 所示。

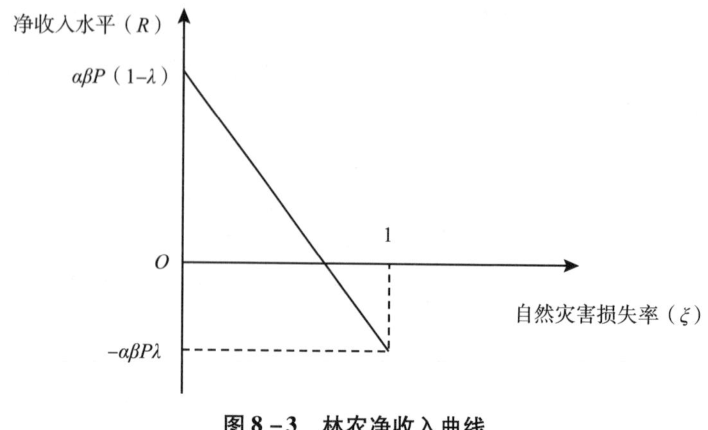


**图 8－3 林农净收入曲线**

在上述研究的基础上，进一步讨论林农获得林业信贷、森林保险或"森林保险＋林业信贷"情况下的净收入变化情况。

## 一、林业信贷对林农收入的影响

当林农获得林业信贷时，林农一方面可以通过林业信贷实现林业生产规模扩张，进而获得额外经济收益；另一方面林农将要承担一部分信贷成本。延续上述假设条件，此外假设林农获得林业信贷 $\pi$ 元，信贷利率 $r$，政府补贴的利息比例为 $\eta$，林业生产规模扩张比例为 $\gamma$，由于林农主要通过自有资金和信贷资金共同实现林业生产规模的有效扩张，因此林业生产规模的扩张比例可以用 $\gamma=\frac{\pi+K}{K}$（$k$ 为林农自有资金）来表示。此时林农所面临的林业信贷成本为 $C_1=\pi+\pi r(1-\eta)$，其中，$\pi r(1-\eta)$ 为林农真正需要支出的利息成本，而林农需要偿还的信贷本金已经计算到林农实现林业生产规模扩张的物化成本中。

基于上述假设条件，此时林农的净收入表达式为

$$R_1=\gamma[\alpha\beta P(1-\delta)+\alpha\beta P\delta(1-\xi)-\alpha\beta P\lambda]-\pi r(1-\eta) \quad \gamma\geqslant 1 \tag{8-4}$$

从式（8－4）可以看出，贷款利率和政府补贴比例在短时间内通常不会有太大波动，同时为便于分析，本节暂将林农每期所需要的贷款金额和自有资金认为是一固定常数，不会出现较大波动。此时，林农净收入水平的高低仍然由自然灾害损失率来决定。当自然灾害损失率 $\xi=1$，自然灾害风险发生概率 $\delta=1$ 时，林农净收入水平达到最低值 $-\alpha\beta P\lambda\gamma-\pi r(1-\eta)$，当自然灾害损失率为 $\xi=0$，自然灾害风险发生概率 $\delta=0$ 时，林农净收入

水平达到最高值 $\alpha\beta P(1-\lambda)\gamma-\pi r(1-\eta)$。

由此可知，当林农获得林业信贷时，林农的净收入区间为 $[-\alpha\beta P\lambda\gamma-\pi r(1-\eta),\ \alpha\beta P(1-\lambda)\gamma-\pi r(1-\eta)]$。与无林业信贷下林农净收入相比，当 $1\leqslant\gamma\leqslant1+\frac{\pi r(1-\eta)}{\alpha\beta P(1-\lambda)}$，$0<\eta<1$，易比较出 $-\alpha\beta P\lambda\gamma-\pi r(1-\eta)<-\alpha\beta P\lambda$，$\alpha\beta P(1-\lambda)\gamma-\pi r(1-\eta)<\alpha\beta P(1-\lambda)$，此时林农的净收入的最小值和最大值均低于没有获得林业信贷时林农的净收入水平；但当生产规模扩张系数 $\gamma\geqslant1+\frac{\pi r(1-\eta)}{\alpha\beta P(1-\lambda)}$ 时，林业信贷就会提高林农净收入的上限，有效扩大林农净收入区间。令 $1\leqslant\gamma\leqslant1+\frac{\pi r(1-\eta)}{\alpha\beta P(1-\lambda)}$ 时林农最高净收入水平为 $R_{max1}$，最低净收入水平为 $R_{min1}$；$\gamma\geqslant1+\frac{\pi r(1-\eta)}{\alpha\beta P(1-\lambda)}$ 时林农最高净收入水平为 $R_{max2}$，最低净收入水平为 $R_{min2}$，此时其净收入曲线如图 8－4 所示。

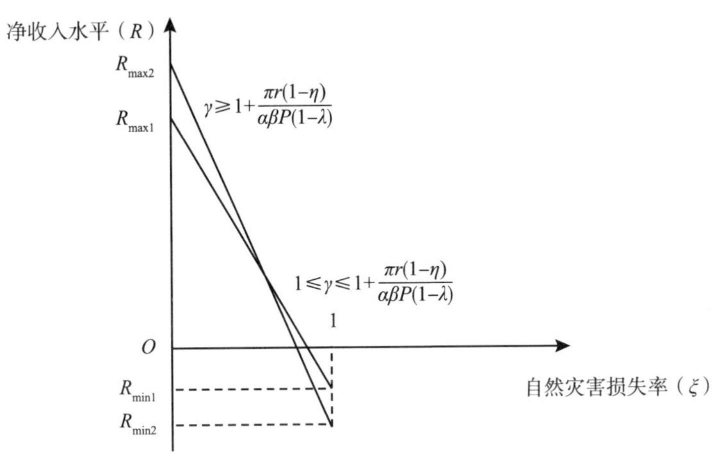


**图 8－4　获得林业信贷后林农净收入曲线**

## 二、森林保险对林农收入的影响

在上述假设条件下，进一步探讨当林农购买森林保险时其净收入变化情况。假设森林保险保障水平为 $\theta(0<\theta<1)$，保费费率为 $\chi(0<\chi<1)$，政府给予林农的保费补贴比例为 $\psi(0<\psi<1)$。此时，真正由林农自身承担的保费成本为 $C=\alpha\beta P\theta\chi(1-\psi)$。

当没有发生自然灾害（$\delta=0$，$\xi=0$）或虽发生自然灾害，但自然灾害所造成的损失程度并未达到森林保险赔偿标准时（$\xi\leqslant 1-\theta$），林农将会在现有收入的基础上进一步承担由自然灾害所造成的资金损失。

基于上述假设条件，此时林农的净收入表达式为

$$R_2=\alpha\beta P(1-\xi)-\alpha\beta P\lambda-\alpha\beta P\theta\chi(1-\psi) \qquad \xi\leqslant 1-\theta \qquad (8-5)$$

当自然灾害所造成的损失程度达到森林保险赔偿标准时（$\xi>1-\theta$），林农的净收入水平相比较式（8－5）而言，无论自然灾害损失程度如何，都会获得固定的保险赔偿收益。

此时林农的净收入表达式为

$$R_3=\alpha\beta P\theta-\alpha\beta P\lambda-\alpha\beta P\theta\chi(1-\psi) \qquad \xi>1-\theta \qquad (8-6)$$

通过式（8－5）、式（8－6）可知，当林农获得森林保险时，在不发生自然灾害或自然灾害损失率较小的情况下，林农将要额外支出一部分保费成本，此时林农净收入上限水平较初始状态式（8－3）而言会降低，下降幅度正好等于林农需要承担的保费额度。净收入区间为［$\alpha\beta P\theta-\alpha\beta P\lambda-\alpha\beta P\theta\chi(1-\psi)$，$\alpha\beta P(1-\lambda)-\alpha\beta P\theta\chi(1-\psi)$］；在自然灾害损失程度达到保险赔偿标准时，林农净收入水平则完全取决于森林保险保障水平和林农所能得到的政府补贴。保险保障程度和政府补贴比例达到最大值时，林农的净收入水平达到最大值；反之则林农净收入水平达到最小值。相比较式（8－3）而言，在自然灾害风险造成极大损失时，林农净收入水平的最小值增加了 $\Delta=\alpha\beta P\theta-\alpha\beta P\theta\chi(1-\psi)$，由于 $0<\chi<1$，$0<\theta<1$，因此 $\Delta>0$。可见森林保险明显提高了林农在极大自然灾害风险下的收入下限，从而有效控制资金损失程度。

## 三、银保互动对林农收入的影响

对于银保互动情况下林农净收入水平的变化情况，可在式（8－4）至式（8－6）的基础上实现公式构建，此时应当分为两种情况：第一种情况为没有发生自然灾害或自然灾害所造成的损失程度未达到保险赔付标准；第二种情况为发生极大自然灾害并触发保险赔偿。将第一种情况下林农净收入设定为 $R_1$，第二种情况为 $R_2$。

基于上述假设条件，第一种情况下的林农将会在式（8－4）基础上额外承担保费成本，将林农承担保费同样可以看作固定的物化成本，此时林农净收入的表达式为

$$R_4=\gamma[\alpha\beta P(1-\delta)+\alpha\beta P\delta(1-\xi)-\alpha\beta P\theta\chi(1-\psi)-\alpha\beta P\lambda]-\pi r(1-\eta)\quad \xi\leqslant 1-\theta \tag{8-7}$$

化简得：$R_4=\gamma[\alpha\beta P(1-\delta\xi)-\alpha\beta P\theta\chi(1-\psi)-\alpha\beta P\lambda]-\pi r(1-\eta)$ $\xi\leqslant 1-\theta$。

第二种情况下，由于极大自然灾害的存在，林农净收入水平将固定为一个常数，且林农净收入水平将在式（8－6）的基础上进一步实现林业生产规模的扩张，其净收入表达式为

$$R_5=\gamma[\alpha\beta P\theta-\alpha\beta P\lambda-\alpha\beta P\theta\chi(1-\psi)]-\pi r(1-\eta)\quad \xi>1-\theta \tag{8-8}$$

通过式（8－7）和式（8－8）可知，在银保互动发生时，当没有自然灾害发生的情况下（$\delta=0$，$\xi=0$）林农净收入水平达到最大值 $R_{max3}=\alpha\beta P\gamma[1-\theta\chi(1-\psi)-\lambda]-\pi r(1-\eta)$；当发生自然灾害但自然灾害损失程度没有达到保险赔偿标准时（$\xi\leqslant 1-\theta$），林农净收入曲线将会出现拐点，此时恰好为 $\xi=1-\theta$ 时，拐点处的净收入值为 $R^m=\alpha\beta P\gamma[\theta-\theta\chi(1-\psi)-\lambda]-\pi r(1-\eta)$；当发生极大自然灾害时（$\xi>1-\theta$），林农净收入水平达到最小值 $R_{min3}=\gamma[\alpha\beta P\theta-\alpha\beta P\lambda-\alpha\beta P\theta\chi(1-\psi)]-\pi r(1-\eta)$，与没有林业信贷情况下林农的净收入相比，其增加了保险的理赔部分，虽然额外增加保费成本，但从现有政策补贴力度而言该成本相对较小，因此森林保险可以有效提高式（8－4）的最小值，即提升林农在获得林业信贷且极大自然灾害发生情况下的收入下限。银保互动情况下林农净收入曲线图如图 8－5 所示。

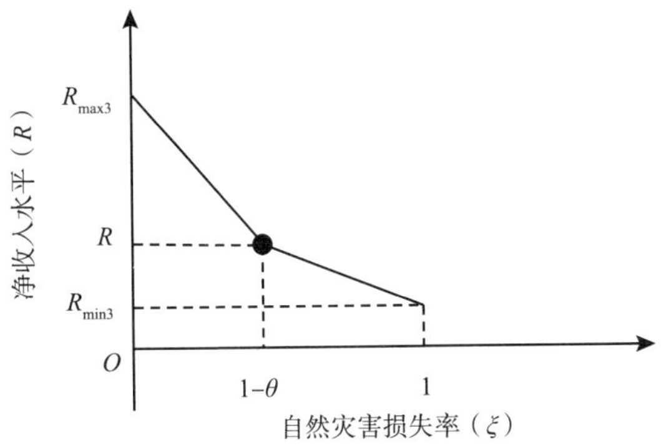


**图 8－5　银保互动下林农净收入曲线**

## 第三节 森林保险与林业信贷的关联关系检验

### 一、森林保险与林业信贷的协同关联关系分析

本节通过构建森林保险与林业信贷指标体系，运用熵值法确定各个指标权重，借助耦合协调度模型对我国2011—2019年森林保险与林业信贷之间的耦合协调度关系进行实证检验，为我国“森林保险+林业信贷”发展提供参考基础。

**（一）指标选取和数据来源**

本节选取森林保险保费收入（万元）、森林保险密度（元/人），森林保险深度（%）和森林保险赔付率（%）4个指标构建森林保险指标体系。同时选取我国林业贷款（万元）、林业贷款占比（%）2个指标构建林业信贷指标体系。相关原始数据来源于各年《林业统计年鉴》和《中国森林保险发展报告》。

**（二）研究方法**

1. 熵值法

在熵值法中为了确定各指标的权重，需要对从客观环境中所取得的原始数据信息进行分析，对原始数据进行分析时需要对各指标之间的关联程度和各指标所提供的信息量进行分析。从而在一定程度上避免了主观因素带来的偏差，因此熵值法确定的指标权重具有更高的可信度。熵值法确定指标权重具体包括以下步骤。

（1）对原始数据进行标准化：$y_{ij}=\frac{x_{ij}-\min x_{ij}}{\max x_{ij}-\min x_{ij}}$；

（2）计算指标值比重：$p_{ij}=\frac{y_{ij}}{\sum y_{ij}}$；

（3）计算指标熵值：$e_{ij}=-\frac{1}{\ln n}\sum p_{ij}\ln p_{ij}$；

（4）计算指标差异性系数：$g_j=1-e_j$；

（5）计算指标权重：$w_j=\frac{g_j}{\sum g_j}$，且 $w_1+w_2+w_3+\cdots w_j=1$；

（6）计算系统综合得分：$u_i=\sum w_j y_{ij}$。

指标体系及权重计算结果见表 8－1。

表 8－1 森林保险与林业信贷指标体系

| 系统层 | 指标层 | 指标权重 | 指标属性 |
|---|---|---|---|
| 森林保险 | 保费收入（万元） | 0.15 | + |
| | 保险密度（元/人） | 0.15 | + |
| | 保险深度 | 0.41 | + |
| | 赔付率（%） | 0.28 | + |
| 林业信贷 | 林业信贷（万元） | 0.38 | + |
| | 林业信贷占农业信贷占比（%） | 0.62 | + |

2. 耦合度模型

当多个系统之间通过多种路径进行相互影响时被称为耦合，耦合是一种动态的关联关系，这种关系是由各个子系统之间相互依赖、协调和促进所产生的。其中对于耦合度来讲主要指各个要素或子系统之间相互影响和彼此作用的程度大小。耦合协调度是度量子系统或者要素之间发展过程中彼此和谐一致的程度，体现了相互作用中良性耦合程度的大小。就本节而言，若耦合度非零，则说明森林保险与林业信贷之间存在相互依赖关系。而耦合协调度是指在森林保险与林业信贷存在相互依赖关系的前提下，二者协调一致的程度。本节对耦合度模型的构建主要借鉴了物理学中所涉及的有关容量耦合系统模型，具体耦合度模型为

$$C=\sqrt{\frac{u_1u_2}{(u_1+u_2)^2}} \tag{8-9}$$

式中，$C$ 表示耦合度；$u_1$、$u_2$ 分别代表森林保险系统和林业信贷机构系统的综合发展水平。一般而言，当系统内部的子系统进行磨合、相互促进时，耦合值将依次增大。耦合度 $C$ 在 0～1 之间取值，对于耦合值趋近于 0 时，说明子系统之间的耦合度极小，并且系统趋向无序发展；对于耦合值趋近于 1 时，说明两个系统的耦合度极大，系统之间达到良性共振耦合，趋向有序结构。

3. 耦合协调度模型

对于耦合度模型，虽然它能够反映出两个系统之间存在的耦合情况，但是还存在一定的不足。耦合度较高的情况既可能发生在两个系统发展水平双双走低的情形，也有可能发生在两个系统发展水平都较高的情形，故

仅依靠耦合度去判别两个系统之间的耦合程度是不准确的。为了能够客观地反映两个系统之间的发展水平，进一步构建了耦合协调度模型。耦合协调度公式为

$$D = \sqrt{C \times T} \tag{8-10}$$

式中，$D$ 表示耦合协调度；$T$ 表示系统综合评价指数，且 $T = \alpha \times u_1 + \beta \times u_2$；$\alpha$、$\beta$ 分别表示森林保险发展水平权重及林业信贷发展水平权重，由于本节认为森林保险和林业信贷同样重要，因此将 $\alpha$ 和 $\beta$ 均取值为 0.5，并将耦合协调度划分为五个等级，其等级划分见表 8－2。

**表 8－2　耦合协调度等级划分**

| 等级区间 | 等级评价 |
|---|---|
| $D=0$ | 失调 |
| $0<D\leqslant 0.3$ | 低度协调 |
| $0.3<D\leqslant 0.5$ | 中度协调 |
| $0.5<D\leqslant 0.8$ | 高度协调 |
| $0.8<D\leqslant 1$ | 极度协调 |

### （三）森林保险与林业信贷耦合评价结果分析

1. 森林保险与林业信贷综合评价分析

从森林保险与林业信贷综合得分结果来看，森林保险的发展整体呈上升趋势，但林业信贷的发展趋势并不稳定。2009 年，我国中央财政森林保险保费补贴政策正式实施，自此也推动我国森林保险的有效发展，从评价结果来看，2011—2017 年我国森林保险的发展程度明显提高，2011 年森林保险综合得分为 0. 011，2017 年就已达到接近 0. 2 的得分，提高将近 2 倍的增长水平。但从 2018 年开始，从我国综合得分情况来看森林保险的发展程度略微下滑，这很可能由于我国森林保险市场逐渐达到饱和状态，因此应尽快在此基础上实现进一步的金融创新，确保森林保险的有效发展。从林业信贷的得分结果来看，相较于森林保险而言其发展趋势并不稳定且波动较大。虽然林业信贷与森林保险相同，都在 2012 年出现较大的趋势变化，但是从 2014—2016 年，林业信贷得分出现下滑情况，且 2017—2018 年也有明显下滑。这一方面是因为受到信贷配给问题，很多林农由于无法给予充足的抵押担保，导致其无法或很难通过正规渠道获得林业信贷；另一方面林农可能担心林业所面临的自然灾害风险，即使当林农

通过林业信贷或者生产规模的提升时，极大自然灾害也会致使林农收益水平进一步下降，此时林农还要额外承担信贷成本，因此林农很可能出于避险心理不实行林业生产规模的扩张。

2. 森林保险与林业信贷耦合协调性评价分析

根据以上权重、综合评价、耦合度以及耦合协调度的计算公式，计算出表 8 -3 所示的各项数值，并且依据耦合协调度等价划分表进行评价。

**表 8 -3　　森林保险与林业信贷系统协调关系**

| 年份 | 保险综合得分 | 信贷综合得分 | 耦合度 | 耦合协调度 | 评价 |
|---|---|---|---|---|---|
| 2011 | 0. 011321787 | 0. 0000181921 | 0. 080041871 | 0. 021303441 | 低度协调 |
| 2012 | 0. 032514463 | 0. 1592420860 | 0. 750493637 | 0. 268246221 | 低度协调 |
| 2013 | 0. 067711266 | 0. 1672794210 | 0. 905797400 | 0. 326231477 | 中度协调 |
| 2014 | 0. 074669819 | 0. 1584892380 | 0. 933147170 | 0. 329827011 | 中度协调 |
| 2015 | 0. 115034237 | 0. 1321154810 | 0. 997608842 | 0. 351111623 | 中度协调 |
| 2016 | 0. 122296799 | 0. 1124386250 | 0. 999117739 | 0. 342438553 | 中度协调 |
| 2017 | 0. 197417208 | 0. 1537044390 | 0. 992220278 | 0. 417366756 | 中度协调 |
| 2018 | 0. 197406315 | 0. 1021365110 | 0. 948073708 | 0. 376821362 | 中度协调 |
| 2019 | 0. 181628106 | 0. 1457600630 | 0. 993980388 | 0. 403371677 | 中度协调 |

由表 8 -3 可以看出，各年耦合度均为非零，说明我国森林保险与林业信贷之间是存在相互依赖关系的，同时除 2011 年以外，其余年份的耦合度均高于 0. 75，说明森林保险和林业信贷之间存在着高度耦合水平，二者之间一直存在一定联系，并通过其运行机制的自发作用和政府政策的推动，使两者之间的关系能够一直维系下去，但两者之间的耦合协调程度却并没有达到高度协调，说明目前我国森林保险和林业信贷的合作机制仍然有待完善。2009 年，我国就已提出“保险 + 信贷”的发展方针，2010 年银保监会将保险保障机制引入信贷市场，这也是保险机构快速打开农村保险市场，扩大市场份额的有效途径。2013 年起，我国森林保险和林业信贷之间的合作关系已有明显提升，由表 8 -3 可知，2013 年森林保险与林业信贷的耦合协调度达到 0. 32，相比较 2011 年、2012 年而言耦合协调关系指数上升 0. 05，有着较大提升。但 2017 年开始，我国森林保险与林业信贷之间的耦合协调程度进入瓶颈期，一方面可能是由于森林保险与林业信贷业务发展相对缓慢，进而出现逐渐平缓趋势；另一方面可能是由于森林

保险机构与林业信贷机构之间信息共享效率较低，未能达到预期水平。

## 二、森林保险与林业信贷需求关联关系分析

按照理论分析，森林保险有助于增强林农抗风险能力，减少贷款违约的可能性，改善营林主体的信用地位，从而降低金融机构信贷风险，进而增加对林业的贷款供给，缓解林农信贷约束，对林业资金融通起到配套保障作用。如果森林保险发展不足，林农风险处置手段缺乏，风险抵御能力低下，贷款风险也较大，金融机构提供信贷的积极性降低，从而林农也难以获取贷款。但在金融实践中，林业信贷与森林保险合作机制是否具有可行性，存在信贷需求的林农是否同样也有参保意愿，需要通过实地调查数据进行验证。具体来说主要包括两方面：一是林农自身的风险状况与正规信贷可得性的关系，是否存在林农自身风险高、信贷可得性差（面临信贷约束）的状况；二是林农信贷需求与森林保险参与意愿的关系，具有信贷需求的林农是否同样也有很强的购买森林保险的意愿。

### （一）森林保险与林农信贷约束的关联关系分析

利用林农信贷与森林保险方面的调查数据对林农风险状况与林农信贷可得性（信贷约束）之间的关系进行分析。首先对林农风险及其处置手段选择状况进行描述性分析，然后分析林农风险状况与信贷约束的关联情况。

1. 林农风险处置手段及其风险类型划分

从林农对风险缓解手段的选择来看，60%以上的林农选择“依靠自家解决”（见表 8 – 4）。在实际调查中，发现依靠自家解决存在两种情况，一种是自己确实有储蓄，有能力面对风险，可以很好地依靠自己的实力来化解风险。存在这种情况的林农，他们的风险是比较低的，就算是面临风险也不会给他们的生产生活带来很大的影响，因而这部分林农是低风险的。另一种与其正相反，这部分林农之所以选择依靠自己解决，是因为他们没有其他途径可选，也无法从亲戚朋友家借到钱，更不可能从农信社和其他民间借贷机构得到贷款，而且本身他们就处于弱势地位，当政府救济和村集体给予帮助的体制还未建立的情况下，只能是依靠自己来解决问题，处在这种情况下的林农，他们是非常脆弱的，一点风险就可能会将他们击垮，祸及他们正常的生产和生活，正是不在少数的、高风险的林业经营群体的客观存在，严重影响着林业经济的全面健康发展。

**表 8-4　　林农缓解林业风险的主要手段和措施**

| 风险缓解手段 | 样本数 | 比例（%） |
|---|---|---|
| 依靠自家解决 | 223 | 62.50 |
| 找亲友借钱 | 37 | 10.42 |
| 向金融机构借钱 | 55 | 15.34 |
| 政府救济及村集体帮助 | 42 | 11.74 |
| 总计 | 357 | 100.00 |

选择“政府救济及村集体帮助”的林农，一是缺乏社会关系，二是自家的实力不济，凭借自身能力不能够化解风险，希冀政府会对受灾林农进行救济，而且主观认为可以得到政府帮助，因而选择政府相关的风险缓解方式。选择此项的林农其风险比较高的，毕竟依靠自己已经不能化解风险了，因而他们属于高风险营林主体群体范畴。选择“找亲友借钱”和“向金融机构借钱”这两项的林农具有一定的社会关系，可以在风险来临的时候比较好地解决和应对，从这个意义来说，这些林农应该是属于低风险的。通过以上分析，把林农风险缓解手段选择与林农的风险状况联系起来，可将林农风险程度分为两类，高风险和低风险。其中，选择“政府救济及村集体帮助”和因为没有其他办法而“依靠自家解决”的林农属于高风险者；选择“找亲友借钱”“向金融机构借钱”，以及确实是自己家庭有能力解决的林农归为低风险者。

2. 林农的信贷可得性与风险状况的关联分析

实际上，林农信贷可得性差，很大程度上是缘于林农自身风险大，农信社等正规金融机构以及民间信贷为规避风险而不向他们发放贷款，从而导致林农得不到借款，存在信贷约束。在此将林农的风险状况（高风险和低风险）和林农的信贷约束状况（面临信贷约束与否）对应起来分析该问题。按照林农的信贷可得性与信贷配给状况，将林农分成有信贷约束和没有信贷约束的两类，进而分析不同信贷约束情况下林农的风险状况，以此来验证以下假设：有信贷约束的林农，其为高风险的可能性大；无信贷约束的林农，其为低风险的可能性大。

通过使用交叉频数分析林农风险类型与信贷可得性之间的关系，从表 8-5 可以看出，在高风险林农中有 52.2% 的林农没有信贷约束，而低风险林农的比例是 78.5%。而且低风险林农中仅有 19.9% 存在信贷约束，高风险林农存在信贷约束的比例高达 44.7%。在有信贷约束的林农中，高风险林农占比是 66.1%，低风险林农占比是 33.9%；在没有信贷约束的林农中，高风险林农占比是 36.5%，低风险林农占比为 63.5%，很显然，高风险林农面临的信贷约束远高于低风险林农面临的信贷约束。因而，可以说林农的风险情况影响了林农的信贷可得性。

**表 8－5　　林农风险类型与信贷约束交互分析**

| 林农风险类型 | 指标 | 是否存在信贷约束 | | | 总体 |
|---|---|---|---|---|---|
| | | 是 | 否 | 不确定 | |
| 高风险 | 频数（户） | 72 | 84 | 5 | 161 |
| | 是否面临信贷约束的比例（%） | 44.7 | 52.2 | 3.1 | 100 |
| | 不同信贷约束状况的比例（%） | 66.1 | 36.5 | 62.5 | 46.4 |
| | 占所有样本林农的比例（%） | 20.7 | 24.2 | 1.4 | 46.4 |
| 低风险 | 频数（户） | 37 | 146 | 3 | 186 |
| | 是否面临信贷约束的比例（%） | 19.9 | 78.5 | 1.6 | 100.0 |
| | 不同信贷约束状况的比例（%） | 33.9 | 63.5 | 37.5 | 53.6 |
| | 占所有样本林农的比例（%） | 10.7 | 42.1 | 0.9 | 53.6 |
| 总体 | 频数（户） | 109 | 230 | 8 | 347 |
| | 林农是否面临信贷约束的比例（%） | 31.4 | 66.3 | 2.3 | 100 |

从以上分析可以看出，风险大的林农的信贷可得性比风险小的林农的信贷可得性差，那么林农的正规金融信贷可得性与风险的关系如何？是否也存在风险越大的林农正规金融信贷可得性越差的情况？同样还是使用交互分析的方法来分析两者之间的关系。由表 8－6 可以看出，高风险的林农中有 45.6% 的正规金融信贷得到了满足，而在低风险的林农中有 80% 得到满足，远高于高风险的林农；反过来，高风险林农中正规金融信贷得不到满足的比例是 54.4%，而低风险林农中仅有 20% 的林农正规金融信贷需求得不到满足。从另一个角度来看，在得到了信贷满足的林农中，65.4% 是低风险林农，而高风险林农仅占 34.6%；没有得到信贷满足的林农的风险类型分布则正好相反，高风险林农所占的比重是 71.7%，低风险林农所占的比重为 28.3%。这也充分证明林农自身的风险状况影响其正规金融信贷可得性，风险大的林农的正规金融信贷可得性差。

**表 8－6　　　　林农风险类型与正规信贷满足状况交互分析**

| 林农风险类型 | 指标 | 正规信贷是否满足 | | 总体 |
|---|---|---|---|---|
| | | 是 | 否 | |
| 高风险 | 频数（户） | 36 | 43 | 79 |
| | 正规信贷是否得到满足的比例（%） | 45.6 | 54.4 | 100 |
| | 正规信贷不同满足状况的比例（%） | 34.6 | 71.7 | 48.2 |
| | 占所有样本林农的比例（%） | 22.0 | 26.2 | 48.2 |
| 低风险 | 频数（户） | 68 | 17 | 85 |
| | 正规信贷是否得到满足的比例（%） | 80 | 20 | 100 |
| | 正规信贷不同满足状况的比例（%） | 65.4 | 28.3 | 51.8 |
| | 占所有样本林农的比例（%） | 41.5 | 10.4 | 51.8 |
| 总体 | 频数（户） | 104 | 60 | 164 |
| | 林农是否面临信贷约束的比例（%） | 63.4 | 36.6 | 100.0 |

### （二）信贷需求与林农森林保险意愿互动关联关系分析

根据以上分析，由于林农自身所存在的风险，影响了林农的信贷可得性。而森林保险是解决林业风险问题的重要途径之一，购买森林保险符合林农自身的需要。因此，要求想获得信贷的林农购买保险并不会违背林农的意愿，不会给林农造成额外的负担。那么有信贷需求的林农是否具有保险需求？有信贷需求而没有得到贷款满足的林农（存在信贷约束的林农）是否比得到贷款满足的林农有更强的参保意愿？以下基于调查数据，对这些问题进行描述统计分析。

表 8－7 是没有申请贷款的林农的森林保险参与意愿，其中有效样本 157 份。没有申请过贷款的林农，不申请贷款的原因多种多样，有的林农是由于自己主观方面不想贷款，有的是由于客观条件不允许。总体而言，这些林农也算是信用社贷款的潜在需求者。

**表 8－7　　　　没有申请贷款林农的参保意愿**

| 意愿 | 样本数（份） | 比例（%） |
|---|---|---|
| 愿意 | 105 | 66.88 |
| 不愿意 | 38 | 24.20 |
| 无所谓 | 14 | 8.92 |
| 总计 | 157 | 100.00 |

表8－8是申请了贷款但是未获得或没有获得全额贷款的林农的保险需求统计。其中有效样本80份。申请了农信社的贷款但是没有得到贷款的林农，是信用社借款的强烈需求者，只要信用社愿意贷，他们就会从信用社贷款。因而他们也是在信用社提出附加贷款条件的情况下，最可能贷款的那一部分林农。将表8－7与表8－8进行比较可以看出，没有申请过农信社贷款的林农中，66.88%的林农有参保意愿；在申请贷款但没有得到满足的林农中，该比例为55%。从不愿意参加保险的林农比例看，在没有申请过贷款的林农中比例为24.2%，申请贷款而没有得到满足的林农不愿意参加保险的比例为33.75%。由此可见，没有申请过贷款的林农的保险参与意愿高于申请了而要求没有得到满足的林农。

**表8－8　　申请贷款但没有得到满足的林农参保意愿**

| 意愿 | 样本数（份） | 比例（%） |
| --- | --- | --- |
| 愿意 | 44 | 55.00 |
| 不愿意 | 27 | 33.75 |
| 无所谓 | 9 | 11.25 |
| 总计 | 80 | 100.00 |

表8－9是将没有申请贷款和申请贷款但没有得到满足的林农的参保意愿进行合并，这就是总体的最大范围农村信用社贷款潜在需求者的参保意愿统计。表8－10是获得了信用社全额贷款的林农的参保意愿，申请并获得了农信社全额贷款的林农已经和农信社之间建立了一种良好的关系，只要他们本期的借款能按时归还，恪守信用，保持良好的信用记录，以后的贷款将会变得比较容易，而农信社也会很愿意将贷款发放给他们。因为这些林农已经成为那些社优质的贷款客户，在任何情况下都会优先考虑向他们发放贷款。

**表8－9　　没有申请贷款和申请贷款但没有得到满足的林农的参保意愿**

| 意愿 | 样本数（份） | 比例（%） |
| --- | --- | --- |
| 愿意 | 149 | 62.87 |
| 不愿意 | 65 | 27.43 |
| 无所谓 | 23 | 9.70 |
| 总计 | 237 | 100.00 |

表 8 - 10　　　　获得农信社全额贷款的林农的参保意愿

| 意愿 | 样本数（份） | 比例（%） |
|---|---|---|
| 愿意 | 51 | 43.59 |
| 不愿意 | 44 | 37.61 |
| 无所谓 | 22 | 18.80 |
| 总计 | 117 | 100.00 |

将表 8 -9 与表 8 -10 进行综合比较，可发现没有农信社贷款或贷款要求没有得到满足的林农的保险参与意愿远高于获得了农信社全额贷款的林农。获得了农信社全额贷款的林农中，只有 43.59% 的林农有保险参与意愿，而不愿意购买保险的林农比重占到了 37.61%；在没有获得农信社贷款或贷款要求没有得到全额满足的林农中，有 62.87% 的林农具有保险参与意愿，不愿意参加保险的林农仅占 27.43%。由此可见，相较于贷款得到满足的林农，面临信贷约束的林农对森林保险的需求更高。因此，信贷机构以购买森林保险为发放信贷的前提条件是可行性的。

## 第四节　森林保险与林业信贷合作的障碍与路径设计

### 一、森林保险与林业信贷合作的主要障碍

#### （一）信贷与保险机构相互独立，联动机制尚未建立

林业信贷与森林保险的联动机制需要信贷机构和保险公司相互合作，实现资源共享，减少程序步骤，才能实现规模经济，降低交易成本。实地调研发现，目前林业信贷与森林保险机制缺乏内在的互相联系，双方并没有建立资源共享合作机制，在实现彼此间的“互助合作”发展中存在诸多不足。

一是双方缺乏制度协作。信贷机构和保险公司双方在林业金融服务方面的业务合作还没有很好地开展与衔接起来，未能形成风险利益共同体。目前信贷与保险机构双方很大程度上还是按照自身发展的内在逻辑和实际需要各自为政，而不是从整个林业金融服务体系发展形态的内在要求出发来建立配套制度上的合作机制，以实现彼此间的“互助”发展。如在保险业务代理方面，根据对福建、浙江等省的调查，目前辖区内农村金融网点

仅少量开展保险代理业务，银保双方在林业项目拓展上的分割性，使得森林保险产品在营销中无法有效利用信贷机构在农村地区地域、人员方面的优势。信贷机构展业渠道上的单一性使得森林保险推广受到影响，森林保险的参保率不高。

二是双方缺乏业务协作。林业信贷和森林保险在产品创新中没有很好的衔接，产品设计和供应不匹配。林业信贷和森林保险在服务对象、服务目的、标的风险等方面具有相同点，这就使得他们在林业项目产品的设计上有许多合作的基础。但在实践中，信贷机构没有收集贷款林农的保险记录，也没有将申请贷款的林农是否参保、参保类别、参保金额、参保年限等内容作为审核发放贷款的重要参考因素。保险公司也没有根据林业信贷产品设计森林保险品种，提高保险服务质量，发挥森林保险对防范和化解林业信贷风险的积极作用。基层银行和农村信用社的相关管理人员普遍反映，目前的森林保险产品对林业贷款融资的支持作用并不明显。由于森林保险产品与信贷产品设计和供应存在的不匹配，使得森林保险难以发挥其为林业信贷提供有效的风险保障的作用，这是制约森林保险发展的一个重要因素。与林业贷款相匹配的保险业务是项新业务，处于推广阶段，信贷机构的信贷员承担着推销的角色，但是由于信贷人员缺乏森林保险知识，不能积极地配合保险公司进行营销工作，无法对林农进行有效宣传，在一定程度上限制了该模式的推广和发展。

**（二）融资成本与保险费率较高，林农参与程度较低**

目前，信贷机构的林权抵押贷款业务普遍存在利率高的问题，这使借款林农的融资成本本来就高，如果“林业信贷 + 森林保险”业务无政府补贴，保险费用的支出又增加了借款林农的融资成本。同时，在发放林业信贷过程中，为了降低林业信贷风险，当林权抵押贷款金额较大时，银行只按照受保的金额进行贷款，即每亩保额 500 元，银行只愿意贷 500 元，而不是根据林地实际估值的一定折价发放贷款，这又限制了林农贷款的积极性。

总体而言，目前的森林保险费用仍然偏高，不利于“林业信贷 + 森林保险”模式的推广，森林保险费用高具体表现为两个方面。

一是森林保险的保费高，林业（特别是营林业）收益偏低，林农经济基础薄弱，因此不愿甚至是无力承担高额保费。森林保险为此陷入“按商业化操作制定保险费率，林农保不起；按政策性要求制订保险费率，保险公司赔不起”的尴尬境地。目前，森林保险财政补贴比例偏低，林农的投保积极性还未能全面激发起来。按现行规定，商品林财政补贴保费60%，林农投保商品林保险的自缴部分仍达到40%，商品林综合险每亩按保险金额500元，年保费率按4‰计算，林农每亩每年需负担保费0.8元，由于林区多为经济欠发达地区，林农收入水平普遍较低，尤其是林业生产周期长，林木种植业具有投资回报滞后性。而目前各试点省的森林保险产品都是保再植成本，而没有做到像日本、北欧等先进国家那样保价值，因此对于那些林木资源价值较高的林业生产经营者，森林保险的吸引力不强。

二是农村地区保险机构网点缺乏，既增加了林农参与森林保险的难度，又增加了林农参与森林保险的费用。目前，我国的保险机构大都分布在县级以上地区，林农办理保险事项时需在城乡之间多次往返，消耗林农的人力、财力，非常不便。一旦保险事故发生后，保险公司的服务也不能及时满足林农的需要。

**（三）经营成本与收益不相匹配，金融机构动力不足**

商业机构的经营目标是在风险可控的前提下追求利润最大化，特别是受人力资源、资金等方面限制，需要优先发展投入少、盈利多的业务。林农分散、单项业务金额较小、信息不对称等问题会导致银行、保险公司与林农之间签订合约和执行合约的成本增大。过高的交易费用会使银行和保险公司无意愿提供服务，尽管林业信贷与森林保险协同机制降低了很大的经营费用，但是如果基数太大，这仍然使银行和保险公司无法承受。通过对福建、江西等地实地调研发现：由于林农投保积极性较低，开展森林保险的面积小、承保面窄，保费金额小，加上近年来由于雨雪冰冻灾害造成大量枯倒木，引发的森林火灾次数和面积增加，保险公司因此理赔量大，多处于亏损。另外，保险公司希望林农大面积投保，而大多林农只将火灾风险高的地带进行投保，风险小的地带不投保。此外，保险公司经常需要通过银行代办理林农的保险手续，而银行作为商业机构自然从中收取了25%的代理费，更加摊薄了保险公司的利润，政策险种的商业经营运作过程中困难重重。

实际上，林业信贷与森林保险发展缓慢有着共同的经济基础原因，即原本处于弱势的林业经济在分散到具体的林农时显得更为弱势。资本的趋利性和金融服务的获益要求，使得弱势产业（林业）和弱势群体（林农）的金融服务需求更难以得到满足，林业金融因服务对象的弱势而变成了弱势金融。因此，设计合适的激励约束机制，或引入林业经济合作组织来降低交易费用，是解决高成本问题的方向。随着林业产业化进程不断推进，一些林业产业化的龙头企业崭露头角，在林业发达区域其林业经济合作组织也开始出现并日趋壮大。原本弱势的林业产业因某个承载经济实体而逐步变强，使得弱势金融通过“合纵”之举做大做强有了新的载体。因此，信贷机构（包括小额贷款组织）和保险公司可以通过林产品加工企业、林副产品流通企业和林业经济合作组织将信贷和保险等金融服务功能传导给分散的林农，实现金融机构与林农之间有效对接。

## 二、森林保险与林业信贷合作的路径设计

### （一）跨市场的机构合作路径

“合作—代理”模式基于我国森林保险市场的发展现状，许多保险公司在森林保险市场的覆盖面有限，森林保险市场的发展还不成熟。因此，通过跨市场的机构合作，借助产业代理的方式是一种适宜的选择。一般而言，“合作—代理”的模式包括一家专业的保险公司（如商业保险机构）和一家信贷机构。从国内现有的林业信贷、森林保险支持林业发展模式看，保险公司与其他金融机构的合作机制尚未形成。首先，信贷机构可能缺乏对森林保险产品的认识，从而影响到保险公司产品的推广。其次，委托代理关系下容易产生道德风险行为，不利于保险公司在森林保险市场的长期发展。目前针对林业信贷项目自然风险的森林保险产品有待创新。基于此，信贷机构与保险公司可以构建新型的信贷与保险联合体模式，即“政府 + 金融机构（农信社 + 保险公司）+ 公司（龙头企业）+ 林农”新型信贷与保险联合体。这种模式的主要特点体现在建立信贷担保机制、实行贷款贴息、建立自然灾害保险这三个方面。

在合作对象上，可把农村商业银行、农村信用社、农村资金互助社、村镇银行、林业产业化龙头企业等纳入保险公司合作的范围，积极推广“林业信贷 + 森林保险 + 龙头企业”的服务模式。对于产业化的新型林业经营主体来说，一般都积累了相当的资本，他们把森林保险的保费支出当作正常的生产成本支付。保险机构和信贷机构通过联合服务于具有较强实力的新型林业经营主体，既便于服务和管理、有利于控制风险，又能够获取集约化经营效益。新型林业经营主体在获取保险和信贷支持后实力得以增强，在与小林农签订林产品收购合同时可以较高的定价、较长的资金垫付、较优惠的结算条件给予小林农相对的商业优惠，为保证林产品原材料或货源的充足、稳定，新型林业经营主体在一定条件下还可为订单小林农提供部分风险补偿。

### （二）跨市场的产品合作路径

除了从机构合作的视角分析林业信贷和森林保险市场的对接形式外，还可以从产品对接角度来分析，通过开发不同的融资保险品种，拓展林业信贷与森林保险互动的空间。目前森林保险对风险灾害给林农带来的损失进行了部分风险分担，这虽然在一定程度上减轻了林农的偿还贷款负担，但是，中央及地方政府的财政补贴款毕竟有限，当风险灾害发生时，许多林农的利益可能无法得到充分保障。此外，由于地方政府、保险公司、林农三方之间的协调成本高，理赔程序复杂，这又使得许多林农对该类保险的参与性不强。并且当前我国森林保险品种单一，许多林农急需的多样化的森林保险产品并未广泛推广。

在实际操作中，可以考虑将林业信贷与森林保险统一起来，信贷机构把贷款分成两部分，一部分作为森林保险的保费，另一部分资金交付林农用于林业生产，即林农在申请林业信贷时，农信社根据其申请的项目，扣减相应的保险金额，凡申请贷款者必须购买森林保险。在正常情况下，林农完成林业生产用所获收入偿还贷款；发生自然灾害等保险事故时，则由保险公司审查之后，用赔款直接代为偿还银行贷款，剩余部分给付给林农，用于林业生产的灾后恢复。这样做可以利用信贷与保险各自的特点，相互弥补其劣势。一方面，保险公司利用银行作为营销渠道，节省双方的成本支出；另一方面，可以降低农信社的信贷风险。此外，保险公司还可以考虑选择邮政以及其他分销渠道，或者在之前合作关系的基础上建立战略伙伴关系，利用信贷市场已经搭建起来的平台来拓展此类业务。

在产品开发上，对信贷机构来说，要加强与保险公司的合作，逐步拓展合作领域，开发新的适合林农需要的信贷品种。信贷机构可以将林农或林业经济合作组织的保单、林权证或仓单作为质押物，或将大型林业机械设备作为抵押物向信贷机构申请贷款。对保险公司来说，也要加强对林业信贷保险市场的研究，开发符合林业生产特点、能够满足营林主体需求的保险产品。保险机构可以设计保单质押贷款保险、抵押贷款保险等产品。营林主体和信贷机构在签订贷款合同的同时由一方购买融资保险，将部分风险转移；保险机构承诺在借款方无力偿还贷款时，赔偿信贷机构的部分损失，并取得代位追偿权；当借款方有偿还能力之后，保险机构追回贷款，扣除支付的保险赔偿，并将余下款项归还给信贷机构。这样既增加了信贷机构的业务收益，又能更有效地防范风险。

## 第五节　研究结论与政策启示

### 一、研究结论

（1）林业信贷与森林保险耦合机制可以提高信贷机构、保险公司及营林主体预期收益，相对于独立的信贷与保险机制具有明显优势。林业信贷与森林保险整合起来形成合力，充分发挥各自的比较优势，有利于优化金融资源配置，提高信息利用效率，降低交易成本，提高信贷机构和保险公司的总体收益。既可以解决林业资金不足的问题，也可以减少林农因自然灾害造成的损失，提高林农还款能力，降低林农信贷风险，从而实现林农、信贷机构和保险机构三方合作共赢的局面。

（2）存在信贷需求的林农同样也具有强烈参保意愿，林业信贷与森林保险合作机制具有可行性。通过对林农信贷与森林保险需求关系分析发现，在没有得到贷款满足的林农的参保意愿高于得到贷款满足的林农，面临信贷约束的林农森林保险需求意愿强烈，当向银行或农信社申请贷款时，如果信贷机构提出发放贷款要求购买森林保险，由于这些林农本身就有很强的参保意愿，保险并不会成为他们的额外负担，却能够满足他们两方面的需要，这就为林业信贷与森林保险的结合创造了条件。

（3）跨市场的机构合作和跨市场的产品对接这两种发展路径比较适合我国林业信贷与森林保险互动发展的现实需要。一方面，基于“合作—代理”模式，信贷机构与保险公司可以构建新型的信贷与保险联合体，即“政府＋金融机构（农信社＋保险公司）＋公司（龙头企业）＋林农”新型信贷与保险联合体；另一方面，信贷机构与保险公司加强信贷与保险产品合作开发，可以考虑将林业信贷与森林保险统一起来，凡申请贷款者必须购买森林保险。

### 二、政策启示

第一，对“银保合作”予以引导和扶持。建议央行、银保监会等监管部门联合制定银保合作相关指导意见，从法律的高度去规范、引导森林保险与林业信贷合作的各个层面，建立林业信贷和森林保险合作机制，择机推行“林业信贷＋森林保险”的运作模式。在初期阶段，对投保林农所需贷款在同等条件下实行贷款优先、服务优先等优先政策，并在贷款额度、利率以及补贴等方面给予一定的优惠，鼓励林农参加森林保险。

第二，建立良好的合作制度。信贷机构与保险公司要提供人、财、物方面的支持和保障，制定相关的业务发展策略，建立有效的业务监督管理制度和激励机制。

第三，建立双边定期信息交流通报机制和业务培训机制。农信社等信贷机构和保险公司应联合加大对业务人员的培训，培养一批既懂林业信贷又懂森林保险的复合型人才。

第四，要加强产品开发合作机制。信贷机构和保险公司要抽出专业人员，组成市场拓展专家小组，设计既满足林农需要又适合信贷机构销售的森林保险品种；同时制定产品动态开发工作机制，形成横跨信贷机构、保险机构的市场需求收集、反馈、产品设计、销售流程。

第五，要建立重点林业项目合作机制。对林业信贷或森林保险重点支持发展的林业项目，有合作意向的，要建立双边项目合作机制。

# 参 考 文 献


［1］白冬艳．多功能森林经营效益优化及财政政策调控研究［D］．沈阳：沈阳农业大学，2013.

［2］曹兰芳，彭城，文彩云，等．集体林区异质性农户森林保险需求及差异研究——基于湖南省500户农户面板数据［J］．农业技术经济，2020（5）：82－92.

［3］曹蕾，周朝宁，王翌秋．农机保险支付意愿及制度优化设计［J］．农业技术经济，2019（11）：29－44.

［4］曹斯蔚．林业供给侧改革视角下郴州市森林保险发展对策研究［J］．林业经济，2017（4）：87－92，112.

［5］曹艳秋．财政补贴农业保险的双重道德风险和激励机制设计［J］．社会科学辑刊，2011（3）：107－110.

［6］柴智慧，赵元凤．牧民对农业保险保费补贴政策的认知度与满恋度研究基于内蒙古自冶区500多位牧民的问卷调查［J］．农村经济，2013（4）：66－69.

［7］陈国荣，邵豹伟，秦涛，等．基于风险区划的我国森林火灾险费率厘定研究［J］．价格理论与实践，2017（8）：116－119.

［8］陈林，伍海军．国内双重差分法的研究现状与潜在问题［J］．数量经济技术经济研究，2015，32（7）：133－148.

［9］陈绍志，赵荣．发达国家森林保险发展经验［J］．世界农业，2013（8）：6－12.

［10］陈天姣．农业经济增长、政策性农业保险和农村居民收入的相互影响——基于FAVAR模型的实证研究［C］．清华大学经济管理学院中国保险与风险管理研究中心、伦敦城市大学卡斯商学院、西南财经大学保险学院，2019：340－354.

[11] 陈曦，曹芳萍．瑞典森林保险发展历程与现状分析［J］．世界林业研究，2018，31（6）：60－64.

[12] 陈晓丽，陈彤．森林保险最优财政补贴规模测度研究——基于调查四川省180户林农数据［J］．新疆社会科学，2016（1）：47－52.

[13] 陈振明．非市场缺陷的政治经济学分析——公共选择和政策分析学者的政府失败论［J］．中国社会科学，1998（6）：89－105.

[14] 程静，胡金林，胡亚权．农户双低油菜天气指数保险支付意愿分析［J］．统计与决策，2018，34（3）：121－124.

[15] 邓晶，陈启博．基于DEA模型的我国森林保险保费补贴效率研究［J］．林业经济，2018（10）：88－95，112.

[16] 邓晶，秦涛，张卫民．我国森林保险财政补贴政策及其对林农保险需求的影响——基于湖南省林农问卷调查的实证研究［J］．广东农业科学，2013，40（9）：200－204.

[17] 邓美君，张祖荣．我国农业保险支农效率的区域差异——测度与分解［J］．华东经济管理，2020，34（4）：92－99.

[18] 邓欧，李亦秋，冯仲科，等．基于空间Logistic的黑龙江省林火风险模型与火险区划［J］．农业工程学报，2012，28（8）：200－205.

[19] 邓三龙．关于政策性森林保险的几点思考［J］．林业经济，2010（9）：3－5.

[20] 杜鹏．农户农业保险需求的影响因素研究——基于湖北省五县市342户农户的调查［J］．农业经济问题，2011，32（11）：78－83，112.

[21] 冯文丽，段亚东．河北省农业保险保障水平影响因素的实证分析［J］．农村金融研究，2019（2）：50－53.

[22] 冯祥锦，黄和亮，杨建州，等．森林保险支付意愿实证分析——基于福建省森林培育企业的调查［J］．林业经济，2013（9）：107－112，123.

[23] 冯祥锦，黄和亮，杨建州．森林保险市场投保主体与行为差异性的理论分析［J］．东南学术，2012（2）：176－181.

［24］冯祥锦，黄和亮，杨建州．森林保险投保行为博弈分析［J］．福建农林大学学报（哲学社会科学版），2012，15（2）：59－62.

［25］冯祥锦，杨建州，黄和亮．财政补贴政策与森林保险投保行为的博弈分析［J］．林业经济，2012（2）：71－73.

［26］冯祥锦．森林保险投保行为研究［D］．福州：福建农林大学，2012.

［27］富丽莎，潘焕学，秦涛，等．基于均衡理论的森林火灾险费率厘定与分区［J］．中国农业气象，2020，41（11）：730－743.

［28］富丽莎，潘焕学，秦涛．森林保险支付意愿及影响因素分析——基于异质性营林主体视角［J］．自然资源学报，2022，37（3）：769－783.

［29］富丽莎，秦涛，潘焕学，等．森林保险保费补贴政策的林业产出规模效应实证分析——基于双重差分模型与事件研究模型［J］．浙江农业学报，2021，33（2）：355－368.

［30］富丽莎，秦涛，潘焕学，等．森林保险保费补贴政策林业产出激励效应评估［J］．林业经济问题，2021，41（2）：154－163.

［31］富丽莎，秦涛，潘焕学．森林保险制度体系重塑与运行机制优化［J］．浙江农业学报，2020，32（6）：1112－1122.

［32］富丽莎，汪三贵，秦涛，等．森林保险保费补贴政策参保激励效应分析——基于异质性营林主体视角［J］．中国农村观察，2022（2）：79－97.

［33］高播，张英，赵荣，等．政策性森林保险制度设计创新研究［J］．林业经济，2016，38（2）：27－32.

［34］高凯，丁少群，王信．我国农业保险发展的省际差异性及其形成机制研究［J］．保险研究，2020（4）：53－68.

［35］高旭东，李秉坤，尹航．政策性保险保费补贴机理与使用效率研究［J］．商业研究，2018（4）：54－60.

［36］高阳，赵正，段伟，等．基于林业自然灾害的农户森林保险需求实证分析——以福建、江西、湖南、陕西4省为例［J］．世界林业研究，2014（4）：92－96.

［37］顾雪松，谢妍，秦涛．森林保险保费补贴的“倒U型”产出效应——基于我国省际非平衡面板数据的实证研究［J］．农村经济，2016（6）：95－100.

[38] 桂子凡，张贵，彭海波. 应对未来自然灾害损失的有效保障机制——谈森林火灾保险共同体的构建［J］. 林业资源管理，2010（5）：6-10.

[39] 郭军，谭思，孔祥智. 农户农业保险排斥的区域差异：供给不足还是需求不足——基于北方6省12县种植业保险的调研［J］. 农业技术经济，2019（2）：85-98.

[40] 哈尔·R. 范里安. 微观经济学：现代观点：第8版［M］. 上海：格致出版社，2011.

[41] 韩茜. 我国政策性森林保险制度的构建［D］. 哈尔滨：东北林业大学，2012.

[42] 何小伟，庹国柱. 农业保险保费补贴责任分担机制的评价与优化——基于事权与支出责任相适应的视角［J］. 保险研究，2015（8）：80-87.

[43] 何学松，孔荣. 政府推广、金融素养与创新型农业保险产品的农民行为响应［J］. 西北农林科技大学学报（社会科学版），2018，18（5）：128-136.

[44] 何玥. 中国森林保险制度效率及影响因素研究［D］. 北京：北京林业大学，2015.

[45] 洪伟，陈辉，方柏州. 森林火灾数量特征和火灾保险率的数学模拟［J］. 林业科学，1993（4）：313-318.

[46] 侯代男，江鸿，周慧秋. 基于熵权-正态云模型的政策性农业保险实施效果评价——以黑龙江省为例［J］. 干旱区资源与环境，2020，34（4）：33-38.

[47] 侯玲玲，穆月英，曾玉珍. 农业保险补贴政策及其对农户购买保险影响的实证分析［J］. 农业经济问题，2010，31（4）：19-25，110.

[48] 侯仲凯，丁宇刚，何卓静. 大牲畜保险道德风险：比较静态与动态演化分析［J］. 保险研究，2018（4）：43-54.

[49] 黄椿. 农业保险主体供需意愿研究［D］. 福州：福建农林大学，2011.

[50] 黄薇. 保险政策与中国式减贫：经验、困局与路径优化［J］. 管理世界，2019，35（1）：135-150.

[51] 黄文才．森林保险问题探讨 [J]．中国林业经济，2008 (3)：60－62.

[52] 黄颖．我国农业保险保费补贴的绩效评价——基于2009—2013年省际面板数据的DEA实证分析 [J]．西南金融，2015 (5)：32－35.

[53] 黄渊基，王韧，刘莹．基于DEA－Tobit面板模型的农业保险补贴扶贫效率影响因素分析——以湖南省为例 [J]．农村经济，2018 (5)：69－74.

[54] 黄泽颖，孙君茂，郭燕枝．马铃薯病虫害发生规律认知水平影响因素分析——基于甘肃省362位马铃薯种植户的调查数据 [J]．中国农业资源与区划，2019，40 (3)：85－91.

[55] 黄正军．我国农业保险财政补贴政策研究 [J]．广西社会科学，2018 (12)：113－116.

[56] 黄祖梅．不完全信息下带有免赔额条款和共保条款的森林保险博弈分析 [J]．征信，2014，32 (8)：74－77.

[57] 季然，宋烨，张吕梁．中国森林保险市场与补贴机制问题研究 [J]．中国林业经济，2020 (4)：118－121.

[58] 江生忠，张煜．农业保险对农村经济的助力效果分析——基于3SLS方法 [J]．保险研究，2018 (2)：102－111.

[59] 江时鲲．我国农业保险保费补贴效率研究——基于Bootstrap－DEA方法的分析 [J]．未来与发展，2016，40 (2)：65－72.

[60] 蒋凡，王永富，秦涛，等．福建省森林保险的现实困境及化解途径 [J]．林业经济，2018，40 (7)：93－99.

[61] 鞠光伟，张燕媛，陈艳丽，等．养殖户生猪保险参保行为分析——基于428位养殖户问卷调查 [J]．农业技术经济，2018 (6)：81－91.

[62] 孔繁文，刘东生．关于森林保险的若干问题 [J]．林业经济，1985 (4)：28－32.

[63] 兰虹，赵佳伟，于代松．乡村振兴战略背景下农业保险发展对策研究——以四川省为例 [J]．西南金融，2020 (5)：64－77.

[64] 雷啸，陈泽承，黄和亮．林农对森林保险支付意愿的实证分析——基于福建省林农的调研数据 [J]．中国林业经济，2020 (6)：107－110.

[65] 冷慧卿，王珺，高峰．发展森林保险的政策研究［J］．保险研究，2009（3）：66－70.

[66] 冷慧卿，王珺．我国森林保险费率的区域差异化——省级层面的森林火灾实证研究［J］．管理世界，2011（11）：49－54.

[67] 李超，郗希，郭沛．生态公益林保险的定价与设计［J］．保险研究，2013（6）：90－94.

[68] 李德．四川省重点地区森林火灾与气象因子的关系研究［D］．北京：北京林业大学，2013.

[69] 李国志．农户秸秆还田的受偿意愿及影响因素研究——基于黑龙江省806个农户调研数据［J］．干旱区资源与环境，2018，32（6）：31－36.

[70] 李佳怡．我国商品林保险适度保费补贴规模测度研究［D］．北京：北京林业大学，2017.

[71] 李猛，覃彬雍，胡继亮．关于政策性农业保险错配的研究——基于湖北省微观数据［J］．农村经济，2019（7）：80－88.

[72] 李琴英，崔怡，陈力朋．政策性农业保险对农村居民收入的影响——基于2006—2015年省级面板数据的实证分析［J］．郑州大学学报（哲学社会科学版），2018，51（5）：72－78.

[73] 李全庆，陈利根．生态保险的内涵、市场失灵、政府救济与现实选择［J］．现代经济探讨，2009（3）：24－27.

[74] 李士森，任金政．我国农机保险财政补贴方案研究［J］．中国农业资源与区划，2016，37（1）：136－142.

[75] 李涛．森林保险供给及需求影响因子分析［D］．南京：南京林业大学，2012.

[76] 李文会，张连刚．中国政策性森林保险的政策演进与展望——基于中央“一号文件”的政策回顾［J］．林业经济问题，2017（3）：55－59，106.

[77] 李亚军．基于保险费率、购买意愿和补贴效益的森林保险业发展与对策研究［D］．北京：北京林业大学，2014.

[78] 李艳，陈盛伟．我国政策性森林保险运行效果分析与思考［J］．中国林业经济，2018（2）：8－12.

[79] 李勇斌，谢涛，杜先培，等．农业保险对农业生产影响效应的实证分析［J］．浙江金融，2019（2）：50－58.

[80] 李勇斌. 我国森林保险保费补贴区域差异化研究 [J]. 区域金融研究，2018 (5)：30 - 34.

[81] 李勇杰. 论农业保险中道德风险防范机制的构筑 [J]. 保险研究，2008 (7)：67 - 69.

[82] 李彧挥，李彩鸽，孔祥智. 政策性森林保险支付意愿及影响因素分析——以湖南省安化县为例 [J]. 北京林业大学学报（社会科学版），2012，11 (1)：80 - 85.

[83] 李彧挥，林雅敏，孔祥智. 基于 Cox 模型的农户对政策性森林保险支付意愿研究 [J]. 湖南大学学报：自然科学版，2013 (2)：103 - 108.

[84] 李彧挥，孙娟，高晓屹. 影响林农对森林保险需求的因素分析——基于福建省永安市林农调查的实证研究 [J]. 管理世界，2007 (11)：71 - 75.

[85] 李彧挥，王会超，陈诚，等. 政策性森林保险补贴效率分析——基于湖南、福建、江西三省调研数据实证研究 [J]. 经济问题探索，2012 (7)：17 - 22.

[86] 李彧挥，颜哲，韩爱桂. 成本收益视角下政策性森林保险供需分析——以福建省为例 [J]. 林业经济，2012 (8)：90 - 94.

[87] 李彧挥，颜哲，王雨濛. 政策性森林保险市场供需研究 [J]. 中国人口·资源与环境，2014，24 (3)：138 - 144.

[88] 粟芳，方蕾. 政策性农业保险补贴最优模式探析——基于“千村调查”的研究 [J]. 财经研究，2017，43 (11)：140 - 153.

[89] 廖朴，吕刘，贺晔平. 信贷、保险、“信贷 + 保险”的扶贫效果比较研究 [J]. 保险研究，2019 (2)：63 - 77.

[90] 廖文梅，彭泰中，曹建华. 农户参与森林保险意愿的实证分析——以江西为例 [J]. 林业科学，2011，47 (5)：117 - 123.

[91] 林洁，武双，苏志琛，等. 福建省森林保险发展变化及制约因素的研究 [J]. 中国林业经济，2017 (5)：10 - 14.

[92] 林凯旋. 农业信贷与保险联动支持农业发展：内在逻辑与改进路径 [J]. 保险研究，2020 (4)：69 - 76.

[93] 林善明. 中国森林保险高质量发展路径研究 [J]. 林业经济问题，2022，42 (1)：30 - 36.

[94] 林志强，路红亚，罗布次仁，等. 基于 GIS 的西藏地区森林火

险风险区划［J］. 资源科学，2013，35（11）：2318－2324.
［95］刘本洁，祖建新. 论生态公益林自然灾害保险的制度安排［J］. 前沿，2009（6）：102－105.
［96］刘本洁，祖建新. 内部控制视角下的生态公益林自然灾害风险管理［J］. 农村经济，2009（5）：54－57.
［97］刘畅，曹玉昆. 关于进一步拓展森林保险业务的研究［J］. 林业经济问题，2005（4）：237－246.
［98］刘从敏，张祖荣，李丹. 农业保险财政补贴动因与补贴模式的创新［J］. 甘肃社会科学，2016（1）：94－98.
［99］刘飞，陶建平. 风险认知、抗险能力与农险需求——基于中国31个省份动态面板的实证研究［J］. 农业技术经济，2016（9）：92－103.
［100］刘海巍，陈珂. 非农就业如何影响农户的森林保险需求？——基于林地确权的调节效应［J］. 商业研究，2020（3）：85－93.
［101］刘海巍，郭元圆，陈珂. 森林保险保费支付意愿与林地适度规模关系研究［J］. 统计与决策，2020，36（4）：57－62.
［102］刘汉成，陶建平. 农户收入分化、保险需求演变与农业保险政策调整——以贫困地区为例［J］. 农村经济，2020（2）：49－56.
［103］刘汉成. 森林保险需求及其影响因素分析［J］. 林业经济，2019，41（12）：60－68.
［104］刘蔚，孙蓉. 农险财政补贴影响农户行为及种植结构的传导机制——基于保费补贴前后全国面板数据比较分析［J］. 保险研究，2016（7）：11－24.
［105］刘星显. 东北三省农业保险发展存在的问题及解决路径［J］. 经济纵横，2017（9）：123－128.
［106］刘亚洲，钟甫宁. 风险管理 VS 收入支持：我国政策性农业保险的政策目标选择研究［J］. 农业经济问题，2019（4）：130－139.
［107］刘雨露，郑涛. “三农”保险促进农村长效脱贫的作用机制及对策研究［J］. 西南金融，2019（9）：63－72.
［108］卢飞，张建清，刘明辉. 政策性农业保险的农民增收效应研究［J］. 保险研究，2017（12）：67－78.

[109] 卢熙明，赵宸浩，林洁，等．基于 Logistic 模型的农户森林保险需求意愿影响因素分析：对福建省 210 户森林培育专业户的调查 [J]. 资源开发与市场，2016 (3)：267 - 272.

[110] 卢熙明．森林经营企业与兼业林农森林保险购买意愿影响因素的差异性分析 [D]. 福州：福建农林大学，2016.

[111] 路亚川．招远市苹果保险需求影响因素灰色关联分析 [D]. 烟台：烟台大学，2019.

[112] 吕开宇，张驰，李春肖．“以奖代补”政策应用于政策性农业保险领域的思考 [J]. 经济纵横，2016 (4)：106 - 109.

[113] 马橙，高建中，姚畅燕．农户林权抵押贷款的收入效应及其差异性研究 [J]. 农业现代化研究，2020，41 (6)：969 - 977.

[114] 马洁，付雪，杨汭华．如何将农作物保险的潜在需求转变为有效需求——基于吉林省农户的调查分析 [J]. 调研世界，2012 (12)：38 - 42.

[115] 马九杰，崔恒瑜，吴本健．政策性农业保险推广对农民收入的增进效应与作用路径解析——对渐进性试点的准自然实验研究 [J]. 保险研究，2020 (2)：3 - 18.

[116] 马平，潘焕学，秦涛．我国林业巨灾保险风险分散体系的构建及政策保障 [J]. 农村经济，2017 (1)：67 - 72.

[117] 马振涛．保险扶贫：内在机理、工具构成及价值属性 [J]. 西南金融，2018 (10)：24 - 29.

[118] 聂荣，王欣兰，闫宇光．政策性农业保险有效需求的实证研究——基于辽宁省农村入户调查的证据 [J]. 东北大学学报（社会科学版），2013 (5)：471 - 477.

[119] 宁满秀，邢郦，钟甫宁．影响农户购买农业保险决策因素的实证分析——以新疆玛纳斯河流域为例 [J]. 农业经济问题，2005 (6)：38 - 44，79.

[120] 宁星月．农业保险补贴政策对农业保险需求的影响研究 [J]. 科技经济市场，2019 (12)：45 - 46.

[121] 牛浩，陈盛伟，安康，等．农业保险满足新型农业经营主体的保障需求了吗？——基于山东省 422 家省级示范家庭农场的证据 [J]. 保险研究，2020 (6)：58 - 68.

[122] 牛浩，陈盛伟，李志愿．地市县保费补贴压力与农业保险发

展：影响机理与实证［J］. 农村经济，2020（7）：94－102.
［123］牛浩，陈盛伟．我国政策性森林保险发展现状、现实困境与改进思路［J］. 林业经济，2019，41（4）：119－122.
［124］农婧，杨爽．我国农业保险的道德风险及防范［J］. 现代经济信息，2015（3）：350－351.
［125］潘家坪，蔡彦哲，李庆华，等．基于产权介入的政策性森林保险制度模式研究［J］. 经济研究导刊，2018（35）：145－146.
［126］潘家坪，常继锋，易进．信息不对称条件下财政支持森林保险策略研究［J］. 林业经济，2011（8）：62－65.
［127］潘家坪，胡杨，徐玉仙，王永安．优化森林保险财政补贴方式探讨［J］. 经济研究导刊，2019（1）：45－47，88.
［128］潘勇辉．香蕉风灾保险的最优财政补贴规模测度——来自海南省681户蕉农的经验证据［J］. 中国农业科学，2009，42（12）：4372－4382.
［129］裴雷，姚海鑫．农业保险领域犯罪的经济学分析——基于142个判例的研究［J］. 保险研究，2016（10）：119－127.
［130］彭东生，温常青．森林保险制度经济后果比较分析与路径选择——以江西省为例［J］. 林业经济，2016，38（4）：70－73，96.
［131］钱振伟，张燕，高冬雪．基于三阶段DEA模型的政策性农业保险财补效率评估［J］. 商业研究，2014，56（10）：58－64.
［132］乔慧森，智迪迪．新型农业经营主体对农业保险的需求研究［C］. 2019中国保险与风险管理国际年会论文集，2019：15.
［133］秦涛，顾雪松，邓晶，等．林业企业的森林保险参与意愿与决策行为研究——基于福建省林业企业的调研［J］. 农业经济问题，2014（10）：95－102，112.
［134］秦涛，顾雪松，李佳怡，等．森林保险财政补贴政策文献评述与研究展望［J］. 农林经济管理学报，2017（3）：310－315.
［135］秦涛，田治威，刘婉琳，等．农户森林保险需求的影响因素分析［J］. 中国农村经济，2013（7）：36－46.
［136］秦涛，田治威，潘焕学，等．林业信贷与森林保险关联关系与合作模式研究［J］. 中国人口·资源与环境，2014，24（3）：131－137.

[137] 秦涛，田治威，潘焕学. 我国森林保险保费补贴政策执行效果、存在的主要问题与建议［J］. 经济纵横，2017（1）：105－110.

[138] 秦涛，吴今，邓晶，等. 我国森林保险保费构成机制与财政补贴方式选择［J］. 东南学术，2016（4）：101－110.

[139] 秦涛，吴静黎，孙晓敏. 公益林保险投保主体道德风险形成机理与防范机制研究［J］. 保险研究，2021（11）：58－71.

[140] 秦涛，张晞，顾雪松，杨潇然，陈贝茜. 基于 Holecy 模型的森林火灾保险费率厘定研究［J］. 保险研究，2018（6）：77－87.

[141] 邱波，郑龙龙. 巨灾风险视角下的我国政策性农业保险效率研究［J］. 农业经济问题，2016，37（5）：69－76.

[142] 屈术群，曾玉林，贾玉杰. 湖南林农森林保险参保意愿及其影响因素分析——基于 10 县 500 户林农调查［J］. 中南林业科技大学学报（社会科学版），2020，14（5）：93－99.

[143] 任天驰，杨汭华. 小农户衔接现代农业生产：农业保险的要素配置作用——来自第三次全国农业普查的微观证据［J］. 财经科学，2020（7）：41－53.

[144] 尚燕，熊涛，李崇光. 风险感知、风险态度与农户风险管理工具采纳意愿——以农业保险和“保险＋期货”为例［J］. 中国农村观察，2020（5）：52－72.

[145] 邵全权，柏龙飞，张孟娇. 农业保险对农户消费和效用的影响——兼论农业保险对反贫困的意义［J］. 保险研究，2017（10）：65－78.

[146] 邵全权，郭梦莹. 发展农业保险能促进农业经济增长吗？［J］. 经济学动态，2020（2）：90－102.

[147] 施红. 生猪保险对农户收入的稳定效应研究［J］. 浙江大学学报（人文社会科学版），2016（2）：126－135.

[148] 石文香，陈盛伟. 农业保险促进了农民增收吗？——基于省级面板门槛模型的实证检验［J］. 经济体制改革，2019（2）：84－91.

[149] 石焱. 我国南方集体林区森林保险事业发展对策研究［D］. 北京：北京林业大学，2009.

[150] 宋静波，王永清. 森林生态功能区森林保险最优策略选择［J］.

统计与决策，2018，34（11）：63-66.

[151] 宋静波．大小兴安岭森林生态功能区森林保险发展研究［D］．哈尔滨：东北林业大学，2013.

[152] 宋山梅，向俊峰，陈卫洪．森林保险主体博弈行为与困境解决——以四川省为例［J］．贵州大学学报（社会科学版），2018，36（5）：73-80.

[153] 宋烨，彭红军．森林保险市场发展现状及制约因素研究综述［J］．世界林业研究，2019（2）：1-8.

[154] 孙蓉，奉唐文．保险公司经营农险的效率及其影响因素——基于SBM模型与DEA窗口分析法［J］．保险研究，2016（1）：43-53.

[155] 孙蓉，何海霞．政府作为、保户参保意愿与保险需求研究——基于问卷调查数据的分析［J］．软科学，2015，29（11）：39-44.

[156] 孙香玉，钟甫宁．对农业保险补贴的福利经济学分析［J］．农业经济问题，2008（2）：4-11.

[157] 孙香玉，钟甫宁．福利损失、收入分配与强制保险——不同农业保险参与方式的实证研究［J］．管理世界，2009（5）：80-96.

[158] 孙香玉．保险认知、政府公信度与农业保险的需求——江苏省淮安农户农业保险支付意愿的实证检验［J］．南京农业大学学报（社会科学版），2008（1）：48-54.

[159] 孙晓敏，秦涛，张晞，等．基于文献计量分析的森林保险研究进展与展望［J］．林业经济，2020，42（11）：75-87.

[160] 覃玥．养殖户生猪目标价格保险支付意愿研究［D］．雅安：四川农业大学，2017.

[161] 谭英平，董奇．我国农业保险扶贫效率研究——基于三阶段DEA模型的分析［J］．价格理论与实践，2020（4）：108-111，177.

[162] 汤晓文，吴今，张德成，等．澳大利亚森林保险运行机制及经验借鉴［J］．林业经济，2015，37（7）：20-24.

[163] 汤颖梅，杨月，刘荣茂，等．基于Oaxaca-Blinder分解的异质性农户天气指数保险需求差异分析［J］．经济问题，2018

(8)：90 – 97.

[164] 唐敏，罗泽真．论生态公益林的界定［J］．农村经济，2008（9）：46 – 49.

[165] 唐伟．北京西山林场生物防火隔离带规划与布局［D］．北京：中国林业科学研究院，2012.

[166] 唐勇，吕太升．农业信贷、农业保险与农业全要素生产率增长——基于交互效应视角［J］．哈尔滨商业大学学报（社会科学版），2021（3）：116 – 128.

[167] 庹国柱，李志刚．关于农险中农户自缴20%保费问题的探析——兼论政策性农险产品政府定价的必要性和可行性［J］．保险理论与实践，2020（4）：26 – 37.

[168] 庹国柱，张峭．论我国农业保险的政策目标［J］．保险研究，2018（7）：7 – 15.

[169] 庹国柱．论农业保险监管制度的建设和改革［J］．农村金融研究，2020（3）：3 – 8.

[170] 庹国柱．我国农业保险政策及其可能走向分析［J］．保险研究，2019（1）：3 – 14.

[171] 万千，秦涛，潘焕学，等．政策性森林保险的经济学分析——基于林农行为特点和政府作用的研究［J］．林业经济，2011（12）：39 – 41.

[172] 万千，秦涛，潘焕学．农户参加政策性森林保险的影响因素分析——基于福建农户问卷调查的实证研究［J］．东南学术，2012（3）：62 – 74.

[173] 汪绚，李淑新，文彬．集体林区灾后恢复重建配套政策调研报告［J］．林业经济，2008（4）：3 – 7.

[174] 王步天，林乐芬．政策性农业保险供给评价及影响因素——基于江苏省2300户稻麦经营主体的问卷调查［J］．财经科学，2016（10）：121 – 132.

[175] 王国军，王冬妮，陈璨．我国农业保险不对称信息实证研究［J］．保险研究，2017（1）：91 – 100.

[176] 王鹤．农户参与森林保险意愿的影响因素研究［D］．北京：北京林业大学，2017.

[177] 王华丽，陈建成．森林保险中信息不对称问题及其防范措施

[J]. 林业经济, 2011 (3): 23-28.
[178] 王华丽, 陈建成. 政府支持与我国森林保险发展的经济学分析 [J]. 经济问题, 2009 (10): 105-108.
[179] 王华丽, 张宇. 生态补偿视角下政策性森林保险的实施效果评价 [J]. 林业经济, 2019 (4): 105-109.
[180] 王华丽. 我国森林火灾保险的风险评估与区划 [J]. 保险研究, 2011 (11): 98-105.
[181] 王华丽. 政府灾后救助对林农森林保险决策的影响分析 [J]. 生态经济, 2010 (3): 62-65.
[182] 王珺, 冷慧卿. 中央财政森林保险保费补贴六省试点调研报告 [J]. 保险研究, 2011 (2): 48-56.
[183] 王珺, 张蕾, 冷慧卿. 关于开展政策性森林保险的建议 [J]. 林业经济, 2009 (4): 28-29.
[184] 王克, 何小伟, 肖宇谷, 等. 农业保险保障水平的影响因素及提升策略 [J]. 中国农村经济, 2018 (7): 34-45.
[185] 王立勇, 房鸿宇, 谢付正. 中国农业保险补贴政策绩效评估: 来自多期 DID 的经验证据 [J]. 中央财经大学学报, 2020 (9): 24-34.
[186] 王敏俊. 影响小规模农户参加政策性农业保险的因素分析——基于浙江省 613 户小规模农户的调查数据 [J]. 中国农村经济, 2009 (3): 38-44.
[187] 王明昌, 王野田, 李琼. 国内外森林保险风险分区和费率厘定研究进展 [J]. 保险理论与实践, 2018 (12): 130-139.
[188] 王明慧. 福山区公益林保险工作经验探索研究 [J]. 绿色科技, 2019 (13): 208-209.
[189] 王倩, 王艳, 朱莹, 等. 中国农业保险、农业贷款与农民收入耦合协调发展研究 [J]. 世界农业, 2021 (1): 109-119, 131.
[190] 王韧, 莫廷程. 基于三阶段 DEA 模型的农业险补贴政策效率研究 [J]. 农村经济, 2016 (11): 61-65.
[191] 王晓红. 精准扶贫视角下提升我国农业保险财政补贴效率研究 [J]. 理论探讨, 2020 (1): 102-107.
[192] 魏权龄. 评价相对有效性的 DEA 方法: 运筹学的新领域 [M].

北京：中国人民大学出版社，1988.

[193] 魏权龄．数据包络分析（DEA）[M]．北京：科学出版社，2006.

[194] 温虎，王阳．农业保险对农业生产影响的效应分析——基于云贵川三省46个市面板数据的实证研究[J]．新疆农垦经济，2019（4）：34－41，53.

[195] 吴希熙，刘颖．森林保险市场供求失衡的经济学分析[J]．林业经济问题，2008（5）：440－443.

[196] 郗希，李超，王克西．集体林权改革后生态公益林的监管与补偿机制探讨[J]．西安邮电学报，2009（6）：126－132.

[197] 郗希．自然风险下的生态公益林保护——基于委托—代理模型的探讨[J]．西安财经学院学报，2010，23（1）：10－14.

[198] 夏益国，孙群，盛新新．以财政补贴校正农业保险市场失灵[J]．经济纵横，2015（5）：75－78.

[199] 夏钰，秦涛．我国森林保险保费补贴的区域差异化[J]．江苏农业科学，2017，45（17）：314－318.

[200] 肖攀，刘春晖，苏静．粮食安全视角下农业保险财政补贴政策效果评估[J]．统计与决策，2019，35（23）：157－160.

[201] 谢家智，周振．基于有限理性的农业巨灾保险主体行为分析及优化[J]．保险研究，2009（7）：76－83.

[202] 谢彦明，刘德钦．林农森林保险需求影响因素分析[J] 林业经济问题，2009（10）：420－422.

[203] 谢玉梅，齐琦，赵海蕾．基于综合险的银保合作模式：典型个案及理论含义[J]．农业经济问题，2015，36（5）：84－90，111－112.

[204] 邢红飞，贾子昂，宫大鹏，等．基于风险区划的我国森林火灾保险费率厘定研究[J]．林业经济，2018，40（2）：107－112.

[205] 熊志刚．结构变迁与我国农业保险财政补贴政策研究[D]．北京：中央财经大学，2018.

[206] 徐斌，孙蓉．粮食安全背景下农业保险对农户生产行为的影响效应——基于粮食主产区微观数据的实证研究[J]．财经科学，2016（6）：97－111.

[207] 徐婷婷，荣幸．改革开放四十年：中国农业保险制度的变迁与

创新——历史进程、成就及经验［J］. 农业经济问题，2018（12）：38－50.

［208］许东，代力民，邵国凡，等. 应用 GIS 及 RS 进行白河林业局森林火险区划［J］. Journal of Forestry Research，2005（3）：169－174，253.

［209］许慧娟，张志涛，蒋立. 关于构建复合型森林保险体系的探讨［J］. 林业经济，2009（4）：30－37.

［210］许梦博，李新光，王明赫. 国内农业保险市场的政府定位：守夜人还是主导者？［J］. 农村经济，2016（3）：78－82.

［211］许梦博，王明赫，李新光. 乡村振兴背景下农业保险发展面临的机遇、挑战与改革路径——以吉林省为例［J］. 经济纵横，2018（8）：121－128.

［212］许时蕾，张寒，刘璨，等. 集体林权制度改革提高了农户营林积极性吗——基于非农就业调节效应和内生性双重视角［J］. 农业技术经济，2020（8）：117－129.

［213］薛艳. 财政补贴林业保险的方案设计——以黑龙江垦区为例［J］. 东北师大学报（哲学社会科学版），2012（4）：40－44.

［214］杨琳，石道金. 影响农户森林保险需求因素的实证分析［J］. 北京林业大学学报（社会科学版），2010（9）：103－107.

［215］叶朝晖. 关于完善我国农业保险制度的思考［J］. 金融研究，2018（12）：174－188.

［216］叶明华，朱俊生. 新型农业经营主体与传统小农户农业保险偏好异质性研究——基于 9 个粮食主产省份的田野调查［J］. 经济问题，2018（2）：91－97.

［217］叶涛，吴吉东，王尧，李懿珈，史培军. 多年期森林火灾保险产品设计研究——以浙江省丽水市为例［J］. 保险研究，2016（2）：87－98.

［218］叶晓凌. 海洋渔业保险财政补贴及其运行效率分析——基于浙江省渔业互保协会的数据［J］. 财经论丛，2015（12）：41－48.

［219］于洋，王尔大. 多保障水平下农户的农业保险支付意愿——基于辽宁省盘山县水稻保险的实证分析［J］. 中国农村观察，2011（5）：55－68.

[220] 余洋，董志华．政治均衡视阈中的农业保险保费补贴政策：比较优势与险种选择［J］．宏观经济研究，2016（4）：12－20.

[221] 余洋．基于保障水平的农业保险保费补贴差异化政策研究——美国的经验与中国的选择［J］．农业经济问题，2013，34（10）：29－35，110.

[222] 袁红萍．改革森林保险制度破解森林保险困局［J］．经济研究导刊，2013（25）：145－147，192.

[223] 袁辉，谭迪．政策性农业保险对农业产出的影响效应分析——以湖北省为例［J］．农村经济，2017（9）：94－100.

[224] 袁祥州，程国强，黄琦．美国农业保险财政补贴机制及对我国的借鉴［J］．保险研究，2016（1）：76－86.

[225] 曾小艳，郭兴旭．我国林业巨灾风险的分散路径研究——基于大数定理的分析［J］．林业经济，2017，39（12）：68－71，79.

[226] 曾玉林，贾玉杰，欧阳朔斯．政策性森林保险农户投保意愿关键影响因素分析——基于合作博弈理论与湖南省7年农户监测数据［J］．林业经济，2020，42（11）：36－48.

[227] 战立强．构建差别性森林保险体系的思考［J］．保险研究，2010（2）：92－95.

[228] 张长达，高岚．我国林业保险发展及制度探索［J］．宏观经济管理，2011（10）：50－51.

[229] 张长达，高岚．我国政策性森林保险的制度探讨——基于福建、江西、湖南森林保险工作的实证研究［J］．农村经济，2011（5）：83－86.

[230] 张长达．完善我国政策性森林保险制度研究［D］．北京：北京林业大学，2012.

[231] 张崇尚，吕开宇，李春肖．农户参保行为的影响因素研究——以玉米种植户为例［J］．江苏社会科学，2015（4）：65－71.

[232] 张德成，陈绍志，白冬艳．森林火灾保险纯费率厘定模型及实证分析［J］．林业科学，2016（7）：52－57.

[233] 张德成，谢和生，马一博，等．用材林保险金额计算方法研究［J］．保险研究，2020（12）：70－81.

[234] 张芳洁，刘凯凯，柏士林．政策性农业保险中投保农户道德风险的博弈分析［J］．西北农林科技大学学报（社会科学版），

2013，13（4）：82－87.

[235] 张晶晶．基于DEA模型的我国农业补贴政策的效率评价［J］．统计与决策，2014（17）：65－67.

[236] 张琳，于丽娜，李林姝，等．森林火灾保险巨灾损失的评估［J］．统计与决策，2014（10）：4－7.

[237] 张璐，贺超，林华忠．农户参与森林保险意愿影响因素分析——基于7省农户调研数据［J］．北京林业大学学报（社会科学版），2019（2）：15－22.

[238] 张琦．公共物品理论的分歧与融合［J］．经济学动态，2015（11）：147－158.

[239] 张峭，庹国柱，王克，等．中国农业风险管理体系的历史、现状和未来［J］．保险理论与实践，2020（7）：1－17.

[240] 张峭，王克，李越，王月琴．我国农业保险风险保障：现状、问题和建议［J］．保险研究，2019（10）：3－18.

[241] 张峭．农业保险财政补贴政策优化研究［J］．农村金融研究，2020（3）：9－14.

[242] 张维迎．博弈论与信息经济学［M］．上海：上海人民出版社，1996.

[243] 张伟，黄颖，李长春，等．收入分化、需求演变与农业保险供给侧改革［J］．农业经济问题，2018（11）：123－134.

[244] 张伟，黄颖，谭莹，徐静．灾害冲击下贫困地区农村金融精准扶贫的政策选择——农业信贷还是农业保险［J］．保险研究，2020（1）：21－35.

[245] 张伟，黄颖，易沛，等．政策性农业保险的精准扶贫效应与扶贫机制设计［J］．保险研究，2017（11）：18－32.

[246] 张伟，易沛，徐静，等．政策性农业保险对粮食产出的激励效应［J］．保险研究，2019（1）：32－44.

[247] 张小东，孙蓉．农业保险对农民收入影响的区域差异分析——基于面板数据聚类分析［J］．保险研究，2015（6）：62－71.

[248] 张旭光，赵元凤．畜牧业保险能够稳定农牧民的收入吗？——基于内蒙古包头市奶牛养殖户的问卷调查［J］．干旱区资源与环境，2016，30（10）：40－46.

[249] 张英，刁钢，陈绍志，等．森林保险区划研究——以辽宁省为

例［J］. 林业经济问题，2018，38（2）：66 - 72，108.

［250］张煜杉，杨汭华，任天驰. 农户异质性对农业保险购买行为的影响——基于第三次全国农业普查的微观农户数据［J］. 农村金融研究，2020（9）：26 - 34.

［251］张跃华，顾海英，史清华. 农业保险需求不足效用层面的一个解释及实证研究［J］. 数量经济技术经济研究，2005（4）：83 - 92.

［252］张跃华，庹国柱，符厚胜. 市场失灵、政府干预与政策性农业保险理论——分歧与讨论［J］. 保险研究，2016（7）：3 - 10.

［253］张哲晰，穆月英，侯玲玲. 参加农业保险能优化要素配置吗？——农户投保行为内生化的生产效应分析［J］. 中国农村经济，2018（10）：53 - 70.

［254］张卓，李秉坤，尹航. 我国政策性农业保险对农业产出规模的挤出效应——基于干预 - 控制框架 DID 模型的分析［J］. 商业研究，2019（8）：110 - 117.

［255］张宗军，刘琳，吴梦杰. 基于差异化费率的农业保险保费补贴机制优化——以甘肃马铃薯保险为例［J］. 华中农业大学学报（社会科学版），2016（4）：1 - 7，127.

［256］张祖荣，王国军. 农业保险财政补贴效应研究述评［J］. 江西财经大学学报，2016（4）：66 - 73.

［257］张祖荣. 农业保险的保费分解与政府财政补贴方式选择［J］. 财经科学，2013（5）：18 - 25.

［258］张祖荣. 我国农业保险保费补贴资金使用效果评价：方法与证据［J］. 财政研究，2017（8）：101 - 111.

［259］张祖荣. 我国政策性农业保险保费补贴资金利用效率研究［J］. 甘肃社会科学，2020（2）：179 - 184.

［260］赵长保，李伟毅. 美国农业保险政策新动向及其启示［J］. 农业经济问题，2014，35（6）：103 - 109.

［261］赵君彦，焦晓松，朱玉涛，等. 我国农业保险财政补贴效率的综合评价——基于 DEA 模型［J］. 农业经济，2015（5）：89 - 91.

［262］赵书新，王稳. 信息不对称条件下农业保险补贴的效率与策略分析［J］. 保险研究，2012（6）：58 - 63.

[263] 赵新华，徐永青．林农保险支付意愿的实证分析及补贴水平研究——基于山东省的调查分析［J］．金融理论与实践，2016（6）：88－91.

[264] 赵新华．基于信息不对称条件的林业保险风险控制研究［J］．农业经济，2011（5）：56－58.

[265] 赵耀华，蒲勇健．博弈论与经济模型［M］．北京：中国人民大学出版社，2010.

[266] 郑彬，高岚．森林保险保费补贴效率测评——基于 SE－DEA 模型与 Malmquist 指数［J］．资源开发与市场，2019（1）：7－12.

[267] 郑春继，余国新，赵向豪．农户禀赋、风险偏好与农户参保决策行为差异性——基于新疆棉区农户的实地调查［J］．农村经济，2017（10）：104－111.

[268] 郑军，杜佳欣．农业保险的精准扶贫效率：基于三阶段 DEA 模型［J］．贵州财经大学学报，2019（1）：93－102.

[269] 郑军，汪运娣．农业保险的经营模式与财政补贴政策：中美比较及启示［J］．农村经济，2016（8）：119－124.

[270] 郑军，周宇轩．农业保险服务乡村振兴战略的财政补贴制度创新——基于“农业经营主体—保险公司—政府”的博弈分析［J］．南京审计大学学报，2020，17（5）：61－71.

[271] 郑军，朱甜甜．经济效率和社会效率：农业保险财政补贴综合评价［J］．金融经济学研究，2014（3）：88－97.

[272] 郑伟，郑豪，贾若，等．农业保险大灾风险分散体系的评估框架及其在国际比较中的应用［J］．农业经济问题，2019（9）：121－133.

[273] 郑志山，周式飞．森林保险市场的供求均衡与财政补贴制度［J］．林业经济问题，2008（6）：552－554.

[274] 周式飞，黄和亮，雷娜．森林保险成本和价格与供求失衡分析［J］．林业经济问题，2010，30（2）：161－164.

[275] 周思彤．内蒙古公益林保险保费补贴效果评价［D］．北京：北京林业大学，2018.

[276] 周稳海，赵桂玲，尹成远．农业保险对农业生产影响效应的实证研究——基于河北省面板数据和动态差分 GMM 模型［J］.

保险研究，2015（5）：60－68.

［277］朱蕊，江生忠．我国政策性农业保险的扶贫效果分析［J］．保险研究，2019（2）：51－62.

［278］朱述斌，胡水秀，申云，等．林业生态补偿机制缺失背景下森林保险有效需求影响因素实证分析——基于江西10个林改监测县的农户调查［J］．林业经济，2013（7）：82－87.

［279］祝仲坤，陶建平．农业保险对农户收入的影响机理及经验研究［J］．农村经济，2015（2）：67－71.

［280］左斐，徐璋勇．农作物保险对产出的影响：理论框架，研究现状与展望［J］．保险研究，2019（6）：26－38.

［281］左璇，张峭．基于保障指数的农业保险保障水平评价——以北京各区县为例［J］．灾害学，2016，31（4）：191－195，204.

［282］左璇．中国农业保险保障水平与政府保费补贴比例研究［D］．北京：中国农业科学院，2019.

［283］Adeoti S O，Moses A，Adedamola A M. Bundling of insurance with agricultural inputs：A better way of introducing insurance product to farmers［J］. *AshEse Journal of Agricultural Science*，2020，3（2）：107－113.

［284］Aditya K S，Tajuddin K M，Kishore A. *Crop Insurance in India：Drivers and Impact*［R］. Agricultural and Applied Economics Association 2016 Annual Meeting，2016，Boston，MA，31 July－2 August.

［285］Ahsan S M，Ali A A G，Kurian N J. Toward a theory of agricultural insurance［J］. *American Journal of Agricultural Economics*，1982，64（3）：520－529.

［286］Akinola B D. Determinants of farmers' adoption of agriculture insurance：the case of poultry farmers in Abeokuta metropolis of Ogun state，Nigeria［J］. *British Journal of Poultry*，2014，3（2）：36－41.

［287］Arrow K J. Uncertainty and the welfare economics of medical care［J］. *The American Economic Review*，1963（53）：941－973.

［288］Asseldonk V M. Does subsidized MPCI crowds out traditional market: Based hail insurance in the Netherlands? [J]. *Agricultural Finance Review*, 2018, 78 (2): 262-274.

[289] Barreal J, Loureiro M L, Picos J. On insurance as a tool for securing forest restoration after wildfires [J]. *Forest Policy and Economics*, 2014 (42): 15-23.

[290] Bekkerman A, Smith V H, Watts M J. The SURE program and incentives for crop insurance participation: A theoretical and empirical analysis [J]. *Agric. Finance Rev.*, 2012, 72 (3): 381-401.

[291] Birgit M, Leigh J, David K. Maladaptive outcomes of climate insurance in agriculture [J]. *Global Environmental Change*, 2017 (46): 23-33.

[292] Bogdan M, Angelescu C, Tindeche C. Agricultural insurances and food security. the new climate change challenges [J]. *Procedia Economics & Finance*, 2015, 27 (2): 594-599.

[293] Brian C, Skees J R, Dillon C R, Anderson J. *Potential Effects of Subsidized Livestock Insurance On Livestock Production* [R]. American Agricultural Economics Association (New Name 2008: Agricultural and Applied Economics Association), 2001 Annual meeting, August 5-8, Chicago, IL.

[294] Brunette M, Cabantous L, Couture S, et al. The impact of governmental assistance on insurance demand under ambiguity: A theoretical model and an experimental test [J]. *Theory & Decision*, 2013, 75 (2): 153-174.

[295] Brunette M, Couture S, Foncel J, Garcia. The decision to insure against forest fire risk: An econometric analysis combining hypothetical real data [J]. *Geneva Pap Risk Insur Issues Pract*, 2020 (45): 111-133.

[296] Brunette M, Couture S, Garcia S. *Determinants of Insurance Demand Against Forest Fire Risk: An Empirical Analysis of French Private Forest Owners* [R]. Laboratoired'EconomieForestiere, AgroParisTech-INRA, 2014.

[297] Brunette M, Couture S, Pannequin F. Is forest insurance a rele-

vant vector to induce adaptation efforts to climate change? [J]. *Annals of Forest Science*, 2017 (2): 41 -74.

[298] Brunette M, Couture S, Serge G. Insurance demand against forest fire risk: Empirical analysis on French private forest owners [J]. *SSRN Electronic Journal*, 2011 (5): 21 -39.

[299] Brunette M, Couture S. Public compensation for windstorm damage reduces incentives for risk management investments [J]. *Forest Policy and Economics*, 2008 (10): 491 -499.

[300] Brunette M, Couture S. Risk management activities of a non-industrial private forest owner with a Bivariate utility function [J]. *Rev Agric Food Environ Stud*, 2018 (99): 281 -302.

[301] Brunette M, Holecy J, Sedliak M, Tucek M. An actuarial model of forest insurance against multiple natural hazards in fire (Abies alba Mill) stands in Slovakia [J]. *Forest Policy & Economics*, 2015 (55): 46 -57.

[302] Cai J, Song C. Do disaster experience and knowledge affect insurance take-up decisions? [J]. *Journal of Development Economics*, 2017 (124): 83 -94.

[303] Casaburi, Lorenzo, Jack W. Time versus state in insurance: experimental evidence from contract farming in kenya [J]. *American Economic Review*, 2018, 108 (12): 3778 -3813.

[304] Chen X, Goodwin B K, Prestemon J P. Is Timber Insurable? A study of wildfire risks in the U. S. forest sector using Spatio-temporal models [J]. *American Journal of Agricultural Economics*, 2014 (1): 213 -231.

[305] Chen Y H, X W, Wang B, Nie P Y. Agricultural pollution and regulation: how to subsidize agriculture [J]. *Journal of Cleaner Production*, 2017 (164): 258 -264.

[306] Cipollaro M, Sacchelli S. *Demand and Potential Subsidy Level for Forest Insurance Market in Demand and Potential Subsidy Level for Forest Insurance Market in Italy* [R]. 7th AIEAA Conference – Evidence – Based Policiesto Face New Challenges for Agri-food Systems Conegliano (TV), 2018.

[307] Coble K H, Barentt B J. Why do we subsidize crop insurance? [J]. *American Journal of Agricultural Economics*, 2013 (95): 498 - 504.

[308] Coble K H, Knight T O, Pope R D, et al. An expected indemnity based approach to the measurement of moral hazard in crop insurance [J]. *American Journal of Agricultural Economics*, 1997 (79): 216 - 226.

[309] Cole S A, Gine X, Tobacman J, Topalova P, Townsend R, Vickery J. Barriers to household risk management: Evidence from India [J]. *American Economic Journal: Applied Economics*, 2013 (5): 104 - 135.

[310] Cole S A, Stein D, Tobacman J. Dynamics of demand for index insurance: Evidence from a long-run field experiment [J]. *The American Economic Review*, 2014, 104 (5): 284 - 290.

[311] Cole S A, Xiong W T. Agricultural insurance and economic development [J]. *The Annual Review of Economics*, 2017 (9): 235 - 262.

[312] Dai Y W, Chang H H, Liu W P. Do forest producers benefit from the forest disaster insurance program? empirical evidence in Fujian province of China [J]. *Forest Policy and Economics*, 2015 (50): 127 - 133.

[313] Deng Y L, Munn I A, Coble K, Yao H B. Willingness to pay for potential standing timber insurance [J]. *Journal of Agricultural & Applied Economics*, 2015 (4): 510 - 538.

[314] Dick W J A, Wang W. Government interventions in agricultural insurance [J]. *Agriculture & Agricultural Science Procedia*, 2010 (1): 4 - 12.

[315] Ding Y, Sun C. Does agricultural insurance premium subsidy benefit the primary industry? [J]. *Social Science Electronic Publishing*, 2019 (1): 1 - 14.

[316] Dong H B, Jimoh S O, Hou Y L, Hou X Y. Willingness to pay for livestock husbandry insurance: An empirical analysis of grassland farms in Inner Mongolia, China [J]. *Sustainability*, 2020,

12 (18): 1 -13.

[317] Enjolras G, Sentis P. Crop insurance policies and purchases in France [J]. *Agricultural Economics*, 2011 (42): 475 -486.

[318] Erisson L. Explaining gender differences in private forest risk management [J]. *Scandinavian Journal of Forest Research*, 2018, 33 (7): 716 -723.

[319] Erten E, Kurgun V, Musaolu N. Forest fire risk zone mapping from satellite imagery and GIS: A case study [J]. *International Journal of Applied Earth Observation and Geoinformation*, 2002 (4): 1 -10.

[320] Esuola A, Hoy M, Islam Z, et al. Evaluating the effects of asymmetric information in a model of crop insurance [J]. *Agricultural Finance Review*, 2007, 67 (2): 341 -356.

[321] Ezdini S. Economic and socio-cultural determinants of agricultural insurance demand across countries [J]. *Journal of the Saudi Society of Agricultural Sciences*, 2017 (4): 165 -188.

[322] Fadhliani Z. *The Impact of Crop Insurance on Indonesian Rice Production* [D]. Fayetteville: University of Arkansas, 2016.

[323] Farrin K, Miranda M J, O'Donoghue E. *How Do Time and Money Affect Agricultural Insurance Uptake? A New Approach to Farm Risk Management Analysis* [R]. Report Summary No. ERR -212, US Department of Agriculture, Economic Research Service, 2016.

[324] Feng X, Dai Y W. An innovative type of forest insurance in China based on the robust approach [J]. *Forest Policy and Economics*, 2019, 104 (7): 23 -32.

[325] Ferrer A, Frijters P. How important is methodology for the estimates of the determinants of happiness? [J]. *Economic Journal*, 2004, 114 (497): 641 -659.

[326] Fona W M, Sanfo S, Kedir A M, Thiam D R. Estimating farmers' willingness to pay for weather index-based crop insurance uptake in West Africa: Insight from a pilot initiative in Southwestern Burkina Faso [J]. *Agric Econ*, 2018, 11 (6): 1 -20.

[327] Frouzan M, M Bavaghar M P, Shabanian N. Forest fire risk zone

modeling using logistic regression and GIS: An Iranian case study [J]. *Small-scale Forestry*, 2014, 13 (1): 117 – 125.

[328] Gan J, Jarrett A, Johnson G C. Wildfire risk adaptation: Propensity of forestland owners to purchase wildfire insurance in the southern United States [J]. *Canadian Journal of Forest Research*, 2014, 44 (11): 1376 – 1382.

[329] Gardiner B, Peltola H, Kellomäki S. Comparison of two models for predicting the critical wind speeds required to damage coniferous trees [J]. *Ecological Modelling*, 2000, 129 (1): 1 – 23.

[330] Gardiner B, Quine C P. Management of forests to reduce the risk of abiotic damage-a review with particular reference to the effects of strong winds [J]. *Forest Ecology Management*, 2000, 135 (3): 261 – 277.

[331] Georgina R B, Frédéric R, Alain L. Rating a wildfire mitigation strategy with an insurance premium: A boreal forest case study [J]. *Forests*, 2016, 7 (5): 107 – 122.

[332] Ghosh R K, Gupta S, Singh V, Ward P S. Is there a market for multi-peril crop insurance in developing countries moving beyond subsidies? Evidence from India [J]. *International Food Policy Research Institute*, 2019 (1): 18 – 20.

[333] Ginder M G, Spaulding A D. *Factors Affecting Crop Insurance Purchase Decisions in Northern Illinois* [C]//2006 Annual meeting, July 23 – 26, Long Beach, CA. American Agricultural Economics Association (New Name 2008: Agricultural and Applied Economics Association), 2006.

[334] Glauber J W, Collins K J, Barry P J. Crop insurance, disaster assistance, and the role of the federal government in providing catastrophic risk protection [J]. *Agricultural Finance Review*, 2002, 62 (2): 81 – 101.

[335] Glauber J W. Double indemnity: Crop insurance and the failure of agricultural disaster policy [J]. *American Enterprise Institute project, Agricultural Policy*, 2007 (1): 1 – 36.

[336] Golany B, Roll Y. An application procedure for DEA [J]. *Omega*,

1989, 17 (3): 237 -250.

[337] Goodwin B K, Hungerford A. Copula - based models of systemic risk in U. S. agriculture: Implications for crop insurance and reinsurance contracts [J]. *American Journal of Agricultural Economics*, 2014, 97 (3): 879 -896.

[338] Goodwin B K, Smith V H. What harm is done by subsidizing crop insurance? [J] . *American Journal of Agricultural Economics*, 2013, 95 (2): 489 -497.

[339] Goodwin B K. Problems with market insurance in agriculture [J]. *American Journal of Agricultural Economics*, 2001, 83 (3): 643 -649.

[340] Goodwin, B K. An empirical analysis of the demand for multiple peril crop insurance [J]. *American Journal of Agricultural Economics*, 1993 (75): 425 -434.

[341] Gulseven O. *Estimating the Demand Factors and Willingness to Pay for Agricultural Insurance* [C]. Papers, 2020.

[342] Gunnsteinsson S. Identifying information asymmetries in insurance: Experimental evidence on crop insurance from the Philippines [J/OL]. *Agricultural and Food Sciences Economics*, 2012. https: // api. semanticscholar. org/CorpusID: 7403173.

[343] Harrison G W, Martínez C J, Ng J M, Swarthout J T. *Evaluating the Welfare of Index Insurance* [R]. Center for Economic Analysis of Risk, Georgia State University, 2016.

[344] Holecy J, Hanewinkel M. A forest management risk insurance model and its application to coniferous stands in southwest Germany [J]. *Forest Policy & Economics*, 2006 (2): 161 -174.

[345] Holthausen N, Baur P. On the demand for an insurance against storm damage in Swiss forests [J]. *Journal Forestier Suisse*, 2001, 155 (10): 426 -436.

[346] Hyde W F. and Yin, R. S. 40 Years of China's forest reforms: Summary and outlook [J] . *Forest Policy and Economics*. 2019 (98): 90 -95.

[347] Jainal D, Usami K. Smallholder farmers' willingness to pay for agri-

cultural production cost insurance in rural west Java, Indonesia: A contingent valuation method (CVM) approach [J]. *Risks*, 2019, 7 (2): 69.

[348] Jamanal S K, Natikar K V, Halakatti S V. Satisfaction level of insured farmers about crop insurance schemes in northern karnataka [J]. *Current Journal of Applied Science and Technology*, 2019, 38 (4): 1 -8.

[349] Jaspersen J G. Hypothetical surveys and experimental studies of insurance demand: A review [J]. *Journal of Risk & Insurance*, 2016 (1): 217 -255.

[350] Jayson L, Lusk. Distributional effects of crop insurance subsidies [J]. *Applied Economic Perspectives and Policy*, 2017 (39): 1 -15.

[351] Jurkovicova M. Behavioral aspects affecting the purchase of insurance-different behavior of men and women [J]. *Economic Review*, 2016, 45 (2): 181 -196.

[352] Ker A P. Private insurance company involvement in the U. S. crop insurance program [J]. *Canadian Journal of Agricultural Economics*, 2001, 49 (4): 557 -566.

[353] King M, Singh A P. *Understanding Farmers' valuation of Agricultural Insurance: Evidence from VietNam* [R]. WIDER Working Paper, 2018.

[354] Larcombe M, Barbour J. Assessing the risk of exotic gene flow from Eucalyptus globulus plantations to native E-ovata forests [J]. *Forest Ecology Management*, 2014, 312 (10): 193 -202.

[355] Liesivaara P, Myyrä S. The demand for public-private crop insurance and government disaster relief [J]. *Journal of Policy Modeling*, 2017, 1 (39): 19 -34.

[356] Liu C, Liu H, Wang S. Has China's new round of collective forest reforms caused an increase in the use of productive forest inputs? [J]. *Land Use Policy*, 2017 (64): 492 -510.

[357] Liu F, Corcoran C P, Tao J, Cheng J. Risk perception, insurance recognition and agricultural insurance behavior: An empirical based on dynamic panel data in 31 provinces of China [J]. *Inter-*

*national Journal of Disaster Risk Reduction*, 2016 (20): 19 – 25.

[358] Lou W P, Sun S L. Design of agricultural insurance policy for tea tree freezing damage in Zhejiang province, China [J]. *Theorectical & Applied Climatology*, 2013 (3): 713 – 728.

[359] Lyu K, Barré T J. Risk aversion in crop insurance program purchase decisions [J]. *China Agricultural Economic Review*, 2017 (9): 62 – 80.

[360] Ma N, Li C, Zuo Y. Research on forest insurance policy simulation in China [J]. *Forestry Economics Review*, 2019, 1 (1): 82 – 95.

[361] Ma N, Zuo Y, Liu K, Qi Y. Forest insurance market participants' game behavior in China: An analysis based on tripartite dynamic game model [J]. *Journal of Industrial Engineering & Management*, 2015, 8 (5): 1533 – 1546.

[362] Mahul O, Stutley C J. *Government Support to Agricultural Insurance: Challenges and Options for Developing Countries* [M]. Washington: World Bank Publications, 2010.

[363] Masara C, Dube L. Socio-economic factors influencing uptake of agricultural insurance by smallholder maize farmers in Girimonzi district of Zimbabwe [J]. *Journal of Agricultural Economics and Rural Development*, 2017, 1 (3): 160 – 166.

[364] Mukherjee S, Pal P. On improving awareness about crop insurance in India [J]. *ARCHIVE*, 2019, 9 (1): 12 – 24.

[365] Mukhopadhyay P, Sinha M, Sengupta P P. Determinants of farmers' decision-making to accept crop insurance: A Multinomial Logit model approach [J]. *Advances in Intelligent Systems and Computing*, 2019 (758): 1 – 16.

[366] Mutaqin A K, Sunendiari S. *Pure Premium Calculation of Rice Farm Insurance Scheme in Indonesia Based on the* 4 – *parameter Beta Mixture Distribution* [C]. IOP Conference Series: Materials Science and Engineering, 2020.

[367] Myers R J. Econometric testing for risk aversebehaviour in agriculture? [J]. *Applied Economics*, 1987 (21): 541 – 552.

[368] Nyaaba J A, Nkrumah K, Anang B T. Willingness to pay for crop insurance in Tolon District of Ghana: Application of an endogenous treatment effect model [J]. *AIMS Agriculture and Food*, 2019, 4 (2): 362 -375.

[369] O'Donoghue E. *The Effects of Premium Subsidies on Demand for Crop Insurance* [R]. USDA - ERS Economic Research Report Number 169, 2014.

[370] Pereira R S, Cordeiro S A, Romarco M L, Christofaromatosinhos C. Cost of forest insurance in the economic viability of eucalyptus plants [J]. *Revista Rvore*, 2018, 42 (3): 22 -28.

[371] Porth L, Tan K S, Weng C. Optimal reinsurance analysis from a crop insurer's perspective [J]. *Agricultural Finance Review*, 2013 (73): 310 -328.

[372] Pérez C D, Delacamara G, Gomez C M. Revealing the willingness to pay for income insurance in agriculture [J]. *Journal of Risk Research*, 2016, 19 (7): 873 -893.

[373] Qin T, Deng J, Pan H, Gu X S. The effect of coverage level and premium subsidy on farmers' participation in forest insurance: An empirical analysis of forest owners in Hunan Province of China [J]. *Journal of Sustainable Forestry*, 2016, 35 (3): 191 -204.

[374] Qin T, Gu X, Tian Z, Deng J, Wan L. An empirical analysis of the factors influencing farmer demand for forest insurance: Based on surveys from Lin'an County in Zhejiang province of China [J]. *Journal of Forest Economics*, 2016 (24): 37 -51.

[375] Rajabi M, Alesheykh A, Chehreghan A et al. An innovative method for forest fire risk zoning map using fuzzy inference system and GIS [J]. *International Journal of Scientific & Technology Research*, 2013 (12): 57 -64.

[376] Rajan P, Omkar J, Neelam C, Kreuter U P. To insure or not to insure? factors affecting acquisition of prescribed burning insurance coverage [J]. *Rangeland Ecology & Management*, 2019, 92 (6): 968 -975.

[377] Ramolefhe S. *An Assessment of Smallholder Livestock Keepers' Will-*

*ingness-to-Pay for Cattle Insurance Attributes in Botswana: The Case of Central District* [D]. Nairobi: University of Nairobi, 2020.

[378] Ribeiro N D A, Pinheiro A C. Forest property insurance: An application to portuguese woodlands [J]. *International Journal of Sustainable Society*, 2013 (3): 284 – 295.

[379] Rogerson W P. Repeated moral hazard [J]. *Econometrica*, 1985, 53 (1): 69 – 76.

[380] Sabirov, Aydar. Problems of risk insurance at natural disasters in agriculture and forestry [J]. *Vestnik of the Kazan State Agrarian University*, 2014 (4): 51 – 52.

[381] Sacchelli S, Cipollaro M, Fabbrizzi. A GIS-based model for multi scale forest insurance analysis: The Italian case study [J]. *Forest Policy and Economics*, 2018, 92 (1): 106 – 118.

[382] Sauter P A, Hermann D, Musshodd O. Are foresters really risk-averse?: A multi-method analysis and a cross-occupational comparison [J]. *Forest Policy and Economics*, 2018 (95): 37 – 45.

[383] Sauter P A, Möllmann T B, Anastassiadis F, Mußhoff O, Möhring B. To insure or not to insure? analysis of foresters' willingness-to-pay for fire and storm insurance [J]. *Forest Policy & Economics*, 2016 (73): 78 – 89.

[384] Shaik S, Coble K H, Knight T O. Revenuecrop insurance demand [J]. *American Agricultural Economics Association*, 2005 (1): 1 – 18.

[385] Shen S. *Research on Insurance Difficulties and Countermeasures after the Reform of Collective Forest Rights: Empirical Research Based on the Investigation Data in Yongan City of Fujian Province* [R]. 2019 International Conference on Education Innovation and Economic Management (ICEIEM 2019), PB: Atlantis Press, 2019.

[386] Sherick B, Barry P, Schnitkey G, Ellinger P, Wansink B. Farmers preferences for crop insurance attributes [J]. *Review of Agricultural Economics*, 2003 (25): 415 – 429.

[387] Sherrick B J, Barry P J, Ellinger P N, et al. Factors influencing farmers' crop insurance decisions [J]. *American Journal of Agricul-*

*tural Economics*, 2011, 86 (1): 103 –114.

[388] Sherrick B J, Schnitkey G. *Crop Insurance Decisions for* 2016 [D]. Urbana – Champaign: University of Illinois at Urbana – Champaign, 2016.

[389] Singh P, Agrawal G, Tyler D C, Connelly J. Development, present status and performance analysis of agriculture insurance schemes in India: Review of evidence [J]. *International Journal of Social Economics*, 2020, 47 (4): 461 –481.

[390] Sivrikaya, Saglam, Akay, et al. Evaluation of forest fire risk with GIS [J]. *Polish Journal of Environmental Studies*, 2014, 23 (1): 187 –194.

[391] Song Y, Peng H J. Strategies of forestry carbon sink under forest insurance and subsidies [J]. *Sustainability*, 2019, 11 (17): 1 –13.

[392] Staupendahl K, Möhring B. Integrating. Natural Risks into Silvicultural Decision Models: A Survival Function Approach [J]. *Forest Policy & Economics*, 2011, 13 (6): 496 –502.

[393] Stojanović Z, Gligorijevic M, Rakonjac A T. The role of the marketing mix in the improvement of agricultural insurance [J]. *Economics of Agriculture*, 2012, 59 (4): 769 –780.

[394] Sulewski P, Kłoczko G A. Determinants of taking out insurance against losses in agricultural production in Poland [J]. *Annals of Agricultural Economics and Rural Development*, 2014, 101 (4): 127 –135.

[395] Thompson WA, Vertinsky I, Schreier H, et al. Using forest fire hazard modelling in multiple use forest management planning [J]. *Forest Ecology & Management*, 2000, 134 (3): 163 –176.

[396] Tronstad R, Bool R. U. S. *Cotton Acreage Response Due to Subsidized Crop Insurance* [C]. 2010 Annual Meeting, July 25 –27, 2010.

[397] Tsikirayi C M R, Makoni E, Matiza J. Analysis of the uptake of agricultural insurance services by the agricultural sector in Zimbabwe [J]. *Journal of International Business and Cultural Studies*,

2013 (7): 207 - 221.

[398] Was A, Kobus P. Factors differentiating the level of crop insurance at Polish farms [J]. *Agricultural Finance Review*, 2018 (78): 209 - 222.

[399] Xu J, Liao P. Crop insurance, premium subsidy and agricultural output [J]. *Journal of Integrative Agriculture*, 2014 (13): 2537 - 2545.

[400] Yadgarov A A. The importance of using the agricultural insurance system in increasing the volume of agricultural production in pandemic conditions [J]. *SAARJ Journal on Banking & Insurance Research*, 2020, 9 (4): 31 - 56.

[401] Yang R H. Agricultural insurance: theory, empirical research and experience—based on farmer household data [J]. *China Agricultural Economic Review*, 2020, 10 (1): 173 - 175.

[402] Yanuarti R, Aji J. *A Test on Adverse Selection of Farmers Decision to Purchase Crop Insurance* [C]. Proceedings of the 1st International Conference on Business, Law And Pedagogy, 2019.

[403] Yu J, Smith A, Sumner D A. *The Effects of the Premium Subsidies in the U. S. Federal Crop Insurance Program on Crop Acreage* [C]. Agricultural and Applied Economics Association, 2016.

[404] Zhang D, Stenger A. Timber insurance: perspectives from a legal case and a preliminary review of practices throughout the world [J]. *New Zealand Journal of Forestry Science*, 2014 (1): 1 - 9.

[405] Zhang Y Y, Hu W Y, Zhan J T, Chen C. Farmer preference for swine price index insurance: Evidence from Jiangsu and Henan provinces of China [J]. *China Agricultural Economic Review*, 2019, 12 (1): 122 - 139.

[406] Zhao Y F, Chai Z H, Delgado M S, Preckel P V. A test on adverse selection of farmers in crop insurance: Results from Inner Mongolia, China [J]. *Journal of Integrative Agriculture*, 2017, 16 (2): 478 - 485.

[407] Zhao Y F, Chai Z H, Delgado M S, Preckel P V. An empirical analysis of the effect of crop insurance on farmers' income results

from Inner Mongolia in China [J]. *China Agricultural Economic Review*, 2016 (8): 299 -313.

[408] Zhu W J, Tan K S, Porth L. Agricultural insurance rate making: Development of a new premium principle [J]. *North American Actuarial Journal*, 2019, 23 (4): 512 -534.